벤처창업과
경영전략

벤처창업과 경영전략

이 재 선/김 양 렬 /김 병 국 지음

한국능률협회

들어가는 말

IMF가 전화위복이 되었다는 말을 할 수 있게 된 가장 큰 이유는 벤처기업을 중심으로 한 창업 열기에 기인한다. 대기업에 취직하여 평생을 몸담는 것이 가장 좋은 것으로 알았던 획일적인 사회가 다원화된 사회로 변화하여 개개인이 각각 원하는 인생을 설계하며 사는 것이 바람직한 것으로 인정되는 사회가 되었다. 이와 같은 의식의 변화 속에서 가장 두드러지게 나타난 것이 창업 열기이다.

그러나 이러한 창업열기를 통해 창업의 어려움과 성공의 낮은 확률을 보며 대학 강단에서, 그리고 창업과 벤처기업 컨설팅을 하는 실무현장에서 우리 저자들은 창업을 계획하거나 준비하고 있는 사람들과 창업 후 성장과 생존에 어려움을 겪는 사람들을 위하여 이 책을 기획하였다.

가능한 한 이론적인 내용에 치중하기보다는 실무에 적용할 수 있는 예를 중심으로 서술하려고 노력하였다. 특히 대학을 중심으로 퍼지고 있는 소규모 기업의 창업강좌에 적절한 교재로도 사용될 수 있도록 편집하였다. 창업을 신중하게 고려하고 있는 모든 사람들에게, 그리고 성공을 꿈꾸며 노력하는 모든 사업자들에게 조금이나마 보탬이 되기를 기대한다.

내용을 구성하며 집필을 하는 동안 중소기업의 창업에 관한 자료가 국내에 상대적으로 많이 부족함을 느껴 미국을 중심으로 한 외국기업의 사례를 많이 인용하였다. 현실적인 사례를 택하려고 노력하였으나 우리 나라 현실과는 조금씩 다른 점을 발견했다. 그러나 성공적인 사업을 위한 기본 원칙은 세계 어느 나라에서나 크게 다르지 않을 것이다. 원칙을 이해하도록 노력하고 이를 현실에 적용시키려는 노력을 한다면 외국의 예만으로도 현실 적용에 많은 도움이 되리라고 생각한다.

벤처열풍이 불기 전인 1998년 말부터 기획했던 책이 이제 출간되게 되었다. 연습문제를 개발하는 데 도움을 주신 방용태 박사, 자료를 찾기에 애써 준 K&P의 현종언 팀장, 교정과 편집을 도와준 K&P의 임소희 연구원과 박연정 연구원에게 감사를 드린다.

2001년 1월
이재선, 김양렬, 김병국

차 례

5장 사업계획서 작성

제 2 부 창업계획

6장 시장환경 분석

7장 마케팅 계획

8장 추정 재무제표 작성과 가치평가

9장　자금조달 계획

10장　벤처캐피탈

11장 창업성과의 수확

제 3 부 창업초기 경영관리

12장 창업기업의 성장전략

13장 생산활동 관리

16장 벤처창업가의 기초 회계지식

17장 재무활동 관리

18장 거래상담과 계약

제 **1** 부
벤처창업의 이해

벤처창업을 해서 과연 성공할 수 있을까, 벤처기업가는 타고나는 것인가,
먼저 이와 같은 질문에 대한 해답을 찾아보자.

1장 벤처사업과 벤처기업가
2장 벤처창업의 기본 요소
3장 창업기회의 포착
4장 창업의 추진과정
5장 사업계획서 작성

1장 벤처사업과 벤처기업가

기업활동이라는 측면에서 볼 때 현대는 가히 창업의 시대라 말할 수 있다. 또한 왕성한 사업욕과 새로운 사업의 창업은 이른바 자유경쟁 시장체제의 핵심이기도 하다. 그리하여 매일 수많은 기업이 탄생하고 동시에 수많은 기업이 사라진다. 흔히 경제를 살아서 숨쉬는 생물체라고 말하는 이유가 바로 여기에 있다. 새로운 사업의 생성이 없는 시장은 그야말로 죽어 있는 시장과 다를 바 없다. 오늘날 세계 도처에서 기존제품과 전혀 다른 혁신적인 제품이 도입되어 우리들이 지금까지 살아왔고 일해 왔던 방식들을 혁신적으로 전환시키고 있음은 오히려 시장이 살아 있음을 말해 주는 당연한 현상이다. 예컨대 개인용 컴퓨터(PC)나 각종 소프트웨어, 인터넷, 바이오 산업, 심지어는 24시간 택배와 같은 혁명적인 상품들이 우리에게 미친 영향을 한번 생각해 보라.

우리가 흔히 사용하는 '기업가 정신(entrepreneurship)' 또는 새로운 사업의 창업이라는 의미에서의 '창업가 정신'이라는 용어는 1970년대 업계에서 유행했던 '전문가주의(professionalism)'를 대신하여 1980년대의 업계를 대표하는 용어가 되었다. 미국의 경우 한 통계에 의하면 매시간 수천 개의 새로운 사업이 창업되고 있고, 1990년에서 1994년 중 100명 미만을 고용하고 있는 창업기업이 대종을 이루는 이들 중소기업들이 창출한 새로운 일자리가 약 700~800만에 이르는 데 반해, 같은 기간 중 100명 이상을 고용하고 있는 기업들은 오히려 360만 명의 실업자를 생산한 것으로 나타났다.

최근 시장경제 체제로 넘어온 동유럽은 물론 마지막 남은 공산주의 종주국의 하나이자 우리의 주요 경쟁상대인 중국마저도 기업가 정신과 창업가 정신을 독려하고 있다. 한 예로, 북경대학에서는 마르크스주의 강좌를 자유기업과 창업관련 강좌로 대체하고 있으며, 대학교수사회도 강의 및 연구와 같은 비중으로 각종 창업활동에 나서고 있다.

우리 나라의 경우도 다르지 않다. 1997년 외환위기와 함께 6~8%에 달했던 실업률은 1999년 말에 4%대로 떨어지기 시작했는데, 이 시기는 벤처로 대변되는 창업열기가 크게 불었던 시기로 대기업에서 구조조정으로 쏟아져 나온 많은 사람들에게 직장을 제공하고 또 다른 성공을 꿈꾸게 한 시기이다. 1997년부터 1999년까지 중소기업은 매년 70,000여 개씩 증가하였고, 여기서 매년 600,000개 이상의 일자리가 창출되었다. 중소기업의 비중도 날로 증가하여 전체 사업체 수의 99.2%, 종업원 수의 75.3%에 이른다. 이러한 창업열풍의 중심에는 벤처기업의 창업열풍이 있다. 2000년 8월에 등록된 벤처기업의 수는 총 7,759개로, 이중 1997년 이후에 설립된 벤처기업의 수가 전체의 50.79%

에 달하며, 지금까지도 벤처기업으로 신규 확인받는 기업의 수가 매월 증가하고 있는 추세이다.

오늘날 많은 사람들, 특히 젊은 사람들은 창업기업가야말로 남의 간섭을 받지 않고 마음껏 창의력을 발휘할 수 있을 뿐 아니라 엄청난 부까지 축적할 수 있는 사람으로 인식하고 있다. 이에 따라 수많은 사람들이 이른바 창업기업가의 길을 시도하고 있다. 또한 창업기업의 대표적 특성인 혁신성과 상황변화에 대한 신속한 적응력은 마침내 대기업들까지도 이들을 따라가지 않을 수 없게 만들고 있다. 그러나 창업은 새로운 부 축적 기회에 대한 도전인 동시에 기존의 생활과 다른 새로운 세계에서 오는 위험도 크다는 점을 인식해야 한다. 그렇다면 창업가 정신은 무엇이며, 창업은 어떤 과정을 통해서 이루어지는 것일까?

1절 기업가 정신 또는 창업가 정신이란 무엇인가

농담삼아 우리는 창업기업가들을 직장을 구하기 싫어서, 또는 취직하기 싫어서 자기 사업을 시작하는 사람들이라고 말한다. 다음은 필자가 경영정책을 강의하면서 학생들과 나눈 대화의 일부이다.

"자네들은 졸업한 후 앞으로 무엇을 하려고 생각하고 있는가?"

- 이사업 군 : 저는 마땅한 직장 구하기가 어려운 요즘 시대에 아버님이 경영하고 계신 '사업'을 도와서 돈을 벌겠습니다.
- 신사업 양 : 저는 한국의 정통음식을 세계화한 '새로운' 감각의 레스토랑을 시작하고 싶습니다.
- 김혁신 양 : 저는 한국의 빌 게이츠가 되어 한국에서의 정보통신 '혁명'을 이루겠습니다.
- 박모험 군 : 저는 비록 '큰 모험'이 따르긴 하겠지만 제가 속해 있는 동아리 친구 몇 명과 함께 저가의 PC조립 사업을 운영하고 싶습니다.

이들 중 누가 새로운 사업의 창업가라고 할 수 있을까? 또한 우리가 흔히 사용하고 있는 사업가(businessman), 신종사업(new business), 혁신적인 기업가(entrepreneur), 그리고 벤처사업(venture business)이라는 말들은 서로 어떻게 다른가? 또, 같은 점은 무엇일까?

먼저 우리에게 익숙한 기업가 정신을 중심으로 살펴보면 대체로 두 가지의 흐름이 있다. 하나는 기업가 또는 창업가의 '경제적 기능'을 중요시하는 견해이고, 또 다른 하나는 기업가 정신을 '개인적 특성'에서 찾고자 하는 흐름이다. 전자를 대표하는 사람이 20세기 초의 조셉 슘페터(Joseph Schumpeter)인데, 그에 따르면 기업가 또는 창업가란 혁신적인 새로운 제품과 서비스를 도입함으로써 기존 경제질서를 파괴하고 새로운 경제조직을 창조하는 사람들이다. 물론 이러한 창조적 파괴는 새로운 사업을 창업함으로써 가능하지만 그 밖의 기존사업에서도 역시 파괴는 가능하다. 그 이유는 여기서 말하는 혁신이 생산공정의 혁신, 시장의 혁신, 제품의 혁신, 또는 생산요소, 즉 생산 원부자재의 혁신, 심지어는 조직의 혁신까지도 포함하고 있기 때문이다.

개인적 특성에서 창업가 정신을 찾고자 하는 사람들은 이들 창업가들이 공통적으로 보이고 있는 몇 가지 특성을 강조하고 있다. 예컨대 자기성취욕, 독립심, 그리고 위험부담을 두려워하지 않는 도전정신 등을 창업가 정신에서 찾고 있다. 그러나 이 두 견해는 창업가 정신 또는 기업가 정신의 한 면만 보는 것일 뿐 전체를 다 본다고는 말할 수 없다. 만약 기업가 정신을 위험부담이나 혁신, 또는 창업에만 중점을 둔다면 우리가 대표적으로 알고 있는 기업가들, 예를 들어 IBM의 토마스 왓슨(Thomas Watson), 맥도날드의 레이 크락(Ray Kroc), GE의 잭 웰치(Jack Welch)와 같은 사람들은 창업을 한 사람들이 아니므로 혁신적 기업가라고 말할 수 없게 된다.

물론 위험부담 또는 모험정신이 기업가 정신의 중요한 일면이기는 하나, 대부분의 창업 기업가들역시 일반 사람들과 같이 위험부담을 좋아하지 않는다. 또한 새로운 사업 중 몇 업체가 그야말로 창조적 파괴를 가져왔다고 말할 수 있겠는가? 대부분의 새로운 사업은 기존시장에서 창업되고 있다. 반드시 애플컴퓨터(Apple Computer) 사와 같이 시장상황을 전면적으로 바꾸지 않아도 새로운 사업은 얼마든지 가능하다. 따라서 우리는 기업가 또는 창업기업가를 다음과 같이 정의하고자 한다.

기업가 또는 창업기업가란 기회가 있을 때 현재 동원 가능한 자원의 종류나 양을 고려하지 않고 새로운 조직을 만들어 그 기회를 사업화하는 사람들이다. 그리고 창업과정은 이러한 기회의 포착에서부터 조직의 설립까지 필요한 모든 기능과 활동을 말한다.

이렇게 볼 때, 앞의 예에서는 이사업 군을 제외한 모든 사람들이 우리가 말하는 기업가, 또는 창업기업가가 될 수 있다. 이중에서 가장 넓은 개념은 새로운 사업, 그 다음이 혁신적인 사업, 그 다음이 모험적인 사업이 되겠지만 우리가 이 책에서 다루고자 하는 내용은 새로운 사업을 하는 사람들뿐만 아니라 기존사업을 하고 있는 사람들까지도 적용될 수 있을 것이므로, 정의를 넓은 개념으로 해석해서 우리가 말하는 창업기업가는 기존사업과는 다른 새로운 사업을 창업하는 사람들을 말하기로 한다. 다만 여기에서의 신사업은 기존사업과 조금만 달라도 즉, 기존제품이나 공정 등을 완전히 바꾸지 않고 조금이라도 차이가 있으면 된다는 의미로 해석할 수 있으며, 혁신적 기업가라는 것은 기존사업의 영업방식이나 공정, 시장 등의 모든 것을 '혁신'적으로 바꿔 버리는 것을 의미하고, 벤처사업은 이 같은 새로운 사업에서 생기는 위험이 다른 사업들보다 더 크다는, 즉 모험을 강조한다는 의

미로 이해할 수 있다.

2절 벤처기업가와 전문경영인

우리는 앞에서 벤처기업가, 또는 모험적 창업기업가를 자기가 가지고 있는 자원의 양과 종류에 관계없이 눈앞에 보이는 사업기회를 추구하는 사람들이라고 정의했다. 이제 이 말의 뜻을 좀더 명확하게 이해하기 위하여 실제로 새로운 사업을 수행하는 데 있어서 가장 중요시되어야 하는 몇 가지 측면에서 전문경영인과 비교하여 이들의 특성을 검토해 보자.

1) 사업전략

벤처기업가와 전문경영인간에는 사업전략 수립에 있어서 커다란 차이가 있다. 다시 말해서, 사업전략이 무엇을 목표로 짜여지느냐는 측면에서 이들 두 그룹은 커다란 차이를 보인다. 전문경영인의 경우에는 사업기회뿐만 아니라 이미 보유하고 있는 자원을 어떻게 효율적으로 이용하느냐는 문제를 특히 중요시한다. 이에 반해 벤처기업가는 사업전략 수립에 있어서 사업기회를 가장 중요시한다. 이들은 자기가 가지고 있거나 또는 가지고 있지는 않지만 통제할 수 있는, 즉 자기가 마음대로 사용할 수 있는 자원이 부족하더라도 개의치 않고 사업기회를 성공시키기 위한 전략을 수립한다. 그리고 부족한 자원의 조달이야말로 그들의 가장 중요한 임무라고 믿는다. 우리가 흔히 벤처기업가를 기회주의적이다, 기회포착적이다, 또는 좋게 표현해서 창의적이고 혁신적이다라고 말하는 이유가 바로 여기에 있다.

2) 기회 추구

벤처기업가와 전문경영인 사이에는 포착된 기회를 얼마만큼 적극적으로 추구하느냐에 따라서도 커다란 차이를 보인다. 벤처기업가를 창의적이고 혁신적이라고 말했는데, 생각만 혁신적일 뿐 실제로 행동에 옮기지 못하는 것이 아니라 포착한 기회를 적극적으로 신속하게 추구하는 사람들이 바로 벤처기업가이다. 또한 벤처기업가는 기회를 추구하는 데 있어서 재빨리 들어와서 재빨리 나간다는 데 그 특징이 있다. 이 때문에 벤처기업가를 투기꾼 또는 도박사라고 부르기도 한다. 이에 반해 전문경영인은 포착된 기회를 사업화하는 데 많은 시간을 투입할 뿐만 아니라 일단 그 사업에 진입한 이후 여의치 않아 퇴출해야 할 경우에도 결정하는 데 많은 시간을 투입한다.

3) 소요자원의 투입

벤처기업가에게서 발견하게 되는 또 하나의 특성은 이들은 일단 사업에 착수할 때 소요되는 자원을 한꺼번에 투입하지 않고 서서히 단계적으로 최소한의 금액만을 투입한다는 점이다. 벤처기업가는 원래 가지고 있는 자원이 부족하다. 따라서 이들은 사업기회를 추구하는 데 있어서 동원되는 자원의 양과 그에 따르는 수익성을 비교해서 수익성이 높으면 높아질수록 자원을 조금씩 더 증가시키는 전략을 쓸 수밖에 없는데, 이 점이 전문경영인과의 차이점이라 할 수 있다.

앞서 말한 바와 같이 전문경영인들은 기회의 추구에 있어서 시간이 걸리기도 하지만 일단 결정된 기회를 사업화하는 데 있어서는 자신들이 가지고 있는 모든 자원 – 이들은 보통 많은 자원을 가지고 있다 – 을 전부 동원해서 전력투구를 하게 되는 것이다. 전형적인 창업기업가는 종종 주저하는 듯하고 때로는 모호한 태도를 취하는 것 같기도 하며 도무지 종잡을 수 없는, 한마디로 신빙성이 없는 사람처럼 보이기도 하지만 바로 이러한 특성이 나중에 벤처기업이 급격한 환경변화에 신속히 적응할 수 있게 하는 반면 전문경영인에 의해 경영되는 회사들은 환경변화에 신축적으로 적응하지 못하는 단점을 노출하게 되는 한 요인이 된다.

4) 소요자원에 대한 지배력

사업을 하는 데 있어서 경영자는 자기가 가지고 있는 자원을 쓸 수도 있고 남이 가지고 있는 자원을 빌려 쓸 수도 있다. 이 두 가지 경우를 합해서 우리는 자원에 대한 지배력이라고 하는데, 벤처기업가는 기본적으로 가지고 있는 자원이 부족하기 때문에 결국 남이 가지고 있는 자원에 의존하는 것이 통상적이다. 사실 자신이 가지고 있는 자원은 사업을 운영함에 있어서 그다지 큰 문제가 되지 않는다. 비록 남이 가지고 있는 것이라도 남의 것을 내 것처럼 쓸 수 있으면 되기 때문에 벤처기업가들은 대체로 이러한 전략을 사용하고 있는 반면 전문경영인은 자신이 가지고 있는 자원에 주로 의존하게 된다.

물론 전문경영인도 자신이 자체보유해야 할 자원과 남이 가지고 있는 자원을 빌려 쓸 경우를 구분하는 경우도 있긴 하지만, 그 중요성에서 비추어 볼 때 벤처기업가들보다는 훨씬 더 자신의 실제 보유자원에 의존하는 빈도가 높다고 하겠다. 그래서 우리가 벤처기업가들을 말할 때 흔히 이 사람들은 다른 사람을 이용하려 하고 다른 사람들이 가지고 있는 기술이나 재주, 또는 아이디어를 마치 자신의 것처럼 이용하는 데 탁월한 재능을 보유한 기회주의자라고 하는 것이다.

5) 경영조직

벤처기업가는 통상적으로 자기가 가지고 있는 자원이 적기 때문에 타인이 가지고 있는 자원에 의존한다고 말했는데, 이로 말미암아 벤처기업의 경영구조는 책임과 권한이 이양된 공식조직보다는 비공식조직에 의존하는 경우가 대부분이다. 다시 말해서 벤처기업의 조직은 수평적인 조직이자 비공식적인 조직이다. 반면에 전문경영인에 의해서 경영되는 기업은 수직적인 조직이자 책임과 권한이 이양된 공식적인 조직형태를 띠게 된다. 이와 관련해서 볼 때 벤처기업가와 전문경영인은 상호 배타적인 개념으로 이해할 수 있다. 흔히 성공적인 벤처기업가는 성공적인 전문경영인이 될 수 없다고 말하는데, 그 이유는 벤처기업가는 통상적으로 자기중심적이고 돌출행동을 많이 하는 사람이기 때문에 정통적인 경영조직을 이끌기는 불가능하다고 보기 때문이다. 그러나 설사 벤처기업가가 해결해야 할 경영상의 문제가 전문경영인의 문제와는 다소 다르다 하더라도 이들 역시 기본적인 경영기술은 필수적으로 갖추어야 한다.

6) 성과보상 철학

마지막으로, 창업기업의 성과보상 철학은 전문경영인에 의해 경영되는 기업조직과는 상당히 다르다. 무엇보다도 창업기업은 기업가치 창조와 창출된 가치의 회수에 역점을 둔다. 창업을 하면서 창업주는 물론 기타 출자자들은 자금을 투입했으므로 이들은 투자자금의 신속한 회수를 원한다. 따라서 창업기업은 가치창출 성과에 따른 보상을 보상원칙으로 하게 되고, 개인보다는 팀단위 보상을 많이 하게 된다. 이에 반해 대부분의 전문경영인 기업에서는 경영 의사결정이 전문경영인 자신들의 지위나 안전을 고려하여 이루어진다. 그리하여 성과보상 역시 개인의 지위에 따른 책임, 즉 직급과 단기적 이익목표의 달성 여부와 관련하여 이루어진다.

	벤처기업가	전문경영인
사업전략	사업 기회의 활용	보유자원의 효율적 활용
기회 추구	신속한 결정	신중한 결정
소요자원 투입	점진적 투입	일시 대규모 투입
소요자원 지배력	지배력 없음	지배력 소유
경영조직	수평적 비공식조직	수직적 공식조직
성과보상 철학	성과 공유	개인의 단기적 성과보상

〈표 1-1〉 벤처기업가와 전문경영인의 비교

3절 어떻게 해서 벤처기업가가 되는가

사례 1

　'386세대' 인 김자문 씨는 경영학을 전공하고 한창 잘 나가던 S종합상사에 취직을 하였다. 입사 후 처음 2년 간은 무역파트에서 일을 하다가 인사담당부서에 발령을 받은 후 지금까지 10여 년 간 줄곧 인사와 홍보분야에서만 일해 왔다. 경기가 좋았던 시절에는 평생 이 직장에 다니면서 직장인의 별이라는 임원에 이르기까지 꼭 승진을 해야겠다는 야심찬 계획을 가지고 최선을 다해 일을 하였다. 밤늦은 시각까지의 야근은 물론 주말과 휴가도 모두 반납한 채 일에 파묻혀 살아온 결과 동기생들 중 가장 빠른 승진을 하게 되어 사내 최연소 부장이 될 수 있었다. 그러나 부장 승진 후 닥쳐온 IMF 외환위기는 수입을 주로 하던 S종합상사에 치명적인 타격을 가하였다. 회사의 생존을 위하여 부장급 이상의 대량감원 방침이 정해지자 김자문 씨는 심각한 고뇌에 빠지게 되었다. 평생을 함께할 수 있을 직장이라 생각했던 자신의 어리석음을 탓하며 직장생활에 대한 회의를 느끼기 시작한 것이다. 결국 10년이 넘도록 젊음을 바쳐 일해 온 직장으로부터 명예퇴직을 당한 김자문 씨는 이제 갓 중학교에 입학한 큰딸과 초등학교에 재학 중인 아들의 모습을 보며 앞날의 암담함을 느낀다.

　명예퇴직 후 백방으로 직장을 수소문했으나 인사담당 부장의 경력을 가진 사람을 채용할 기업은 쉽게 나타나지 않았다. 1년 여에 걸친 직장 찾기에 실패한 김자문 씨는 이제 실의에 빠져 앞으로 어떻게 할 것인지 고민하고 있다.

사례 2

　주위의 친구들이 밤낮으로 입시에 매달려 열심히 공부하는 동안 이벤처 군은 채팅과 컴퓨터 게임에 빠져 고교생활을 재미있게 보냈다. 그러나 즐거움의 대가는 대학입시의 실패로 나타나 어려운 삼수 끝에 간신히 어느 지방대학 인문계 학과에 입학할 수 있었다. 그러나 입학하자마자 적성에도 잘 맞지 않는 전공 선택과 스스로의 능력에 대한 회의가 들기 시작하면서 결국 한 학기 만에 휴학을 하고 자원입대를 하고 말았다. 군생활을 마치고 지난 학기 복학한 이벤처 군은 1학년 가을학기를 지내며 앞날에 대한 근심이 태산같다. 대학 졸업자의 취업문은 IMF 이후 더욱 좁아져 자신의 전공을 봐서도 취직할 가능성이 거의 없다는 결론에 도달하게 된 것이다.

　자신이 관심을 가지고 있고 좋아하는 것이라고는 지금의 전공과는 거의 무관한 인터넷 사이트

검색이라든가 컴퓨터 게임뿐이다. 최근 신문지상에서 자주 소개되곤 하는 자기 또래의 학생들이 벤처사업을 시작해 수입을 올리고 있다는 내용의 기사를 보면서 언뜻 자신도 할 수 있지 않을까 생각해 봤으나 결론은 언제나 비관적이다. 넉넉하지 못한 가정환경 때문에 회사를 차릴 만한 금전적 여유가 있는 것도 아니고, 비록 컴퓨터는 좋아하지만 특별히 전문 프로그래밍을 배운 적도 없다. 졸업 후 취직을 못하면 창업이라도 해서 살 궁리를 마련해야 할텐데 둘 다 만만치 않다.

사례 3

주로 주식투자를 통해 재테크를 해 오던 박투자 씨는 요즘 자신의 투자 수익률에 대하여 대단히 불만족스럽게 생각하고 있다. 나름대로 오랜 경험과 공부를 통하여 주식투자만큼은 일가견이 있다고 스스로 생각해 왔는데, 알고 보니 코스닥 벤처회사에 투자한 주변 사람들의 수익률에 비해 자신은 형편없이 낮은 수익을 구현해 왔던 것이다. 코스닥에 투자하는 사람들을 보며 저렇게 불확실한 곳에 투자하는 것은 도박이나 다름없지 하는 생각으로 무시해 왔는데 투자결과는 엄청난 차이를 보이고 있는 것이다. 자본시장이 가장 발달한 미국의 예를 보니 미국 주식시장에서도 신기술을 중심으로 한 벤처회사에 투자한 사람들이 가장 높은 수익률을 올렸다는 사실도 알게 되었다.

1986년 Microsoft 사가 나스닥에 상장했을 때 시가 총액이 7억 달러도 되지 않았는데 이제는 1조 달러를 향해 가고 있다. 적어도 1,000배 이상의 수익을 내고 있는 것이다. 도대체 눈에 보이지도 않는 물건을 만들어 파는 회사들의 주가가 그렇게 껑충 올라가는 것을 보니 그간 주식에만 열을 올렸던 박투자 씨의 마음은 점점 조급해지기 시작한다. 이제부터는 벤처기업에 관심을 갖고 투자를 해야 할텐데, 주식투자만 해 오던 터라 어떤 기업을 어떻게 골라야 할지 막막하다. 한때 신기술을 중심으로 잘 나가던 Novell 사나 Apple 사의 주가는 지금 맥을 못 추고 있다. 같은 신기술을 가지고 시작했던 회사들이 왜 이렇게 양극화 현상을 보이고 있는 것일까. 우리 나라 벤처기업들을 보면서 어떻게 평가를 해야 할 것인지, 박투자 씨의 마음은 답답하다.

직장생활을 하다가 타의에 의해 나와서 창업 외에는 다른 방안을 찾을 수 없는 김자문 씨, 자기가 좋아하는 것을 사업으로 연결시키는 것이 최선의 방법임을 알면서도 구체적인 방법을 몰라 방황하고 있는 이벤처 군, 그리고 보다 높은 수익률을 올리기 위하여 벤처기업에 투자하고 싶어하는 박투자 씨, 이들은 모두 벤처기업과 창업의 방법에 관심을 기울이고 있는 사람들의 유형이다. 원하는 모습은 각각 다를 수 있으나 공통적으로 필요로 하는 것은 벤처기업과 창업에 대한 이해이다.

이제 인생설계의 가장 중요한 시기인 30대 후반에 들어선 김자문 씨에게 창업의 실패는 남은 인생을 매우 어렵고 고되게 만들 것이다. 김자문 씨에게 가장 중요한 것은 안정적이면서도 자신의 적성과 능력에 맞는 업종을 잘 선택하여 생활의 안정을 되찾는 것이다. 물론 안정적인 생활뿐 아니라 자신이 평생 즐기며 일할 수 있는 분야를 찾을 수 있다면 이는 금상첨화일 것이다. 대학에 재학 중인 이벤처 군에게 필요한 것은 스스로의 아이디어를 구체화하고 실행에 옮길 수 있는 능력이다. 젊은 나이이기 때문에 지나치게 실패를 두려워할 필요는 없다. 그만큼 상대적으로 위험도가 높은 신기술과 관련된 사업을 구상하고 실행할 수도 있을 것이다. 다만 문제는 어디서 어떻게 시작할 것인지를 모르고 있다는 점이다. 재테크를 하고 있는 박투자 씨에게 필요한 것은 새로운 분야에 대한 도전이다. 그러나 신중한 투자자인 박투자 씨는 모르는 곳에 무턱대고 발을 들여놓고 싶지 않을 것이다. 경험을 통하여 습득한 철칙은 '자세히 알면 알수록 리스크가 적은 것에 투자할 수 있다'는 것이다. 자본주의 시대를 살아가는 우리는 앞서 말한 세 사람 중 한 유형에 속할 가능성이 있다. 인생을 준비하며 실패하기를 원치 않는 사람이라면 이제 창업과 테크놀로지(technology)에 기반을 둔 새로운 사업에 대해 관심을 기울일 때이다.

도대체 어떤 경우에 사람들은 벤처기업가의 인생을 걸게 되는가? 어떤 요인들이 어떤 사람들을 벤처기업가로 만들고, 어떤 사람들을 벤처기업가로 만들지 않는가? 인간의 행태가 다 그러하듯이 한 개인이 벤처기업가로 성장하는 과정에는 개인적 특성과 환경적 요인, 그리고 사회적 요인이 작용한다.

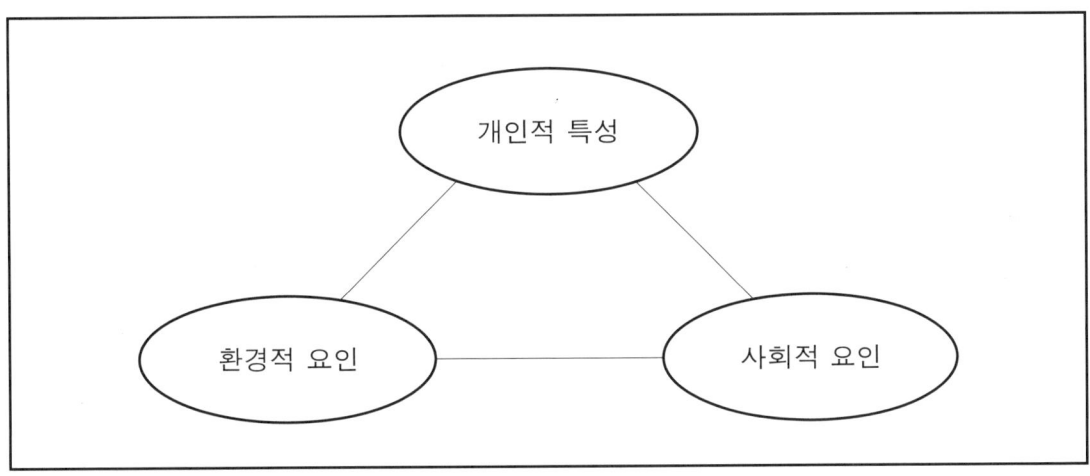

〈그림 1-1〉 어떻게 해서 벤처기업가가 되는가?

1) 개인적 특성

미국의 경우 벤처기업 창업이 한창이던 80년대의 잡지나 신문기사를 보면 "당신은 창업기업가가 되기 위해 필요한 자격요건을 갖추었는가?"라든가 또는 이와 비슷한 질문들을 많이 보게 된다. 이런 기사들은 대부분 창업기업가의 가장 중요한 특성을 기술하고, 한걸음 더 나아가 여러 가지 설문을 통하여 각자가 자체 평가를 해볼 것을 권한다. 그리고 평가결과는 그 사람이 창업기업가가 될 자질을 갖추었는지, 혹은 그렇지 않은지를 판단해 준다고 말한다.

이와 같은 현상은 창업기업가와 그렇지 않은 사람들간의 차이를 인간행태에서 찾고자 하는, 상당히 비과학적인 시도라 볼 수 있는데 그 기원은 하버드대학의 데이비드 맥클렐런드(David McClelland) 교수의 'The Achieving Society'라는 책에서 찾을 수 있다. 그는 창업기업가들의 가장 중요한 특성은 일반인에 비해서 성취욕이 크며 위험부담을 무서워하지 않는 것이라고 주장한다. 이는 상당히 위험한 접근방법인데 그 이유는, 흔히 이렇게 자체평가된 결과에 따라서 '아! 나는 창업기업가가 될 자질이 없구나.'라고 포기할 뻔한 사람이 창업기업가의 길을 걸어서 크게 성공한 사람들을 쉽게 찾을 수 있기 때문이다.

오랜 연구 결과 오늘날 우리는 창업기업가와 그렇지 않은 사람들간에 어떤 일률적인 행태적 특성이나 성격적인 차이 등을 발견할 수 없다는 결론에 도달하게 되었다. 사실 창업가든 또는 전문경영인이든 간에 어떤 직종에서 최고의 위치에 오른 사람들 중 자기성취욕이 없는 사람은 없다. 그러나 창업기업가들이 남의 밑에서 일하기를 싫어하고 자기 스스로 일을 해결하려고 하는, 다시 말해 자기 운명을 스스로 개척하고자 하는 욕심이 다른 사람보다 크다는 데에 관해서는 이의가 없는 것 같다. 최근 영국에서 중소기업 창업가들을 조사한 적이 있는데 50% 이상이 창업 동기로서 스스로 기업을 경영하고 싶다는 것을 꼽았고, 돈을 벌기 위해서는 18%, 그 밖에 도전정신이나 창의력 발휘 또는 개인적인 만족을 위해서가 10%였다. 또 다른 연구에 의하면 러시아에서도 121개의 기업을 조사한 결과 80% 이상이 사장이 되기 위해 창업했다고 말하고 있다.

우리는 창업을 통해 성공한 많은 기업가들을 보아 왔다. 현대그룹을 만들어 낸 정주영 회장, 삼성그룹을 이룬 이병철 회장 등이 그 대표적인 창업 성공자들이다. 이런 창업가들의 특징을 살펴보면 모두 사업을 사랑하며 사업 자체를 즐기는 사람들이라는 공통점을 발견할 수 있다. 요컨대 이들에게 사업을 한다는 것은 게임을 즐기는 것과 같은 의미이며, 이들이 벌어들이는 돈은 게임을 통해 얻은 점수와 같은 것이다. 비즈니스 딜을 하고 새로운 사업에 진출하는 등 모험심이 강하며 결과를 즐길 수 있는 사람들인 것이다. 이러한 창업가들의 창업특징은 반드시 자신이 좋아하는 업종을 선택하기보다는 발전 가능성이 있고 이익을 창출할 수 있을 만한 업종으로 판단되면 곧바로 투자를 시작한다는 것이다. 그리고 자신이 선택하고 투자한 사업체의 성공적인 운영을 통하여 만족을 얻는다.

그러나 이 같은 몇몇 특별한 사람을 제외한 대다수 사람들은 창업을 통해 자신이 운영하는 사업체를 갖고 싶어하지만, 일년 중 절반 이상을 해외에서 보내고 차 안에서 새우잠을 자면서까지 사업 자체를 성공시켜 거대한 기업을 일구는 것을 인생의 목적으로 삼고 살지는 않는다. 창업을 생각하는 사람들 대부분은 '내 인생은 내가 디자인하고 싶다' 라는 꿈을 가지고 있다. 지신의 스케줄을 스스로 관리하며 원하는 시간대에 원하는 일을 하고 싶은 것이다. 돈 버는 것도 좋지만 어느 정도 풍요로운 생활을 할 수 있다면 의미 있다고 생각되는 일을 즐기면서 하고 싶어한다. 그리고 사업을 성공시키기 위해 인생을 희생하는 것이 아니라 사업을 인생 성공의 도구로 삼으려 한다.

(1) 손안에 잡은 새를 버리는 용기

사업 자체의 성공을 만족의 척도로 삼건 혹은 자신의 인생 성공을 위한 수단으로 사업을 이용하건 창업가들이 가져야 하는 기본적인 마음의 자세는 동일하다. 창업가가 창업을 하지 못하는 사람과 구분되는 가장 큰 차이점은 새로운 것을 얻기 위하여 손안에 쥐고 있던 것을 버릴 수 있는 용기가 있다는 데 있다. 투자와 관련된 격언이 있다. '손안에 쥔 새 한 마리가 공중에 날아다니는 새 100마리보다 더 가치가 있다.' 불확실한 미래보다는 확실한 현재가 더 중요하다는 뜻이다.

그러나 창업과 관련할 때 이 격언은 결코 옳은 말이 아니다. 손안에 있는 새 한 마리를 너무 중요하게 생각하다 보면 공중에 아무리 많은 새가 날아다녀도 한 마리 이상은 손에 넣을 수 없게 될 것이다. 그리고 더 중요한 것은 손안의 새가 언제까지나 살아 있을 수도 없다는 것을 깨달아야 하는데, 대부분의 사람들은 현실의 중요성을 강조한 나머지 미래에 대한 대처를 적시에 하지 못한다.

직장생활을 하는 사람들은 언제나 자유롭게 스스로의 인생을 만들어 가는 사람들을 보면서 부러워한다. 그리고 매일매일 자신의 주위에 맴돌고 있는 새로운 기회들을 쳐다본다. 또한 직장에서의 앞날에 대한 불안감을 가지고 있다. 그러나 하루가 무사하게 지나가면 내일도 괜찮을 것이라는 안일한 생각을 하면서 새로운 하루를 시작한다. 그리고 아무리 좋은 기회가 다가와도 그 기회를 잡지 못한다. 손안에 쥐고 있는 안정을 놓지 못하기 때문이다.

손안에 쥐고 있는 안정을 버릴 줄 알아야 한다. 단, 버리는 용기와 함께 필요한 것은 불확실성을 최소화할 수 있는 철저한 준비일 뿐이다. 준비 없이 버리는 것은 무책임한 일이지만 철저한 준비를 하고 다가오는 기회를 잡기 위하여 손안에 쥔 것을 버리는 행동은 현명한 결단이다.

(2) 모든 것에 의문을 제기하는 태도

대학에서 공부하는 학생들은 대부분 꿈을 가지고 있다. 졸업과 동시에 안정된 직장에 취직을 하거나 혹은 고시에 합격하여 평생 안정된 직장을 갖는 것이다. 대학에 입학하자마자 학생들은 자신의 대학생활에서 취업을 최우선의 과제로 삼고 매달리기 시작한다. 우선 영어가 중요하니 전공 불문하고 토익과 토플시험에 시간을 투자하기 시작한다. 혹은 고시야말로 안정을 보장하는 최고의 무기라는 확신 속에 산속이나 고시촌으로 들어가 두꺼운 법전과의 씨름을 시작한다. 안정된 삶을 갖는다는 것은 인간의 본능에 해당하는 것이니 탓할 바는 아니다. 그러나 안정만을 찾기 위하여, 남들이 다 한다는 이유로 덩달아 따라가는 형태의 대학생활은 결코 바람직하지 않다.

남들이 다 하는 일도 다시 한번 생각해 볼 줄 아는 지혜가 필요하다. 지금까지 관습으로 굳어져 온 일들도 왜 관습으로 굳어졌는지 다시 한번 생각하여 자신의 것으로 받아들이는 습관이 필요하다. 생활이란 흐르는 물과 같아서 언제나 변화하는 것이다. 변화를 예측하고 대비하는 것은 적어도 실패하는 인생을 살지 않기 위한 기본이다. 변화의 예측과 대비는 기존의 것에 대한 의문에서 출발한다. 그리고 이 의문은 창조로 연결된다.

어떤 사람이 김밥을 만들어 먹기 시작하였다. 시금치와 당근, 절인 무, 그리고 소시지와 고기를 넣고 김밥을 만들었다. 대단히 획기적인 아이디어였다. 따로따로 먹기보다는 간편할 뿐 아니라 맛도 있는 획기적인 시도였다. 이것을 본 많은 사람들이 따라서 김밥을 만들어 먹기 시작하였다. 수십 년간 김밥이란 김에다가 밥과 시금치, 당근, 절인 무, 그리고 소시지나 고기를 넣고 밥과 함께 말아서 먹는 것이라는 관습이 생겼다. 긴 시간 동안 누구도 여기에 의문을 제기하지 않았으며, 관습을 벗어나 새로운 시도를 하지 않았다. 그러던 어느 날 누군가 김밥을 먹으면서 왜 김밥에는 치즈를 넣으면 안 될까, 참치를 넣으면 안 될까 하면서 기존의 관습에 의문을 제기하기 시작하였다. 이 같은 의문의 시작은 결국 많은 사람들이 전통적으로 가지고 있던 김밥의 고정관념을 깨뜨렸으며, 김밥 체인점을 가능케 하는 창업 아이디어로 이어진 것이다. 요컨대 누구나 다 한다고 해서 반드시 옳은 것은 아니라는 이야기이다. 그리고 누구나 다 간다고 해서 꼭 따라갈 필요는 없다는 말이다. 관습대로 살아가기 전에, 그리고 남들을 따라 살아가기 전에 먼저 자신에게 물어 보라. "왜 이렇게 해야 하지?" 단순한 질문이 인생을 바꿀 수 있는 전기를 제공할 수 있다.

(3) 자신이 인생의 주인이라는 적극적인 태도

많은 사람들이 능동적으로 살아가기보다는 수동적으로 살아간다. 그러나 수동적 삶에서는 좋은 생각이 나올 수가 없다. 주어진 생활환경 속에서 살아가며 주어지는 일을 처리하기에도 바쁜 사람들이 어떻게 새로운 아이디어를 찾을 수 있겠는가. 불가능한 일이다. 아이디어란 능동적인 삶이 가져다 주는 선물 중 하나이다.

대부분의 사람들에게 삶이란 힘들고 어려운 것이다. 쉬운 일이 없다는 건 누구나 경험을 통해 알고 있다. 특히 경제생활과 관련해 자본주의의 틀 속에서 살아가야 하는 사람들은 경제적 안정을 유지하기 위해 참으로 많은 노력을 기울여야 한다. 세상엔 공짜가 없기 때문이다. 그래서 많은 사람들이 인생이란 힘든 것이며 괴로움의 연속이라고 생각한다. 틀린 생각은 아니다. 성공이란 참으로 힘든 것이다. 그러나 적극적인 사람에게는 남들이 보기에 힘든 것도 힘들게 느껴지지 않는 경우가 많다. 그래서 즐거움으로 일할 수 있는 것이다. 적극적인 태도로 사는 삶의 또 다른 선물은 일로부터 얻는 즐거움과 힘이다. 똑같은 시간을 들여 일을 해도 사장은 힘들지 않은데 수행하는 비서는 몇 배나 힘들게 느낀다. 지휘관은 체력이 약한 사람이라도 낙오하는 법이 없는데 체력이 강한 부하는 쉽게 낙오한다. 이는 모두 자신이 하는 일에 대한 접근 태도에서 오는 차이이다.

> 적극적인 태도로 일하는 사람들에게서 새로운 아이디어가 나오고 즐거움과 힘이 나온다.

(4) 성공의 최후 열쇠는 바로 끈기

적극적인 사고를 가지고 살아가는 사람은 그다지 많지 않다. 이 소수의 사람들이 새로운 아이디어와 추진력을 가지고 새로운 사업을 시작한다. 그런데 왜 새로운 사업을 성공시키는 사람들의 숫자는 그렇게 적은 것일까? 실패의 원인을 분석해 보자. 창업 아이디어가 잘못됐을 것이라고 생각할 수 있다. 그러나 처음의 창업 아이디어를 사업 진행과정에서 수정하지 않고 그대로 유지하여 성공한 사업가는 한 사람도 없다.

실제로 창업을 시작하고 사업을 진행하며 알게 되는 것은, 창업 기술이나 아이디어는 커다란 좌표의 구실을 할 뿐 끊임없이 수정되고 보완되어야만 한다는 사실이다. 그러니 창업 아이디어나 기술의 잘못으로 실패했다고 하는 것은 정답이 아니다. 또, 어떤 창업 실패자는 자금부족으로 잘 나가던 사업이 실패했다고 이야기한다. 그러나 처음 창업하는 사람이 자금부족을 겪지 않고 어떻게 사업을 할 수 있겠는가. 불가능한 일이다. 창업을 하면서 누구나 반드시 겪게 되는 어려움은 자금과 관련된 어려움이다. 계획했던 대로 자본금이 모아지지 않거나, 혹은 돈을 빌려 주기로 한 은행이 사정에 의해서 취소를 하거나, 아니면 물품대금으로 받은 어음이 부도가 나기도 한다. 혹은 기술연구에 투자하려던 예산의 몇 배가 투입되는 경우도 발생하여 시제품도 만들어 내기 전에 도산하기도 한다. 물론 자금의 어려움이 실패의 원인으로 작용하는 것은 사실이다. 그러나 모든 창업가들이 자본의 어려움을 겪는다는 것을 생각해 보면 실패의 원인을 자금부족으로만 돌리는 것도 옳지는 않다.

실패한 사람들의 공통적인 특징은 끈기의 부족에 있다. 창업은 결코 최초의 계획대로 진행되지 않는다. 어려움 없이 순풍에 돛을 단 듯 미끄러져 나가는 사업은 없다. 아무리 훌륭한 아이디어나 기술이라 할지라도 그 자체만으로 사업성공을 보장받는 것은 아니다. 예기치 못했던 자금의 어려움이 올 수도 있고, 예측했던 시장상황과 실제매출이 틀려서 시장개척에 어려움을 겪을 수도 있다. 믿었던 동업자나 종업원에게 배신을 당하는 경우도 있으며, 주문하기로 한 기업체가 부도나기도 한다. 참으로 많은 어려움을 겪는 것이다. 이런 어려움을 겪으면서 성공한 사업가와 실패한 사업가로 나뉘어지는 것이다. 성공한 사업가는 절대로 중도에 포기하지 않는다. 어려움을 끈기 있게 헤쳐 나가는 사람이다. 그러나 아무리 아이디어가 훌륭하다 할지라도 중도에 반드시 찾아오는 좌절을 이겨 나갈 끈기가 없으면 결코 성공적인 사업을 만들 수가 없다.

> 성공적인 창업을 보장하는 최후의 열쇠는 바로 끈기이다. 끈기 있는 사람이 많지 않은 까닭에 성공한 사업가를 보기가 힘든 것이다.

2) 환경적 요인

창업을 꿈꾸는 사람들에게 개인적 또는 인적 특성 못지않게 중요한 것은 아마도 외부적 요인의 영향일 것이다. 우리는 흔히 특정지역에서 유난히 창업이 성행하는 것을 볼 수 있는데, 그중에서도 가장 유명한 지역이 잘 알려진 대로 미국의 실리콘 밸리일 것이다. 실리콘 밸리에서는 거의 모든 사람들이 창업기업가로서 크게 성공한 사람들을 알고 있기 때문에 그들의 이상형(role model)은 얼마든지 많다. 스탠포드 대학의 사회학자인 에버렛 로저스(Everett Rogers)는 특별히 이러한 현상을 '실리콘 밸리의 열병'이라 부르기도 했는데, 그곳에서는 이 같은 열병을 모든 사람들이 조만간 다 앓게 될 것 같은 느낌을 받게 된다. 미국의 경우 스티브 잡스(Steve Jobs), 빌 게이츠(Bill Gates), 또는 켄 올슨(Ken Olsen)과 같은 하이테크 창업자들은 이제 누구나 다 아는 유명인사가 되었고, 로스 페로(Ross Perrot)와 같은 사람들도 너무나 잘 알려져 있기 때문에 1992년 선거에서 미국 유권자들 중 5명에 1명 꼴로 그를 지지했던 것이다.

이상형은 매우 중요하다고 볼 수 있는데, 그 이유는 성공한 벤처기업가를 안다는 사실은 곧 '자기 자신도 노력하면 성공할 수 있다'는 믿음을 주기 때문일 것이다. 이러한 이상형은 앞서 말한 지역뿐만 아니라 가정에도 있을 수 있다. 예를 들어, 아버지가 자영업으로 성공했다면 그 아버지는 아들의 이상형이 될 수 있다.

대학의 역할도 상당히 크다. MIT는 교수나 졸업생 가운데 수많은 창업기업가들을 배출했다. MIT가 위치한 매사추세츠 주는 그 전까지는 사양산업인 구두나 섬유산업이 주종을 이루고 있었는데, MIT 때문에 하이테크 산업으로 바뀌었다. 보스턴 은행의 연구에 따르면 2차대전 이후 1988년까지 136개의 업체가 MIT 졸업생들에 의해서 창업되었으며, 그들은 30만 개의 일자리를 만들었고, 매사추세츠 주 은행들은 무려 100억 달러의 소득을 올렸다.

3) 사회적 요인

이상형 외에도 여러 가지 사회적 요인들이 창업기업가들에게 영향을 미친다. 가령 가족에 대한 부양책임도 창업을 하느냐 마느냐를 결정하는 데 있어 중요한 역할을 한다. 예를 들어 25세의 나이에 미혼이며 개인적인 자산이 많지 않고 부양가족도 없을 경우에는 창업을 한다는 것이 그리 어려운 결정이 아닐 것이다. 그러나 어떤 사람이 45세의 기혼자이고 대학을 보낼 10대 자녀들이 있으며 또 현재 직업에서 안정된 수입을 얻고 있다면 창업을 한다는 것이 그리 쉽지 않을 것이다. 그 나이에 창업을 해서 만약 실패한다면 다시 다른 회사에 취직하기가 쉽지 않아 개인적으로 손해가 너무 크기 때문이다.

그러나 이것은 일반적인 우리의 생각일 뿐 실제로 미국에서 가장 성장속도가 빠른 500대 중소기업의 경우 창업가들의 평균 나이가 50세라는 사실은 나이가 많다고 해서 반드시 창업을 못하는 것이 아님을 보여 주고 있다. 나이가 많아질수록 창업의 기회비용은 증가하나 사업경험이나 창업자금 등 창업여건은 좋아진다.

창업기업가가 실제로 창업을 하게 되는 나이를 결정해 주는 또 다른 요인은 나이가 듦에 따른 경험과 젊음으로부터 오는 낙천성, 정력 등의 절묘한 균형이라 하겠다. 나이를 먹게 되면 경험도 따라서 많아지는 것이 사실이긴 하지만 한 산업에 오래 있을수록 그 산업에서의 문제점을 너무 잘 알게 되기 때문에 기존 직장을 뛰쳐나가 새로운 자기 사업을 시작하는 것이 두렵게 느껴지기도 할 것이다. 반면에 적당한 기간의 경험은 자기 사업을 시작하는 데 오히려 자신감을 주게 될 것이다.

가장 이상적인 배합이란 한 산업에 대한 전문가적 식견을 갖출 만한 기간의 경험은 있으되 마음 자세는 초심자의 젊음과 의욕을 갖춘 경우일 것이다.

마크 앤드리슨(Marc Andreessen)이 좋은 예인데, 그는 초심자의 마음을 가짐으로써 당시까지는 빌 게이츠까지 포함한 내로라 하는 컴퓨터산업 전문가들조차 생각할 수 없었던 인터넷을 이용한 혁명적인 사업을 창조할 수 있었다. 앤드리슨의 젊음에서 오는 창의력과 실리콘 그래픽스(Silicon Graphics)의 회장으로서 10여 년 이상의 경험을 가지고 있던 제임스 클락(James Clark)의 사업가적 지혜가 합쳐져 무서운 결합이 되었다. 이들이 창업한 넷스케이프(Netscape)는 불과 창업 2년 만에 네비게이터(Navigator)를 3,800만 개나 판매함으로써 지금까지 출시된 소프트웨어 가운데 가장 성공적인 케이스가 되었던 것이다.

〔도움이 되는 읽을거리〕
1. 벤처창업론, 정승화, 박영사, 2000: 대학교재로, 광범위한 내용을 다루고 있다. 특히 1장과 12장은 벤처기업가를 이해하는 데 도움이 될 것이다.
2. Stevenson, Howard H., New Business Ventures and The Entrepreneur, McGraw Hill, 1994: 벤처창업 분야 대학교재로, 베스트셀러 중 하나이다.
3. Hisrich, Robert D. and Micheal P. Peters, Entreprenearship: Starting, Developing and Managing a New Enterprise., 3rd ed, Inwin, Inc., 1995: 벤처기업 창업을 알기 위해서는 한번쯤 읽어야 할 대표적 대학교재이다. 이 책의 1장은 본서와 같은 내용이다.
4. 이기열, 내가 간 길은 내가 처음 간 길이었다, 동아일보사, 2000: 성공한 벤처기업가 21인의 성공과정을 재미있게 소개하였다.

부 록

1. 우리 나라 벤처기업 현황

1) 유형별 현황
(2000년 5월 말 현재)

구 분	벤처캐피탈	연구	특허·신기술	벤처 평가	계
업체 수	1,215	1,140	1,910	2,845	7,110
%	17.1	16.0	26.9	40.0	100

2) 업종별 현황
(2000년 5월 말 현재)

구분	제조업	정보컴퓨터	연구개발서비스	건설운수	도소매업공공서비스	농/어/임광업	기타	계
업체 수	4,733	2,051	124	99	45	24	34	7,110
%	66.6	28.9	1.7	1.4	0.6	0.3	0.5	100

3) 지역별 현황
(2000년 5월 말 현재)

구분	서울	부산울산	대구경북	광주전남	대전충남	경기	인천	강원	충북	전북	경남	제주	계
업체수	2,983	420	392	192	517	1,501	466	62	181	107	274	15	7,110
%	41.9	5.9	5.5	2.7	7.3	21.1	6.6	0.9	2.5	1.5	3.9	0.2	100

4) 월별 증감 현황 (2000년 5월 말 현재)

구분	1월	2월	3월	4월	5월	6월	7월	8월	9월	10월	11월	12월	전체 누계
1998년	–	–	–	–	304	427	413	140	230	145	160	223	2,042
1999년	91	252	182	334	243	269	310	285	248	259	268	151	4,934
2000년	278	334	458	543	563	–	–	–	–	–	–	–	7,110

5) 종업원 규모별 현황(1999년 9월 벤처기업 실태조사 기준) (2000년 5월 말 현재)

구분	4인 이하	5~30	31~50	51~100	101인 이상	계
업체 수	1,525	2,144	476	381	238	4,764
%	32	45	10	8	5	100

6) 매출액 규모별 현황(1999년 9월 벤처기업 실태조사 기준) (2000년 5월 말 현재)

구분	5억 미만	5~10억 원 미만	10~50억 원 미만	50~100억 원 미만	100억 원 이상	계
기업 수	2,382	477	1,191	333	381	4,764
%	50	10	25	7	8	100

7) 대표자 학력별 현황 (1999년 말 현재)

구분		고졸	전문대졸	대졸	대학원 이상	계
창업 연도별 대표자 학력 현황	1997년	24.0%	13.6%	40.8%	18.8%	100
	1998년	11.7%	17.8%	43.4%	24.8%	100
	1999년	24.0%	32.0%	24.0%	20.0%	100

8) 설립연도별 현황   （2000년 7월 말 현재）

구분	1991 이전	1992	1993	1994	1995	1996	1997	1998	1999	2000	계
기업 수	1,786	253	320	416	484	559	805	1,073	1,457	606	7,759
%	23.02	3.26	4.12	5.36	6.24	7.20	10.38	13.83	18.78	7.81	100

* 이 표에 있는 수치는 순증가 수치임(기존 확인업체+신규 확인업체—확인해지 업체)

* 실제 확인업체의 수는 2000년 1월부터 7월 말까지 총 3,488개 업체가 신규로 벤처기업 확인을 받았음.

9) 정부의 창업지원자금 예산 및 집행실적

구분	누계	86~93	94	95	96	97	98	99	2000.6
운용 총계	2,009,623	168,433	22,046	26,811	31,599	37,767	56,715	1,257,226	409,027

10) 대학교수 및 연구원의 창업 현황

〈창업 업종분야별 분포〉   （2000년 5월 말 현재）

업종 분야	정보통신 전자/전기	생명공학 의학	기계 자동화 신소재	환경공학 화학	경영 컨설팅	디자인 패션	서비스 및 기타	계
교수	55	14	16	13	3	3	4	108
연구원	13	3	0	4	0	0	0	20
계	68	17	16	17	3	3	4	128

〈참여 형태별 분포〉 　　　　　　　　　　　　　　 (2000년 5월 말 현재)

참여 형태	교　수				연구원				총계
	대표자	임원	직원	소계	대표자	임원	직원	소계	
기업 수	40	66	2	108	18	1	1	20	128

11) 창업 동아리 현황

〈정부 지정 동아리 지역별 분포〉 　　　　　　　 (2000년 5월 말 현재)

연 도 별	서울	부산 울산	대구 경북	광주 전남	대전 충남	경기	인천	강원	충북	전북	경남	제주	계
97~99	20	11	15	14	13	17	5	7	7	6	8	3	126
2000	7	5	11	6	7	20	2	6	5	4	7	1	81
계 (지역별)	27	16	26	20	20	37	7	13	12	10	15	4	207

2장 벤처창업의 기본 요소

1절 성공하는 벤처사업의 3대 요소

가령 기가 막힌 사업기회를 찾았다고 하자. 이런 사업이 성공할 가능성은 과연 어느 정도일까? 그보다 더 중요한 것은 이러한 사업에 투자할 투자가나 은행 사람들이 이 사업의 성공 가능성을 어느 정도로 평가할 것인가이다. 대부분의 경우 하나의 아이디어가 성공할 가능성은 그렇게 높지 않다. 미국의 중소기업사회에서 널리 알려진 얘기로 '오늘 창업한 10개 회사 중 한 개만이 창사 10주년 기념행사를 할 것이다.' 라는 말이 있다. 그렇다고 해서 매년 창업되는 기업 가운데 10개 중 9개가 파산한다는 얘기는 아니다. 그렇다면 10년 동안 살아남지 못하는 대부분의 기업은 어떻게 된다는 얘기인가? 대부분은 그저 사라졌을 뿐이다. 상당수는 애당초 부업이나 겸업의 형태로 창업되었거나 또 그들 중 일부분은 청산되었을 것이다.

전업의 형태로 창업된 새로운 기업들 중에서 원래의 창업자가 계속 보유하면서 8년 동안 남아 있을 확률은 겨우 4개 중의 1개, 즉 25%에 지나지 않는다. 또, 적어도 8년 동안 창업주였던 소유주가 바뀌어서 생존해 있을 확률 역시 4개 중 하나이다. 다시 말해서 창업기업이 8년 동안 생존해 있을 확률은 절반 정도라고 볼 수 있다. 그러나 창업기업이 단순히 생존해 있다는 사실만으로 꼭 성공했다고 볼 수는 없다. 너무나 많은 창업가들이 창업을 통해서 만족할 만한 생활을 하는 데 필요한 돈을 벌지 못하거나 또는 투자된 자원이 너무 크기 때문에 쉽게 빠져 나오지 못해서 허덕이는 경우가 상당히 많다. 그래서 창업기업가의 일생 중 가장 행복한 날은 창업기업이 처음 문을 열었던 날이라는 얘기가 있다. 또, 창업이 실패한 경우에는 기업이 팔리는 날이 더 행복한 날이 될 것이다. 조지 버나드 쇼(George Bernard Shaw)가 연애와 관련해서 한 말은 창업기업에도 그대로 적용된다. 즉, "어떤 바보라도 창업을 할 수는 있다. 그러나 시작한 기업을 성공적으로 끝내는 데는 엄청난 천재성이 요구된다."

그렇다면 새로운 사업을 성공시킬 수 있는 방법은 무엇이겠는가? 전문적인 투자가들, 예컨대 벤처자본가와 같은 사람들은 승자를 뽑는 재주가 있다. 물론 이들이 패자를 뽑는 경우도 있긴 하지만, 평균적으로 볼 때 벤처자본가들이 출자한 창업기업은 적어도 5개 중 4개가 5년 동안 살아남는다. 일반 창업기업의 평균 생존율보다는 훨씬 높은 생존율이다. 그러므로 이들 전문적인 투자가들의 기준을 사용해서 벤처사업가들은 그들이 성공할 수 있는 가능성을 높일 수 있다.

벤처사업이 성공하기 위해서는 적어도 세 가지 기본적인 요소를 필수적으로 갖추어야 한다. 즉, 사업기회(또는 아이디어), 창업기업가(또는 규모가 큰 사업일 경우에는 경영진), 그리고 사업을 시작하고 성장시키는 데 필요한 물적자원. 이들 셋이야말로 창업기업이 성공하는 데 있어 절대적으로 필요한 요소들이다.

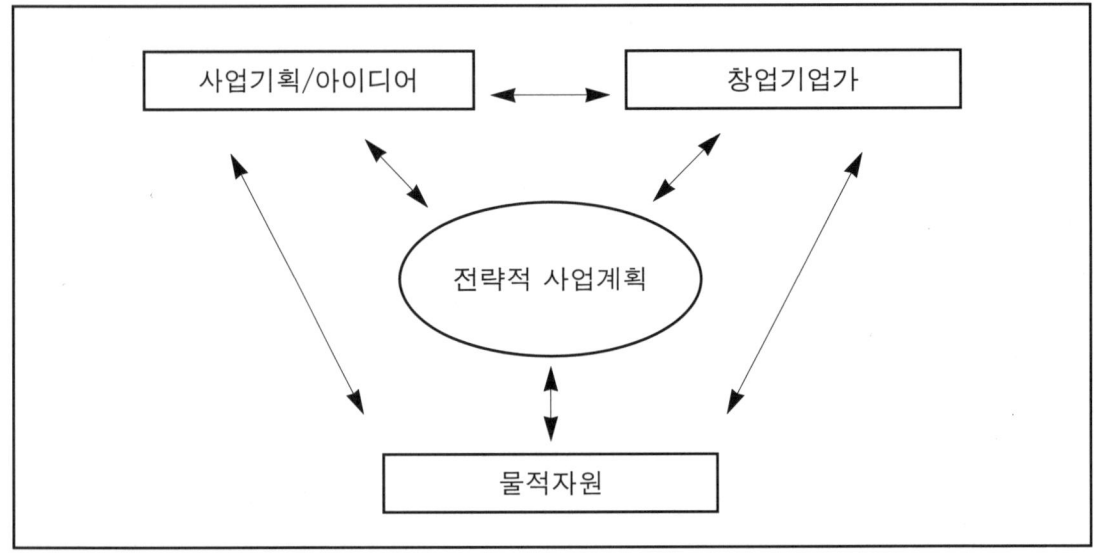

〈표 2-1〉 성공적인 창업의 3요소

〈표 2-1〉에서 보는 바와 같이 사업기회, 창업기업가, 그리고 물적자원 등의 세 요소는 새로운 사업을 성공시키기 위한 전략적 사업계획의 수립에 어느 하나도 소홀히 해서는 안 될 요소들이다. 기껏해야 이류에 지나지 않는 경영팀에 일급 아이디어가 무슨 소용이 있겠으며, 아무리 튀는 아이디어와 경영팀이 준비되어 있다 하더라도 필요한 물적자원이 확보되지 않는다면 그 또한 아무 일도 할 수 없을 것이다. 그래도 굳이 순위를 매기라면 아무래도 창업을 성공으로 이끄는 가장 결정적인 요소는 창업을 주도하는 창업기업가와 창업에 출자한 경영팀이 된다. 우리는 흔히 창업투자에 성공한 사람들 사이에서 "아이디어(즉, 기회)는 B등급이라 하더라도 사람만큼은 A등급인 사업에 투자하라. 아이디어는 A등급이지만 인적자원이 B등급인 사업에는 절대 투자하지 말아라."라는 말을 듣는데, 이는 바로 창업을 주도하는 사람의 중요성을 강조하는 의미일 것이다.

창업기업이 성공하는 데 있어 가장 중요한 요인은 최고의 시장기회와 최고의 경영진을 갖추고 있는 창업기업가라고 말할 수 있다.

또, 흔히 말하기를 창업에서의 성공이 많은 경우 운에 달려 있다고 하는데 결코 그렇지는 않다. 위대한 축구선수가 되거나 위대한 과학자가 되거나 또는 위대한 음악가가 되는 데 운이 얼마나 작용하는가? 만약 어느 분야에서나 크게 성공하기 위해서는 어느 정도의 운이 작용하는 것이 사실이라면 창업에서 성공하는 데에도 그 정도의 운밖에 필요치 않다.

창업의 경우, 사업기회를 포착하는 특출한 능력과 포착된 기회를 성공적인 사업으로 전환시키는 기술이 문제인데 그렇게 하기 위해서는 모든 면에서 준비되어 있어야 한다. 창업기업가와 관련하여 흔히 사람들이 운이라고 말하는 것은 속된 의미에서의 운이 아니라 '준비'와 '기회'가 만남으로써 탄생되는 운인 것이다. 결코 '우연'의 운이 아닌 것이다.

> 창업에 있어서의 행운은 준비와 기회가 만나는 데서 탄생된다.

2절 사업기회

사업기회란 단순히 사업 아이디어만을 말하는 것이 아니다. 아이디어와 창의력, 그리고 창업가가 처한 상황이 결합될 때 비로소 기회로 나타난다. 신사업에 대한 아이디어에 관해서 사람들이 갖고 있는 가장 잘못된 생각은 아이디어가 독창적이어야 한다는 것이다. 실로 너무나 많은 창업 지망생들이 독창적인 아이디어를 찾고자 혈안이 되어 있고, 거기에 너무나 많은 정력을 허비하고 있다. 그리고 마침내 '아! 이건 정말 독창적인 아이디어다. 이건 정말 남이 하지 않은 아이디어다.'라고 생각했을 때 그들은 혹시 다른 사람들에게 아이디어를 빼앗길까 봐 전전긍긍하게 된다. 그런 나머지 모든 것을 극비로 한 채 다른 사람들과는 그에 관해 이야기조차 나누려 들지 않는다. 다시 말해서 그 아이디어에 대해서 평가할 수 있는 기회를 사전에 없애 버리는 것이다.

그러나 독창적이고 자기만이 최초로 발견했다고 생각했던 아이디어가 이미 제품화되어 팔리고 있거나 또는 후에 상업성이 없다고 판단되는 경우가 얼마나 많은가. 예컨대 진화론으로 유명한 다윈(Darwin)도 월러스(Wallace)라는 사람에 의해 첫번째를 놓칠 뻔했고, 또한 푸앙까레(Poincare)도 아인슈타인(Einstein)과 거의 동시대에 상대성이론을 발견했다. 따라서 창업에 있어서 아이디어 그 자체는 아무런 의미가 없다. 아이디어를 발전시키고 그것을 사업화해서 성공시키는 것이 중요하다. 알렉산더 플레밍(Alexander Fleming)이 우연한 기회에 페니실린을 발견했다는 사실은 잘 알려져 있지만, 페니실린의 실용화는 그 후 십여 년이 지난 후 체인(Ernst Chain)과 플로리(Howard

> 아이디어 자체는 중요하지 않다. 창업에 있어서 아이디어는 아무런 의미가 없는 것일 수도 있
> 다. 아이디어를 발전시키고 사업화하여 성공적인 사업을 만드는 것이 중요하다.

Florey)에 의해서 이루어졌다는 사실은 사람들이 잘 모른다.

마지막으로, 아이디어와 관련해서 두 가지 중요한 점을 잊어서는 안 된다. 첫째는 아이디어가 아이디어 자체로 끝나서는 안 된다. 아이디어는 반드시 그 아이디어를 팔 수 있는 시장이 있어야 한다. 고객들이 정말로 그 제품을 원하지 않는 한 시장은 없게 된다. 그러므로 만약 당신이 사업에 관한 새로운 아이디어가 있다고 하면 우선 시장이 있는가, 다시 말해서 누가 이 제품 또는 서비스를 살 것인가를 생각해 보라. 금방 생각이 안 나면 그 아이디어는 별 의미가 없다고 보아도 좋다.

두 번째는 타이밍이다. 아무리 아이디어, 즉 기회가 좋다 하더라도 그 기회가 유행성이거나 또는 잠시 동안의 반짝경기에 불과한 아이디어라면 그 아이디어로 성공하기는 힘들 것이다. 시간이 많지 않은 경우 시간에 쫓겨 서둘러 창업하다 보면 대부분의 경우 준비를 소홀히 하기 쉽고, 준비를 소홀히 하면 그 기업은 실패로 끝나게 될 것이다.

> 제품을 누가 살 것인가라는 물음에 즉각 대답을 못하는 창업 지망생들은 아직 창업할 준비가 되
> 어 있지 않다. 그들은 다만 아이디어만 찾았을 뿐 시장에서 필요로 하는 것은 아직 찾지 못했다.

3절 창업기업가와 경영진

기회가 아무리 좋게 보인다 할지라도 그 기회(아이디어)가 출중한 사업능력과 경영기술로 무장된 사람에 의해서 발전되지 않는 한 그 사업은 성공하기 힘들다. 무엇보다 중요한 것은, 창업기업가는 동종산업이나 또는 그와 유사한 산업에서의 경험을 가지고 있어야만 한다. 창업은 실로 어려운 작업이며, 결코 현장실습을 할 여유가 주어지지 않는다. 만약 창업을 하고자 하는 사람이 필요한 경험을 가지고 있지 않다면 바로 나가서 경험을 쌓거나, 또는 그도 여의치 않으면 같이 추진할 동업자를 찾는 것이 현명하다.

보통 창업자본 투자가들은 이상적인 창업기업가를 말할 때 동종산업에서 성공적인 사업경험을 가지고 있는 동시에 유능한 경영진을 끌어들일 수 있는 사람들이라고 말한다. 한 예로, 미국의 Inc. 500 고성장 중소기업 최고경영자 중 반수 이상이 현재의 회사를 창업하기 전에 적어도 하나 이상의 사업을 창업했던 사람들이라는 사실만 보아도 알 수 있다. 물론 사업 경험 없이도 크게 성공한 창업기업가가 없는 것은 아니다. 한 예로, 바디 샵(Body Shop)의 애니타 로딕(Anita Roddick)과 캘러웨이(Callaway) 골프의 엘리 캘러웨이(Ely Callaway)와 같은 사람들은 그런 경험 없이도 크게 성공한 사람들이라 하겠으나, 이러한 사람들은 예외에 속할 뿐 일반적인 현상은 아니다.

동종산업에 대한 전문지식 이외에 기업경영에 대한 경험 역시 중요하다. 특히 과거에 재무 또는 회계업무, 더욱 좋은 것은 판매 등에 경험이 있다면 더할 나위 없이 좋다. 물론 우리는 이상적인 창업기업가를 얘기하고 있기 때문에 이러한 이상형에 맞는 사람들이 그리 많지는 않을 것이다.

> 이상형에 맞지 않는다고 해서 창업을 해서는 안 된다는 것은 아니다. 그러나 이상형에 맞지 않는 사람들은 창업할 때 사업규모에 상당한 주의를 기울일 필요가 있다.

4절 물적자원

기회와 사람 다음으로 중요한 요소는 물적자원이다. 올슨(Olsen)과 앤더슨(Anderson)이 단돈 7만 달러로 창업해서 Fortune지 선정 500 회사들 중 상위 25위에 들어가는 회사를 만들었다는 것은 실로 믿기 어려운 사실이다. "7만 달러가 좋았던 점은 적은 자본이었기 때문에 사람들도 몇 사람 안 되었고 그래서 각자가 무엇을 하고 있는지 서로 다 볼 수밖에 없었다."고 올슨은 말했다. 그들은 100년이나 된 낡은 건물에 사무실을 차렸고 필요한 비품은 모두 중고품으로 충당했으며 필요한 공구는 시어즈(Sears) 백화점의 카탈로그를 보고 샀다. 그럼에도 불구하고 그들은 첫해에 9만 4천 달러의 매출을 올렸고, 하이테크 창업치고는 이례적으로 첫해부터 이익을 남기는 쾌거를 이룩했다.

창업기업가는 애당초 가지고 있는 것이 별로 없기 때문에 구두쇠일 수밖에 없으며, 또 그래야만 성공할 수 있다. 그들은 간접비용을 최소한으로 줄이고 생산성을 높이며 될 수 있으면 자기 소유의 고정자산을 극소화한다. 그렇게 함으로써 창업에 소요되는 자본출자를 최소화한다. 전술한 Inc. 500 기업들 중 4분의 1이 5,000달러 미만으로 사업을 시작했고 반수가 25,000달러 미만, 4분의 3이 10

만 달러 미만으로 창업했다. 100만 달러 이상으로 창업한 기업은 기껏해야 5% 미만이다.

> 창업기업가의 근검성이란 곧 적은 간접비, 높은 생산성, 최소 고정자산의 보유를 말한다.

1) 소요자원의 결정과 동원

창업에 필요한 자본의 규모를 결정하기 위해서는 우선 필수불가결한 자원이 무엇인가를 알아야 한다. 창업을 성공적으로 이끄는 데 있어 어떤 자원은 다른 자원에 비해서 그 중요성이 더 크다. 그러므로 창업기업가는 사업성공에 꼭 필요한 자원은 물론 자기 회사가 다른 회사들을 앞설 수 있는 것이 무엇인가를 파악해야 한다. 바로 그 분야가 회사의 희소한 자원을 집중적으로 투입할 분야인 것이다. 예컨대 만약 회사가 새로운 하이테크 제품을 만든다면 기술분야의 노하우가 결정적인 성공요인일 것이므로, 이때 이 회사의 가장 중요한 물적자원은 공학자와 그들의 제품 디자인이 될 것이다. 따라서 회사는 우수한 엔지니어들의 스카우트과 계속적인 확보는 물론 그들이 생산한 엔지니어링 디자인이나 특허권과 같은 지적재산의 보호에 심혈을 기울여야 할 것이다.

만약 창업하는 사업이 소매업이라면 사업성공에 가장 중요한 요소는 아마도 점포의 위치가 될 것이다. 이 경우 돈 생각 때문에 단순히 점포세가 싸다는 이유만으로 점포 위치를 정하는 것은 치명적이 될 수도 있다. 나중에 후회하고 점포를 이전하고 싶어도 이전비가 없어서 불가능할 수도 있기 때문이다. 사업에 필수불가결하지 않은 것들은 가능한 한 가장 싼 값으로 구입해도 무방하다. 미국의 유명한 코트회사의 하나인 벌링턴 코트(Burlington Coat)의 창업주인 밀스틴(Monroe Milstein)이 즐겨 말하는 자신의 창업일화 중에 다음과 같은 것이 있다. 그가 두 번째 점포를 열기 위해 한 빌딩을 세냈는데, 빌딩개수를 위해서는 내부구조물을 헐어내야 할 판이었다. 최저 입찰가가 당시로서는 거금인 수천 달러라 이 궁리 저 궁리하던 그가 마침 빌딩에서 일하고 있던 어느 날, 천둥번개를 동반한 폭우가 심하게 몰아쳐 근처에서 일하고 있던 인부들이 그의 빌딩 안으로 피신하게 되었다. 밀스틴은 때를 놓치지 않고 선임자로 보이는 사람에게 얼마에 내부구조물을 철거해 줄 수 있는가 물었다. 그가 "다섯!"이라고 하자 밀스틴이 이해하지 못하여 다시 물었다. "다섯이라니오?" 그가 다시 대답하길 "…상자의 맥주!" 기왕에 다른 사람으로부터 품삯을 받으며 사용하고 있던 장비를 그대로 사용하면 되므로 그들에게 추가로 드는 비용은 거의 없었기에 이 같은 파격적인 거래가 가능했던 것이다.

창업에 필요한 자원을 결정할 때 꼭 유념해 두어야 할 또 하나의 사실은 이 모두를 반드시 자체적으로 해결할 필요는 없다는 점이다. 가능한 범위 내에서 급여, 회계, 광고, 판촉, 사무실 관리 등과 같은 일은 외부업자들에게 맡기는 것이 오히려 더 효율적일 수 있다. 그렇게 함으로써 자체공장과 장비를 소유하거나 임대할 필요는 물론 공장직원들의 채용과 훈련에 대한 걱정 또한 피할 수 있게 될 것이다. 또한 창업기업가는 사업에 필수적인 자원을 실제로 소유하고 있지 않으면서도 소유하고 있는 것과 다름없이 필요할 때는 언제든 동원할 수 있는 방안을 마련해 두어야 한다. 또한 창업기업가는 통상적으로 자금부족에 허덕이게 되므로 임대할 수 있는 것들을 구매해서는 결코 안 되며, 특히 성장성이 높은 하이테크 창업의 경우는 임대료 대신 지분참여를 원하는 지주나 건물주들이 많이 있다는 사실도 기억해 둘 필요가 있다.

2) 창업자금

사업에 대한 아이디어도 거의 완벽하게 구체화되었고, 창업에 필요한 물적·인적자원도 모두 파악되었으며, 사업을 성공시킬 수 있는 모든 전략까지도 포함한 사업계획서가 완성되었다 하자. 따라서 창업 후 플러스의 현금흐름으로 전환될 때까지 소요될 자금의 규모도 계산되었을 것이므로 남은 문제는 결국 이 자금을 어떻게 조달할 것인가 하는 점이다.

창업자본은 차입과 지분투자라는 두 가지 형태의 자금으로 조달된다. 단순하게 말해서 남의 돈을 쓰면 사업에 대한 소유권을 조금이라도 포기할 필요가 없는 반면, 차입기간 중 이자를 지불해야 함은 물론 만기에 원금을 상환해야 하는 부담이 있다. 지분투자를 받아들이면 그 대가로 소유권의 일부를 포기해야 하는 단점은 있지만 원리금 상환, 심지어는 배당금 지급까지도 염려하지 않아도 된다. 그러므로 문제는 결국 이자지불과 소유권 일부의 포기간의 선택이라 할 수 있다.

그러나 실제로는 이 문제가 창업기업가의 선택이라기보다는 흔히 그가 과연 각각 얼마나 조달할 수 있느냐에 의해 자동적으로 결정되는 것이 보통이다. 만약 본질적으로 고정자산은 적게 필요하고 위험부담이 상당히 큰 사업이라면 기업의 자산 외에도 개인적인 담보 없이는 은행으로부터의 차입이 쉽지 않을 것이다. 또, 설사 창업기업가들이 아무리 모든 차입에 대해 개인자산으로 담보하고 싶다 해도 은행은 일반적으로 창업주의 자기지분이 대출금의 4분의 1은 되도록 요구한다. 따라서 대부분의 창업기업은 창업초기에는 창업주 자신이나 가족 및 친지들의 저축과 급여 대신 지분을 받는 '몸으로 때우는 방법'에 의존할 수밖에 없다. 그런 다음 창업주나 해당산업을 잘 알고 있는 엔젤투자자(business angel)들과 같은 부유한 개인 투자가들에게 지분을 팔아서 자금을 조달하다가 제품이 팔리기 시작하는 단계에 이르면 재고나 미수금 등을 담보로 은행대출도 가능해질 것이다. 만약 회사가 고속성장을 보이는 경우에는 지분의 일부를 전문적인 벤처투자 회사에게 넘겨 그들의 출자를 받을 수도 있을 것이다.

한편, 한국에서의 창업비용의 규모도 미국의 경우와 큰 차이가 없어 보인다. 한 통계에 의하면 충청북도의 벤처기업 중 창업자금이 1억 원 이상인 기업은 창업기업의 54% 정도이고 5,000만 원에서 1억 원 사이가 42%로, 대부분의 기업이 1억 원 내외의 창업자금으로 사업을 개시하고 있다. 또 다른 통계에 의하면 벤처기업의 종업원 수, 업종, 창업 연도에 따라 다르지만 창업에 이르기까지 소요된 총자금, 즉 창업자금의 평균은 4억 5천 2백만 원이며 이중 자기 자금은 2억 원 정도이고 나머지는 외부에서 조달한 자금이었다. 소요자금은 대부분 자기 자금(51.3%)과 은행을 포함한 금융기관에서의 차입금(44.9%)이 대부분이었다. 미국의 경우보다 약간 많은 창업자금이 소요되는 것은 임대료 같은 입지비용이 더 많이 들어가기 때문인 것으로 보인다.

3) 수익성

창업초기의 창업기업가가 직면하게 되는 위험은 실로 엄청나다. 사업이 실패하는 경우 자신, 가족, 친지들의 재산탕진은 물론 생계까지 걱정하게 되는 이중의 위험에 처하는 것이 보통이다. 그러므로 이와 같이 큰 위험을 보상받기 위해서는 수익성이 상당히 높지 않으면 안 된다. 일반적으로 수익성은 나라에 따라, 사업의 종류에 따라 다르지만 미국기업들의 경우 당기순이익이 매출액의 대략 5%에 이른다. 다시 말해서 100원 매출에 모든 비용과 세금을 공제하고 난 뒤에 5원의 이익을 낸다는 것이다. 10% 이상을 지속하는 회사는 아주 잘하는 편이며 15%를 올리는 회사는 아주 이례적인 경우이다.

이익과 관련하여 흔히 발견되는 잘못의 하나는 이익을 계산할 때 창업주 자신이나 혹은 창업회사에서 일하고 있는 가족들에 대한 정당한 급여를 빠뜨리는 것이다. 정당한 급여란 이들이 다른 회사를 위해서 이에 상당한 일을 했을 때 받을 수 있었던 금전적 보상은 물론 비금전적 보상까지도 포함하는 것으로서, 가령 전 직장에서 받고 있었던 급여나 헬스클럽, 콘도 사용권 같은 것을 말한다. 물론 창업초기에는 자금부족 현상이 심해서 현금으로 급여를 지불하기가 어려운 점은 충분히 이해되지만, 그런 경우라 하더라도 일단 계산해 두었다가 나중에 반드시 보상해야 할 것이다. 뿐만 아니라 창업에 투자된 자기 자금에 대해서도 정당한 금전적 보상을 받아야 한다는 것을 반드시 잊지 말아야 한다. 예컨대 미국의 경우, 창업전문 투자회사들이 위험이 큰 신규사업에 투자할 때 대강 연 40% 이상의 수익률을 요구하는데 우리 나라의 경우에는 무위험 수익률이 미국보다 더 높고 위험도 높으니 적어도 45% 내지 50% 이상은 되어야 할 것이다.

마지막으로, 이익과 현금흐름을 혼동하지 말아야 한다. 비록 수익성이 상당히 좋은 사업이라 하더라도 성장속도가 빠른 사업은 창업초기에 영업활동에서 발생하는 현금수입이 날마다 증가하는 운전자금 및 설비투자에 소요되는 자금수요를 따르지 못하는 것이 보통이다. 이 경우 차입에 의존하거나 또는 신규지분 투자를 유치할 수밖에 없는데, 특히 성장성이 좋은 사업일수록 현금흐름 예측에 각별히 주의하여 미래에 발생될 외부투자 금액을 정확히 파악해야 할 것이다. 미래의 외부사람에 의한 지분참여는 창업주의 지분율 감소를 초래할 것이고, 심한 경우에는 나중에 사업이 성공하더라도 정작 창업주한테 돌아오는 보상은 보잘것없게 될 수도 있음을 유념해야 할 것이다.

> 장부상 이익과 예금통장의 예금잔고는 다르다. 중요한 것은 현금이다.

5절 성공하는 창업기업과 실패하는 창업기업

마침내 창업의 날이 왔다. 이제 아이디어도 찾았고 사업계획서도 작성하였으며, 여기에 필요한 자원도 다 수배되었다. 성공하는 창업과 실패하는 창업을 가르는 요인들은 어떤 것인가? 〈표 2-2〉는 창업에 성공하는 데 필요한 아홉 가지의 요인들을 나타내고 있다.

자료 : The Portable M&A in Entrepreneurship p.24

창업주	일급 창업기업가를 가지고 있어야 한다.
시장특화	틈새시장에 초점을 맞추어 특화한다.
신속성	신속히 결정하고 결정된 사항을 신속히 추진한다.
유연성	항상 마음의 문을 열고 있으며 변화에 대응한다.
지속적 혁신	지칠 줄 모르는 혁신자들이다.
수평조직	조직은 최소한의 경영관리 계층을 갖는 수평조직이다.
구두쇠	간접비를 줄이고 생산성을 높이며 모든 비용을 줄인다.
친절	고객, 원자재 공급자 그리고 종업원들에게 친절하다.
신바람	일하는 것이 신바람난다.

〈표 2-2〉 성공하는 창업기업의 아홉 가지 요소

무엇보다 중요한 것은 창업기업가가 누구인가 하는 것이다. 그 다음이 시장인데, 대체로 시장에서는 특화가 제일 중요하다. 성공적인 기업은 틈새시장에 초점을 맞춘다. 오늘날 기업환경의 변화속도는 점점 빨라지고 있다. 선진공업국들은 이미 지식산업화되고 있으며, 제품의 생명주기는 점점 짧아지고 있고, 기술혁명은 지속적으로 빨라지고 있다. 이에 따라 정부의 규제나 제도도 계속 변하고 있다. 전세계의 통신과 여행은 점점 쉬워지고 있고 또 비용도 저렴해지고 있다. 뿐만 아니라 소비자들은 종전보다 그들이 선택할 수 있는 제품에 대해서 정보를 쉽게, 많이 얻을 수 있다. 따라서 성공은 고사하고 현상유지를 위해서라도 기업들은 행동이 빠르고 신축적일 수밖에 없다. 종전과 같이 기업이 구태의연하게 관행에 안주해서 모든 면에서 경직성을 보여서는 안 된다.

한때 미국 소매업계를 주름잡았던 케이마트(Kmart)라든가 시어즈(Sears)는 최근에 와서 엄청난 시련을 겪고 있으나, 샘 월튼(Sam Walton)의 월마트(Wal-Mart), 웩스너(Les Wexner)의 리미티드(The Limited), 로딕(Anita Roddick)의 바디 샵(Body Shop) 등 새로운 기업들이 그들의 자리를 대신 차지하고 있는 것만 봐도 환경변화에 대한 기업의 신축적인 대응이 얼마나 중요한가를 알 수 있다.

또한 중소기업들 가운데는 위대한 혁신자들이 많으며, 대기업들조차 이들 혁신기업이 개발한 연구성과를 이용하기 위해서 이들과 전략적 제휴관계를 갖는 경향이 최근의 추세라 하겠다. 예컨대 호프만 라로쉬(Hoffman-LaRoche)와 같은 제약회사는 의사처방약품 개발업체인 지넨텍(Genentech) 주식의 대부분을 사들였으며, 제약업계의 대기업인 엘리 릴리(Eli Lilly)는 하이브리텍(Hybritech)이라는 조그만 제약회사를 매입하였다. 1980년대에 들어와 IBM은 매년 90억 달러나 되는 돈을 R&D에 쏟아부었지만 이와 같은 천문학적 투자에도 불구하고 IBM은 기술적 우위를 계속 유지시켜 나갈 수 없었다. 오늘날 IBM은 Apple, Borland, Go, Lotus, Intel, Metaphor, Microsoft 등과 전략적 제휴관계를 맺고 있다.

특히 생산성에 있어서는 몇몇 혁신적 벤처기업들이 대기업들을 훨씬 앞서고 있는데, 1994년 컴퓨터산업 통계에 의하면 1인당 생산성면에서 컴팩(Compaq)과 애플(Apple)이 첫째와 둘째를 차지하고 있는데 컴팩은 종업원 1인당 생산성이 872,300달러, 그리고 애플은 647,000달러인 데 반해 IBM은 269,000달러, 그리고 DEC는 177,100달러에 불과했다. 이러한 상황에서 IBM의 거스너(Louis Gerstner)와 DEC의 팔머(Robert B. Palmer)가 최근 그들의 회사를 계속 다운사이징(downsizing)하고 있는 것은 결코 놀라운 일이 못 된다.

그러나 이들 못지않게 중요한 것은 고객들이 즐거워하고, 종업원들이 신바람내며, 협력업체들이 만족해하지 않는다면 사업은 결코 성공할 수 없다는 것이다. 그것은 곧 친절한 회사를 만들어야 된다는 것을 말한다. 모든 사람이 친절해야 되지만 특히 고객을 접하는 사람들은 누구보다도 친절하지 않으면 안 된다.

마이크로소프트는 넷스케이프의 인터넷 소프트웨어에 대항하기 위해서 20년 된 회사를 불과 6개월 동안의 노력으로 넷스케이프에 필적할 만한 새로운 조직으로 탈바꿈시키는 대역사를 성공시켰는데, 이를 달성한 다음 빌 케이츠는 "지나간 6개월 동안은 내가 마이크로소프트를 시작한 이래 가장 즐거웠던 기간이었다."라고 말하고 있다. 그러므로 누구나 신바람이 나도록 만드는 것은 회사를 계속 혁신시켜 나가는 데 가장 중요한 요인이라 할 수 있다. 만약에 마이크로소프트에서 새로운 제품을 개발하는 사람들이 일에서 재미를 못 느꼈다면 그들은 결코 하루에 12시간씩 또는 밤을 새워 가면서 그 일에 매달리지 않았을 것이고, 넷스케이프를 따라잡을 수도 없었을 것이다. 대부분의 창업 기업들은 앞에서 말한 창업 성공 9대 요소를 처음부터 알고는 있다. 다만 성공하고 성장하는 기업들은 이들을 계속 염두에 두고 지속적으로 실천한다는 점이 다를 뿐이다.

〔도움이 되는 읽을거리〕

1. Bygrave, The Portable MBA in Entrepreneurship 2nd ed., John Wiley & Sons, Inc. 1997: Chapter 1. 창업의 단계와 고려해야 할 주변환경들에 관하여 실례를 들어 쉽게 설명하고 있다.

2. Hisrich, Peters, Entrepreneurship 3rd ed., Irwin 1995: Chapter 1. 창업의 기본적 이해 및 관리자와 창업자와의 차이 등에 관한 설명을 하고 있다.

3. Vesper, New Venture Experience 1st ed., Vector Books.,: Chapter 1. 벤처의 개념을 창업에 도입시켜 설명하고 있다.

4. Kuriloff, Hemphill, and Cloud, How to Start your own business and succeed, 2nd ed. McGraw-Hill Inc., 1992: 창업에 대해 단계별 사례를 중심으로 개발해 나갈 수 있도록 쓰여진 책이다.

5. Collins, Porras, Built to Last, HarperBusiness, 1997: 장기적으로 성공하는 기업의 특징들을 연구한 책으로, 창업을 디자인하는 데 골격을 제시하는 내용이 포함되어있다.

3장 창업기회의 포착

1절 벤처사업의 기회

얼마 전 우리가 겪었던 IMF 사태와 같이 기업을 둘러싸고 있는 환경의 급격한 변화, 즉 혼란과 혼돈이 있거나 또는 지식과 정보의 갭이 존재할 때 산업과 시장에는 각종 진공상태가 생기게 되는데 이때가 바로 우리가 말하는 '기회'가 잉태되는 때라고 볼 수 있다. 이처럼 기업환경이 급격히 변화하는 상황에서 미래에 대한 예측은 무엇보다 중요하기 때문에 창업기업가는 언제나 이러한 변화를 주의깊게 보아야 한다. 준비된 사업가는 그러한 기회를 재빨리 포착해서 사업화하겠지만 그렇지 못한 사람들은 그저 앉아서 연구만 할 따름이다.

기회는 또한 상황적이다. 상황적이라는 말은 기회를 만들어 내는 상황이 어떤 것들은 매우 특이하다는 의미이지만 경우에 따라서는 많은 다른 산업 또는 제품이나 서비스에 일반적으로 동일하게 적용될 수도 있다. 이 경우에 준비된 기업가는 비록 확실하다고는 말할 수 없겠지만 바야흐로 사업기회가 발생하고 있다는 것을 예측할 수도 있다.

기회와 관련해서 우리가 흔히 잘못 알고 있는 것 가운데 하나가 대기업이 지배하고 있는 시장은 그보다 작은 중소기업 또는 창업기업들이 결코 침범할 수 없다는 생각이다. 어떻게 오랫동안 시장에 군림해 왔고 온갖 자원을 다 가지고 있는 기존의 대기업들과 감히 경쟁을 할 수 있단 말인가? 그러나 결코 그렇지 않다. 몇몇 연구결과에 의하면 대기업이 사업전략을 바꾸는 데는 적어도 6년 이상이 걸리고 전략을 일단 바꿨을 때 그 전략을 실제로 집행하는 기간이 또 그 정도 걸리기 때문에 결국 바뀐 전략으로 완전히 회사를 전환시킬 때까지 10여 년 이상이 걸린다.

규모가 작은 창업기업들에게 10년이란 기간은 영원에 가깝다. 예를 들어 미국의 이동통신 사업자인 셀룰러 원(Cellular One)이 보스턴에서 처음 창업했을 때 거대한 나이넥스(NYNEX)가 당시 유일한 경쟁자였다. 나이넥스는 그 당시 하나에 50만 달러 이상짜리 통신타워를 셀룰러 원보다 적어도 2배 이상 가지고 있었고, 광고 및 마케팅비는 2배 내지 3배에 이르렀으며 종업원 수 역시 비교할 바가 아니었다. 그럼에도 불구하고 셀룰러 원은 처음 무에서 시작해서 5년 이내에 매출액을 1억 달러로 올렸으며 나이넥스가 새로운 고객을 한 사람 얻을 때 셀룰러 원은 세 사람의 고객을 얻었던 것이다. 무엇이 이와 같은 차이를 가져올 수 있었던가? 그것은 곧 셀룰러 원에 있었던 창업기업가 정신으로 무장된 경영팀이라고 말할 수 있다.

실제로 가장 성공적인 사업기회 가운데 상당수는 우리가 전통적으로 대기업의 영역이라고 알고 있었던 분야에서 일어나고 있다. 예컨대 기술혁신을 보면 소규모 창업기업들의 성과는 가히 눈부시다. 2차대전 이후 가장 획기적인 기술혁신 가운데 95%가 대기업이 아닌 소규모 창업기업에서 왔다. 미국의 과학재단(National Science Foundation)에 의하면 R&D에 투입된 투자금액 1달러당 기술혁신 건수에서 중소기업들은 1만 명 이상을 고용하고 있는 기업들보다 24배나 더 많다.

　또한 우리가 그저 평범한 사업이라고 생각하는 것들 중에서도 엄청난 사업기회를 발견할 수 있다. 물론 이러한 분야는 창업자본 투자가들이 결코 눈길 한번 주지 않는 분야이긴 하지만 이들 분야를 자세히 살펴보면 엄청난 기회를 발견할 수 있다. 예컨대 마이크로컴퓨터, 경영정보시스템(MIS), 또 컴퓨터 네트워킹 분야의 눈부신 발전은 지난 수십 년 동안 거의 변화가 없었던 여러 사업분야에 엄청난 영향을 미치고 있다. 그 밖에도 정부법령이나 규제의 변화는 판매방식에 엄청난 변화를 가져온다. 예컨대 종전에 도매상, 소매상 등 대여섯 개의 판매단계를 거쳤던 판매조직은 최근 크게 확산되고 있는 홈쇼핑이나 온라인 판매로 인해 큰 변화가 예상된다.

준비된 사업가는 어떤 어려운 상황에서도 사업기회를 잡을 수 있다.

2절　창업 아이디어 개발

　창업을 해야겠다고 오랫동안 생각해 왔지만 과연 어떤 분야에서 무슨 사업으로 창업을 시작할 것인가 하는 것을 결정하기란 쉬운 일이 아니다. 그리고 이 같은 결정을 내리는 데는 어떤 정답이 있을 수도 없다. 창업을 희망하는 사람들의 배경이 모두 다르기 때문이다. 그러나 창업을 희망하는 사람들이 공통적으로 고려해야 할 사항이 있다면 이는 자신이 처해 있는 상황을 정확하게 분석해 보는 것이다. 새로운 출발은 모두 스스로를 돌이켜 보는 데서 시작한다.

1) 스스로를 돌아보자

(1) 나는 어떤 일을 좋아하는가

　이것은 창업을 계획하는 사람이 자신에게 물어야 할 가장 근본적인 질문이다. 창업의 목적이 자신의 흥미와 관계없이 돈 버는 데 있다고 생각하는 예비 창업자가 있다면 십중팔구 실패할 것이다. 한국의 산악인 중에 8,000미터가 넘는 히말라야 산맥의 모든 봉우리를 다 등정하려는 계획을 가진 사람이 있다. 그는 몇몇의 봉우리를 등정하던 중 목숨을 잃을 뻔한 경험이 몇 번씩이나 있으면서도 그 꿈을 포기하지 않고 나머지 봉우리를 등정하기 위해 새로운 등정계획을 세웠고, 마침내 그 꿈을 이루어 냈다. 그가 마침내 히말라야의 8,000미터 이상의 고봉 14개 중 'K2' 봉만을 남겨 놓았을 때까지 그는 매년 두 차례 정도의 등정을 했었다. 그러나 마지막 한 개의 봉우리를 남겨 놓았을 때는 2개월여 만에 다시 등정을 하여 마침내 마지막 남은 가장 어려운 봉우리인 'K2' 봉마저 정복한 것이다. 보통 사람이 보기에는 참으로 이해하기 어려운 일이다. 낮은 산을 오르고 내리는 것도 쉬운 일이 아닌데 목숨까지 걸고 산을 오르는 결정을 한다. 그리고 산을 오르다 목숨이 위태로운 경험을 여러 번 한다. 동료 산악인들이 위험을 무릅쓰고 등정하다가 목숨을 잃는 모습을 옆에서 지켜보기도 했고, 그 자신도 등정 중 추락하는 사고를 당하여 구사일생으로 살아나기도 하였다. 그러나 그는 포기하지 않고 끝없이 재도전을 한다. 이유는 간단하다. 그는 산 오르는 것을 좋아하기 때문이다. 좋아하기 때문에 아무리 위험하고 힘들어도 포기하지 않고 계속해서 도전하는 것이다. 그에게는 언젠가 자신이 원하는 목표를 달성할 수 있을 가능성이 있다.

사업은 마치 높고 험한 산을 등반하는 것과 같다. 중도에 예기치 못한 어려움을 만나게 되는 것은 필연적이다. 그러나 자신이 좋아하는 사업을 시작한 사람이라면 이 같은 어려움이 극복하지 못할 어려움으로 다가오지는 않을 것이다. 때로는 사업을 중도포기할 수밖에 없을 만큼 큰 어려움을 만나기도 한다. 그러나 자신이 좋아하는 사업을 시작했던 사람은 사업실패로 좌절해서 주저앉기보다는 오히려 다시 시작할 수 있는 용기를 가지고 이를 기회로 삼을 것이다. 좋아하는 분야에서 창업을 해야 성공할 가능성이 높아지는 것은 이런 이유에서이다.

또, 좋아하는 분야에서 창업을 해야 하는 이유는 자기 인생의 만족과 행복을 위해서이다. 창업의 가장 큰 이유는 스스로 자신의 인생을 행복하게 설계할 수 있다는 가능성이다. 인생의 만족은 돈을 많이 버는 것만으로는 결코 채워지지 않는다. 자신의 일에 대한 만족감과 성취감이 있어야 한다. 사람들의 이와 같은 욕구를 매슬로우(Maslow)는 〈그림 3-1〉과 같이 설명하고 있다.

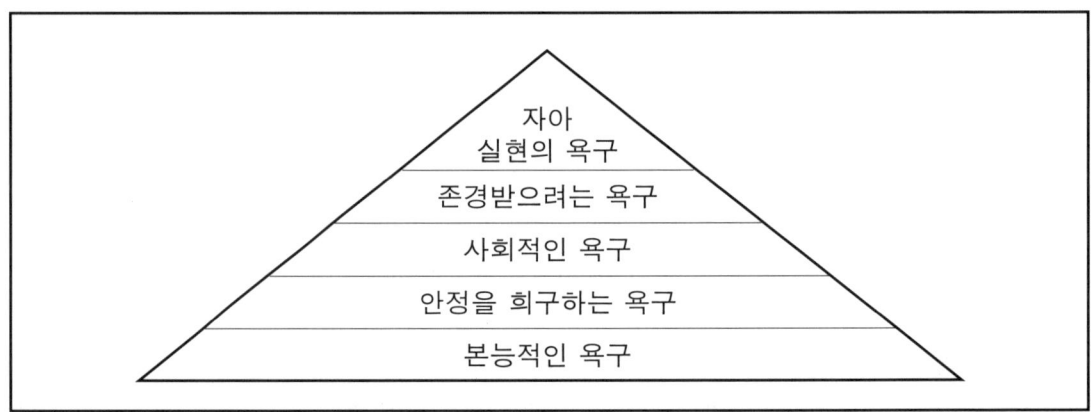

〈그림 3-1〉 매슬로우(Maslow)가 제안한 욕구의 단계

가장 기본적인 인간의 욕구는 본능을 충족시키는 것이다. 식욕, 배설의 욕구가 이에 속한다. 사람들에게 이와 같은 기본적인 욕구가 충족되면 다음 단계는 앞날에 대한 안전을 희구하는 욕구가 발생한다. 이 욕구가 충족되면 사람들은 사회적 욕구의 단계로 향한다. 이 단계에서 사람들은 타인과의 관계에서 나타나는 우정, 사랑과 같은 감정을 통하여 만족을 얻으려 한다. 그리고 다음 단계는 자신과 타인으로부터 존경을 받으려는 욕구이다. 그리고 최후의 단계로는 자신이 가지고 있는 잠재력을 최대한 발휘하여 의미 있는 일을 성취하려는 욕구이다. 창업과 관련하여 높은 단계의 욕구를 만족시켜줄 수 있는 분야의 아이디어를 개발하고 실행하는 까닭은 경제적 안정을 가져다 주는 사업성공과 함께 창업의 가장 중요한 목표 중 하나인 행복추구의 욕구를 달성할 수 있기 때문이다.

(2) 내 능력은 얼마나 될까

원하는 것과 이를 실행할 수 있는 능력과는 별개이다. 그러나 이는 마치 동전의 양면과 같아서 어느 하나를 떼어놓고 창업과 사업의 성공을 생각할 수는 없다. 아무리 아이디어가 훌륭하다 할지라도 실행에 옮길 구체적인 능력이 없다면 이는 공상에 불과하다. 원하는 일을 찾은 다음의 단계는 자신의 능력을 점검해 보는 것이다. 창업과 관련하여 점검해야 하는 자신의 능력은 구체적으로 다음 질문들을 스스로에게 던져 봄으로써 그 답을 얻을 수 있다.

- 나는 지금까지 어떤 일을 해 왔는가
- 내 강점과 약점은 무엇인가
- 나는 얼마나 많은 돈을 창업에 투자할 수 있는가

① 경험은 필요하되 창업성공의 필수적인 요건은 아니다 : 창업을 하기 위해서 꼭 창업하려는 분야의 경험을 가지고 있어야 할 필요는 없다. 대부분 성공적인 창업은 발상의 전환에서 시작하기 때문에 어느 특정분야의 경험 자체가 필수적인 것은 아니다. 미래산업을 한국의 대표적 벤처기업으로 이끈 정문술 사장이 반도체 장비에 대한 경험을 가지고 창업한 것은 아니다. 그러나 연관된 분야에서의 경험은 사업구상과 관련하여 많은 도움이 될 수 있다. 특히 경영활동과 관련된 경험은 창업단계에서 시작하여 회사운영의 단계에 이르기까지 지속적으로 큰 도움이 될 것이다.

② 자신의 강점이 부족하면 타인의 힘을 빌어 성공적인 창업을 할 수 있다 : 창업과 관련하여 자신의 강점과 약점을 면밀히 검토해 보는 것이 중요하다. 이와 같은 분석은 자신의 능력개발은 물론 자신의 약점으로 인해 빠지기 쉬운 창업 실패의 함정을 미연에 방지하는 역할을 할 수 있다.

미국의 창업 컨설턴트인 마샤 로젠(Marcia Rosen)은 자신의 강점과 약점을 체크해 볼 수 있는 질문 리스트를 다음과 같이 만들었다.

내가 일하는 스타일은

- 직접 몸으로 부딪히는 형이다.
- 추진력이 있다.
- 목표지향적이다.
- 열심히 일한다.
- 매우 조직적이다.
- 꾸준하고 끈기가 있다.
- 결정을 빨리 내린다.
- 결심이 서면 끝까지 밀고 나간다.

내 자신을 이렇게 표현할 수 있다

- 믿을 만한 사람이다.
- 신중하게 생각한 후 위험을 택한다.
- 타인과 협력을 잘한다.
- 사고가 유연하다.
- 역동적인 사람이다.
- 민감하고 직감이 발달한 사람이다.
- 스스로 동기부여를 잘한다.
- 외향적이다.
- 박학다식하다.
- 호기심이 많은 사람이다.
- 닥쳐오는 문제와 새로운 기회에 언제나 주의를 기울이는 사람이다.

나는 다음과 같은 인간관계 기술을 가지고 있다

- 리더십이 있다.
- 문제를 해결하는 직관력이 있다.
- 커뮤니케이션을 잘하는 편이다.
- 협상을 잘한다.
- 위기대처를 잘한다.
- 다른 사람을 잘 보좌하는 편이다.
- 한계를 잘 짓는 편이다.
- 필요하면 언제나 타인의 도움을 요청할 준비가 되어 있다.

나는 다음과 같은 능력을 갖추고 있다

- 돈을 잘 굴린다.
- 재치가 있다.
- 세일즈 기술이 있다.
- 설득력 있는 글을 잘 쓴다.
- 창조적이며 예술적 감각이 있다.
- 계산을 잘한다.
- 문제해결을 잘한다.
- 컴퓨터를 잘 다룬다.
- 끝마무리를 잘한다.
- 독창적 생각을 할 수 있다.

□ 동시에 여러 가지 일을 추진하는 능력이 있다.

□ 문제의 본질파악은 물론 세세한 부분도 놓치지 않는다

□ 수입과 지출을 조직적으로 기록할 수 있는 부기능력이 있다.

□ 모르는 것은 스스로 찾아서 해답을 구할 수 있는 능력이 있다.

□ 장기적인 전략적사고를 할 수 있다.

로젠은 위 목록 중 50% 이상이 자신의 특징에 해당될 경우 이는 창업을 성공으로 이끌 수 있는 충분한 자질이 갖추어져 있음을 의미한다고 한다. 그렇다고 해서 50% 이상의 점수를 받지 못했다는 것이 창업을 아예 시도할 수 없을 만큼 자질이 부족하다는 의미는 아니다. 낮은 점수는 단순히 창업과 관련하여 현재 자신이 약점을 가지고 있음을 나타내는 것에 불과하다. 점수가 낮은 사람이 창업에 성공하기 위해서는 혼자서 사업을 하기보다는 자신의 부족한 부분에 대하여 도움을 받을 수 있는 사람들과 함께 창업할 필요가 있음을 의미한다고 이해하면 될 것이다.

③ 자금과 관련된 창업설계는 보수적이거나 지나치게 공격적이지 않아야 한다 : 창업구상과 관련하여 사람들은 크게 두 부류로 나뉘어진다. 하나는 매우 보수적인 그룹으로 자신이 수중에 가지고 있는 돈을 최대의 투자금액으로 생각하고 창업구상을 하는 사람들이다. 이들은 철저하게 자신의 힘만을 의지하고 자신이 모든 것을 통제해야 한다고 생각한다. 타인의 자금을 끌어다 쓰면 자신이 뜻대로 사업을 펼쳐 나가기 힘들 것이며 정신적인 스트레스도 받고 싶지 않으니 그냥 있는 한도 내에서 창업을 해야 한다고 생각한다. 이와 같은 보수적인 생각이 반드시 잘못되었다고 할 수는 없으나 자금과 관련하여 지나치게 보수적인 생각은 자신이 가지고 있는 아이디어의 실용화와 마케팅을 통한 사업성공의 확률을 그만큼 떨어뜨릴 수 있다.

또 다른 부류로 분류되는 사람들은 앞뒤 가리지 않고 부모, 친척 등을 보증인으로 내세워 무리하게 사업의 규모를 확장하고 큰 규모로 사업을 시작한다. 이들은 사업을 시작할 때 지나친 자신감에 가득 차서 계획대로 창업이 순조롭게 진행될 것이며 매출이 곧 발생하여 초기에 빌려서 투자했던 돈들을 쉽게 갚을 수 있을 것이라 생각하면서 타인의 자본을 이용하여 창업을 한다. 그러나 창업을 한 거의 모든 사업들이 원래 생각했던 것과 똑같이 진행되는 법은 없다. 매출이 일어나는 시기가 늦어지고 예상치 못했던 비용이 추가투입되는 것은 언제나 일어나는 일이다. 이러한 돌발사태를 예기하지 않고 자신이 동원할 수 있는 모든 신용까지 사용하여 자신의 능력에서 벗어나는 자금을 투입한 창업

의 결론은 자신과 보증을 섰던 주위 사람에게 재기불능의 엄청난 타격을 주게 된다. 자금과 관련한 창업시 자신을 돌아보며 언제나 스스로에게 던져야 하는 원칙은 지나치게 보수적이지 않음으로써 창업 아이디어가 중도에 꺾이지 않도록 함과 동시에 지나치게 욕심을 부려 재기불능의 상태로 떨어질 위험을 피해야 한다는 것이다.

이제 종합적으로 나를 돌아본 후 어떤 사업을 하는 것이 좋을지 자신이 가지고 있는 아이디어를 활용하여 다음 설문지를 완성해 보자.

---

1. 당신의 교육적 배경이나 주변상황 혹은 취미 등을 고려해 볼 때 사업을 한다면 가장 잘할 수 있다고 생각되는 분야를 적어도 세 가지 이상 기술해 보십시오.

2. 당신은 어떤 분야에서 두각을 나타낼 수 있을 것이라고 생각합니까? 혹시 타인으로부터 "당신이 이런 일을 시작한다면 틀림없이 성공할 수 있을 겁니다."라는 말을 들어 본 적이 있다면 그것은 무엇입니까?

3. 당신이 진정으로 하기 원하는 일은 무엇입니까? 답이 바로 떠오르지 않으면 좀더 구체적으로 이런 질문에 대한 답을 생각해 보십시오.
   - 일주일쯤 휴가를 얻을 수 있다면 무엇을 가장 먼저 하고 싶습니까?
   - 누구나 아침에 일찍 일어나는 것을 좋아하지는 않습니다. 그러나 가끔 무슨 일을 하기 위하여 즐거운 마음으로 아침 일찍 일어나 본 경험이 있습니까? 있다면 무엇을 하기 위해서였습니까?
   - 어떤 종류의 책과 잡지를 구독하고 있습니까?
   - 어떤 주제에 관하여 남들과 이야기할 때 가장 재미있습니까?
   - 어렸을 때 가장 하고 싶어했던 일은 무엇입니까?
   - 오늘이 당신에게 주어진 마지막 날이라고 한다면 어떤 일을 우선적으로 하고 싶습니까?

4. 당신은 사람들과 어울리는 것을 얼마나 좋아합니까? 스스로를 판단하기에 대인관계를 잘하고 있다고 생각합니까? (이 질문에 대한 답변을 통하여 당신은 업종선택에 도움을 받을 수 있습니다. 가령 대인관계에 익숙하지 못한 경우, 요즘은 기술의 발달로 사람을 직접 만나지 않고서도 사업을 진행할 수 있는 방법이 있습니다.)

---

5. 얼마나 많은 시간을 일에 투자하는 것이 이상적이라 생각합니까? 또한 창업을 부업으로 생각하고 있습니까, 아니면 전력투구하여 가족의 생계를 유지하는 유일한 수단으로 생각하고 있습니까? (이 질문에 대한 당신의 답변은 업종선택은 물론 투자규모를 결정하는 데에도 도움을 줄 것입니다.)

6. 당신은 창업을 통하여 최소한 얼마의 수입이 보장되어야 한다고 생각합니까? 또, 이러한 수입이 언제부터 발생해야 당신의 계획에 차질이 없겠습니까? 창업 후 1년 아니면 2년(이 질문에 대한 당신의 답변은 투자에 대한 수익률과 원금 회수기간 등을 고려하게 함으로써 업종선택에 도움을 줄 것입니다.)

7. 당신이 창업을 하기 위하여 준비할 수 있는 것은 무엇입니까? 기술, 특허, 현금, 장비, 건물, 동업자 등 창업에 투자할 수 있는 모든 목록을 적어 보십시오. (이와 같은 재정적 능력에 관한 리스트는 창업 아이디어의 현실성을 검토하는 데 많은 도움이 될 것입니다.)

8. 당신은 어떤 형태로 창업하기를 원합니까? 높은 위험을 감수하더라도 홀로 모든 것을 감당하는 형태를 원합니까? 아니면 기존의 사업체를 인수하여 더 높은 수익을 올리려는 계획을 가지고 있습니까? 혹은 체인점과 같은 형태를 이용하여 위험을 낮추는 창업을 원합니까? (기대하는 수익이 높으면 높을수록 창업실패의 위험도가 높아지는 것이 일반적 경향입니다. 이 질문에 대한 답변을 통하여 당신은 창업에 대한 위험도를 조절할 수 있습니다.)

2) 창업 아이디어 구상하기

자신의 능력을 돌아본 후 다음 단계로 자신에게 던져야 하는 질문은 '나는 어떤 아이템을 가지고 창업하는 것이 가장 성공할 가능성이 높을까.' 하는 것이다. 이 질문은 창업을 시작하려는 모든 사람들의 고민이다. 그리고 가장 중요하면서 가장 어려운 부분이기도 하다. 아이디어를 가지고 있다고 해서 모두 성공하는 것은 아니다. 그러나 성공한 모든 창업자들은 뛰어난 아이디어를 가지고 창업을 시도하였다. 요컨대 좋은 아이디어는 창업성공의 기반이 되는 필요조건임을 알아 둘 필요가 있다.

> 창업성공을 위한 아이디어 발굴의 첫 단계는 타인의 사업을 그대로 모방하고자 하는 유혹에서 벗어나는 것이다.

예비 창업자가 가장 쉽게 빠지는 유혹은 잘되는 주위의 사업을 보면서 그대로 모방하여 사업을 시작하고 싶어하는 것이다. 그러나 이와 같은 사업의 모방은 상대방과 자신을 공멸의 길로 인도하는 지름길이다. 모방을 통한 창업은 가뜩이나 힘겹게 경쟁을 하고 있는 시장에 이기기 힘든 싸움을 하려고 뛰어드는 것과 같은 것이다. 똑같은 아이템과 똑같은 방법으로 창업을 해서 이미 시장을 선점한 타인과의 경쟁에서 이길 수 있다고 생각하는 것은 어리석은 일이다.

창업을 하기 전 먼저 훌륭한 아이디어를 찾아야 한다. 자신의 능력과 소비자 기호에 맞는 훌륭한 아이디어와 더불어 뛰어난 품질의 서비스나 제품을 제공한다면 창업사업에서 수익을 보장받을 수 있을 것이다. 물론 아이디어 발굴은 창업단계에서만 필요한 것은 아니다. 치열한 경쟁사회에서 생존을 위해서는 끊임없는 아이디어 발굴이 요구된다. 그렇다면 창업을 성공으로 이끄는 아이디어는 어떻게 발견할 수 있을까?

(1) 창업 아이디어의 발굴은 자신이 좋아하는 취미생활에서 시작할 수 있다

대학졸업 후 K양은 남들이 다 부러워하는 대기업에 입사하였다. 입사 후 배치된 곳은 총무부서였고 그곳에서 하는 일의 대부분은 기계적이며 반복적인 서류작업이었다. 비교적 자유로운 분위기에서 자란 K양에게 기계적이며 반복적인 업무는 도저히 잘 맞지 않는 일이었다. 결국 입사 후 채 1년도 지나지 않아 K양은 매일 아침 일어날 때마다 결근할 핑계를 찾아야 할 만큼 심한 스트레스에 시달리게 되었다. 다른 부서로의 이동을 요청하기도 했으나 결국은 받아들여지지 않았다. K양은 주위의 만류를 뿌리치고 사표를 제출하면서 '이제 다시는 기계 부속품처럼 취급되는 직장생활은 하지 않겠다.'는 생각을 단단히 하였다.

퇴사 후 K양은 평소에 자신이 하고 싶은 일이 무엇인지를 생각해 보았다. 어렸을 때부터 자신이 좋아하던 것을 생각하면서 레스토랑을 하면 어떨까 하는 생각을 해보았다. 직장에 취직하기 전 시간적 여유가 있던 학창시절에 취미생활로 가족들에게 음식과 빵을 만들어 주면서 만족감을 느꼈던 때가 있었음을 기억하게 되었다. 자신이 음식을 만드는 소규모의 레스토랑을 경영하면 재미있게 잘할 수 있으리라는 생각에 K양은 주위에서 레스토랑을 하고 있는 사람들에게 자신의 의견을 이야기하고 자문을 구하기 시작하였다. 그러나 이들로부터의 한결같은 반응은 레스토랑은 생각하는 것보다 훨씬 더 많은 노력과 종업원을 비롯해서 사람 다루는 기술과 상당한 자본투자가 필요하며, 특히 요즘 경쟁이 부쩍 치열해져서 기존 레스토랑들도 유지하기 쉽지 않다는 비관적인 것들뿐이었다.

레스토랑 개업을 포기한 후 K양은 다른 창업 아이템을 찾다가 제과점 프랜차이즈를 생각하게 되었다. 비록 기대되는 수익은 레스토랑만 못하지만 우선 체인 본사에서 기술적인 지원을 하기 때문에 쉽게 창업을 할 수 있다는 장점이 있고, 또 일부 빵과 과자는 자신이 직접 만들 수 있으므로 자신의 취미생활도 겸할 수 있으리라는 결론에 도달하게 되었다. 열심히 장소를 찾아서 신규로 입주하는 아파트 단지의 상가를 임대하여 소규모의, 그러나 잘 알려진 프랜차이즈 제과점을 시작하였다. 비록 출퇴근 시간이 따로 없어 직장생활을 할 때보다 근무시간도 길고 때로는 힘도 들지만 요즘 K양은 세상 사는 맛이 난다. 아침 일찍부터 준비하고 스스로 빵을 구워 내면서 나는 구수한 버터 냄새를 맡으면 피로가 모두 사라지면서 힘이 솟는 것을 느낀다. 자신이 좋아하는 일을 사업과 연결시켜 하니 피곤한 줄도 모른다. 그리고 이제 입주가 완료된 아파트 단지도 상권이 잘 형성되어 간다. 사업 시작 후 채 3개월이 지나지 않아 작지만 이익을 내기 시작하고 있다. 앞으로 3개월 이내에는 직장생활을 하는 것보다 재정적으로도 훨씬 나아질 것으로 기대하고 있다.

K양의 사례에서 보듯 창업을 하는 많은 사람들의 목표가 현재 자신이 하고 있는 일에 대한 불만족에서의 탈출이다. 이러한 목표를 가지고 있는 사람이 덜컥 자신이 좋아하지도 않는 분야에 뛰어드는 것은 자살행위와 다를 바 없다. 안정적인 직장생활에 비하여 모든 창업은 더 많은 시간과 노력의 투자를 요구한다. 그런데 이렇게 많은 시간과 노력이 요구되는 일이 자신에게 만족을 주는 일이 아니라면 결론은 명확하다. 창업은 가능하나 결국은 실패한 창업이 될 것이다.

이제 자신이 좋아하는 취미 목록을 만들어 보자. 우표 수집에서 시작해서 컴퓨터 게임에 이르기까지 최소한 10가지를 적어 보자. 이것은 사업 아이디어 발굴의 첫 단추를 꿰는 것이다.

취미생활 목록

1.
2.
3.
4.

---

(2) "왜 이런 물건은 없지?"라는 질문을 던져 보자

1985년 미국 보스턴에 살고 있던 30세의 코피 릴리언(Copie Lilien)이라는 가정주부는 다섯 살 된 아들과 두 살 된 딸을 기르고 있었다. 릴리언은 아이들의 옷을 사러 백화점에 나갔다가 여자 아이들

의 옷은 대단히 아름답고 세련된 디자인으로 판매가 되고 있는 반면에 남자 아이들의 옷은 디자인에 그렇게 신경을 쓰지 않고 판매가 되고 있는 것을 발견하고 스스로에게 질문을 던졌다. "왜 남자 아이들의 옷은 여자 아이들 옷처럼 예쁜 디자인이 없지?" 이 질문을 던진 후 남자 아이들을 위한 예쁜 디자인 의류사업을 구상하기 시작하였다. 창업 아이디어를 구체화해 나가면서 딸과 같은 학교 학부모인 런욘(Runyon)과 창업을 함께 하기로 하였다. 두 사람은 시장조사에 나섰다. 먼저 백화점에 있는 아동의류점을 방문하여 남자 아이들의 옷 디자인이 형편없다는 것을 다시 한번 확인하였다. 남자 어린이의 의류사업을 하기 위하여 지속적인 시장조사를 하던 중 이들은 한 가지 보다 구체적인 현상을 알게 되었다. 남자 어린이의 옷도 디자인에 문제가 있지만 뚱뚱한 어린이들을 위한 옷 디자인은 남녀 어린이를 막론하고 더 형편없다는 사실을 발견한 것이다. 이 사실을 발견하고 이들은 남자 어린이를 위한 의류사업 아이디어에서 뚱뚱한 아이들을 위한 의류사업으로 창업 아이디어를 바꾸고 다시 시장조사를 하였다. 결과는 놀랍게도 미국 어린이의 25% 이상이 정상을 넘는 비만의 증상을 보이고 있어 이 시장이 거대하다는 것을 확인하였다. 이들은 비만전문의와 비만아동을 위한 상담가들을 통하여 이들의 특징적 생활습관을 연구하기 시작하였다. 이런 일련의 창업을 위한 시장조사 결과 미국 내에 천만이 넘는 비만아동이 있으며 이들을 위한 시장규모는 전체 아동의류시장에 비하여 매우 작은 부분이지만 이들 두 사람이 계획하고 있는 소규모의 사업을 펼치기에는 충분하다는 결론에 도달하였다.

두 사람은 자본금 16,000달러를 마련하고 은행으로부터 120,000달러를 빌려서 생산에 돌입하였다. 생산된 물건을 판매하기 위하여 이들은 비만어린이의 리스트를 여러 기관으로부터 얻은 후 카탈로그를 우송하였다. 그러나 첫해의 영업실적은 이들이 예상한 주문에 비하여 10%에도 못 미치는 실망스러운 것이었다. 그러나 다행스럽게도 이들은 대부분의 자본력이 부족한 창업자들과는 달리 첫해의 어려움을 넘길 수 있었다. 추가적인 자금지원과 생산된 아동의류가 유행에 민감하지 않았기 때문에 다음해에도 계속해서 팔 수 있었기 때문이었다. 이들은 첫해의 마케팅 실패를 교훈삼아 이듬해부터는 보다 효율적인 마케팅전략을 구사할 수 있었다. 창업한 지 6년이 지난 후 이 두 사람은 연 매출이 70만 달러에 육박하는 성공적인 사업체를 운영하고 있다.

새로운 아이디어는 기존관습에 대한 도전적 질문에서 나오기 시작한다. 위 사례에서 릴리언은 다른 사람들이 던지지 않는 질문을 던져 본 것이 창업 아이디어를 구체화하는 시발점이 되었다. 백화점을 방문했을 때 다른 사람들의 눈에는 모든 어린이들이 입을 수 있는 다양한 종류의 옷이 있다는 사실만이 비춰졌다. 그러나 릴리언은 "왜 뚱뚱한 어린이를 위한 예쁜 옷은 없지?"라는 질문을 던진 것이다. 창업 아이디어를 구체화하기 위해서는 이와 같이 남들이 다 같이 보는 시각에서 보는 것이 아니다. 주위를 둘러보라. 도전적인 시각을 가지고 쳐다보면 언제나 "왜 이런 것은 없지?" 하는 질문을 던질 수 있을 것이다.

(3) "이 문제는 개선할 수 없을까?"라는 질문을 던져 보자

처음 2차 세계대전이 끝나고 미국에서 스타킹을 개발하여 판매를 시작했을 때 여성들의 꿈은 스타킹을 한번 가져 보는 것이었다. 쉽게 흠이 가는 실크로 된 양말을 사용하던 여성들에게 모양을 제대로 표현할 수 있는 질긴 스타킹의 개발은 여성들의 마음을 흔들어 놓기에 충분한 발명이었다. 그러나 이러한 스타킹이 보편화되면서 많은 여성들은 점점 불편함을 느끼기 시작하였다. 합성수지가 갖고 있는 보편적인 문제점 때문이었다. 여름에는 습기를 흡수하는 기능이 떨어져 달라붙고, 반면에 습기가 부족한 겨울에는 보습기능이 없기 때문에 바삭거리는 느낌이 지나치다. 또 정전기의 발생은 여성들로 하여금 난처한 경우를 당하게 하기도 한다. 이와 같은 스타킹의 문제점에 착안한 일본의 양말 메이커 오까모또(岡本) 사는 통기성이 좋은 모직의 장점에 착안하여 모에서 추출한 순수 단백질을 이용하여 화학섬유와 일체화를 시도하였다. 연구결과 이 회사는 '퓨아라'라는 상품명을 가진 스타킹을 개발하였다. 이 스타킹은 팬티스타킹에서 불만이 많았던 통기성 문제를 해결했을 뿐 아니라 컨디셔닝 기능으로 보습과 건조기능, 정전기 방지기능을 더하였다. 상품은 성공적으로 개발되어 일본 전역의 백화점, 스타킹 전문점 등 전 판매채널을 통하여 판매되고 있다.

면봉은 귀를 청결하게 유지하기 위한 아주 평범한 생활용구이다. 그러나 유아들을 위하여 면봉을 사용하는 젊은 어머니들은 면봉의 심과 머리 부분이 지나치게 크기 때문에 불편을 겪고 있었다. 또한 면봉을 전자제품의 청소를 위하여 사용하는 사람들이 늘어남으로써 사용 중이던 일반 면봉의 기능에 불만을 갖는 사람들이 생기고 있었다. 이러한 것에 착안한 일본의 산리쓰 회사는 면봉의 기능을 향상하기 위한 연구결과 단점을 제거하기 위하여 보통의 면봉과는 형상과 재질이 다른 20여 종류의 면봉을 생산하여 판매하기 시작하였다. 현재 이 회사는 60억 엔으로 추정되는 일본 면봉시장의 33% 이상을 점유하고 해외생산 기지를 이용하여 생산하지 않으면 수요를 충족시키지 못할 만큼 호황을 누리고 있다.

스타킹과 면봉 모두 현재 존재하고 있는 상품의 단점을 보완하는 데서 아이디어가 출발한다. 불편함을 참고 그냥 사용하기보다는 문제점의 개선이 가능한지에 대한 질문을 던짐으로써 새로운 사업의 아이디어가 생겨날 수 있는 것이다. 특히 이와 같은 기존상품의 문제점으로부터 착안한 아이디어의 개발은 완전히 혁신적이고 새로운 아이디어에 비하여 사업실패의 위험이 낮다. 완전히 새로운 상품을 개발하여 시장에 뛰어들어 소비자를 교육하고 그들에게 구매할 수 있는 동기를 심어 주기까지는 매우 많은 노력과 자본의 투자를 요구하기 때문이다. 기술적 배경을 가지고 있는 사람들은 소비자들이 불편하게 생각하는 곳을 아이디어 개발을 시작하는 곳으로 삼아 보는 것도 좋을 것이다.

(4) 현 직업이나 업무에서 아이디어를 찾아라

오랫동안 자동차 검사업무를 해 오던 패트릭 루드윅이라는 사람은 자신의 경험을 바탕으로 1990년 텍사스 주 달라스에서 오토 클리닉(Auto Clinic)을 창업하였다. 그는 중고자동차를 구입하려는 사람들이 자신이 사려고 하는 자동차의 가치를 제대로 평가해 줄 전문가를 원한다는 것을 알고 이것을 사업기회로 삼았다.

중고차를 구입하려고 생각하는 사람은 대부분 자신이 구입하려는 자동차의 현 상태를 알고 싶으나 이것을 점검할 능력이 없어 중고차 구입을 꺼리고, 비싸지만 안심할 수 있는 새 자동차를 구입한다. 이것을 이용하면 성공할 수 있다고 생각한 루드윅은 회사를 세우고 자신이 타고 다니던 밴에다 최신 전자 검사장비를 싣고 중고자동차 매매시장을 찾아갔다. 약 92개 항목의 성능을 확인해 주는 대가로 54달러에서 69달러까지 수수료를 받았다. 경우에 따라서는 검사 후 시험주행도 해주었다. 창업 1년 후 루드윅은 이 사업을 프랜차이즈화 할 수 있었고, 오토 클리닉은 지금 텍사스, 오하이오, 아칸소, 캘리포니아, 조지아, 뉴저지 등 전 지역에 확산되어 있다. 우리 나라 벤처기업 엔카(Encar)도 루드윅과 동일한 아이디어로 시작했으나, 엔카는 기존 오프라인 업체인 주유소 정비업소를 이용하여 사업을 시작하였다.

3절 아이디어 개발기법

1) 브레인스토밍

브레인스토밍 기법은 아이디어 발굴을 위하여 가장 많이 사용되고 있는 방법으로, 1938년 알렉스 오스본(Alex Osborn)이 발표하였다. 이 방법은 사람들이 자신의 창의력을 최대한 발휘하도록 고안한 회의식 기법이다. 웹스터 사전에서는 브레인스토밍을 "일단의 집단이 특정문제에 대한 해결방안을 찾기 위하여 시도하는 회의기법으로, 회의에 참여한 위원들은 자발적으로 자신의 아이디어를 제안한다."라고 정의한다. 이 기법의 유효성에 힘입어 이후 다양한 변형기법이 제시되었다.

(1) 기본원칙

오스본이 브레인스토밍을 고안하게 된 기본적인 배경은 사람들이 혼자서 생각할 때보다 집단으로 노력할 때 아이디어 발상력이 두 배로 높아진다는 신념이었다. 그러나 집단의 노력이 더 효과적이기 위해서는 참여한 사람들이 자유롭게 사고할 수 있는 분위기가 필요하다. 그러므로 브레인스토밍 과정에서는 다음과 같은 몇 가지 원칙과 규칙이 지켜져야 한다.

① 원칙 1 – 판단은 미룬다 : 아이디어를 발굴하는 과정에서는 오직 창조적 발상력만을 발휘하게 한다. 제시된 아이디어가 좋은 것인지 나쁜 것인지를 평가하게 되면 인간의 발상력이 분산된다. 아이디어를 가능한 한 많이 제안하게 하고 제안된 아이디어에 대한 평가는 제안이 모두 끝난 다음에 하여도 충분하다.

② 원칙 2 – 양이 많아야 양호한 아이디어가 나올 수 있다 : 이것은 제안된 아이디어의 양이 많으면 많을수록 더 좋은 아이디어를 얻을 가능성이 높아진다는 의미이다.

(2) 운영규칙

① 남의 아이디어에 대해 비평하지 말라 : 이것은 브레인스토밍 과정에서 가장 중요한 규칙으로 다른 사람이 제시한 아이디어에 대해 차별적 언급을 금지하는 규칙이다. 회의 도중에 제시된 아이디어에 대해서는 회의가 끝날 때까지 평가해서는 안 된다.

② 자유분방한 아이디어를 환영하라 : 이 규칙은 회의에 참여한 사람들이 어떤 생각이라도 두려움 없이 제안하도록 용기를 북돋아 주기 위한 규칙이다. 아이디어는 보다 급진적일수록, 보다 비현실적이고 엉뚱할수록 환영받는 분위기가 필요하다. 그런 아이디어는 그 자체의 가치보다는 다른 사람에게 참신한 아이디어를 생각하도록 자극해 준다는 점에서 의미가 크다.

③ 질보다 양을 추구하라 : 아이디어가 많으면 많을수록 정말로 유용한 아이디어가 그 가운데 포함되어 있을 가능성이 높아진다. 아이디어를 생각하여 제안하기는 어려우나 제시된 아이디어를 선별하기는 비교적 쉽다. 그러므로 아이디어 수집단계에서는 보다 다양하고 보다 많은 아이디어를 확보하는 것이 중요하다.

④ 다른 아이디어의 결합이나 개선을 허용하라 : 회의 참가자는 자기 자신의 독창적 아이디어를 제시해야 하지만, 다른 사람이 제시한 아이디어를 보다 나은 방향으로 발전시킬 수 있다. 경우에 따라서는 두세 개의 아이디어를 결합하여 하나의 아이디어로 만들 수도 있다.

(3) 회의 절차

브레인스토밍은 위원, 진행자, 그리고 서기로 구성된다. 위원회는 같은 수준에 있는 사람들로 구성할 것을 오스본은 추천한다. 상하관계에 있는 사람들로 위원회가 구성되면 브레인스토밍 성공의 본질인 자유사고가 제약받을 수 있다. 진행자는 회의 시작시 위원들에게 당면한 문제가 무엇인지, 그리고 위에서 설명한 회의 운영규칙을 상기시켜 준다. 회의 진행과정을 기록하는 서기는 진행자의 바로 옆에 앉아 진행자와 위원들간의 대화를 기록한다. 다음은 브레인스토밍 회의의 진행순서이다.

① 6~12명의 위원으로 위원회를 구성한다.
② 회의 진행자(leader)가 문제를 발표한다. 문제는 회의 일주일 전까지 위원에게 전달되도록 한다.
③ 예비 교육회의를 소집한다.
④ 참가위원 전원이 볼 수 있도록 OHP나 칠판에 문제를 제시한다.
⑤ 진행자는 4가지의 운영규칙을 설명한다.
⑥ 참여자들은 손을 들고 한 번에 하나의 안을 제안한다.
⑦ 진행자는 제안된 아이디어를 한두 마디로 요약하여 칠판에 기록한다.
⑧ 진행자는 회의 참가자의 제안을 고취시키도록 때때로 지금까지 제안된 아이디어를 읽어 준다.
⑨ 사전에 정한 시간에 회의를 마친다. 회의시간은 1시간 정도로 하는 것이 보통이다.

(4) 단점

① 특정인의 의견에 찬성해야 한다는 압력을 받을 수 있다.
② 최선의 대안보다는 합의안 도출에 더 깊은 관심을 가질 수 있다.
③ 브레인스토밍의 분기성으로 즉흥적 아이디어 개발에 주력하고 아이디어를 진보시키지 못한다.
④ 진행자가 미숙하면 일부가 회의를 독점할 수 있다.
⑤ 제안된 아이디어를 소화할 부화기간(incubation period)이 충분하지 않다.
⑥ 하나의 대안이 최선이라 생각하면, 더 이상 생각하기를 포기하는 경향이 있다.
⑦ 비교적 단순한 문제에 국한된다.

(5) 수정기법

무기명 브레인스토밍 : 회의를 시작하기 전에 각 참가자들은 자신의 아이디어를 제출하고, 진행자는 누구의 아이디어인지를 밝히지 않고 발표한다. 단점 ①과 ②를 최소화하기 위한 방법이다.

2) 브레인라이팅

브레인스토밍에서 나타날 수 있는 opinion-leader의 영향을 줄이기 위해 1970년대 후반 미국과 유럽에서 개발되었다. 독일 Battele의 창조연구팀에서 브레인라이팅 풀(Brainwriting pool) 기법을 개발하였다. 브레인라이팅(Brainwriting) 회의 참가자들은 자신의 의견을 글로만 발표한다. 참가자 간의 의견교환이 허용되지 않는다.

(1) 절차

① 보통 4~8명으로 위원회를 구성하고 원형 회의석에 둘러앉는다.
② 진행자가 문제를 설명한다.
③ 각 참여자는 문제해결 방안에 대한 아이디어를 종이에 적는다.
④ 1~4개의 아이디어를 적은 후 테이블 중앙에 놓인 상자에 넣고, 다른 하나를 집어서 자신의 아이디어를 추가한다.
⑤ 이상의 과정을 반복한다.

(2) 장점

① 모든 참여자가 수평적 관계로 참여한다. 차례로 아이디어를 제시하는 것이 아니다.
② 말로 비평하지 않으므로 free-thinking, mild-tension.
③ 타인의 아이디어를 보고 발전시킬 수 있는 기회가 있다.
④ 영향력 있는 특정인의 지배를 배제할 수 있다.

(3) 단점

① 자신의 의견을 말로써 명확히 설명할 수 없다.
② 참여자들이 서두르게 되는 경향이 있다.
③ 아이디어를 만들기 위한 부화기간이 없다.
④ 아이디어의 중복이 불가피하다.

3) 명목집단기법

1968년에 처음 개발되었다. 5명에서 9명의 위원으로 집단이 구성되고, 회의는 조용히 그리고 독립적으로 진행된다는 의미에서 Nominal Group Technique이라 한다. 참여자들은 서로 상의하지 못하고 독립적으로 회의가 진행되므로 집단이란 말은 단지 명목적이다. 진행자를 제외한 모든 참여위원은 회의진행에 동등한 역할을 수행한다. 또한 참여자들이 상대방으로부터 간섭받지 않고 회의 진행과정에서 그들의 독립성을 지켜 주기 위해 보통 "U"자형 회의 테이블에 충분한 거리를 두고 자리를 배치한다.

① 개회 : 진행자는 문제를 설명하고, 진지하고 부드러운 분위기에서 개회를 선언한다.

② 아이디어 도출 : 다른 사람과 상의하지 않고 조용히 아이디어를 적는다. 10~15개 정도로 사전에 정해 둔다.

③ 순서대로 아이디어 기록 : 진행자는 각 참여자들의 아이디어를 순서대로 차례로 한 번에 하나씩 플립 차트에 적는다. 이 과정에서 hitch-hiking은 좋으나 반대의견에 대한 논의는 금지한다.

④ 아이디어의 명확화 : 제안된 아이디어를 명확히 이해하기 위해 논의를 시작한다. 이 과정에서는 반대의견을 제시할 수 있고 새로운 아이디어를 추가할 수도 있다.

⑤ 중요도 예비투표 : 참여자들이 생각하는 중요도에 대한 의견을 종합한다.

  ㉠ 각자 가장 중요하다고 생각하는 5~9개를 선택하게 한다.

  ㉡ 3×5 카드에 아이디어를 하나씩 기록한다.

  ㉢ 등위평가(rank order)-7개의 아이디어를 골랐다면 1~7점을 부여한다.

  ㉣ 카드를 회수하고 비밀을 보장하도록 잘 섞는다.

  ㉤ 점수를 합하고 결과를 차트에 기록한다.

⑥ 예비투표 논의 : 너무 많은, 또 너무 적은 투표를 받은 아이디어에 대해 재투표한다. 최초 투표에서의 선택을 바꾸도록 설득하기 위함이 아니고 중요도 결정기준을 재확인하기 위함이다.

⑦ 최종투표 : 5단계에서와 같은 방식으로 진행한다. 이때 rating을 부여할 수 있다.

(1) 장점

① 브레인라이팅과 같이 사람간의 갈등, 특정인의 지배를 피할 수 있다.

② 아이디어 도출과 평가를 분리하여 다룰 수 있다.

③ 특정 아이디어에 너무 일찍 집중하는 것을 막을 수 있다.

④ 아이디어에 대한 의견을 논쟁을 통해 논할 수 있다.

(2) 단점

① 고도로 숙련된 진행자가 필요하다.

② rating 절차에서 조작 가능성이 있다.

③ 한 번에 하나의 문제만 다루어야 한다.

④ 집단이 크면 곤란하다.

〔도움이 되는 읽을거리〕

1. Kuriloff, Hemphill and Cloud, How to Start Your Own Business and Succeed, 2nd ed., McGraw Hill, 1993: 창업 아이디어 확보와 이의 사업화에 대해 매우 읽기 쉽게 저술한 책이다.

2. Osborn, A.F., Applied Imagination, Charles Scribner's Sons, New York, 3rd ed. 1963 / Hall, E.J., J.S. Mouton, and R.R. Blake, "Group Problem Solving Effectiveness Under Conditions of Pooling vs Interaction," The Journal of Social Psychology, Vol.59, No. 2, pp. 147-157, 1963: 아이디어 개발과 평가에 관하여 보다 학문적인 연구를 하기 위한 읽을거리이다.

3. 김병국, 프랜차이즈 창업컨설팅, 도서출판 지정, 1997: 단순한 사업을 어떻게 확장 시켜야 하는지와 함께 제2의 창업기회를 포착하는 데 도움이 될 수 있는 내용을 수록하고 있다.

4. Cohan, The Technology Leaders, Jossey-Bass Publishers, 1997: 신기술이 어떻게 사업의 아이디어로 연결될 수 있는지 예를 찾아볼 수 있다.

5. 이기열, 내가 간 길은 내가 처음 간 길이었다, 동아일보사, 2000: 한국의 대표적 벤처기업가들이 어떻게 하여 사업기회를 성공으로 연결시켰는지에 관해 찾아볼 수 있다.

4장 창업의 추진과정

실제적인 의미에서 창업과정이란 결국 자신이 포착한 기회를 사업화하는 데 필요한 자원을 동원하는 과정이라고 말할 수 있다. 좀더 구체적으로 말하면 창업기업가들이 창업에 필요한 자원을 모두 가지고 있지 않은 것이 일반적이므로, 창업사업에 필요한 자원과 보유자원간의 격차를 줄여 주는 작업이라고도 볼 수 있다. 그러므로 창업과정은 내부적으로 일관성이 있을 뿐만 아니라 외부적으로도 사업환경에 적절하게 추진되어야 한다.

이 장에서는 이러한 창업의 추진과정을 각 단계별 또는 요소별로 설명하고, 각 단계에서 실제로 어떤 결정이 이루어져야 하는가를 설명하고자 한다. 이것을 우리는 흔히 사업기회 분석 또는 예비 사업성 분석이라고 부르는데, 이 과정은 실제사업에 착수하기에 앞서 반드시 거쳐야 하는 관문이라고 보아도 좋을 것이다. 그 이유는 마치 누구나 물에 들어가기 전에 물의 깊이를 재어 보는 것과 마찬가지 이치이기 때문이다.

구체적으로 이 과정을 통해서 우리는 첫째로 도대체 우리가 기회라고 생각하고 있는 것이 얼마나 매력적이냐, 또는 매력적이지 않으냐를 판단하고, 둘째로는 만약 매력적이라고 판단이 된다면 그러한 기회를 추구하기 위해서 얼마만한 노력이 필요한가를 이해하게 되고, 셋째로는 그러면 이러한 사업의 실행에서 필연적으로 수반되는 위험 또는 장애물을 극복하기 위해서 어떠한 전략 또는 행동이 필요한가를 알게 될 것이다. 예비 사업성 분석과정의 최종 생산물은 결국 사업계획서가 될 것이다. 물론 우리가 본 아이디어가 결코 매력적이 아니라고 결론이 날 경우에는 사업계획서는 자동적으로 필요없게 될 것이다.

이와 같은 예비 분석과정은 사업기회의 평가, 사업전략 수립, 소요자원 추정, 소요자원 조달, 사업경영(실행), 마지막으로 사업성과의 배분을 통한 투자회수의 순서로 논의하는 것이 자연스럽겠지만 여기서 하나 주의해야 할 점은 순서는 단지 편의상일 뿐 첫째, 둘째, 셋째, 이런 식의 차례로 과정이 연결되는 것은 아니다. 첫째 과정을 알기 위해서는 둘째, 셋째 요소를 먼저 파악하는 것이 필요하게 될지도 모른다.

예비 분석을 논의하기 전에 먼저 사업기회를 어떻게 포착하고 평가하는지를 살펴보기로 하자.

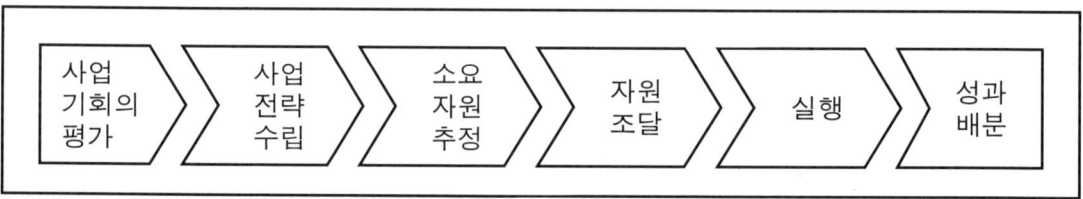

〈그림 4-1〉 창업의 추진과정

1절 사업기회의 평가

분명하게 정의된 사업기회, 정확히 그리고 구체적으로 파악된 기회는 벤처사업이 성공하는 데 있어서 기본이 된다. 만약 창업자가 기회를 모호하게 파악하고 있다면 그 다음 단계의 분석은 매우 어렵게 될 것이고, 나온 결과물 역시 모호할 수밖에 없을 것이며, 사업의 성공 또한 어렵게 될 것이다. 기회를 정확히 평가하기 위해서 다음과 같은 몇 가지 문제를 이해할 필요가 있다. 먼저 가장 궁금한 문제부터 생각해 보자.

1) 기회의 대체적인 모습은 어떠한가

사업기회는 크기, 사업기간, 성장속도 등 여러 가지 각도에서 검토되어야 한다. 시장의 크기는 말할 것도 없이 중요한데, 그 이유는 새로운 사업의 매출액이 결국 시장의 크기에 의존하기 때문이다. 물론 시장이 크면 클수록 좋지만 시장이 크다고 반드시 좋은 건 아니다. 시장이 크다는 얘기는 강력한 경쟁자들이 이미 존재하거나 또는 앞으로 들어올 가능성이 크다는 얘기도 되기 때문에 창업기업가에게는 오히려 경우에 따라서는 작은 틈새시장이 보다 쉬울지도 모른다.

성장률은 시장의 규모와 관련되어 있지만 벤처사업의 경우는 성장속도가 빠를수록 좋다. 시장규모가 작은 경우 성장률이 빠른데, 보통 이 경우에는 처음에 조그마한 시장을 차지하고 들어가서 시장이 성장하는 데 따라서 같이 성장함으로써 마침내 큰 기업으로 변하는 것이 좋다. 모든 기회는 일정기간만 존재하는 것이 보통이다. 기간이라는 것은 사업의 성격에 따라서 다르다. 예컨대 유행음악 사업의 경우 기회의 존속기간은 불과 몇 달에 지나지 않을 수도 있다. 기회와 관련해서 한 가지 잊지 말아야 될 사실은 그 기회가 어떻게 해서 생겼는가 하는 것이다. 기술의 진보냐, 정부규제 강화(또는 완화)냐, 또는 소비자의 선호가 변했느냐 등을 먼저 이해하면 기회를 사업화하는 데 도움이 될 것이다. 예를 들면 운전 중 휴대전화 사용을 금지하도록 정부에서 규제한다면 차량용 핸즈프리 사업이 새로운 사업기회로 등장하게 되는 것이다.

2) 적절한 수준의 금전적 보상이 이루어지겠는가

창업기업가는 엄청난 위험부담을 안고 있다. 그에 대한 충분한 보상이 안 된다면 그것을 어찌 기회라고 말할 수 있겠는가? 여기서 '충분한' 또는 '공정한' 이란 말은 상대적인 표현으로서, 사업에 투자된 자본의 크기, 이익이 발생하는 기간, 위험도, 그리고 여기에 투자된 자본과 시간이 다른 사업에 투자되었을 때 벌어들일 수 있는 수익(기회비용) 등에 의존한다고 볼 수 있다.

만약 소요자본의 규모(액수)가 크며 충분한 수익을 내는 데 필요한 시간이 길고 사업에 따른 위험이 크다면, 그 사업에서 엄청난 수익이 나지 않는 한 이 사업기회는 기회라고 말할 수 없을 것이다. 그러한 기회들은 결국 상당한 가치를 창조하게 되긴 하지만 실제로 사업을 창업한 사람들에게 그 가치가 돌아가지 않는 경우가 허다하다. 결국 이러한 사업은 사업기간 중 여러 번의 신규자본을 투입해야 되고 그 결과 창업주의 소유지분은 점점 줄어들어서 마침내는 그가 최초에 투입했던 자본이나 시간에 대한 보상은 이루어지지 않고 새로운 소유주에게 모든 것이 돌아가게 된다.

'충분한'이라는 의미는 기회비용과도 관련이 있는데 이 기회비용은 창업가가 누구인가에 의해서, 거기에 들어가는 시간이 얼마인가에 의해서, 또는 기타 다른 요인에 의해서 결정된다. 어떤 사람에게는 정말로 매력적이라고 할 만한 사업이 다른 사람에게는 전혀 그렇지 않은 경우 그 사람에게는 그보다 더 좋은 사업기회가 있었기 때문이다.

3) 장래성이 있는 기회인가

좋은 기회란 미래에 여러 가지 가능성을 열어 줄 수 있는 기회를 말한다. 미래는 아무도 모른다. 그러므로 이 사업이 오로지 외통수 사업, 다시 말해서 외길밖에 선택권이 없는 사업이라면 앞으로 상황이 변할 때, 예를 들어서 확장을 하고 싶다거나 다각화를 하고 싶다거나 하는 등 중간에 사업계획을 바꿔야 할 경우 내가 가질 수 있는 선택권이 있어야만 한다. 다시 말해서 좋은 기회란 중간에 계획의 수정이 허용될 수 있어야 한다. 따라서 장래에 선택할 수 있는 선택권을 사전에 봉쇄해서 창업기업가를 외통수 길로 인도하는 기회는 결코 좋은 기회라고 볼 수 없다.

4) 사업이익은 사업환경이 악화되어도 지속될 수 있는가

사업환경은 늘 변하기 마련이다. 특히 사업이 성공적일 경우에는 더욱더 그렇다. 사업이 성공하게 되면 그 사업을 모방하는 경쟁자 또는 그 사업을 대체할 수 있는 제품의 출현, 기술변화, 소비자의 기호변화 또는 임직원의 이동 등 여러 가지 기업활동에 대한 장애물이 생기게 마련이다. 따라서 일단 사업을 시작하게 되면 사업에서 오는 이윤이 줄어들 때 어떻게 할 것이냐를 검토하는 것이 매우 중요하다. 인력의 이동 같은 것은 회사 내부의 문제이고 경쟁자의 반응 같은 것은 외적인 요인이다. 내적 요인은 쉽게 다룰 수 있지만 외적 요인은 그렇지 않으므로 항상 조심스럽게 주의를 기울일 필요가 있다.

5) 제품과 서비스는 소비자의 실제적 요구를 충족시켜 주는가

성공적인 제품은 기능, 가격, 내구성 등 품질면에서 소비자들의 실제적인 욕구를 충족시켜 준다. 어떤 사업이 됐든지 새로운 사업은 반드시 이와 같은 실제적 가치를 소비자들에게 제공할 수 있어야만 한다. 뿐만 아니라 새로운 사업은 잠재적인 고객들에게 제품과 서비스가 줄 수 있는 편익을 그렇게 길지 않은 시간 내에, 그리고 마케팅이나 판매비용을 그렇게 많이 들이지 않고도 설득시킬 수 있어야만 한다. 왕왕 벤처사업가들은 그들의 제품이나 서비스가 어떻게 소비자들의 실질적 요구를 충족시켜 줄 것인지, 그리고 얼마만한 시간과 마케팅 비용이 들게 될지 충분히 이해를 못하는 경우가 있다. 다음의 〈표 4-2〉는 사업기회의 매력 정도를 평가할 때 적용할 수 있는 평가요소와 평가지침이다.

기 준	매 력 도	
	최 고 수 준	최 저 수 준
산업 및 시장	인간의 생활 및 업무방식을 변화시킴	약간의 개선
시장	시장요구를 충족시킴. 지속적인 이익 창출	목표시장이 애매함. 단발적 이익 창출
고객	접근 용이	기존업체에 대한 고객충성도가 높음.
사용자 편익	1년 이내 구입비 회수	구입비 회수에 3년 이상 걸림
부가가치	고객에게 높은 부가가치 : 선불구매	고객에게 주는 가치가 낮음. 시장에 미치는 영향이 작음
제품수명	내구적	단명
시장구조	불완전 경쟁, 신흥시장, 틈새시장	시장 집중도가 높거나 성숙/사양산업
시장규모	1,000억 원(1억 달러)~1조 원(10억 달러) 매출액 규모	불확실하거나 200억 원(2천만 달러) 이내이거나 수조 원(수십억 달러) 규모
성장률	연 30~50% 이상	하락 또는 10% 이내
기존업체의 시장수요 충족률	공급부족(초과수요)	공급과잉
5년 후 시장점유율	20% 이상, 시장 선도자	5% 이하
비용구조	저비용 생산자, 비용우위	비용감소

〈표 3-2〉 벤처사업 기회의 평가기준

경제성		
손익분기점 도달기간	1/2~2년 미만	4년 이상
잠재적 ROI (투자수익률)	25% 이상	15~20% 이하
소요자본	크지 않음, 조달 가능	매우 큼/조달 불능
내부수익률(IRR)	연 25% 이상	연 15% 이하
잉여 현금흐름	좋고 지속적, 매출액 대비 20~30% 이상	매출액의 10% 이하
매출액 증가율	15~20%	10% 이하
자산집중도	매출액대비 낮음	높음
소요 운전자본	적고 점증적	많음
R&D/투입자본	적음	큼
총 마진	40% 이상, 지속적	20% 이하
세후이익/매출액	큼, 10% 이상, 지속적	작음(5% 이하)
투자회수 가능성		
부가가치 창출 가능성	전략적 가치 큼	전략적 가치 낮음
가치평가 배수	20×P/E: 8-10×EBIT: 1.5-2×매출액 8-10×잉여 현금흐름	≤5×P/E 3-4×EBIT: ≤0.4×매출액
투자회수 방안/ 전략	있음	모름, 투자액의 유동성 낮음

경쟁우위		
고정비 및 변동비	최저, 높은 운영 레버리지	최고
비용/가격/판매망 지배력	강함	약함
진입장벽		
특허권 등 재산권	있음/획득 가능	없음
납기일	단축 가능성 높음	낮음
법률 및 계약상 우위	보호되는 독자성 있음	없음
계약 및 네트워크	개발되어 있거나 개발가능	엉성하거나 제한적
핵심인력	최고거나 A팀	B or C팀
경영진		
창업경영진	최고, 올스타	약하거나 창업자 1인
산업 및 기술경력	해당분야 1인	취약
성실성	최고수준	의문스러움
지적 정직성	부족한 점을 알고 있음	부족한 점을 알려고 하지 않음
결정적 결함	있음	하나 또는 그 이상
개인적 기준		
개인적 목표와의 적합성	높음	낮음
성공/실패 문제	성공 가능성이 크고 실패의 위험 낮음	성공/실패 가능성이 같음
기회비용	작음(급여손실이 거의 없음)	큼(급여손실이 큼)
소망성	생활양식과 일치	단순히 부만 추구
스트레스 허용 한계	긴장을 잘 극복함	긴장을 견디지 못함
위험/보상 허용 한계	계산된 위험 낮음	극도의 위험 기피자이거나 도박사

전략적 차별성		
3대 요소 적합도	높음	낮음
경영진	A급	B급
서비스 관리	최상급	중요치 않음
타이밍	시의적절	조류에 맞지 않음
기술력	획기적	대체재 또는 경쟁자가 많음
유연성	높음	낮음
기회지향성	항상 성장기회를 추구	무관심
가격정책	선두자와 동일 또는 근접	경쟁자보다 저가
판매망	유통 네트워크 보유	알 수 없음
오류에 대한 여유	있음	없음

※자료 : The Portable MBA in Entrepreneurship

2절 사업전략의 수립

기회에 대한 분석이 끝나면 이제는 그 기회를 충분히 활용하는 데 필요한 사업전략을 개발해야 한다. 사업전략을 수립할 때에는 다음과 같은 점을 고려해야 할 것이다.

1) 진입장벽을 만들 수 있는가

일반적으로 진입장벽이 높으면 사업경영을 통하여 높은 수익을 지속적으로 올릴 수 있다. 이와 같은 진입장벽은 대체로 비용 및 판매망의 이점, 특허권이나 전문성, 또는 제품차별 등에 의해 설치될 수 있다. 아이디어가 참신하고 실제적으로 상당한 이점이 있어서 사업이 성공한다 하더라도 진입장벽이 없으면 이와 같은 성공은 현실적으로 오래 가지 못한다. 조만간 경쟁자가 나타날 것이고 경쟁자의 제품은 창업자의 제품을 모방하고 창업자 제품의 가격보다 낮은 가격으로 시장에 들어올 것이다.

따라서 창업자는 이와 같은 경쟁의 위협을 예상하고 그들보다 앞선 이점을 장기적으로 보호하는 조치를 강구하지 않으면 안 된다. 흔히 창업에 있어서 가장 결정적인 잘못은 이와 같이 예상되는 경쟁자에 대한 대응과 일단 선점했던 강점을 계속 유지할 수 있게 하기 위한 새로운 대응책을 준비하는 데 게을리하는 것이다.

2) 고객을 쉽게 파악하고 쉽게 접근할 수 있는가

새로운 고객을 성공적으로 끌어들이기 위해서는 그 고객을 쉽게 식별할 수 있고 그 고객에게 쉽게 접근할 수 있을 뿐만 아니라 그들이 이미 다른 회사 제품을 사용하면서 생긴 인간적, 물질적 투자를 포기할 수 있게 만들지 않으면 안 된다. 흔히 새로운 사업의 성공은 고객에게 어떤 종류의 변화를 팔 수 있는 능력에 달려 있다고 볼 수 있다. 그 변화란 새로운 공정, 새로운 제품 및 서비스로서 고객은 우리 제품을 사기 위해서 지금까지 해왔던 것과는 다른 무엇을 하도록 요청받게 될 것이다. 결국 소비자들은 우리 제품을 사기 위해 지금까지 그들이 해왔던 것과는 다른 행동을 해야만 할 것이다. 그러므로 이들 소비자들의 관행에 익숙해지는 것, 그들의 일부가 되는 것이야말로 가장 효과적인 진입 장벽이 될 것이다.

말은 쉽지만 신제품이나 신공정 개발에 있어서 가장 어려운 일 중의 하나가 바로 이와 같은 새로운 고객과 모든 면에서 일치를 이루는 것이라 하겠다. 따라서 창업자가 판매하는 이른바 변화는 소비자들이 감당할 수 있을 만한 것이어야 할 뿐만 아니라 그들에게 분명하고도 쉽게 인식할 수 있는 이익을 제공하지 않으면 안 된다. 따라서 잠재적인 고객 가운데서도 어떤 특정그룹을 찾아내서 신제품이 그들에게 주는 실질적인 이익을 비교해 보는 것은 매우 의미있는 일이다. 뿐만 아니라 특정그룹 고객을 겨냥해서 그들의 특성에 맞도록 노력하는 것은 효과적인 판매망을 만드는 데 절대적으로 필요한 절차이다. 요컨대 사업기회가 어떤 특정그룹의 시장, 고객을 겨냥하는 것이 아니라 시장 전체를 겨냥하는 것이라면 그것은 실패할 가능성이 높다고 말할 수 있다.

3) 사업이익을 외부에 빼앗길 가능성은 없는가

우리는 앞에서 창업시에는 인적, 물적자원이 모두 부족한데 그 자원을 자체조달하기가 어려우면 외부에서 조달할 수도 있다고 말했다. 뿐만 아니라 창업기업가는 새로운 사업의 창업을 자원절약형으로 추진함으로써 사업에 필요한 시설이나 기술을 상당기간 동안 외부에 의존하는 전략을 사용할 수가 있다. 이 경우 이들 외부 자원공급자들은 사업에 필수적인 자원을 지배함으로써 사업에서 생기는 이익을 빼앗아갈 위험이 있으므로 전략수립에는 이 점을 반드시 고려해야 할 것이다.

4) 고객의 힘이 너무 커서 그들에게 일방적으로 양보해야 할 가능성은 없는가

이러한 가능성은 특히 기존시장이 확실히 있을 때 문제가 될 수 있는 것으로, 흔히 벤처사업이 시장에 진입하고자 할 때, 특히 기존시장에서의 고객이 힘있는 대기업일 경우 그들은 벤처기업의 약점을 이용하여 납품조건, 가격, 신용, 품질면에서 벤처기업에게 이익은커녕 손해를 초래할 요구조건을 내걸 수도 있을 것이다. 그러므로 벤처사업의 전략수립에 있어서 이 점을 유의해야 할 것이다.

3절 소요자원의 추정

창업기업의 실패는 대부분 창업기업가가 지배할 수 있는 자원의 종류 및 규모와 사업의 성공단계까지 소요되는 자원간의 격차가 너무 클 경우에 일어난다. 모든 벤처사업은 최소한의 기술, 자원, 협력업체와의 관계가 필요하다. 문제는 필요한 최소자원량은 얼마이며, 어떻게 이러한 자원에 대한 지배력을 유지할 것인가 하는 점이다. 이들 문제에 대한 대답을 얻기 위하여 다음과 같은 질문을 던져 보자.

1) 이미 보유하고 있는 자원은 어느 정도인가

전에 말한 바와 같이 새로운 사업의 성공은 새로운 그 무엇을 창조할 수 있는 능력에 달려 있다고 볼 수 있다. 새로운 것이 적으면 적을수록 그 사업의 성공 가능성은 그만큼 작아진다. 반면에 오랫동안 보호될 수 있고 지속될 수 있는 새로운 것이 많으면 많을수록 그 사업은 장기간에 걸쳐서 성공할 가능성이 높아진다고 하겠다. 그러나 창업기업가가 필요한 기술이나 자원 등을 모두 가지고 있거나 또는 실질적으로 지배하는 경우는 그리 흔하지 않다. 따라서 현재 자신이 지배할 수 있는 기술, 자원 등의 요소를 정확히 이해하고 평가하여 자신의 강점과 약점을 파악하는 것은 매우 중요한 일이다.

2) 부족한 자원은 누가 공급할 것인가

창업에 필요한 자원들은 자본, 마케팅 및 판매, 기술, 생산, 제품개발, 인력, 관리자, 그리고 조직체제 등이다. 자기 자신이 보유하고 있든 아니든 창업기업은 필요한 것은 모두 실질적으로 지배할 수 있어야 한다. 사실상 대다수의 벤처사업가의 능력과 자질은 이러한 부족자원을 어떻게 조달하느냐에 달려 있다. 이것을 우리는 '땜질 능력'이라고 하는데, 이 같은 응급처방 능력은 곧 창업기업의 생존력이라 할 수 있을 만큼 중요하다. 반드시 벤처기업이 필요한 자원을 모두 보유하고 있을 이유는 없다. 보유 자체가 중요한 것이 아니라 결국 그것을 사용할 수 있게 되면 그만이기 때문에 특정

사업에 대한 깊은 지식이 있거나 또는 특정시장에 대해서 폭넓은 지식을 갖고 있는 창업기업가들은 다른 사람들에 비해서 유리하다고 볼 수 있다.

3) 창업에 필수적인 기술이나 자원은 어떤 것들인가

사업을 성공시키려면 이른바 규모의 경제를 달성하는 것이 필수적인데, 이를 위해서는 적어도 필수적인 자원에 관한 한 일정수준 이상을 가지고 있어야 한다. 따라서 성장률이 높은 최고의 기업들은 대체로 경쟁자에 비해서 분명한 경쟁적 우위를 가져오는 자원은 조직 내부에 보유하고 있거나 아니면 최소한 지배력은 보유한다. 더 나아가서 가능하다면 경쟁자가 이러한 결정적인 자원에 대한 지배력을 갖지 못하도록 만들어야 한다. 이것은 특히 자기보다 큰 기존의 경쟁자들과 대항하여 새로운 시장에 진입하는 소규모 벤처기업에게는 대단히 중요한 전략적 이슈라 하겠다.

마지막으로 공식적인 조직관계를 통해서 지속적으로 조정할 필요성이 있는 자원은 반드시 내부적으로 통제해야 한다. 그러나 어떤 자원에 대해서는 내부적으로 일일이 직접 통제할 필요 없이 기본적으로 협력업체 자신이 스스로 통제하는 계약을 통해서 간접적으로 통제할 수도 있다. 예컨대 원자재 공급업자는 제품을 사양에 따라서 만들기만 하면 된다. 이런 경우는 기업 내부적인 통제 밖에 있는 것이므로 항상 대체가능한 여러 공급업자를 예비해 두면 가격, 품질 및 기타 여러 면에서 직접적으로 감독을 하지 않고도 좋은 조건을 달성할 수 있다.

4) 얼마만큼의 자원과 기술을 보유할 것인가

창업에 필요한 자원에 대한 최적규모가 결정되었다 하더라도 창업기업가는 실제로 자원의 최소보유 규모를 결정해야 된다. 극히 기본적인 것만 고려하여 군더더기가 없이 최소자원 규모를 상정한 사업계획은 통상비용은 적게 먹히지만 실제 운용면에서 계획대로 되지 않을 위험이 크다. 반면에 여유 있는 계획은 비용은 크게 되지만 대체적으로 운용위험이 낮을 것이다. 그러므로 실제 자원보유량은 창업기업가의 위험 선호도에 따라 이들 양극단의 중간 어느 지점에서 결정될 것이다.

5) 사업전략 측면에서 독특한 점은 무엇인가

기업 경쟁력의 기반이 비용구조, 기술, 제품의 특성과 품질, 마케팅과 판매망, 자금력, 그리고 인력 등에 있다면 창업기업이 장기적으로 경쟁적 우위를 갖기 위해서는 이들 경쟁기반을 항상 명확히 이해하고 있을 뿐만 아니라 장·단기 기반구축 전략도 늘 염두에 두고 있어야 한다. 동시에 창업자는 이들 경쟁기반에서의 특장을 보장해 주는 데 필요한 자원을 지배할 수 있어야 한다. 만약 그렇지 못하면 기업은 전체적으로 취약해질 수밖에 없고, 관련업체들이나 고객, 혹은 새로운 경쟁자들이 이런 취약점을 이용하게 되어 장기적으로 불리하게 작용할 것이다.

6) 소요자원과 기술은 과연 질적으로 최고수준이어야 하는가

우선 모든 자원이 질적으로 동일해야 할 이유는 없다. 기업의 목적은 가치의 창출에 있으므로 투입된 인적, 물적자원이 아무리 질적으로 최고의 수준에 있다 하더라도 최고의 가치를 창출할 수 없다면 차라리 상황에 따라서는 어느 정도의 질적인 희생이 오히려 도움이 될 것이다. 실제로 많은 일류기업들이 중고장비와 시설을 사용하여 크게 성공하고 있다. 다시 말해서 유능한 경영자들이 중요시하는 것은 제품의 질이지 생산시설의 질이 아니다.

7) 창업관련 주요법률 및 행정적 규제조항은 무엇인가

대다수의 창업기업가들, 특히 경험이 없는 초보자들이 흔히 소홀히 다루는 문제가 창업과 관련된 여러 가지 법률적 및 행적적 규제에 대한 이해이다. 예컨대 허가권, 조업과 관련된 제반절차, 제품승인과 검사, 보험 등 사업을 하려면 반드시 충족시켜야 할 요건이 허다하다. 최근에는 환경과 관련해서 환경운동 단체나 소비자 권익보호 운동단체들의 움직임 또한 소홀히 다루어서는 안 된다.

8) 목표달성에 필수적인 단계별 이정표와 극복되어야 할 고지는 무엇인가

사업이 정말 성공적으로 진행되고 있느냐를 알기 위한 장기계획의 진척상황에 대한 평가는 사업의 최종단계에 가서나 가능하다고 믿기 쉽다. 그러나 계획된 사업의 성공은 하루아침에 이룩되는 것이 아니라 과정상 중간중간 반드시 넘어야 할 산이 있게 마련이다. 이들은 흔히 '감시초소' 또는 '고지'라고도 불리는데, 창업기업가들은 장기계획에 이와 같은 고지를 표시하여 진척도를 파악함으로써 사업의 위험도를 감소시켜야 할 것이다. 이들 고지들은 또한 추가적인 자금의 투입, 신규 투자가의 영입 또는 새로운 사업의 인수·합병과 같은 주요사건의 기준이 되기도 한다.

9) 사업이 뜻하지 않은 복병을 만날 경우 이를 극복할 수 있는 여력은 있는가

만사가 언제나 계획대로 순조롭게 진행된다면 모든 사람이 창업을 하겠다고 나설 것이다. 그러나 현실적으로 계획은 언제나 잘못될 수 있다. 그것도 가장 어려운 때에 그럴 수 있다. 미국의 경우 창업사업계에 전해 내려오는 말 가운데 '3과 2의 법칙(Variances of three and two)'이라는 말이 있다. 계획에 비해 기간은 세 배, 돈은 두 배, 또는 그 반대로 기간은 두 배, 돈은 세 배가 든다는 말이다. 자금사정이 나쁠 때는 이른바 '황금의 법칙(golden rule)'이 작동한다. 즉 황금(현금)을 가진 자가 지배하게 되어 창업주의 소유권은 물론 그 동안에 투입된 창업투자가의 투자도 헐값으로 이들에게 넘어가게 된다. 그러므로 이러한 위기극복 방안과 예비계획이 없는 사업계획은 엄밀한 의미에서 계획이라 말할 수 없다.

4절 소요자원의 조달

사업에 필수적인 자원이 무엇이며 그 규모가 얼마인가를 결정한 다음에는 실제로 나가서 필요자원을 조달해야 한다. 여기서 조달이라는 말의 의미를 잘 이해해야 한다. 조달은 반드시 소유 또는 보유한다는 의미는 아니다. 벤처사업가들이 자원을 실제로 소유하지 않고도 사실상 그 자원을 소유한 것처럼 지배할 수 있는 방법이 많이 있다. 임대를 한다거나 로열티를 지불한다거나 그 밖의 다른 대가를 지불하고 자원 보유자들로부터 자원에 대한 지배력을 가져올 수 있다.

1) 필요자본과 기술을 확보하는 방법에는 어떤 것이 있는가

소유나 직접지배라는 고전적 방법 외에도 자원을 지배하는 몇 가지 방법이 있다. 즉 법적인 계약, 장기 공급약정, 특수상황에 대한 공급약정 등이 그것들이다. 이들 가운데 어떤 수단을 선택할 것인가를 결정하기 위해서는 먼저 사업의 성공에 필수적인 요소들을 파악한 다음 각각의 수단에 대해서 자원별로 요구되는 수준의 활용이 과연 얼마만큼 가능한가를 평가하는 것이 중요하다. 일반적으로 자원에 대한 소유나 또는 직접통제, 예컨대 사람을 고용한다거나 공장 또는 기계들을 산다거나 하는 것들은 가장 비싼 방법이므로 이러한 방법은 사업에 필수불가결한 요소에 대해서만 사용되어야 할 것이다.

2) 소요자원 공급자에게 그에 대한 대가로 무엇을 제공할 수 있는가

필요한 자원을 내가 소유하고 있지 않은 경우, 다른 사람들로부터 자원에 대한 지배력을 가져오기 위해서는 그들에게 어떤 형태로든 보상을 해주어야 할 것이다. 그들은 비단 금전적인 보상에만 관심이 있는 것이 아니라 위험회피, 사회적 지위, 그 밖의 업계에서의 지위향상 등 비금전적인 측면에도 관심을 갖고 있는 경우가 많다. 그러므로 이러한 요인들을 고려하면 보다 유리한 거래조건을 만들 수 있다.

3) 자원 공급자의 요구를 어떻게 만족시킬 것인가

앞에서 말한 바와 같이 남이 가지고 있는 자원을 내 것처럼 사용하기 위해서는 그들에게 어떤 종류이든 보상을 해줄 수밖에 없다. 따라서 이러한 보상이 충분치 못했을 때, 다시 말해서 그들과의 관계가 취약했을 때 이것은 장기적으로 벤처사업을 위태롭게 만들며 성공 가능성 또한 줄어들게 된다. 이런 경우에는 별도의 유인책을 제공하는 것이 좋다. 경우에 따라서는 창업가측에서 사업에 대한 소유권이나 일부 경영권까지도 양보해야만 할 것이다.

5절 창업기업의 경영

창업에 필요한 모든 자원이 확보된 다음에는 그들을 사업에 투입하여 실제로 사업을 시작해야 한다. 창업기업가나 창업경영팀, 종업원들 모두 새로운 사업을 배우면서 일하는 관계로 처음 얼마동안은 몹시 바쁘고 혼란스런 날들의 연속일 것이다. 매사가 처음 발생하는 것들이고, 그렇다 하더라도 누군가는 그러한 일들을 어떻게 처리할 것인가를 결정하지 않을 수 없을 것이다. 다음과 같은 몇 가지 문제들은 이들 중 극히 일부에 지나지 않는다.

1) 경영관리 시스템이 구축되어 있는가

창업가는 어떻게 해서든지 새로운 사업에 필요한 공식적 또는 비공식적 경영관리 체제를 만들고 운영해야 한다. 따라서 창업기업의 경영관리 체제는 기업 내부적인 요소, 즉 인력, 생산공정 등은 물론 기업 외부적인 요소, 예컨대 원자재 공급 및 제품판매 등과 관련된 주요 협력업체들까지도 관리할 수 있어야 한다.

창업기업의 특징은 회사가 법률적으로나 또는 회사 내부에 소유하고 있지 않은 많은 자원들에 대한 실질적 지배력을 갖는다는 점이다. 이와 같은 소유하지 않고 있는 자원에 대한 실질적 지배는 쌍방간의 계약이나 또는 협약으로 가능하다. 그러므로 이때의 상호관계는 수직적 관계도 아니고 또 순수한 의미에서의 시장거래 관계도 아니다. 그러나 분명한 것은 이런 관계가 결코 일시적이 아니라 지속적이며, 또한 상호간의 피드백은 물론 평가를 가능케 하는 명확한 메커니즘이 존재한다는 점이다.

2) 임직원은 어떻게 선발할 것인가

창업사업에서 임직원을 선발하는 일은 간단한 일이 아니다. 그 이유는 우선 초기에는 사업규모가 작고 재정적으로도 매우 어려울 것이며, 또 실제로 필요한 기술이 무엇이냐에 대해서도 아직 확실치 않을 것이기 때문이다. 설사 창업가가 이미 시장에서 인정받은 유능한 경영자를 채용할 수 있는 능력이 있다 하더라도 어떤 종류의 기술이 필요할지 분명치 않은 경우도 많을 것이다.

대부분의 창업가들은 이와 같은 딜레마를 해결하기 위해서 몸값이 상대적으로 싸고 또 여러 가지 일을 폭넓게 하고 싶어하는 매사에 적극적인 젊은 사람들을 채용한다. 간혹 그들이 잘 길들여지면 나중에 유능한 경영자가 될 수도 있지만, 대개는 기업이 점차 커지고 여유가 생기게 되면 따라서 경험이 풍부한 전문가를 영입하는 것도 필요하다.

3) 사업발전에 따른 창업가 역할의 변화요구에 어떻게 대응할 것인가

창업기업가는 사업이 성장하고 성숙됨에 따라서 자신의 역할이 상당히 변화되어야 한다는 점을 인식해야 한다. 기업 내에서 활동의 폭이 넓어짐에 따라서 창업기업가는 결국 중간관리자에게 책임과 권한을 위양하는 수밖에 없을 것이다. 이는 곧 창업기업가의 역할이 '관리자의 관리자' 로 변한다는 것을 의미하고, 따라서 이러한 새로운 역할을 잘 수행하기 위해서는 새로운 관리기술을 갖추어야만 할 것이다.

6절 사업성과의 수확과 배분

천신만고 끝에 창업이 성공해서 상당한 크기의 사업가치가 창출되었다 하자. 이제 남은 문제는 사업성과의 수확과 수확된 가치의 배분에 있다(수확이란 창출된 가치의 현금화를 말한다). 우선 창업사업에 투자한 외부 투자자들이 투자자금의 회수를 요구할 것이고 창업가 자신은 물론 창업초기부터 동고동락한 창업공신들 또한 어떤 형태로든 보상을 요구하게 될 것이다. 이 단계에서는 다음과 같은 문제들을 고려해야 한다.

1) 어떤 방법으로 사업성과를 수확할 것인가

모든 사업을 동일한 방법으로 수확할 수는 없다. 온라인 게임, 의료 서비스 등 대인 서비스를 제공하는 사업은 사업종결을 통한 수확이 전혀 불가능하여 한번 시작하면 계속할 수밖에 없다. 반면에 사업과정에서 자산이 창출되는 사업은 창업가가 현업에서 은퇴하지 않아도 수확이 가능하다. 현실적으로 현금화를 통한 수확이 실현될 수 없는 사업은 주로 창업주, 동업자 및 직원들 자신에게 일자리를 마련하기 위한 목적으로 투자된 사업이다. 그러나 수확이 가능한 사업이라 하더라도 다음과 같은 현실적으로 가능한 몇 가지 대안들에 대해서 충분한 검토가 필요하다.

① 대기업에 의한 인수
② 주식공개
③ 매각
④ 청산을 통한 수입배분

이들 대안 가운데서도 기업인수·합병과 기업공개가 창업기업들이 흔히 사용하는 수확방법인데, 무엇보다도 타이밍과 시장상황이 가장 중요하다. 또 하나 중요한 것으로 항상 문제가 되는 것은 세후수익이므로 이들 대안과 관련된 조세법규를 충분히 고려하여 최선의 수단을 선택해야 한다.

2) 사업성과는 언제 수확할 것인가

다음과 같은 점들을 고려하여 사업성과의 현금화 타이밍을 결정해야 한다.

① 도약의 전기를 마련하기 위해서 대규모의 자본투자가 요구되는 경우
② 더 이상의 이익이 기대되지 않는 경우
③ 세법의 변화
④ 자본시장의 변화
⑤ 경기변동 주기
⑥ 창업주나 주요 동업자의 연령, 건강 및 관심 등

3) 창업 참여자간에 어떻게 배분할 것인가

창업가는 성과배분 과정에서 창업 참여자들, 예컨대 채권자, 투자자, 동업자, 그리고 임직원 모두 창업사업이 성공할 경우 각자 기대한 일정수준의 보상이 가능한 한 이루어지도록 최선을 다해야 한다. 이것은 장래에 또 다른 창업을 하게 될 경우 그들의 도움을 받는 것이 가장 손쉽다는 면에서 기업윤리 문제 이상의 의미를 갖는다.

부 록

1. 미국 벤처기업의 창업 후 투자성공 사례

(단위 : 달러)

	1stround	2ndround	3rdround	기업공개 또는 매각
경과기간	1년	2년	3년	4~5년
투자이전 기업가치	3백만	2천만	4천만	2억 2천만
투자	3백만	1천만	1천 5백만	3천만
투자이후 기업가치	6백만	3천만	5천 5백만	2억 5천만
창업자 지분	50%	33%	24%	21%
투자자본의 활용처	상품개발, 인력고용	마케팅, 인력고용	재고자산, 판매 및 마케팅	판매, 마케팅, 사업확장 신제품 개발, 대규모 운영 자산
종업원 수	6명	20명	50명	100명

2. 사업등록과 개시

　창업을 하기 위하여 준비해야 하는 앞의 내용들은 회사를 설립한 이후에 어떻게, 어떤 사업을 운영할 것인가에 대한 것이라 할 수 있다. 우리는 이러한 내용을 사실상 사업(활동)이라고 말하고 있는데 이러한 사업을 하기 위해서 회사를 설립하고 사업자 등록을 내며, 법인을 등록하고, 공장을 설립하고, 사업허가를 받는 등의 복잡하고 많은 일들을 먼저 처리해야만 한다. 이러한 일들은 대부분 행정기관에서 공식적인 절차를 거쳐서 처리되는 것이 보통이기 때문에 많은 사람들이 쉽게 생각하는 경향이 있지만, 문서작성상의 작은 오류사항 하나 때문에 허가가 나지 않아 계획된 사업개시 일정을 변경해야만 하는 경우도 발생한다. 때문에 이러한 실무단계의 일들을 미리 검토하고 준비하여야만 일정과 계획에 맞춰 사업을 개시할 수 있게 된다. 여기서는 창업을 하여 회사를 설립하기 위한 절차와 준비해야 할 내용, 허가관청 등에 대하여 창업의 각 단계별로 알아볼 것이다.

1) 1단계 : 업종선정 및 사업계획 수립

창업을 하는 사람이라면 누구나가 어떤 사업을 하려 하는지 업종을 선정할 것이고, 선정된 업종에 맞도록 사업을 진행시킬 준비를 하고 있을 것이다. 선정된 업종은 여러 경로를 통해서 사업 타당성을 검토하였을 것이고, 사업성이 있다는 판단하에 사업을 추진하려는 것이다. 이후 해당사업에 필요한 규모와 기업형태, 기타 사업에 필요한 핵심요소를 결정하게 될 것이다.

〈 업종선정 〉   〈 사업계획 수립 〉

• 업종 및 사업 아이템 결정   • 사업규모 결정
 - 적성에 맞는 아이템 결정 →   • 기업형태 결정
• 사업 타당성 조사   • 창업멤버와 조직구성
 - 객관적인 입장에서 검토   • 기타 사업 핵심요소 결정

사업계획이 수립된 후 창업가는 그 사업을 추진하는 데 있어서 필요한 제반법규와 관련사항을 검토하게 된다. 예를 들면, 공장설립이 필요한 경우 입지조건이나 규모, 주변의 민원발생 소지, 환경관련법 등 제반법규에 저촉되지 않는지 등 많은 내용들을 검토하게 된다. 이러한 내용들은 이미 추진되고 있는 시점에서는 변경을 하거나 조정을 할 수가 없으므로 사전에 필요한 내용을 면밀히 검토하고, 필요한 경우라면 주변의 전문가나 관련 행정기관의 담당자와의 상담을 통해서 확실한 처리방법과 소요시간 등을 파악하고 준비해야 할 것이다. 특히 공장설립과 관련하여 사전에 파악하고 준비해야 할 사항들은 다음과 같다.

• 당해 사업이 한국표준산업분류상 제조업에 해당하는지의 여부와 업종명/분류번호
• 설립하고자 하는 공장의 규모 : 공장 건축면적 및 공장 용지면적
• 제조시설 중 환경관련법에 의한 환경배출시설 설치 여부
• 중소기업 창업자에 해당하는지 여부
• 기술도입 신고대상인지 여부
• 세제 · 금융지원을 받을 수 있는지 여부

- 외국인 투자에 해당하는지 여부
- 첨단산업에 해당하는지 여부
- 개별법상의 사업 인·허가 대상인지의 여부

이러한 내용들은 각 창업기업마다 다르게 적용되는 것이지만 각각의 사업을 개시하는 데 있어 중요한 사항들이다. 때문에 창업자들은 자신이 계획하고 있는 사업을 실행하기 위해 필요한 사항들을 꼼꼼이 정리하여 추진하는 절차와 소요시간, 비용까지도 파악해야만 한다.

2) 2단계 : 회사 설립 및 사업자 등록

사업계획의 수립 이후부터는 직접 사업계획을 실행에 옮겨야 한다. 해당업종을 담당하는 행정관청에서 사업 인·허가를 받고, 사업자 등록 또는 법인설립 등록을 해야 한다. 학원, 음식점 등은 관련 법에 의하여 해당관청에 신고하고 허가를 받아야만 사업자 등록을 할 수 있다. 일반업종인 경우 '개인기업'은 사업장을 관할하는 세무서에 사업자 등록을 위한 신청서를 제출한 후 사업자 등록증을 교부받으면 되지만, '법인기업'의 경우에는 관할 지방법원이나 등기소에 회사의 설립 등기를 한 후에 관할 세무서에 법인설립 신고를 해야만 사업자 등록을 할 수 있다.

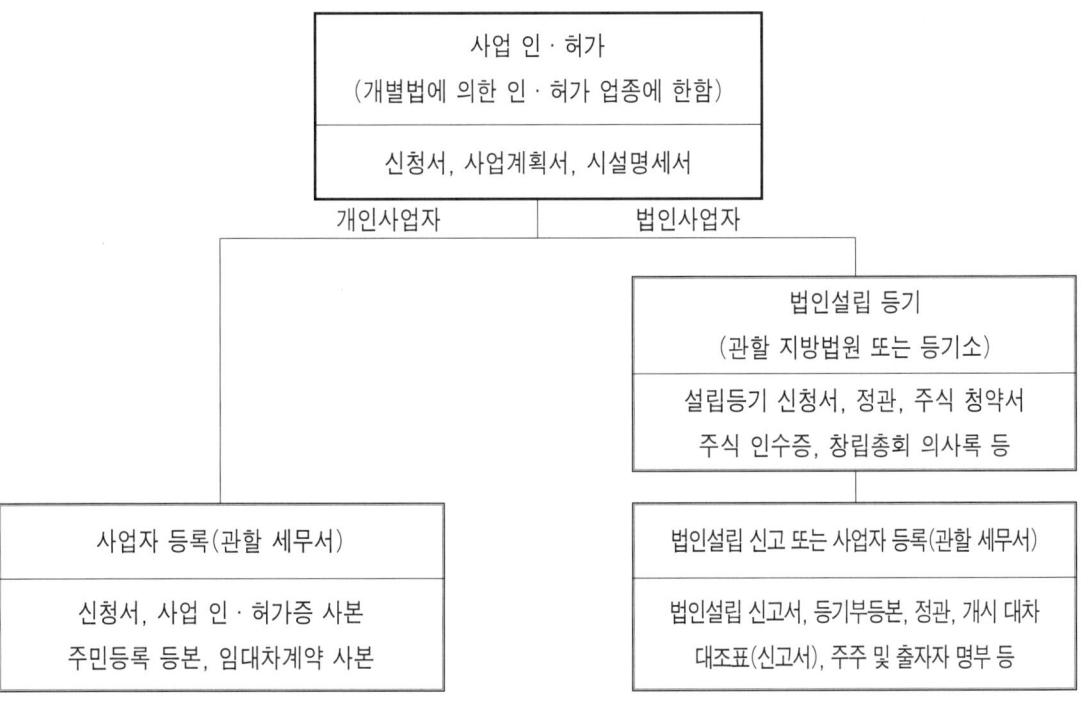

3) 3단계 : 공장입지 선정 및 공장설립 승인

(1) 공장입지 선정

공장을 설립할 수 있는 지역은 국가공단, 지방공단, 농공단지와 같이 공장을 건설하기 위해 국가 등에서 조성해 놓은 공단지역(계획입지)과 '국토이용관리법' 및 '도시계획법' 상으로 세분된 개별적인 용도지역 중 공장설립이 허용되는 자유입지가 있다. 자유입지인 경우 공장설립이 가능한지의 여부를 알기 위하여는 해당 자치단체의 '국토이용계획확인원', '지적공부' 또는 해당 시청의 '도시계획확인원' 의 열람을 해야 한다.

(2) 공장설립 승인

공장을 설립할 장소를 선정하였다면 선정된 입지의 관할시장, 군수, 구청장에게 공장설립 승인을 얻어야 한다. 계획입지인 공단지역에 공장을 설립코자 하는 경우에는 '공업배치 및 공장설립에 관한 법률' 에 의거하여 공업단지 입주계약을 체결하면 별도의 공장설립 승인을 받을 필요가 없다.

자유입지에서 공장건축 면적 500㎡ 이상의 공장을 설립하고자 할 때는 공장설립 승인을 반드시 받아야 한다. 자유입지에서의 공장설립 승인은 공업배치법상의 공장설립 승인을 통하는 방법과 창업지원법상의 창업사업 계획승인을 얻는 방법이 있는데, 창업사업 계획승인을 통하여 공장을 설치하는 경우에는 국토이용계획 변경절차까지도 의제처리할 수 있어 유리하다. 이때의 공장건축 면적은 수도권에서는 제조시설, 사무실, 창고의 건축면적이 합산되며, 수도권 이외의 지역에서는 제조시설의 건축면적만을 의미한다.

- 공업배치 및 공장설립에 관한 법률에 의거한 공장설립 승인절차 : 공장설립 승인 ⇒ 건축허가 ⇒ 사용승인 ⇒ 공장설립완료 신고(공장등록)
- 중소기업 창업지원법에 의거한 창업사업계획 승인절차에 의한 공장설립 승인절차(사업개시일로부터 5년 이내인 창업 중소기업이 공장을 설립할 때 적용되는 절차) : 창업사업 계획승인 ⇒ 건축허가 ⇒ 사용승인 ⇒ 공장설립완료 신고(공장등록)

---

(3) 공장설립을 위한 준비절차

공장을 설립하기 위하여는 부지를 선정하고, 선정된 부지의 입지를 검토하여야 하며, 이후 각종 인·허가를 취득하고 공장건물을 건축할 수 있다.

적절한 부지를 선정하기 위한 조건으로는 업종의 특성상 유리한 지역인지, 도로나 전기, 용수 사용이 용이한지, 주변에 필요한 인력을 공급해 줄 시장이 있는지 등을 따져 봐야 한다.

일단 부지를 선정하였으면 그 부지가 공장을 건설할 수 있는 부지인지를 파악해야 한다. 이를 위하여는 각 지방자치단체에서 발급하는 토지이용계획확인원, 지적도, 토지대장, 토지등기부 등본 등을 조회해 봄으로써 알 수 있다. 이 외에 자신이 건설하려는 공장과 관련하여 환경오염물질을 배출시키는지의 여부를 파악하여야 하며 업종, 설치하려는 기계의 시설 내역서 등을 작성하여 환경보전법과의 배치여부를 확인하면 된다.

이러한 절차가 마무리되면 계약을 통해서 부지를 취득하게 되며, 취득한 부지에 대한 공장설립을 신청할 수 있다. 공장설립을 위하여는 건축 관련법뿐만 아니라 환경, 농지, 산림 등과 관련된 법률까지 약 30개 법률의 60여 개 인·허가를 검토하여야 한다.

공장설립을 신청하기 위하여는 공장설립 사업계획서를 작성하여 승인을 받아야 한다. 사업계획서의 승인은 각 관청의 지역경제과, 도시과, 환경과, 농지과, 산림과, 건축과 등 많은 부서들과 연관이 있으며 처리에는 약 30일이 소요된다.

사업계획서가 승인되면 각종 부담금, 전용 부담금, 대체농지 조성비, 대체산림 조성비, 각종 국유지 점용료 등 부과되는 각종 부담금을 납부한 후 공장을 건축하게 된다.

4) 4단계 : 공장건축 및 공장설립

건축허가를 받았다고 해서 공장을 설립하는 것이 끝난 것은 아니다. 공장을 설립하는 중간에도 건축착공 신고, 건축물 사용 신고 등 많은 인·허가 절차와 각종 수도, 전기, 소방시설과 정화조 검사 등 많은 검사를 받아야 한다. 이러한 절차들을 적절한 시점에 처리하지 못하면 다음 단계의 절차를 수행할 수 없게 되어 계획된 일정에 차질을 줄 수 있으므로 주의해야 한다.

공장 건축물이 완료되어 기계, 장치 등을 설치한 후 공장설립 완료신고를 하면 관할 시, 군, 구에서 현지확인을 거쳐 10일 이내에 발급하는 공장등록증을 교부한다. 또한, 환경배출시설이 설치된 경우에는 가동개시 신고를 한 후 공장을 가동해야 한다.

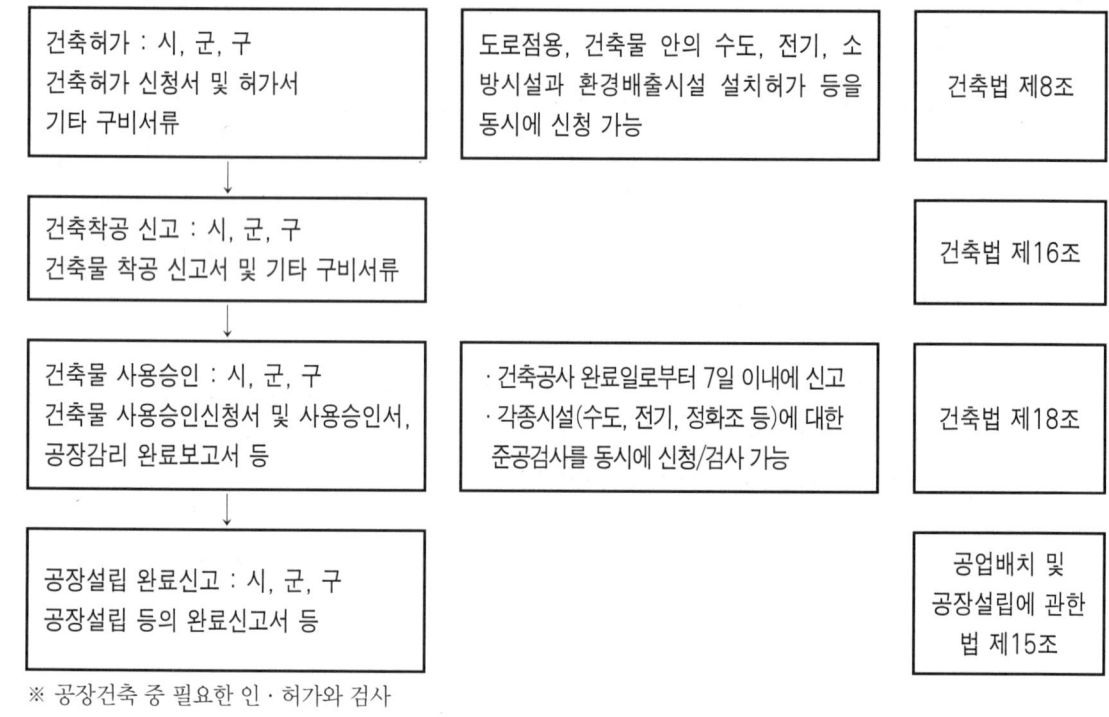

※ 공장건축 중 필요한 인·허가와 검사

5) 제5단계 사업개시 및 기타 행정절차

이제 공장설립을 완료하고 사업을 개시하는 단계에 도달하였다. 사업을 개시하려면 법에서 정한 여러 가지 등록 또는 신고를 해야 하는데 그것은 다음과 같다.

• 부동산 등기 : 건축물이 완공되면 관할 지방법원이나 등기소에 건축물과 토지 등에 대한 등기를 해야 한다. 등기에는 신청서와 등기원인 증빙서류, 주민등록 등본, 등기 의무자의 권리에 관한 등기필증 등의 구비서류가 필요하다.

• 취업규칙 신고 : 회사를 설립하고 종업원을 채용하게 되어 5인이 넘게 되면 근로기준법의 적용을 받게 된다. 근로기준법에 의하여 5인 이상의 종업원을 채용하고 있는 기업은 취업규칙을 신고하여야 한다. 취업규칙은 노동부 지방사무소에 신고하면 되는데 이는 노동부에 대한 회사설립 신고라 할 수 있다.

• 사업장 설치 신고 : 이는 산업안전보건법에 의거한 산업안전을 위한 신고로 건물 평면도, 기계

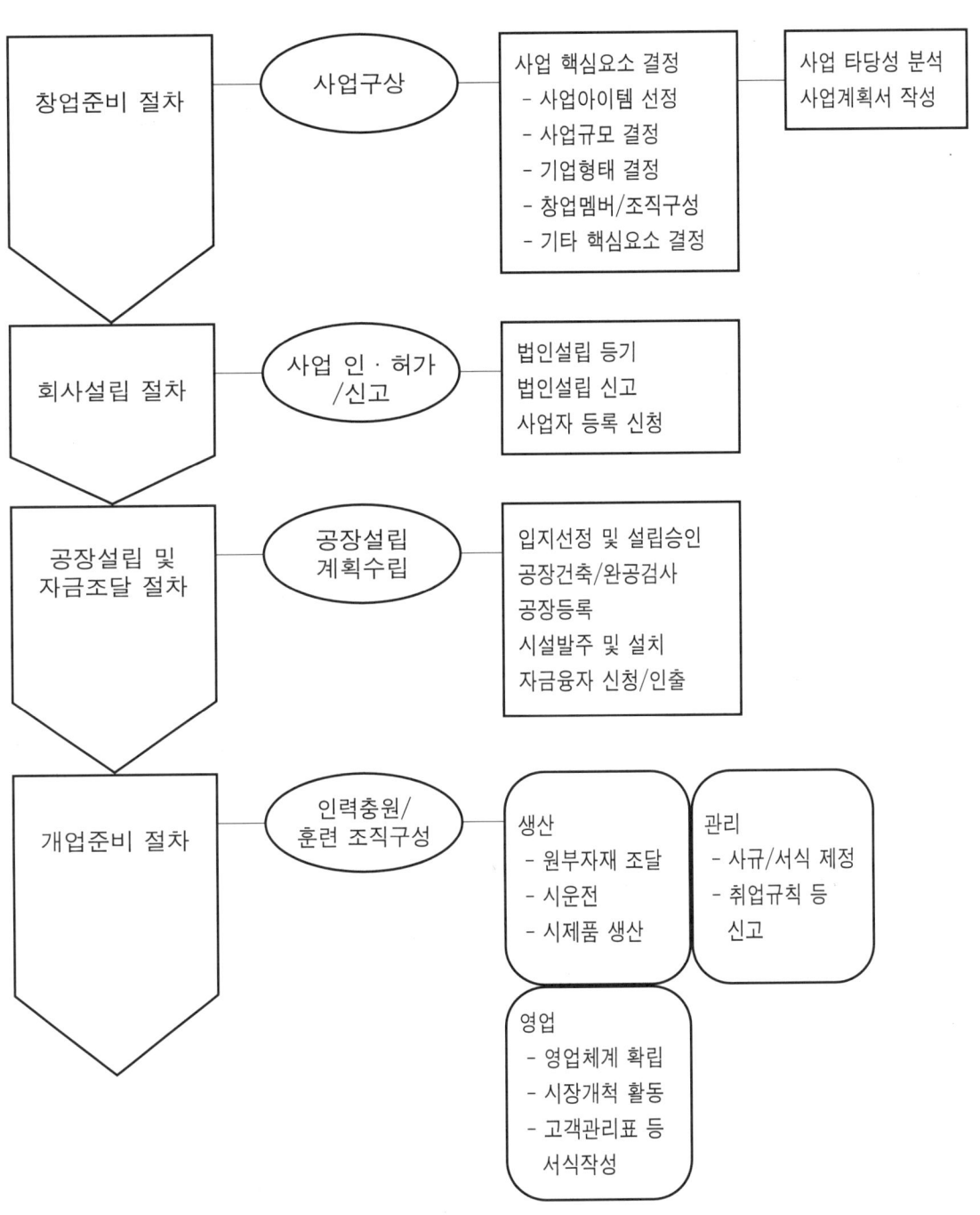

※ 창업절차

또는 설비의 배치도면 등을 노동부 지방사무소에 신고하게 된다.

• 4대 사회보험 신고 : 4대 사회보험이라 함은 국가에서 의무적으로 가입 시행하게 한 사회보장 제도로서 산업재해보상보험, 국민건강보험, 국민연금, 고용보험을 말한다. 산재보험과 고용보험은 종업원이 1인 이상이면 의무적으로 가입하여야 하며, 국민연금과 국민건강보험은 5인 이상인 경우에만 의무가입을 할 수 있으나 회사와 종업원의 합의에 의하여 5인이 안 되더라도 임의적용 사업장으로 가입할 수 있다.

지금까지 창업에 필요한 각종 실무 행정절차에 대하여 알아보았다. 창업을 하는 실무적인 절차는 부수적인 일이라 할 수 있으나, 실제로 사업을 개시하는 데 있어서 중요한 시발점이 된다는 점에서 결코 소홀히 할 수는 없는 일이다. 첫 단추를 잘 꿰어야 한다는 말도 있지 않은가?

3. 사오정 아이디어 전화기 하나로 밀리언셀러 된 YTC텔레콤 지영천 사장

사오정 전화기로 잘 알려진 YTC텔레콤의 지영천 사장은 잘 나가는 약사에서 무역회사의 직원으로, 또 IMF로 폐허가 된 회사를 아이디어 하나로 일으켜 신화를 창조한 사람이다. 약대 졸업 후 약국을 차린 그는 꽤나 잘 나가는 약사였다 한다. 그러던 그가 약국을 정리하고 무역회사의 직원이 된 것은 약사인지 '약장수' 인지 구분이 안 가는 자신의 일에서 행복을 찾지 못하고 답답함을 느낀 데서 시작된다. 무역회사 일은 그의 체질에 맞았다. 외국 바이어를 만나 상담을 나누고 오더를 따 내는 일이 아주 재미있었다. 또 국내에서 팔릴 만한 상품을 선정해 수입하는 것도 재미있었다. 약국에 가만히 앉아 오는 손님을 맞는 생활보다 바이어를 만나러 뛰어다니는 것이 훨씬 생동감 있고 신바람났다. 또 노력한 만큼 실적이 오르는 것도 보람을 느끼는 일이었다. 무역회사 생활은 오래 가지 못하고 회사의 부도로 마감하게 되었다. 다니던 무역회사가 문을 닫은 후 가업으로 내려오던 광주의 도정공장에서 쌀장사에 전념할 때, 종이포대에 담은 포장쌀이 유행하면서 시장이나 도매상을 상대로 팔던 쌀을 백화점이나 슈퍼마켓으로 돌렸다. 그러는 과정에서 양곡 도소매업 전문회사인 유일산업을 설립했고, 백화점을 상대로 영업을 하는 동안 1차식품의 포장이 매우 부실하다는 점이 눈에 띄어 호박이나 오이, 양파 같은 1차식품을 비누나 치약 같은 공산품처럼 보기 좋게 포장할 방법을 찾았다. 처음에는 포장기를 수입해 팔았다. 포장기는 유럽에서, 포장지는 미국에서 수입했다. 포장기기 사업이 자리를 잡아 가자 수입에서 생산쪽으로 방향을 바꾸었다. 실력 있는 엔지니어 한 명 거느리고 있지 않았지만 뚝심으로 밀어붙였다.

포장자동화 사업을 추진하면서 지영천 사장은 컴퓨터에 눈을 떴고 정보통신에 눈을 떠 교육선진화 사업에 투자하게 되었다. 교육선진화 사업이란 한마디로 멀티미디어 교육을 전제로 한 컴퓨터 교실의 운영이었다. 교육부는 1996년부터 전국의 초·중·고교에 PC 40대를 설치한 멀티미디어 교실을 꾸며 놓고 PC를 통한 새로운 교육을 시도했다. 1개 교에 책정된 예산이 1억 5,000만 원이며 전국에 2만 개 학교가 있다는 사실이 사업 가능성을 암시해 주었다. 교육선진화 사업에 뛰어들기로 하고 학습용 멀티미디어 프로그램 개발에 착수하여 1년에 걸친 연구개발 끝에 모습을 드러낸 것이 '멀티레이서(Multiracer)' 라 명명한 학습용 멀티미디어 교육장비였다. PC에 부착해 쌍방향 통신을 할 수 있는 그 장비는 원터치 버튼으로 조작하도록 만들었으므로 초보자 선생님도 쉽게 이용할 수 있었다. 덕분에 1년이 채 안 된 기간에 전국 30여 개 학교에 납품할 수 있었다.

그러던 참인데 어느 날 갑자기 예기치 않은 태풍이 불어닥쳤다. 소위 IMF 한파가 엄습했던 것이다. IMF사태는 지영천 사장에게서 모든 것을 앗아갔다. 독점적으로 거래하던 한 백화점의 부도로

15억 원의 돈이 묶였고, 환율상승으로 포장기기의 원자재 가격이 천정부지로 치솟았다. IMF 수습책으로 구조조정이 시작되고 예산이 삭감되면서 교육분야에서도 가장 먼저 손질당한 예산이 시설투자비였다. KO 펀치를 맞고 정신을 잃은 것도 잠깐. 사태가 심상치 않음을 깨닫자 도리없이 자신의 팔을 자르는 아픔을 단행했다. 정보통신 부문의 핵심요원 5명을 남기고 모두 정리했다. 정보통신만큼은 끝까지 지키겠다는 생각에서 기술개발요원은 최소한으로 남겨 두었다. 자신이 부도 직전의 궁지에 몰려 있었으나 퇴직금은 전액 지급했다. 남에게 아픔을 주면서 자신의 아픔을 덜고 싶지는 않았던 것이다.

IMF 한파를 맞아 고립무원의 궁지에 몰린 지영천 사장은 패잔병 동료 다섯 명과 함께 새로운 사업거리를 찾기에 골몰하고 있었다. 그러던 차에 아이디어 상품으로 떠오른 것이 초소형 전화기였고, 그것이 전 세계적으로 뜰 것이라는 예감이 머리를 떠나지 않았다. 따라서 그것의 개발에 마지막 희망을 걸기로 했다. 네티즌들이 컴퓨터 작업을 하면서 쓸 수 있고 학생들이 책상서랍에 넣어 두고 쓸 수 있는 소형 전화기를 만든다는 아이디어는 뭔가 새로운 것을 찾아 헤매는 직원들이 평범한 대화를 나누는 중에 얻어졌다.

어느 날 직원 두 명이 사무실에서 이야기를 나누고 있었다. 그들은 별로 할 일이 없지만 일요일에도 출근해 새로운 일거리를 찾는 한편 기술개발도 하고 있었다. 그들은 모이기만 하면 어떤 사업을 해야 하느냐, 어떤 기술을 개발해야 하느냐는 것을 화두로 삼고 있었다. '컴퓨터를 쓰는 사람들이 컴퓨터를 쓰면서 전화를 편하게 받을 방법이 없을까?' 라는 화두를 기초로 헤드폰 모양의 소형 전화기의 탄생을 맞게 된 것이다. 지영천 사장의 판단은 빨랐다. 보고를 듣자마자 가능성 있는 사업이라고 단언했다. 300만 명이 넘는 네티즌들에게 1대씩 팔아도 시장은 충분하다고 판단했던 것이다.

우선 시장조사를 했다. 인터넷에 들어가 그들이 만들고자 하는 핸즈프리(Hands free) 전화기와 유사한 제품이 있는지 여부를 살폈다. 다행히도 그들이 개발하려는 담뱃갑 절반 크기의 전화기를 내놓은 회사는 세계 어디에도 없었다. 핸즈프리 전화기 개발로 최후의 승부수를 띄우기로 작심한 지영천 사장은 자금조달 문제를 직접 챙기는 한편 5명의 직원에게 업무를 분담시켰다. 자금문제는 그 동안 쌓아 놓은 신용을 바탕으로 은행대출로 해결했다. 핸즈프리 전화기 개발에 있어 가장 중요한 사항은 회로설계와 금형제작, 디자인이었다. 그중에서도 가장 어려운 회로설계는 사내의 전문가에게 맡기고, 나머지 기술적인 문제는 아웃소싱으로 해결하기로 했다. 그러나 아웃소싱을 한다고 하여 문제가 해결되는 것은 아니다. 최소한의 비용으로 가장 믿을 만한 업체를 선정해야 하므로 각 업체에 대한 정보를 수집하는 것도 쉬운 일이 아니었다. 때문에 작업이 진행되면서 직원을 몇 명 보강했다.

핸즈프리 전화기의 핵심기술은 3층 PCB의 개발이었다. 전화기의 크기를 대폭 줄여야 하는 필요성에서 고안해 낸 것이 바로 그것이다. 즉 인쇄회로기판(PCB) 한 면에 모든 부품을 꽂는 기존의 전화기와는 달리 기판 뒷면까지 부품을 꽂고 그 위에 한 층을 더 올려 3층 구조로 만들었다. 양면 PCB는 이미 무선호출기에는 적용되고 있었지만, 전화기에 활용된 것은 그것이 처음이었다. 6개월에 걸친 기술개발 끝에 손바닥에 쏙 들어가는 전화기가 만들어졌다. 이제 남은 일은 뼈대만 있는 전화기에 예쁜 옷을 입히는 것이었다. 디자인이 완성되고 생산단계로 접어들었다. 그리하여 가로 4.5㎝, 세로 6.2㎝ 크기의 손안에 쏙 드는 핸즈프리 전화기가 탄생했다. 송수화기 대신에 마이크가 달린 길이 10㎝ 정도의 이어폰이 따로 있어 그것을 귀에 꽂고 통화한다. 이름하여 '마이폰(일명 사오정 전화기)'. 드디어 전화를 자주 이용하는 직장인이나 네티즌들이 꿈꾸던 이상적인 전화기가 그 모습을 드러낸 것이다. 마이폰을 출시하면서 회사 이름을 'YTC통신(YTC Telecom)'으로 바꾸었다.

마이폰이 세상에 첫선을 보인 것은 1998년 6월. 출시하자마자 엄청난 반향을 불러일으켰다. 돈을 들여 광고할 형편이 못 되었기에 먼저 마이폰의 탄생을 경제신문에 알렸고, 한 경제지가 전화기 사진과 함께 부스 기사로 실어 주었다. 이어 TV 방송국에 알렸다. KBS TV의 '중소기업을 살립시다'라는 프로에 소개되고 나자 제품에 대해 문의하는 전화로 회사의 전화기에 불이 붙었다. 그처럼 자주 매스컴을 타는 동안 마이폰은 '사오정 전화기'라는 애칭을 얻었다. 주요고객은 여행사·은행 등 특수직종의 회사원들과 네티즌들. 대부분이 젊은이들이었다. 마이폰은 국내보다 해외에서 인기가 높았다. 해외에 지사망을 갖지 못한 YTC는 해외지사망을 골고루 갖추고 있는 삼성물산 등 대기업을 통해 홍보책자를 뿌렸다. 그러자 아이디어가 독특하고 값이 싼 탓인지 주문이 쇄도했다. 국내에 비해 대량주문이 많았다. 마이폰은 현재 전 세계 47개국으로 수출되고 있다. 주요 수출국은 미국과 일본. 동남아와 중국, 유럽도 무시하지 못할 시장이다.

한국산 정보통신 관련제품을 팔기가 매우 힘들다는 일본은 저절로 문이 열렸다. 일본의 컴퓨터 유통업체인 후지쓰가 먼저 접근해 왔다. 경쟁업체를 의식한 듯 후지쓰는 5만 달러의 선금을 찔러넣고 계약을 하자고 했다. 뿐만 아니라 후지쓰는 'Made in Korea'를 표기한 채 판매하라는 YTC의 강력한 요청을 거절하지 못하고 그대로 따랐다. 그 후 마이폰은 일본 니혼 TV의 한 프로에서 히트예감상품 1위로 선정되는 등 해외언론에서 주목을 받기도 했다. 1998년 6월에 판매를 시작해 1년 동안에 100만 대 이상을 팔았으니 출시하자마자 밀리언셀러가 된 셈이다. 해외에서의 판매량이 국내에 비해 7대 3 정도로 많았다.

지영천 사장의 원칙은 두 가지였다. 첫번째는 가격원칙을 지킨다. 마이폰의 초기 소비자가격은 2만 8천 원. 출고가는 1만 7천 원이었다. 초창기에는 소매가 이하로 판매하는 가게에서는 물건을 회수하기도 했다. 마이폰이 출시되자마자 LG홈쇼핑에서 현금으로 결제할 테니 1만 대를 달라고 했다. 다만 1대당 가격을 1만 3천 원으로 할인해 달라는 조건을 붙였다. 지영천 사장은 일언지하에 거절했다. 그가 내세우는 또 하나의 원칙은 현금거래이다. 전화기 100대가 출고되면 그 대금이 온라인으로 입금되어야 다음 거래가 이루어진다. 처음에는 웃기는 일이라며 비웃던 거래처 사람들이 지금은 그 원칙을 철저히 지키고 있다. 그 대신 YTC텔레콤도 하청업자들에게 현금으로 지급한다. 새로운 거래 관행을 창조해 나가고 있는 것이다.

1999년 말 YTC텔레콤은 18명의 연구개발 인원을 포함, 38명의 직원을 거느린 아담한 회사로 성장했다. 1999년도 매출액은 100억 원. 아이디어 하나로 놀라운 실적을 쌓아올렸다. 사원 1인당 매출액으로 따지면 2억 6천만 원. 비교적 잘 나가는 회사의 1인당 매출액이 1억 원 남짓임을 감안할 때 상당히 높은 액수임을 알 수 있다. 핸즈프리 전화기 사업 자체가 부가가치가 높은 사업이며, 또 생산과 판매업무를 아웃소싱했기에 가능한 일이다.

YTC텔레콤은 1999년 8월 코스닥시장에 등록했다. 2002년에는 미국 나스닥시장에 도전하겠다는 야무진 꿈도 꾸고 있다. '사오정 전화기'로 더 잘 알려져 있는 핸즈프리 전화기 하나로 정보통신업계에 혜성처럼 떠올랐지만, 어떻게 보면 전화기 사업은 지영천 사장의 본업이 아니다. IMF 체제를 벗어나고자 발버둥친 노력의 결과물일 뿐이다.

"제가 좋아하는 회사가 미국의 3M입니다. 아이디어로 운영해 가는 회사죠. 우리 일상생활에서 불편함을 느끼는 것을 조금씩 개선하고 상품화함으로써 몇조 원의 매출을 올리고 있습니다. 클립이나 포스트잇 등을 예로 들 수 있죠. 아이디어란 멀리 있는 게 아니고 일종의 고정관념을 깨는 데서 나오는 겁니다. 저희도 그처럼 생활 속에서 느끼는 작은 불편함을 개선해 상품화하는 작업을 하고 싶습니다."

5장　사업계획서 작성

1절　성공적인 사업계획서의 작성

사업계획서의 작성은 모든 기업가들이 사업을 영위하는 동안 반드시 마주치는 일이다. 그러나 사업계획서의 작성을 앞둔 대부분의 사람들은 가능한 한 어떻게 피해갈 수 없을까 하는 생각을 하거나 아니면 타인에게 의뢰하는 것이 바람직할 것이라는 유혹에 빠지게 된다. 이와 같은 생각에도 불구하고 사업을 영위해 가면서 차츰 벤처기업가들은 사업계획서 작성의 불가피성을 깨닫게 된다. 어차피 겪어야 할 과정이고 이 과정을 어떻게 소화하느냐에 사업의 성패가 달려 있다는 생각을 고려한다면 보다 적극적으로 사업계획서 작성에 대한 관점을 가질 필요가 있다.

많은 사람들이 사업계획서는 단순히 종이 위에 그려지는 허구에 불과하다며 무시하려는 경향을 보이기도 한다. 그러나 현실을 직시해 보자. 사업을 하는 사람들이 자신이 원하는 것을 상대방으로부터 얻어내기 위해서는 상대방을 설득할 필요가 있는 것이다. 그렇다면 어떤 방법으로 상대방을 설득시킬 수 있을까. 직접적인 대면을 통하여 상대방의 마음을 움직이고 투자를 유치하는 것도 하나의 방법이고 사업계획서를 서면으로 작성하여 상대방으로 하여금 검토하게 함으로써 자신이 원하는 것을 얻어내는 것도 방법이다. 어떤 방법이 더 효과적일까? 벤처캐피탈 업체의 담당자나 혹은 엔젤투자를 결정하는 투자조합의 심사역들의 답변은 하나같이 서면을 통하여 사업 아이디어를 검토하고 투자를 결정하게 될 수밖에 없다고 설명한다. 투자를 결정하는 사람들을 대상으로 하는 것은 물론 자신이 원하는 사람을 회사에 유인하기 위해 혹은 은행과 같은 금융기관에서 차입을 하기 위해서도 사업계획서는 필요하게 되는 것이다. 어떻게 하면 사업계획서를 효과적으로 작성할 수 있을까?

사업계획서를 작성해야 할 벤처기업인들이 부딪히는 또 다른 문제는 사업계획서 작성의 어려움이다. 효과적인 사업계획서를 작성하려고 막상 시작을 하다 보면 경험이 부족한 대부분의 사람들은 마치 넘지 못할 산을 앞에 두고 있는 것과 같은 느낌을 가지며 좌절을 경험한다. 과연 사업계획서를 작성한다고 하는 일이 경험이 부족한 사람들에게는 넘지 못할 산일까?

이 장에서는 그렇게 어렵게 보이는 사업계획서를 어떻게 효과적으로 작성할 수 있을까 하는 구체적이고 실질적인 방안들을 찾아보려고 한다. 특히 다음과 같이 세 가지를 중심으로 생각해 볼 수 있다.

첫째로 어떤 관점에서 사업계획서를 작성해야 효과적인 도구로 사용될 수 있을 것인가 하는 것이고, 둘째는 넘을 수 없는 산처럼 보이는 사업계획서 작성의 기본적인 골격을 이해함으로써 쉽게 접근할 수 있도록 하는 것이고, 마지막으로 잘 쓰여진 사업계획서에 포함이 되어야 하는 내용들을 예를 들어 설명함으로써 사업계획서 작성기술을 자신의 것으로 습득하는 것이다.

1) 사업계획서는 자신이 가지고 있는 회사 전체를 팔기 위해 작성되는 문서라는 생각을 하자

마케팅을 계획하고 실행하는 사람들은 언제나 자신이 팔고자 하는 물건에 대하여 구매자를 설득하여 자신의 물건에 대한 구매결정을 할 수 있는 방안들을 연구한다. 그리고 이와 같은 과정에서 제품을 설명하는 설명서를 정성스럽게 만든다. 사업계획서의 목적은 마케팅 담당자들이 물건을 팔기 위하여 구매자로 하여금 결정을 할 수 있도록 돕기 위하여 만드는 설명서 혹은 카탈로그와 같다고 생각할 수 있다. 다른 점이 있다면 대체로 사업계획서를 통하여 팔고자 하는 대상이 회사 전체인 데 반하여 마케팅 담당자들은 단일상품을 대상으로 하는 것이다.

이와 같은 접근방법을 가지고 사업계획서를 작성한다면 어떻게 작성하는 것이 효과적인 접근방법인가에 대한 답을 쉽게 얻을 수 있다. 어떤 사람이 자신이 팔고자 하는 것을 의견이 다른 사람을 상대로 하여 훌륭하게 판매를 할 수 있는가? 이와 같은 질문에 대한 첫번째 답은 판매하는 사람이 자신이 팔고자 하는 대상에 대하여 확실한 자신감을 가지고 있어야 한다는 것이다. 스스로 상품의 성능과 품질에 대하여 자신이 없는 사람이 어떻게 남을 설득해서 성공적으로 상품을 판매할 수 있겠는가? 불가능한 일이다. 확신이 없는 사람은 결코 훌륭한 영업사원이 될 수 없다.

자신이 팔고자 하는 상품에 대하여 확신에 가득찬 영업사원의 모습을 상상해 보자. 먼저 이 사람은 열정을 가지고 미지근한 반응을 보이는 소비자를 설득하려고 시도할 것이다. 열정을 가지고 판매를 하는 사람의 특성은 자신의 열정을 담아서 소비자에게 전달하고, 이와 같은 열정은 소비자를 감동시키며 좋은 결과를 가져오게 되는 것이다.

사업계획서가 자신이 가지고 있는 회사 혹은 아이디어 전체를 팔기 위한 도구라고 생각한다면, 사업계획서를 작성하는 사람이 가장 먼저 가져야 하는 것은 자신이 작성하고 있는 회사나 아이디어에 대한 확신이다. 이와 같은 확신에 근거한 사업계획서여야만 비로소 대상의 마음을 움직이는 효과적인 것이 될 것이다. 확신에 근거하여 열정이 가득한 사업계획서는 지루하지 않고 살아 움직이는 생동감이 넘치게 될 것이다.

효과적인 사업계획서는 자신의 목적을 달성하기 위하여 확신에 찬 사업가가 열정을 담아 만드는 것이다. 단순히 수치를 조합하고 시장상황을 조사하거나 진행 중 사실을 조합하는 단계를 넘어선 자료가 사업계획서 작성의 목적달성을 가능하게 할 것이다.

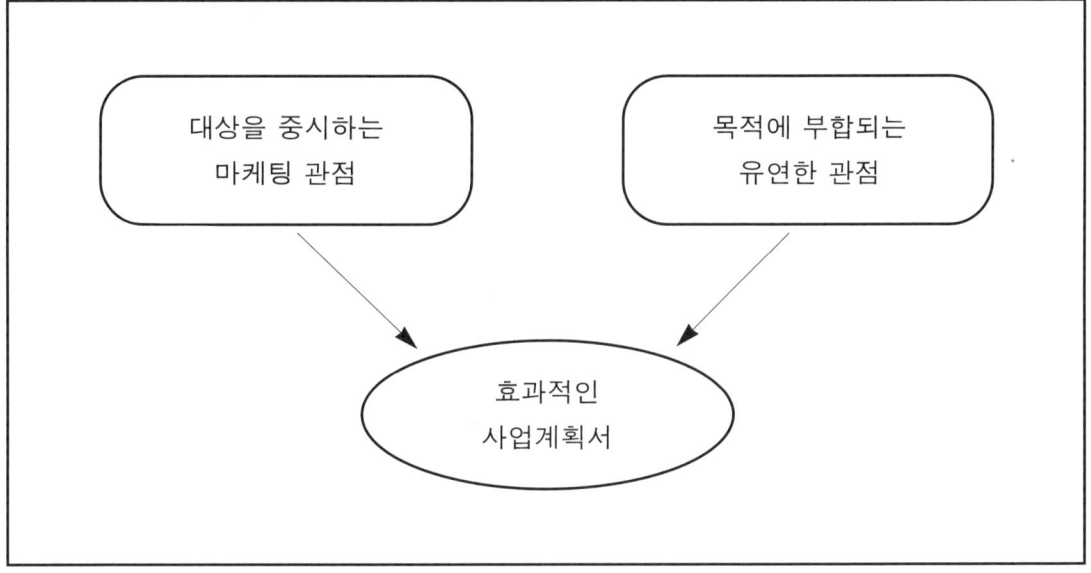

〈표 5-1〉 사업계획서 작성의 기본원칙

2) 목적에 부합되는 사업계획서를 작성하라

자신의 회사 성공에 확신을 가지고 자신의 아이디어에 확신을 가진 열정적인 사업가가 사업계획서를 작성하기 위하여 필요로 하는 것은 누구를 대상으로, 어떤 목적으로 사업계획서를 작성하는가 하는 것이다. 상품의 판매를 성공적으로 하기 위해서 최종소비자가 상품을 어떤 목적으로 어떻게 사용하려고 하는지에 대한 연구가 필요하다. 이와 같이 사업계획서 역시 누가 어떤 목적으로 읽고자 하는 것인지에 대한 관심을 가지고 접근할 필요가 있다. 이에 대한 답은 간단하다. 사업계획서를 읽는 사람들은 예외없이 회사나 혹은 아이디어의 성공여부에 관심을 가지고 있으며 결과에 따라 영향을 받는다는 것이다. 다만 얼마나 직접적이냐 혹은 성패에 따른 위험부담이 얼마나 되느냐 하는 차이가 있을 뿐이다. 이와 같은 관점에서 사업계획서의 대상을 결정할 수 있으며 이에 따른 목적을 분명하게 숙지할 수 있다. 누가 당신 회사나 아이디어의 성공에 영향을 받는가?

98

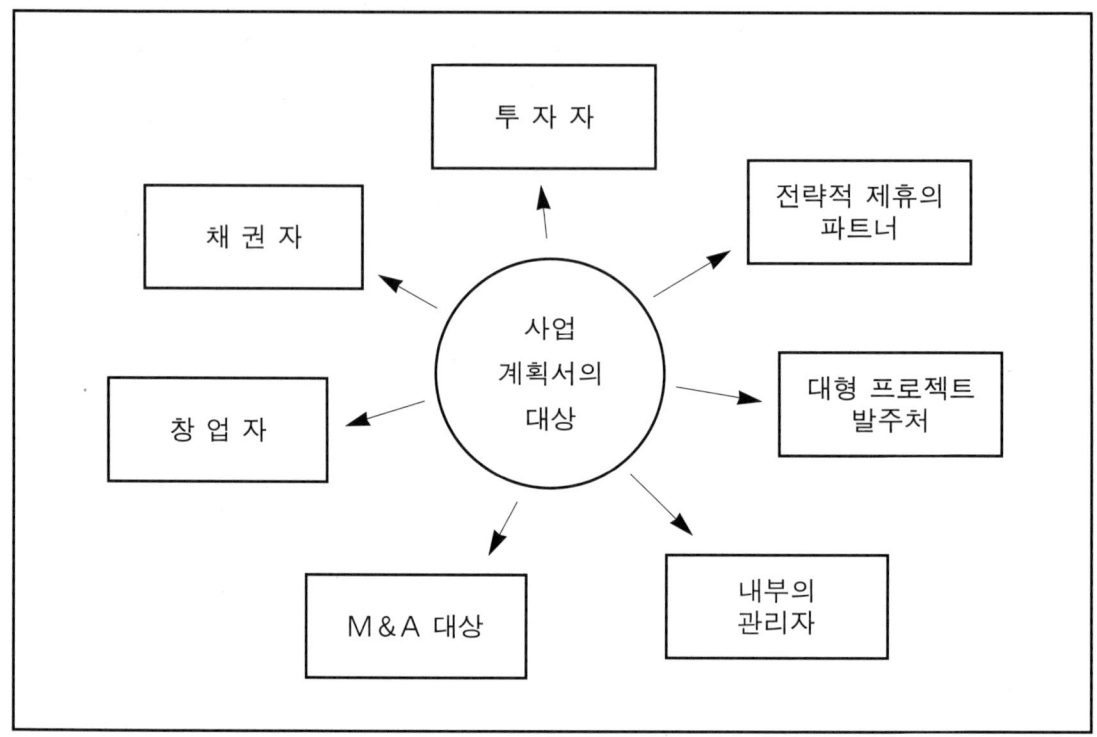

〈표 5-2〉 사업계획서의 대상

(1) 창업자가 사업이나 아이디어의 성공에 가장 큰 영향을 받는다

사업계획서의 대상이 되는 하나의 부류는 창업가 자신이다. 창업은 아이디어에서 시작하게 된다. 이와 같은 창업의 아이디어가 얼마나 성공적으로 현실에 접목이 될 수 있을지 혹은 얼마만한 규모로 성장할 수 있을지 하는 것은 창업의 아이디어를 가지고 있는 잠재적 창업가에게 실행으로 옮길 수 있는 용기를 줄 수 있는 매우 중요한 일이다. 이와 같은 단계에서 사업계획서는 매우 중요한 역할을 하게 되는 것이다. 자신이 계획하고 시작하려고 하는 사업의 장래계획을 체계화된 방법으로 검토하고 자신을 확신시키는 일은 사업 시작 후 겪을 수 있는 많은 어려움을 이길 수 있게 만드는 힘이 되기도 한다. 이뿐 아니라 사업 시작을 위하여 자신이 가지고 있는 것을 투자하기 위한 용기를 북돋아 주기도 한다.

1980년대 초 미국에서 Software Publishing이라는 회사를 설립한 프레드 기븐스(Fred Gibbons)는 미국 최대 하이테크 기업인 휴렛 패커드(Hewlett-Packard)의 잘 나가는 직원이었다. 그는 새로운 아이디어를 가지고 장래가 보장된 회사를 그만두고 새로운 사업을 하고 싶은 욕구가 생겼을 때 갈등할 수밖에 없었다. 더구나 자신의 아이디어를 가지고 사업을 시작하려면 집을 담보로 돈을 빌리고 이것도 부족해 친척과 친구들로부터 추가로 돈을 빌려야 하는 상태였다. 이때 기븐스는 스스로를 설득하고 자신이 내린 결정의 정당성을 시험하기 위하여 사업계획서를 작성하였다. 이렇게 작성된 사업계획서를 통하여 사업성에 대한 검토를 한 후 자신의 장래와 재산을 투자할 수 있었던 것이다. 사업계획서의 대상이 창업가 자신이 될 수 있음을 보여주는 예이다.

(2) 돈을 빌려주는 사람은 채무자의 성공에 지대한 관심을 기울인다

IMF 체제가 우리나라의 경제 운용구조를 바꿔 놓기 전에는 돈을 빌려주는 기관이나 사람은 사업의 성공에 관심을 기울이기보다는 얼마나 확실한 담보를 제공할 수 있느냐를 대출심사의 기준으로 삼았다. 담보가 확실하면 사업의 성패에 관계없이 빌려준 돈을 쉽게 받을 수 있을 것이라는 단순한 생각에서 기인한 것이다. 그러나 이와 같은 안이한 대출기준을 적용하며 돈을 빌려준 많은 금융기관들이 예기치 못한 부동산 가격의 폭락과 유동성의 저하 때문에 부실 금융기관으로 전락하고 말았다. 이후 선진 금융기법을 도입해야 한다고 주장하는 사람들이 늘어나며 대출심사 기준이 담보의 확실성은 부차적인 것으로 간주되고 대출을 하는 기업이 얼마나 성공할 수 있는가에 무게를 두게 되었다.

금융기관들은 담보의 확보가 채권회수의 가장 효과적인 방법이 되지 못한다는 것을 알게 되었다. 이제 많은 금융기관들이 기업에의 대출을 결정하기 위하여 사업계획서를 요구하고 있다. 그리고 이와 같은 추세는 갈수록 확장될 것이다.

금융기관을 통하여 차입의 형태로 자금을 조달하려고 하는 기업가들은 채권자가 사업의 장래에 대하여 많은 관심을 기울인다는 점을 염두에 둔다면 차입을 통한 자금조달이 보다 용이할 것이다.

(3) 투자자들이야말로 기업의 성공에 영향을 받는다

벤처기업가들이 벤처캐피탈과 같은 기관투자자로부터 자본을 유치하기 위하여 필수적으로 해야 하는 것이 사업계획서를 작성하는 일이었다. 그리고 이와 같은 추세는 앞으로도 계속될 것이다. 자본주의 발달의 초기단계에서 자본을 투자하는 것은 주위의 신뢰할 만한 사람들을 중심으로 하는 원시적인 동업형태였으나 지금은 전혀 안면이 없는 사람들이 사업성을 보고 투자를 결정할 수 있을 만큼 투자의 형태가 다양해진 것이다. 생면부지의 사람이 자본투자를 요청하고 있고, 또 투자를 해달라고 돈을 맡겨 놓은 투자자들의 요구를 충족시켜야 하는 투자 전문가들이 투자를 결정할 수 있는 가장 중요한 잣대는 무엇인가? 결국은 사업과 아이디어가 객관적인 모습으로 나타나 있는 사업계획서가 될 것이다.

국내 벤처캐피탈 회사의 투자결정 단계를 살펴본다면 사업계획서가 성공적인 투자유치에 얼마나 영향을 끼치는지 알 수 있다. 투자를 결정해야 하는 심사역의 자리에는 적게는 몇 개에서 많게는 몇 십 개에 이르는 사업계획서가 쌓여 있다. 이들은 어떻게 자신에게 주어진 한정된 시간을 할애하여 좋은 사업 아이템에 투자를 결정하는가? 이와 같은 질문에 이들은 이렇게 답변한다. "투자결정에 가장 중요한 것은 사람이다. 사업계획서를 참고하기는 하지만 더 중요한 것은 창업가의 사람 됨됨이이다." 일리가 있는 말이고, 실제로 상당부분의 투자가 사람을 평가하는 방법으로 이루어져 왔다. 그러나 이와 같이 사람을 보고 투자를 결정한다고 하는 것은 일차적으로 사업계획서를 검토하여 일차심사를 통과한 벤처투자가에게 주어지는 기회이다. 투자를 유치하기 위하여 통과해야 하는 첫 관문은 흥미를 끌어낼 수 있는 사업계획서인 것이다.

(4) 전략적 제휴의 파트너는 사업계획서를 필요로 한다

한때 우리 나라 경제구조에 있어서 "큰 것이 좋은 것이다."라는 생각이 팽배해 있었던 시절이 있었다. 그러나 최근 모든 일을 자체적으로 해결하기 위하여 회사의 규모를 키우고 인원을 채용하던 회사들이 효율성의 저하로 인하여 도태되기 시작하였다. 모든 것을 혼자 다 하기보다는 잘할 수 있는 부문에 자신의 핵심역량을 집중하는 것이 사업성공의 확률을 높인다고 하는 것을 알게 된 것이다. 이와 같은 핵심역량을 중심으로 자신의 장점을 최대한 이용하고자 하는 창업가들은 필연적으로 전략적 제휴와 같은 형태의 아웃소싱을 생각하지 않을 수 없다. 제대로 된 전략적 제휴 파트너를 만난다고 하는 것은 사업의 성공에 직결되기 때문이다.

몇몇 정보통신 관련장비를 생산하는 벤처기업들이 세계적 기업인 시스코 사와 전략적 제휴를 했다고 하는 발표를 하자마자 주식시장에서 거래되던 회사의 주식이 폭등하였다. 장비를 생산하는 기업 외에도 소프트웨어와 관련한 회사들은 마이크로소프트 사와 전략적 파트너로 제휴관계를 맺기 위하여 많은 노력을 하고 있다. 이와 같이 외부의 좋은 전략적 파트너를 만들 수 있다고 하는 사실이 사업을 진행하는 데 도움은 물론 외부로부터의 신뢰도를 확보하는 데 도움이 되기 때문이다. 시스코 사나 마이크로소프트 사와 같은 회사들과 전략적 제휴관계를 맺기 위하여 수많은 회사들이 접근을 한다. 이들 회사의 전략적 제휴를 결정하기 위한 담당자들이 가장 먼저 볼 수밖에 없는 것이 사업계획서이다. 짧은 시간에 결정을 내려야 하는 담당자의 판단기준은 자신의 전략적 파트너로 고려하고 있는 대상기업을 한눈에 평가할 수 있도록 잘 작성된 사업계획서가 되는 것은 자명한 사실이다.

(5) 대규모 계약체결을 위하여 사업계획서가 필요하다

그다지 성공적이지 못한 영업사원들은 이렇게 불평을 한다. "내가 파는 물건의 가격이 경쟁회사와 비교해서 충분한 가격경쟁력만 확보할 수 있다면 지금의 실적보다 몇 배나 좋은 실적을 낼 수 있는데, 생산의 비효율성 때문에 가격을 높이 책정해서 경쟁에서 도저히 이길 수가 없다." 물건을 팔고 사는 데 가격의 중요성은 다시 이야기할 필요가 없다. 가격 경쟁력이 있으면 그만큼 물건을 쉽게 팔 수 있는 것도 사실이다. 그러나 이와 같이 가격에만 초점을 맞추게 된다면 대부분의 경우 뜻하지 않은 실패를 맛보게 될 것이다.

회사에서 구매를 담당하는 사람들이 공개입찰을 통하여 상품을 구매하기로 하였다. 구매 담당자가 입찰을 한 회사와 상품구매 협상을 하려고 준비할 때 가장 중요하게 생각하는 것은 무엇일까? 뜻밖에도 이들이 가장 중요하게 생각하는 것은 가격이 아니라 구매계약을 체결했을 때 계약의 내용대로 이행할 수 있을 만한 능력이 있는 상대방인가 아닌가 하는 것이 첫번째 고려하는 점이다. 가격에 대한 고려는 상대방의 능력에 대한 신뢰가 검증된 후에 논의가 되는 것이다. 이와 같은 구매의사 결정은 계약의 단위가 커질수록 뚜렷하게 나타난다. 물건을 납품하려는 계획을 가지고 있는 회사는 이와 같은 의사결정의 메커니즘을 이해할 수 있을 때 원하는 소기의 목적을 달성할 수 있다. 어떻게 상대방에게 신뢰감을 심어 줄 수 있을까? 가장 효과적인 방법 중 하나가 자신의 사업을 잘 소개한 사업계획서의 제출이다. 계약의 규모가 커지고 상대방과 처음 거래를 해야 할 경우에 사업계획서를 잘 작성해서 함께 제공하는 것은 목적을 달성하는 데 많은 도움이 된다.

(6) 함께 일하는 사람들을 위한 사업계획서가 필요하다

조직이 성공적으로 운영되고 발전하기 위해서 필요한 것은 조직의 구성원들이 조직의 목적을 이해하고 목적달성을 위하여 함께 노력을 다하는 것이다. 목표와 성공의 상관관계는 1954년 피터 드러커(Peter Drucker)의 목표지향적관리(Management By Objectives: MBO) 이론이 소개된 후 여러 연구를 통하여 실증되었다. 연구의 결과는 조직의 구성원 하나하나가 이해할 수 있을 뿐 아니라 참여할 수 있도록 잘 설정된 공통목적을 지향하고 직무를 수행하게 될 때 생산이나 경영의 효율성이 급증한다는 것이다.

창업을 한 창업가는 자신의 비전이나 사업계획에 대한 아이디어를 머릿속에 명확하게 가지고 있을 수도 있다. 그러나 창업가를 중심으로 함께 기업을 운영해 가는 사람들은 그렇지 않다. 이와 같은 이해의 차이는 창업가의 비전에 동참해서 함께 모인 동업자들 사이에서도 종종 나타나게 된다. 그리고 이와 같은 이해의 차이는 회사의 규모가 성장함에 따라 종업원의 수가 늘면서 점점 커지게 된다. 어떻게 이들과 창업자의 사업에 대한 비전을 함께 공유하여 공통된 목적을 만들 수 있을까? 창업자가 해야 하는 일은 자신의 비전과 계획을 구체적인 모습으로 바꾸어서 동업자와 종업원들에게 전하는 일이다. 이와 같이 구체적인 모습으로 바꾸는 작업의 산물이 바로 잘 쓰여진 사업계획서가 될 것이다. 자신의 아이디어를 주위에서 함께 일하는 사람들에게 전달함으로써 동참하도록 만드는 것은 창업을 성공으로 이끌어 가는 과정에서 반드시 행해져야 하는 일이다.

(7) M&A를 위해서 사업계획서가 필요하다

벤처기업의 성공을 어떻게 정의하느냐 하는 질문에 대하여 많은 답변이 있을 수 있다. 이 답변 중 가장 많은 사람들이 동의하는 것은 벤처기업을 설립하여 기초를 만든 후 규모가 큰 기업의 M&A 대상이 되도록 하여 성공적으로 이를 마무리짓는 것이다. 대부분 소규모의 벤처기업가들이 성공적으로 M&A를 마친 후에는 자신이 원하는 일을 더 좋은 환경에서 계속할 수 있을 뿐 아니라 일거에 큰 현금을 받아 경제적인 부를 축적할 수 있기 때문이다.

M&A 과정에서 창업가는 자신의 회사 전체를 상대방에게 매각해야 하는 판매자의 입장에 서게 된다. M&A를 담당하는 상대방 회사의 담당자는 물론 상대방 회사의 이사진과 주주들에게도 자신이 운영하고 있는 회사를 잘 설명함으로써 의사결정을 쉽게 할 수 있도록 돕는 기본적인 도구가 바로 사업계획서가 될 수 있다.

2절 효과적인 사업계획서

사업계획서에는 정형화된 모형은 있을 수 없다. 사업계획서의 독자가 누구인가에 따라 포함되는 내용과 전개하는 방법이 달라지기 때문이다. 그러나 사업계획서를 작성해야 하는 사람들은 일정한 형식에 지나치게 얽매이려는 경향을 보인다. 특별히 관 주도의 자금배분에 익숙해진 환경에서 사업계획서란 자금을 배분하는 기관에서 미리 만들어 배포한 일정형식에 내용을 채우는 것이라고 생각하는 것이 당연하다 하겠다. 그러나 한 번 사업계획서를 작성해서 모든 대상의 욕구를 다 만족시킬 수 있다는 생각을 한다면 이는 아직도 고객중심의 마케팅이 기업생존의 기존전제라는 것을 숙지하지 못했다고 볼 수 있다. 이제 우리가 맞이한 사회는 관 주도의 일사불란한 경제체제가 아니라 다양한 이익집단이 자신의 의견과 목소리를 내는 곳이다. 이와 같은 환경의 변화를 인지하고 앞에서 살펴본 것처럼 사업계획서의 목적에 부합되는 고객중심의 유연한 사고를 가지고 작성하는 태도가 요구된다.

1) 효과적 사업계획서의 3요소

유연한 사고와 다양한 목적의 달성은 필연적으로 형식에 얽매이지 않는 사업계획서의 작성으로 연결된다. 형식에 얽매이지 않는 자유로운 사업계획서의 작성은 규격화 교육에 길들여진 사람들에게는 오히려 더 어려운 주문이 될 수 있다. 자유로운 형태의 사업계획서가 역할을 다하기 위해서 필요한 것은 사업계획서의 첫장에서부터 끝까지 흐르는 일관성, 논리성, 합리성이다.

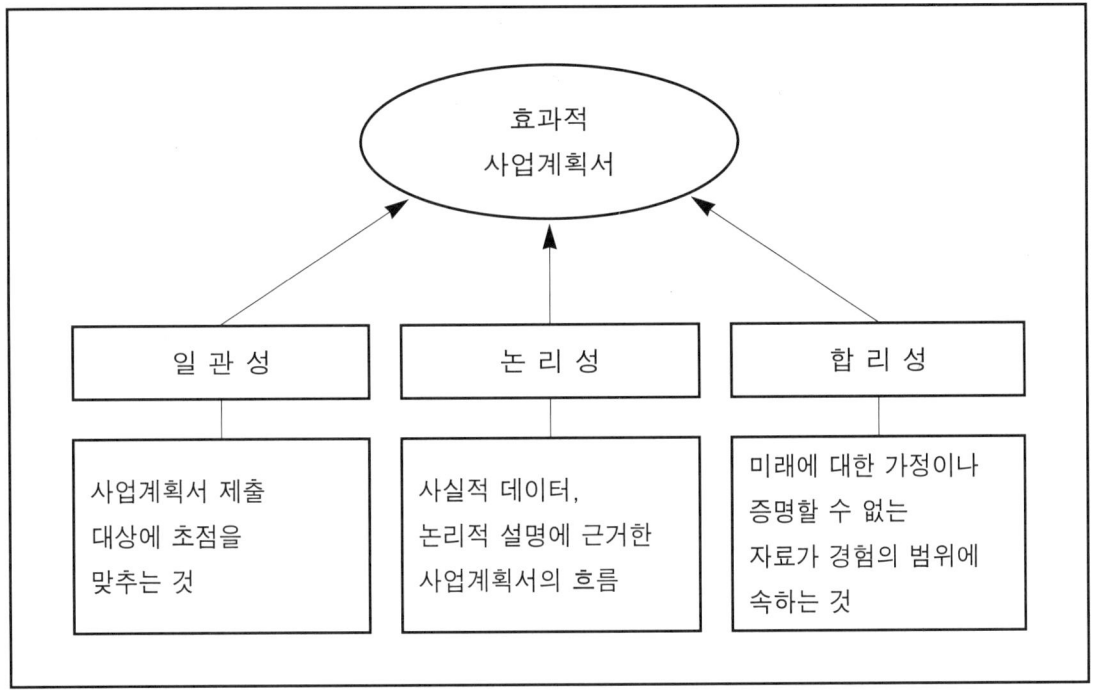

〈표 5-3〉 효과적 사업계획서의 3요소

일관성이란 사업계획서의 대상에 지속적으로 초점을 맞추는 것이다. 사업계획서를 읽는 대상은 자신의 목적에 부합되는 부분에 무게를 두며 검토를 하게 된다. 자신이 관심 없는 부분에 강조를 한 사업계획서는 오히려 사업계획서의 목적달성을 방해하는 것이다.

논리성이란 사업계획서를 작성할 때 결론도출의 근거가 분명한 것을 의미한다. 결론도출이 신빙성을 획득하기 위해서는 결론에 도달하기 위하여 데이터가 요구되거나 혹은 체계적이고 논리적인 설명이 요구된다. 논리성의 결여로 인하여 신빙성 확보에 실패한 사업계획서는 목적달성에 도움이 될 수 없다.

합리성이란 미래에 대한 예측이나 확인할 수 없는 자료에 대한 현실성을 의미한다. 모든 사업계획서는 사업계획서의 대상으로 하여금 미래에 자신이 원하는 행동을 하도록 하기 위해서 작성된다. 이와 같이 사업계획서는 시간상으로 미래에 초점을 맞추고 있기 때문에 많은 부분 가정에 의지할 수밖에 없다. 그리고 시간적 혹은 경제적 제약 때문에 사업계획서 작성에 필요한 자료를 수집하고 수집된 정보를 검증하는 것은 불가능하다. 따라서 사업계획서 작성을 위하여 많은 부분을 가정에 의지하지 않을 수 없다. 합리성이란 이와 같은 가정이 사람들의 경험에서 크게 벗어나지 않는 것을 의미하는 것이다.

2) 사업계획서 작성과정

효과적인 사업계획서 작성의 3요소인 일관성, 논리성, 합리성의 원칙에 충실하기 위해서는 적절한 수립과정을 거치는 것이 필요하다. 사업계획서의 수립과정은 큰 틀에서 보면 세 단계를 거치게 된다.

첫번째 단계는 사업계획서 작성에 필요한 내·외부의 데이터를 수집하고 분석하는 것이다. 자신이 계획하고 경영하는 사업이 속한 시장 및 경쟁환경과 같은 외부적인 데이터는 물론 내부적인 자료들도 함께 포함된다. 이렇게 수집된 객관적 정보를 토대로 하여 자신의 강점과 약점을 분석하고 경쟁력에 대한 분석을 실시한다.

두 번째 단계는 수집되어 분석된 내용을 근거로 하여 결론을 도출하는 것이다. 이 단계에서 성공적인 사업수행을 위한 자신의 전략을 수립하는 것이다. 전략의 내용은 하이테크 산업에 있어서 특히 중요한 연구개발, 생산, 마케팅, 인사, 전략적 제휴 등에 관한 구체적인 것들을 포함한다. 이와 같이 설정된 전략을 토대로 하여 구체적인 실행계획을 수립하게 된다. 구체적인 실행계획의 내용은 세부적인 생산 및 연구개발 프로세스, 자금확보와 집행방안, 조직구성방안 등을 포함한다.

마지막 단계는 사업계획서의 대상으로 하여금 행동할 수 있도록 추천하는 것이다. 사업계획서를 읽는 상대방으로 하여금 사업계획서 작성자가 원하는 행동을 할 수 있도록 구체적인 요구를 하는 단계로, 투자수익률에 대한 분석, 기업의 가치평가, 투자에 따른 회수방안 등에 관한 내용을 포함한다.

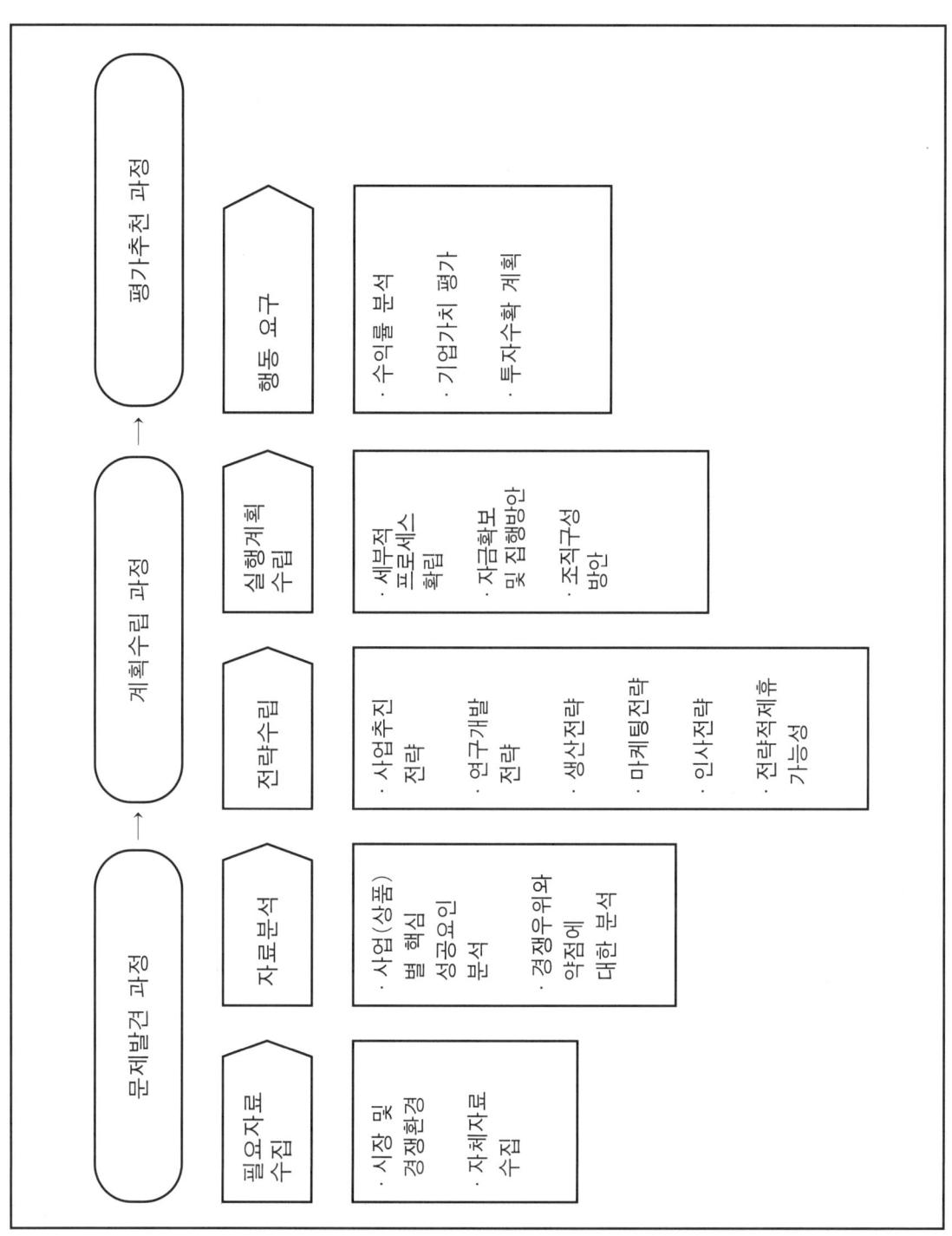

〈표 5-4〉 사업계획서 작성과정

3) 사업계획서의 구성

효과적 사업계획서 작성을 위하여 체계적인 수립과정을 거쳐서 만들어진 내용들을 효과적으로 구성하고 배치하는 것은 내용만큼이나 중요하다. 이제 사업계획서 수립과정에서 생성된 자료들을 어떻게, 어떤 방법으로 사업계획서라는 틀에 맞춰 넣을 수 있는지 구체적인 방법들을 생각해 보자.

먼저 〈표 5-5〉는 자금지원을 받기 위해 지금까지 공공기관 성격을 지닌 대상을 목표로 국내에서 주로 작성되어 온 사업계획서의 내용을 요약한 것이다. 반면 〈표 5-6〉은 외국인들이 주로 작성하는 사업계획서의 내용이다.

1. 표지
2. 목차
3. 기업체 현황
   □ 회사개요
   □ 업체연역
   □ 창업동기 및 사업의 기대효과
   □ 사업전개방향 및 계획
4. 조직 및 인력현황
   □ 회사의 조직도
   □ 조직의 특성
   □ 경영진의 현황과 소개
   □ 종업원현황과 고용계획
5. 기술현황과 기술개발 계획
   □ 제품의 특징과 내용
   □ 상품개발의 과정
   □ 기술력에 대한 설명
   □ 기술개발을 위한 투자현황과 계획
6. 생산 및 시설계획
   □ 생산 및 시설현황
   □ 원ㆍ부자재 조달계획

□ 시설투자 계획

7. 시장성 및 판매전망

□ 관련산업의 동향과 시장의 규모

□ 경쟁회사 분석

□ 판매현황과 전망

□ 미래의 판매계획

8. 재무계획

□ 회사의 재무현황 : 손익계산서, 대차대조표

□ 재무현황 예측 : 추정 손익계산서, 대차대조표

□ 향후수익성 예측 : 손익분기점 분석, 투자수익률

□ 자금운용 조달계획

9. 사업 추진일정 계획

부록

□ 회사의 정관

□ 사업자 등록증

□ 기타 사업계획서의 내용을 증명하거나 보완할 필요가 있는 내용

〈표 5-5〉 사업계획서 내용(국내 표준형)

1. 표지

2. 목차

3. 사업계획서 요약

4. 기업체현황

□ 주주현황

□ 회사개요

□ 업체연혁

□ 창업동기 및 사업의 기대효과

□ 사업전개방향 및 계획

9. 부록

□ 사업계획서의 내용에 신뢰성을 부여할 수 있는 내용 등

〈표 5-6〉 사업계획서 내용(외국인 작성형)

먼저 국내에서 지금까지 널리 사용되어 온 사업계획서나 외국인들이 사용하는 사업계획서는 상당히 많은 부분에서 공통점을 가지고 있는 것을 볼 수 있다. 대체로 사업계획서의 목적이 유사하기 때문에 비슷한 구성으로 나타나는 것은 당연하다 하겠다.

그러나 표에서 보는 것과 같이 국내외의 사업계획서가 나름대로의 특징을 가지고 있는 것을 발견할 수 있다. 위에서 예시된 국내 표준형 사업계획서의 내용은 몇 가지 특징을 가지고 있다. 먼저 지금까지 국내의 자금배분이 기술개발을 촉진하는 방향으로 이루어졌기 때문에 기술현황과 기술개발계획에 관한 자세한 내용을 포함하고 있는 것이다. 둘째로 사업의 일정부분을 강조하기보다는 전체적인 내용을 포괄적으로 다루고 있다. 외국인들이 주로 사용하는 사업계획서의 가장 큰 특징인 전체 사업계획서의 요약부분이 없다는 것이다. 이와 같이 요약부분의 부재는 기업을 이해하기 위해서는 실무자 대상이 사업계획서의 처음부터 끝까지 읽어야 한다는 것을 의미한다. 반면에 외국인들이 이용하는 형식은 사업계획서의 요약부분을 가장 주목받기 쉬운 앞부분에 배치함으로써 상대방의 주의를 끌어당김과 동시에 결정을 빨리 내릴 수 있도록 도움을 주고 있는 것을 볼 수 있다.

국가적인 특성과 사업계획서의 대상에 따라 어느 형식이 반드시 더 우월하다고 평가할 수는 없지만 대체로 사업계획서를 이용하는 빈도가 늘어나고 많은 사업계획서를 검토해야 하는 사람들이 늘어나는 것을 감안한다면 외국의 사업계획서 형태의 사용을 적극적으로 고려해 볼 필요가 있다. 이와 함께 글로써 서술형으로만 작성된 사업계획서는 보는 사람으로 하여금 이해하기 어렵고 많은 시간을 소비하게 한다는 단점이 있다. 프레젠테이션 기술의 발달로 인해 대부분의 내용을 도식화하여 표현할 수 있으며 더 쉽고 깔끔한 디자인이 나올 수도 있다. 사업계획서를 처음부터 끝까지 다 읽는 사람은 거의 없다고 해도 과언이 아니다. 가능하면 요지를 빠르고 쉽게 알아볼 수 있도록 하여 보는 사람으로 하여금 끝까지 다 읽고 싶어지도록 만들어야 한다.

3절 사업계획서 작성요령

효과적인 사업계획서가 되기 위해서 작성자는 먼저 대상을 중심으로 유연한 사고를 가지고 사업계획서에 대한 커다란 하나의 틀을 세워야 한다. 이와 같은 커다란 계획 위에 일관성과 논리성, 그리고 합리성에 근거한 내용으로 사업계획서의 내용을 채우기 위하여 체계화된 사업계획서 수립과정을 거쳐야 함은 이미 말한 바 있다. 그러면 구체적으로 어떻게 사업계획서를 채워 가는지 알아보자.

(1) 표지

흔히 내용의 중요성을 지나치게 중시하는 경향 때문에 상대적으로 표지의 중요성이 간과된다. 표지는 여러 가지 목적을 생각하며 작성하게 된다. 가장 중요한 것은 사업계획서를 작성하는 주체에 대한 정보이다. 회사의 이름과 주소, 그리고 사업계획서의 내용에 대한 질문이 있을 때 연락할 사람의 이름과 연락 전화번호 등이 포함되어야 한다. 사업계획서를 읽은 사람이 결정을 내리기 위하여 필요한 정보를 얻고자 사방을 수소문해야 하는 상황은 결코 바람직하지 않은 것이다.

표지는 또한 사업계획서를 읽는 사람들에게 정보의 중요성과 비밀유지의 중요성, 무단복사나 전달을 금하는 내용이 포함될 수도 있고 필요에 따라서 배포하는 사업계획서를 통제하기 위하여 복사본의 번호 등을 포함하기도 한다. 이와 같은 사업계획서 내용의 통제는 상대방에게 신뢰감을 심어 주는 요소로 작용할 수 있음을 고려할 필요가 있다.

디자인과 관련해서는, 지나치게 화려한 디자인은 상대방의 관심을 다른 곳으로 돌릴 수 있기 때문에 바람직하지는 않지만 좋은 디자인은 상대방의 주의를 집중하도록 유도하는 데 많은 도움을 준다. 예를 들어 회사가 생산하는 상품의 사진이나 혹은 샘플을 사업계획서를 제출할 때 함께 보내 주는 것도 관심을 유도하는 방법이 될 수 있다.

사본 번호:

ABC 소프트웨어 주식회사

대표이사 김 벤 처
서울시 강남구 삼성동 168-1번지
(02)503-2345

〈표지 견본〉

(2) 목차

목차는 가능한 한 자세하게 작성하는 것이 바람직하다. 사업계획서를 전문적으로 검토하는 사람들 중에는 사업계획서의 순서에 따라 차례로 읽는 것이 아니라 먼저 관심있는 부분에서 시작하기도 한다. 예컨대 최종결정권을 지닌 벤처캐피탈의 사장은 요약부분을 먼저 읽는가 하면 실무자는 기술력을 기술한 부분이나 마케팅부분을 먼저 읽을 수도 있는 것이다. 또한 자세하게 배열된 목차는 상대방으로 하여금 잘 정리된 사업계획서라는 느낌을 주게 된다.

〈목차 견본〉

(3) 사업계획서 요약

아마도 이 부분이 사업계획서를 작성할 때 가장 많은 공을 들여야 하는 부분이 될 것이다. 전체 사업계획서의 내용을 1~2페이지에 담아 상대방의 주의를 집중시켜야 하기 때문이다. 하나의 아이디어를 장황하게 설명해서 상대방에게 전달하는 것은 그렇게 어려운 일이 아니다. 그러나 짧은 설명에 필요한 부분을 요약하고 상대방의 주의를 끌어당길 수 있는 내용의 요약을 작성하는 것은 대단한 기술을 요구하는 것이다.

비록 이 부분이 사업계획서의 앞부분에 위치하기는 하지만 작성순서상 대체로 다른 부분들을 완성시킨 후 작업을 하는 것이 일반적이다. 이렇게 작성순서를 뒤로 하는 이유는 무엇을 어떻게 강조해야 할지를 쉽게 찾을 수 있기 때문이다.

요약부분에 포함될 내용은 사업계획서 작성목적에 따라 달라진다. 예를 들어 투자유치를 목적으로 작성하는 사업계획서의 요약부분에는 투자자들이 관심을 기울이는 성장성, 경쟁력, 신기술 등과 같은 부분에 중점을 맞춰야 할 것이다. 반면 내부적인 목적을 위해서 작성하는 사업계획서라면 요약부분은 나머지를 단순히 요약하는 형태가 될 것이다. 이 부분을 작성할 때 특히 주의할 것은 사업계획서의 목적을 잊지 않는 것이다.

일반적으로 요약부분의 첫 단락은 작성자에 관한 정보로 시작한다. 회사의 이름과 주력품목, 그리고 위치와 함께 사업계획서의 목적과 성격 등이 여기에 속할 수 있다. 다음 단락은 목적에 따라 강조할 필요가 있는 부분을 포함한다. 대체로 매출과 손익전망 등이 여기에 포함된다. 이 외에도 중요한 사업전략이나 신상품, 새로운 서비스, 최근 영입된 최고경영자, 투자유치 실적 등이 포함될 수 있다.

요약부분에서 특히 주의할 것은 수치와 관련하여 서술적인 표현보다는 여러 가지 차트와 같은 것을 이용하여 상대방으로 하여금 쉽게 이해할 수 있도록 돕는 것이 매우 유용하다는 것이다. 이 부분이 전체 사업계획서의 성격을 결정짓는 것이라는 점을 명심해서 작성해야 할 것이다. 이 부분만 읽더라도 사업계획서가 의도하고 의미하는 것이 무엇인지를 정확하게 이해할 수 있도록 구성되어야 한다. 그리고 요약부분의 길이는 일반적으로 2페이지를 넘지 않는 것이 원칙이다. 만약 양이 많아지면 요약의 의미를 상실하게 되는 것이다.

1.0 요약 사업계획서

ABC 소프트웨어 주식회사는 서울시 강남구 삼성동 테헤란 밸리에 위치하여 전자상거래와 관련한 보안솔루션을 개발하는 회사로서 국내의 _____ 전자를 포함한 ___개 기업과 납품계약을 체결하여 프로그램 개발을 하고 있다.

ABC의 대표이사인 ____는 1998년 ___회사를 퇴직하여 보안솔루션 개발에 매진해 왔다. IMF의 경제위기 속에서 어려움을 겪었으나 기술력과 성실성을 바탕으로 꾸준한 성장을 해 왔다. 현재까지는 대표이사를 중심으로 하여 내부자금과 이익금을 중심으로 회사를 경영해 왔으나 보안솔루션에 대한 급증하는 수요에 대처하기 위하여 확대투자가 필요하게 되었다.

확대투자의 과정에서 유능한 기술인력의 채용과 마케팅비용의 증가 등과 같은 운영비용의 증가에 효율적으로 대처하기 위하여 외부투자를 유치하기로 결정하였다.

회사의 매출과 손익은 1998년 1억 2천만 원과 1천 5백만 원에서 시작하여 2000년에는 30억 원의 매출과 2억 7천만 원의 이익을 예상하고 있다. 투자유치를 통한 사업확장의 결과가 나타날 2001년에는 90억 원의 매출과 12억 원의 수익을 예측한다.

〈사업계획서 요약 견본〉

요약부분에 포함될 수 있는 부분 중 하나가 구체적인 사업 목표가 될 수 있다. 구체적인 목표는 대체로 짤막한 3~4개의 목차로 구성하는 것이 일반적이다. 이때 기술되는 목표는 가능한 한 구체적으로 성과를 측정할 수 있는 내용을 중심으로 사업계획서의 내용에 근거를 둔 합리적인 것이어야 한다.

요약부분의 또 다른 한 부분은 기업의 이념을 포함할 수 있다. 지금까지 대부분의 사업계획서가 객관적인 부분에 초점을 맞춰서 작성되어 왔기 때문에 기업이념과 같은 부분은 상대적으로 무시되어 왔다. 그러나 사업계획서의 목적과 대상에 따라 기업이념을 포함시키는 것이 회사의 전체적인 이해를 돕는 데 커다란 도움이 된다.

이 외에도 특별히 강조해야 할 필요가 있거나 주의를 끌어야 하는 부분이 있다면 요약부분의 일부로 포함시킬 수 있다.

3.0 사업의 목표

1. 2000년도 판매액 30억 달성
2. 2001년 판매액 90억 달성
3. 2001년 코스닥 등록
4. 전자상거래 부분 보안시스템 시장점유율 15%
5. 매출액의 30%를 수출로 달성

〈사업목표 견본〉

(4) 기업체 현황

이 부분에서는 회사의 전략, 경영진, 회사의 역사, 지배구조와 현재 회사의 상황 등을 객관적으로 기술한다. 첫 문장은 대체로 외부에 알려진 회사의 객관적인 사실을 기술하는 것으로 시작된다.

ABC는 1998년 현 대표이사인 _____에 의하여 개인사업자로 인터넷 보안솔루션 전문업체로 출범되었다. 1999년 자본금 2억 원의 주식회사로 전환한 후 현재 위치인 강남구 삼성동으로 이전하였다.

〈회사 소개의 견본〉

이와 같은 외부에 알려진 사실 외에도 자본유치가 목적인 사업계획서는 지분의 구조와 변동사항이 중요한 부분이 될 수 있다.

(5) 시장상황

누가 생산하는 상품의 잠재적 고객인가? 잠재적 고객의 규모는 얼마나 되는가? 목표시장의 설정은 어떻게 할 것인가? 그리고 이와 같은 질문에 대한 답변과 함께 객관적으로 증명하는 여러 가지 자료들이 포함되는 부분이다.

첫째 단락은 대체로 전체 마케팅 관련 정보의 요약으로 시작할 수 있다. 그리고 뒤이어 사업계획서의 시장분석에 따라 고객의 성향에 따른 분류와 목표시장 선정에 따른 논리적 연결과 설명이 따라올 수 있다.

얼마나 자세한 시장조사에 대한 정보를 포함할 것인가는 목적에 따라 달라질 수 있다. 단순히 내부적 용도로 사용하기 위한 사업계획서 작성을 위해서는 시장상황을 잘 알고 있는 내부 직원들을 위하여 자세한 정보를 포함할 필요가 없을 수도 있고, 외부인을 위해서는 상대방의 시장에 대한 이해 정도에 따라 포함할 정보의 양이 결정될 것이다.

포함할 정보의 양을 결정하기 위해서 생각해야 하는 것은 정보의 유용성이다. 정보가 필요한 것은 현명한 결정을 하는 데 도움을 주기 위한 것이다. 사업계획서의 목적이 결국은 사업계획서를 읽는 사람으로 하여금 작성자가 원하는 방향으로 결정을 하는 데 도움을 주는 것임을 염두에 둔다면 시장조사와 관련하여 어떤 정보를 얼마나 자세하게 포함할 것인가 하는 결정은 어렵지 않을 것이다.

5.0 시장 분석

ABC의 잠재고객은 인터넷을 이용하여 상거래를 하고자 하는 모든 기업들이다. 현재 인터넷 상거래 시장은…

ABC가 개발하는 보안솔루션은 B2B, B2C, C2C 등 대금결제를 필요로 하는 모든 업체에 필수적인 것이다. 현재 B2B 시장규모는…, 앞으로 최근 3년 간의 시장규모는…
(시장분석에 관한 도표 등이 포함될 수 있음)

5.1 목표시장
ABC는 2000년과 2001년에는 삼성, 현대, LG 등과 같은 대기업들에게 우선적인 초점을 맞추게 될 것이다. 이들 업체는…, 2001년 이후에는 가격정책의 변화를 통하여 중소기업들을 중심으로 목표시장을 확장시켜 나갈 것이다.
…

〈시장분석 견본〉

(6) 상품/서비스

이 부분을 작성하면서 사업계획서를 작성하는 창업자는 가장 쉽다는 느낌을 갖게 될 것이다. 자신의 아이디어를 구체화해서 내놓은 상품에 대하여 가장 많은 생각과 주의를 기울이기 때문에 가장 자신있게 기술할 수 있는 부분이다. 구체적으로 생산하고자 하는 상품의 특성과 장점, 제공하고자 하는 서비스의 특징 등이 포함될 수 있다.

첫 단락은 역시 전체에 대한 요약으로 시작할 수 있다. 요약에 뒤이어 제공하는 서비스나 상품에 대한 자세한 기술이 따라온다. 예를 들어 원가와, 상품이나 서비스의 이용자 그룹과, 제공하는 상품이나 서비스를 통하여 소비자의 욕구를 어떻게 충족시켜 주는지 등에 관한 설명이 포함될 수 있다.

이 부분을 효과적으로 기술하기 위하여 소비자의 욕구와 소비자 만족을 위한 관점에서 보는 것이 바람직하다. 예를 들어 식당 창업을 위한 사업계획서를 작성하기 위하여 상품이나 서비스를 정의하는데, 어느 관점에서 보느냐에 따라 상품에 대한 설명이 달라질 수 있다. 사업을 경영하는 사람의 입장에서 본다면 제공하는 메뉴가 제공하는 상품이 될 것이다. 그러나 소비자의 입장에서 본다면 메뉴가 상품이기보다는 아침, 점심, 저녁 등과 같이 소비자의 욕구가 상품의 정의로 더 적합할 것이다. 사업계획서에 어떤 형태로 포함되느냐에 따라 사업계획서의 관점이 매우 달라질 수 있다는 것을 명심할 필요가 있다. 만약 경영자의 입장에서 상품을 메뉴로 정의한다면 상품에 대한 설명의 주안점은 메뉴 자체에 국한될 것이다. 그러나 소비자의 입장에서 상품을 아침, 점심, 저녁과 같은 상품으로 정의한다면 어떻게 소비자의 욕구를 만족시킬 수 있을 것인가에 더 큰 주안점이 주어질 것이다. 이와 같이 소비자 중심의 사업계획서는 자기 중심의 사업계획서에 비하여 타인에 대하여 훨씬 더 설득력이 있을 뿐 아니라 자신의 사업계획을 현명하게 하는 데도 많은 도움이 될 것이다.

상품에 대한 설명에 뒤이어 제공하고자 하는 상품이나 서비스의 경쟁력에 대한 설명이 필요하다. 자세한 시장에서의 경쟁력은 시장분석 부분에서 설명이 되기 때문에 이곳에서는 간략한 설명으로 대치될 수 있다. 예를 들어 보안솔루션을 제공하는 업체들 중 우리 회사는 결제부분과 관련되어 특화된 소프트웨어를 개발하고 있다는 시장 내에서의 마켓 포지셔닝(Market positioning)에 관한 내용들이 포함될 수 있을 것이다. 왜 소비자는 시장의 경쟁자들이 제공하는 상품이나 서비스를 택하지 않고 내가 제공하는 상품이나 서비스를 택하는지에 관한 이유를 가격, 품질 등과 관련지어 설명할 수 있다.

(7) 전략과 전술

어떻게 자신의 상품이나 서비스를 판매할 것인가에 대하여 기술하는 부분이다. 자체적으로 영업사원을 채용하는 방법으로 판매를 할 것인가, 대리점 체제를 구축할 것인가, 전자상거래를 통한 판매를 할 것인가, 프랜차이즈 시도를 해볼 수 있을 것인가 등에 대한 구체적인 답변을 해야 하는 부분이다. 상품판매 전략 외에도 기술개발 전략은 어떻게 수립되어 있는가, 어떻게 필수적인 인원을 충원해 나갈 수 있을 것인가 등 전반적인 회사의 전략에 대한 내용을 기술한다.

6.0 상품과 서비스

ABC는 인터넷상거래와 관련된 결제시스템의 보안솔루션을 제공한다. 솔루션 제공은 개발된 소프트웨어의 판매, 보안 관련 컨설팅, 프로젝트 솔루션 개발,…

6.1 상품과 서비스의 특징
1. 보안솔루션 소프트웨어
   자체 기술진에 의하여 개발된 소프트웨어로 일반적인 전자상거래에 적합한…
2. 보안 관련 컨설팅
   고객들의 특수한 요구에 맞추어…

6.2 경쟁분석
ABC의 가장 큰 경쟁상대는 미국을 중심으로 한 외국계 회사들이다.…

6.3 기술력
ABC가 보유하고 있는 기술력은 경험과 유능한 개발팀에 기인한다. 구체적인 기술의 내용은…

6.4 향후 개발계획
ABC는 2000년 후반부터 무선관련 보안결제 솔루션 개발에 착수할 예정이다. 무선관련 보안결제 솔루션은…

〈상품과 서비스 견본〉

• 전략, 전술 프로그램

이 부분을 기술하기 위해서 몇 가지 용어에 대한 정의가 도움이 될 수 있다. 기업이 목표를 설정하면 목표를 달성하기 위하여 전략을 세우고 전략을 효과적으로 수행하기 위하여 전술들을 생각한다.

그리고 이와 같은 전술을 실제로 수행하는 것을 프로그램으로 표현할 수 있다. 이 부분에서 가장 많은 무게를 두고 다뤄야 하는 부분은 전술이나 프로그램과 같이 피라미드의 하부에 있는 것이 아니라 주로 어떻게 목표를 달성할 것인가 하는 전략에 초점을 맞춘다.

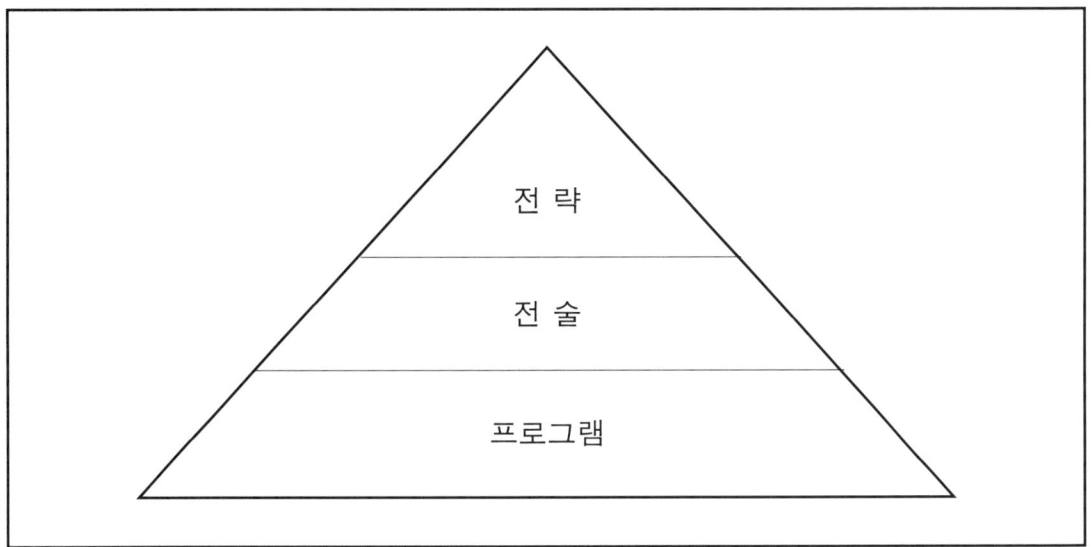

위와 같은 개념적인 전략에 대한 이해 외에도 이 부분을 효과적으로 기술하기 위하여는 가치중심의 개념과 경쟁적 우위에 대한 이해가 필요하다.

• 가치중심의 개념

먼저 가치중심의 개념이란 소비자들에게 제공하는 진정한 가치의 크기가 얼마나 되는가 하는 것에 초점을 맞춘 접근방법이다. 소비자들이 받는 진정한 가치는 상품이나 서비스를 통해서 얻는 이득에서 소비자가 지불하는 가격을 제하는 것이 될 것이다. 예를 들어 맥도날드와 같은 체인점이 제공하는 진정한 가치는 편리성과, 어느 곳에 가더라도 같은 품질의 상품을 구매할 수 있다는 것이 될 것이다. 반면에 고급식당의 경우에는 맥도날드와는 전혀 다른 품격이나 차별성과 같은 가치를 소비자에게 제공하고 있다는 것이다. 이와 같이 전략을 생각할 때는 가격 이외의 진정한 가치가 무엇인가 하는 접근방법을 택하게 된다면 훨씬 설득력 있는 사업계획서가 될 수 있을 것이다. 소비자에게 제공할 수 있는 진정한 가치가 무엇인지를 결정한 후에는 어떻게 하면 이와 같은 가치에 대한 개념을 전달하고 실행할 수 있을 것인지에 대하여 생각한다면 전략, 전술, 프로그램을 효율적으로 계획하고 실행할 수 있을 것이다.

• 경쟁우위의 개념

경쟁우위에 대한 개념은 다른 경쟁자들과 비교해서 어떤 강점들을 가지고 있는가 하는 질문에 대한 답변이다. 경쟁우위는 어떻게 해서 생겨난 것인가? 얼마나 오랫동안 이와 같은 경쟁력을 유지할 수 있을 것인가? 예를 들어 대형 백화점의 지하에서 식당을 개업하려고 하는 사람은 '경쟁우위 중 하나를 좋은 위치에서 찾을 수 있을 것이고 이와 같은 경쟁력은 주변상황이 변하지 않는 한 계속될 것이다.' 라는 형태로 전략수립을 위하여 경쟁우위를 정의할 수 있다. 경쟁우위에 대한 개념은 모든 기업이나 창업가가 타인과 비교해서 가지고 있으며 노력을 통하여 개발할 수 있는 것이다. 그리고 이와 같은 경쟁우위는 반드시 기술적인 측면이 아니라는 것을 이해할 필요가 있다. IBM과 같은 회사는 반드시 기술적으로 최고라고 할 수는 없지만 브랜드 인지도와 오랜 세월 동안 닦아 온 고객과의 관계가 다른 경쟁자에 비하여 뛰어나기 때문에 세계 최고의 기업으로 생존할 수 있는 것이다.

• 마케팅전략

마케팅전략 부분에서는 먼저 목표시장의 설정과 시장공략을 위한 차별성 등에 초점을 맞춘다. 그리고 이렇게 정의된 시장공략을 위하여 가격결정을 어떻게 할 것이며, 이와 같은 가격결정을 뒷받침하는 내용과 시장진입과 확장을 위한 홍보는 어떤 매체를 사용하여 어떤 방법으로 할 것인지 등에 관한 구체적인 전술과 프로그램을 기술할 수 있다.

• 기타 전략

성공적인 창업이나 경영을 위해서는 인적자원, 물적자원, 지적자원 등 모든 가용할 수 있는 자원을 효율적으로 활용하는 것이 중요하다. 이와 같은 효율적 활용방안을 수립하는 것이 전략이라는 개념을 가지고 접근한다면, 소유하고 있는 자원을 배합하여 생산한 상품이나 서비스를 소비자에게 효율적으로 전달할 수 있도록 하는 마케팅이나 판매전략도 중요하지만 가지고 있는 자원을 어떻게 내부적으로 효율적으로 사용할 수 있도록 하느냐 하는 것도 그에 못지않게 중요하다. 따라서 이 부분에서 회사의 특징에 따라 인적구성이 사업의 성패를 결정할 만한 업종이면 인적자원의 확보와 활용에 관한 전략을, 원자재의 확보가 중요한 사업이면 원자재 확보 전략을, 지적자원을 외부와의 연계를 통하여 극대화하는 사업을 구상하고 있으면 전략적 제휴의 전략 등을 첨가할 수 있다. 어떻게 자신

7.0 전략

ABC는 2000년도에는 국내 시장 개척에 주력할 것이다. 국내의 타깃은 주로 대기업이 될 것이며…

7.1 경쟁력과 가치
ABC의 경쟁우위는 다양한 실무경험과 학문적 배경을 지닌 프로그래머들의 능력에서 기인한다. 실무경험은…

7.2 마케팅 전략
ABC의 타깃 시장은 최근 인터넷 상거래에 진출하고자 하는 모든 기업을 대상으로 한다. 그러나 프로그램의 개발 비용 등을 고려해 볼 때 1차 타깃 시장은 자금력이 풍부한…

7.2.1 가격전략
ABC의 소프트웨어와 컨설팅은 상대적으로 고가정책을 유지한다. 타깃 시장의 구성과 시장의 욕구를 비교해 볼 때…
소프트웨어의 판매가격은 30,000,000원 이상으로 책정하고 프로젝트 컨설팅의 경우 1일 2,000,000원, 교육 관련 컨설팅은…

7.2.2 홍보전략
타깃 마켓이 소수의 자금력이 풍부한 대기업임을 고려하여 대중적인 매체를 사용하기보다는 담당자들을 대상으로 하는 워크숍 등과 같이 간접적인 홍보전략…

7.3 인적자원 활용전략

7.4 전략적 제휴를 위한 전략

7.5 실행 계획표
여러 가지 전략은 다음과 같은 예산과 스케줄에 따라 진행된 것이다…

〈전략 부분 견본〉

의 상품이나 서비스를 판매할 것인가에 대하여 기술하는 부분이다. 자체적으로 영업사원을 채용하는 방법으로 판매를 할 것인가, 대리점 체제를 구축할 것인가, 전자상거래를 통한 판매를 할 것인가, 프랜차이즈 시도를 해볼 수 있을 것인가 등에 대한 구체적인 답변을 해야 하는 부분이다. 상품판매 전략 외에도 기술개발 전략은 어떻게 수립되어 있는가, 어떻게 필수적인 인원을 충원해 나갈 수 있을 것인가 등 전반적인 회사의 전략에 대한 내용을 기술한다. 이 부분을 기술하기 위해서 몇 가지 용어에 대한 정의가 도움이 될 수 있다. 기업이 목표를 설정하면 목표를 달성하기 위하여 전략을 세우고 전략을 효과적으로 수행하기 위하여 전술을 생각한다. 그리고 이와 같은 전술을 실제로 수행하는 것을 프로그램으로 표현할 수 있다. 이 부분에서 가장 많은 무게를 두고 다뤄야 하는 부분은 전술이나 프로그램과 같이 피라미드의 하부에 있는 것이 아니라 주로 어떻게 목표를 달성할 것인가 하는 전략에 초점을 맞춘다.

(8) 재무계획

전반적인 재무관련 사항들이 포함된다. 최근의 영업실적과 현재의 자산상태를 나타내는 대차대조표는 물론 미래의 영업을 통하여 변화하게 될 회사의 재무상태를 포함하는 부분이다. 손익계산서, 대차대조표, 추정 손익계산서, 추정 대차대조표, 현금흐름표 등이 주된 내용이 된다. 상당히 전문적인 지식과 시장조사, 앞부분의 사업계획서를 작성하며 결정된 내용들을 종합적으로 정리하는 능력이 요구되는 부분이다.

따라서 컴퓨터의 프로그램을 이용하지 않고서는 매우 힘든 작업이 될 것이다. 다행히 재무회계와 관련된 많은 소프트웨어들이 나와 있기 때문에 잘 활용하면 쉽게 이 부분을 작성할 수 있을 것이다.

이 부분을 기술할 때 가장 먼저 해야 하는 것은 재무와 관련된 추정을 해야 하기 때문에 이와 같은 추정에 따른 가정을 정리하는 것이다. 가정에 뒤이어 중요한 재무관련 데이터를 요약하는 부분을 포함할 수 있다. 이 부분에서는 매출액, 영업이익, 비용, 재고회전율 등과 같이 사업의 실체를 평가하는 데 중요한 수치들을 함께 모아 놓는다. 다음은 손익분기에 관한 분석을 포함할 수 있다. 손익분기에 대한 분석은 창업을 기획하는 회사의 성공여부를 판단하는 데 더욱 큰 도움을 준다. 이와 같은 손익분기점 분석을 통하여 적정규모의 고정자본 투자는 물론 판매목표와 가격설정에도 도움을 받을 수 있다.

먼저 재무상황에 관한 요약과 분석을 끝마친 후에는 이를 보충하는 추정 손익계산서, 대차대조표, 현금흐름표 등을 덧붙인다. 손익계산서는 일정기간 동안의 영업실적을 추정하여 손실 혹은 이익에 관한 내용을 정리해 놓은 것인 데 반하여 대차대조표는 일정시점에서의 자산상태와 자산을 구입하기 위하여 소요된 재원의 근원을 부채와 자기자본의 형태로 분류하여 놓은 표이다. 손익계산서를 통해서는 이익과 비용의 적정성과 비용 용도의 적정성 등을 검토할 수 있고, 대차대조표를 통해서는 자산구성의 건전성과 부채와 자본의 비율에 따른 위험도 등을 검토할 수 있다. 현금흐름표는 회계장부상의 손익과는 달리 실제 순 현금흐름을 중심으로 작성되는 도표이다. 기업에 있어 현금이란 인체의 혈액에 비유될 만큼 중요한 것으로, 회사의 생존을 결정하는 것이다. 따라서 모든 투자자나 채권자가 가장 관심을 기울이는 부분이 현금의 흐름이라는 것을 명심하고 이에 따라 철저하게 작성할 필요가 있다.

8.0 재무계획

ABC의 재무계획과 관련하여 가장 중요한 것은 적절한 시기의 자금투입이다. 적시의 자금투입을 통하여 증가가 예상되는 운영비용을…

8.1 가정
재무계획은 다음과 같은 가정에 의거하여 작성되었다. 가정은 대체로 보수적인 시각에서 했으며…

* 향후 3년 간의 경제상황은 급변하지 않고 지난 3년과 같을 것이다.
* 기술개발과 관련하여…
* 차입에 따른 이자율은 연 △△%로…

8.2 중요 재무제표
아래의 표는 향후 3년 간의 예상 매출신장률, 경상이익률 등을 요약한 것이다. 급증이 예상되는 매출신장에 따른 선행투자의 적절한 대처가…

8.3 손익분기점 분석
초기의 고정비용 월 2천만 원을 기준으로 했을 때 손익분기 매출은…

8.4 추정 손익계산서
ABC의 향후 3년 간의 추정 손익계산서는 아래의 표에 요약되어 있다. 특기할 사항은…

8.5 추정 대차대조표

> ABC의 향후 3년 간 기말의 대차대조표는 아래와 같다. 특기할 사항은…
>
> 8.6 현금흐름표
> ABC의 생존은 현금흐름을 어떻게 관리하는가에 달려 있다. 특히 첫해의 급증하는 매출로 인한 투자와 운영비용의 증가는 현금흐름에 어려움을 가져올 수 있다.…

〈재무계획 견본〉

(9) 부록

앞에서 기술된 분야에 포함시키기 어렵거나 이미 기술된 내용의 신빙성을 더하기 위해서, 혹은 더 자세한 보충설명을 위해서 필요 자료를 첨부하는 부분이다. 예컨대 경영진의 이력서, 상품 관련 카탈로그, 기존의 거래선으로부터의 추천서 등이 포함될 수 있다. 부록의 내용은 형식에 상관없이 자유롭게 채울 수 있다. 그러나 지나치게 많은 내용을 포함하기보다는 사업계획서 전반을 통하여 강조하고 싶은 부분을 중심으로 필요한 자료를 포함하여야 할 것이다.

> 9. 부록
> 대표이사 이력서
> 기타 임원진 이력서
> 상품 카탈로그
> 법인 등기부 등본
> 벤처기업 확인서

〈부록 견본〉

제 **2** 부
창업계획

누구나 창업은 할 수 있다. 그러나 주먹구구식 창업은
사업을 성공으로 인도하지 않는다.

경쟁이 치열해진 사회에 제한된 자원을 가지고 창업을 생각하는
사람들에게 시행착오는 용납되지 않는다. 어떻게 계획하고
어떤 순서에 따라 창업을 해야 성공의 확률을 높일 수
있을지 방향을 찾아보자.

6장 시장환경 분석

　사업환경 분석은 기업이 직면하고 있는 기회, 위협, 강점, 약점 등을 판단하기 위해서 회사의 역량은 물론 통제 불가능한 외부적 요인, 고객, 그리고 경쟁상대를 파악하고 평가하는 것을 말한다. 환경분석의 결과는 마케팅 전략 수립의 기초자료가 된다. 이와 같이 환경분석은 마케팅 계획의 수립에 필수적 절차인데, 이러한 환경분석의 상당부분은 시장기회 분석(market opportunity analysis; MOA)이 된다.

　〈표 6-1〉은 시장에 대해서 거의 사전지식이 없을 경우에 MOA를 어떻게 할 것인가를 설명해 주고 있다. 시장은 오로지 특정제품이나 서비스에 대해서만 존재하기 때문에 MOA와 마케팅 계획은 제품별, 그리고 시장별로 실시 또는 수립되어야 한다. 따라서 MOA는 창업가가 판매하고자 하는 상품이나 서비스를 결정하고 난 다음에 이루어질 수 있다. MOA는 간행물과 인터넷 정보를 바탕으로 실시하는 것이 가장 손쉽고 저렴한 방법이지만 전문가 면담이나 개인적 접촉, 또는 전문적인 마케팅 연구기관의 도움을 받을 수밖에 없는 경우도 있다.

　어쨌든 창업가가 가장 먼저 해야 할 일 가운데 하나는 제품을 팔고자 하는 시장을 결정하는 것이다. 산업용 제품과 같이 수요처를 쉽게 알 수 있는 제품은 고객명단을 죽 적으면 그것이 곧 시장이 될 것이나, 대부분의 경우에는 잠재적인 고객들을 특성에 따라 분류해야 해당제품에 대한 시장결정이 용이할 것이다. 그런 다음 MOA를 통해서 구매 가능성이 가장 높은 사람들을 일차로 추린 다음 최종적으로 대상 고객집단과 시장을 확정한다. 이때 분류기준은 흔히 지역, 성, 연령 등 인적특성, 생활방식, 고객에게 주는 상품가치, 사용도, 선호도 등을 사용할 수 있다.

1절 사업환경 파악

　소비자 또는 고객의 입장에서 사업기회를 정의해 보는 것은 사업실패 위험을 낮추는 데 매우 유효한 방법이다. 현재 생각하고 있는 제품이나 서비스가 어떤 점에서 소비자를 즐겁게 해줄 것인가 생각해 보자.

　보안시스템 사업으로 크게 성공한 사람에게 어떻게 하여 성공할 수 있었느냐고 물었을 때, 그는 대

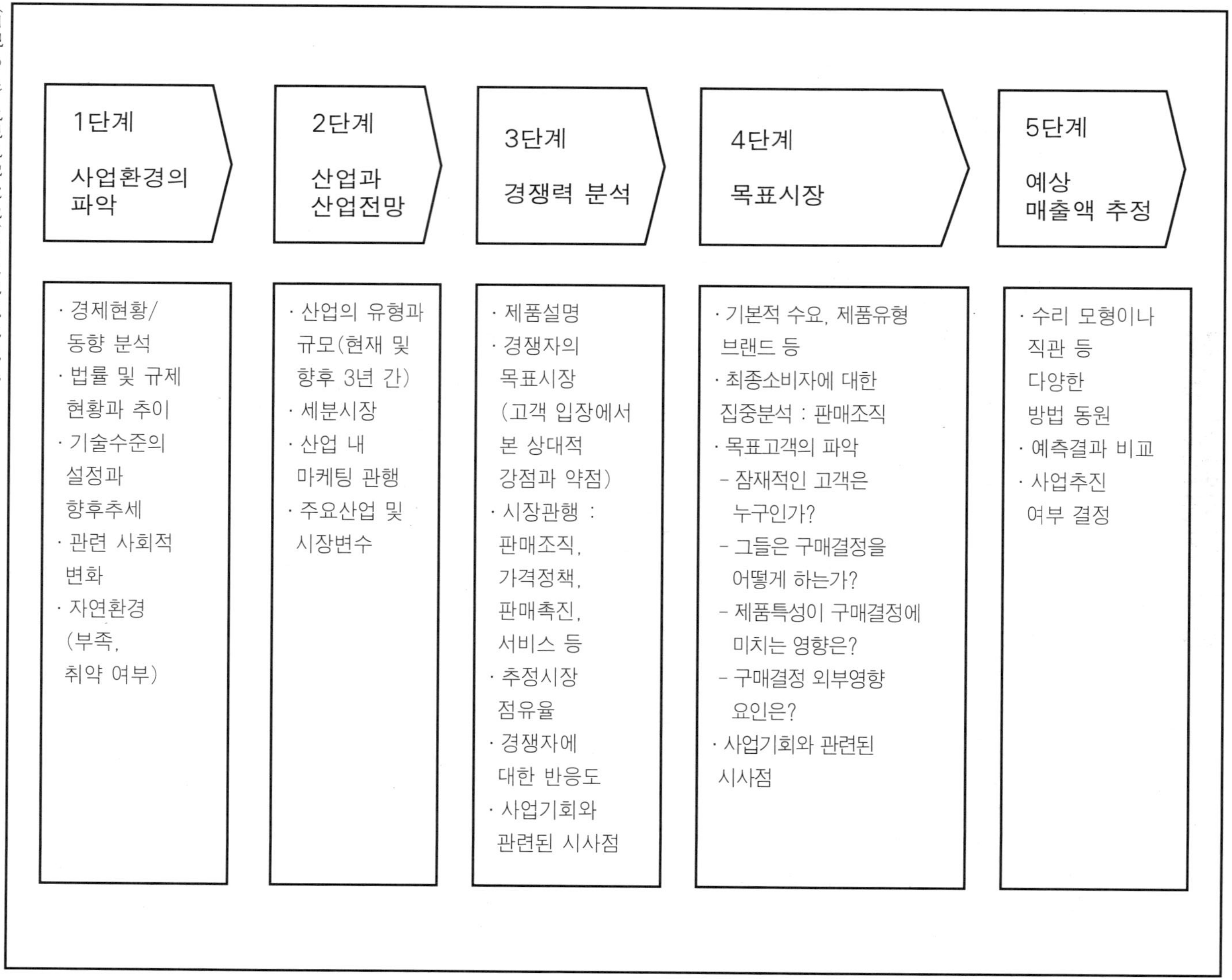

126

1단계 — 사업환경의 파악
- 경제현황/동향 분석
- 법률 및 규제 현황과 추이
- 문화과 기술수준의 설정과 향후추세
- 관련 사회적 변화
- 자연환경 (부족, 취약 여부)

2단계 — 산업과 산업전망
- 산업의 양형과 규모(현재 및 향후 3년 간)
- 세분시장
- 산업 내 마케팅 관행
- 주요산업 및 시장변수

3단계 — 경쟁력 분석
- 제품설명
- 경쟁자의 목표시장 (고객 입장에서 본 상대적 강점과 약점)
- 시장관행 : 판매조직, 가격정책, 판매촉진, 서비스 등
- 주정시장 점유율
- 경쟁자에 대한 반응도
- 사업기회와 관련된 시사점

4단계 — 목표시장
- 기본적 수요, 제품유형 브랜드 등
- 최종소비자에 대한 집중분석 : 판매조직
- 목표고객의 파악
- 잠재적인 고객은 누구인가?
- 그들은 구매결정을 어떻게 하는가?
- 제품특성이 구매결정에 미치는 영향은?
- 구매결정 외부영향 요인은?
- 사업기회와 관련된 시사점

5단계 — 예상 매출액 추정
- 수리 모형이나 직관 등 다양한 방법 동원
- 예측결과 비교
- 사업추진 여부 결정

〈그림 6-1〉 시장기회 분석(MOA)의 다섯 단계

답하기를 자기가 팔고 있는 것은 보안시스템이 아니라 마음이라고 대답하였다. 소비자/고객이 원하는 것은 보안시스템이 아니라 '안전'이라는 것을 그는 간파하고 있었던 것이다. 이것이 고객을 만족시키는 첫 단계이다. 고객이 무엇을 원하는지 모른다면 그들을 만족시킬 수 없다. KFC는 어떤가? 그들은 닭고기 튀김과 함께 편의성, 합리적 가격, 가족적 분위기, 표준화된 품질을 판매한다고 한다. 이것이 성공의 비결이다. 소비자/고객의 입장에서 사업을 보기 위해서는 먼저 사업환경을 검토해 보아야 한다. 시장에 영향을 미치는 외부환경 요인에는 경제환경 변화, 정치적/법적환경 변화, 기술 변화, 문화적/사회적 변화, 경쟁환경 변화 등이 있다. 이들 외부요인은 창업기업가가 통제할 수 있는 것은 아니지만, 이들은 고객과 시장에 큰 영향을 미친다.

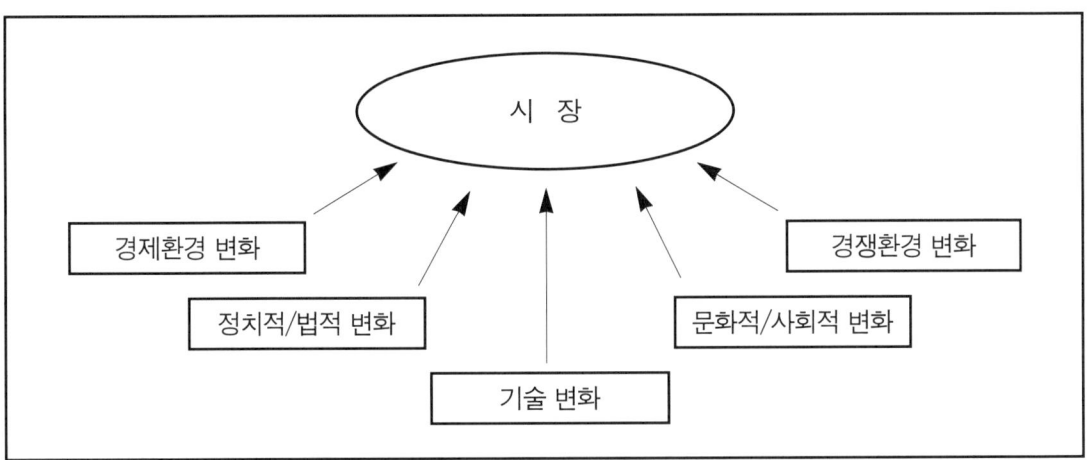

〈그림 6-2〉 사업환경에 영향을 미치는 요소

1) 경제환경 변화

경제환경의 변화는 개인 소비자가 지출할 수 있는 예산과 가격에 직접적으로 영향을 미친다. 물가상승률은 어떤가? 경기는 호황인가 불황인가? 기업 도산율은 어떤가? 물가상승이 예상된다면 내구재 구매를 서두를 것이다. 불황이 예상되면 구매를 늦출 것이다. 이들 경제환경은 어떤 방향으로 변화하고 있으며 이들은 검토 중인 사업기회에 어떤 영향을 미칠 것인지 면밀히 분석해 보아야 한다.

창업을 준비하는 기업가는 총체적 경제환경뿐 아니라 지역사회의 경제환경도 예의 주시해야 한다. 지역별로 주력산업 분야와 소비자집단의 구성이 다르므로 동일한 경제적 환경변화도 지역별로 미치는 영향력 정도가 상이하다. 지역경제 상황에 대한 현황 및 전망에 대한 정보는 해당지역 금융기관이나 상공회의소, 지방자치단체 등에서 정보를 얻을 수 있다.

2) 정치적/법적환경 변화

소비자들의 구매행태는 정치적 변화에도 민감하게 영향을 받는다. 정치적 변화란 정치집단에 의한 경제정책이나 지도자에 대한 신뢰도 포함한다. 지방정부도 재산세나 건설업 규제 등의 정책변경으로 소비시장에 직접적인 영향력을 행사할 수 있다. 만약 현재 검토 중인 사업이 이들의 정책변화로 영향을 받을 수 있다면 향후 정책변화 가능성을 평가하거나 직접 정책결정에 참여할 수 있는지 확인해야 한다. 정책결정 과정에 참여할 수 있는 길을 만들어 두는 것은 정책의 변화를 빨리 감지할 수 있을 뿐만 아니라 경우에 따라서는 자신에게 유리한 방향으로 정책을 바꿀 수도 있다.

3) 기술 변화

기술 변화는 보통 소기업에게 유리한 변화로 작용한다. 오늘날 기술은 광범위한 분야에서 매우 급속히 진행되고 있어 이들 변화를 모두 파악하고 적응해 나갈 수는 없다. 아무리 작은 것일지라도 과학기술의 발전은 창업기업가에게 기회를 제공한다. 소비자들의 생활에 필수적인 제품이나 서비스를 값은 더 싸고 성능은 더 높여 제공할 수 있다.

기술혁신 과정에서 많은 신생기업이 탄생한다. 과거 우리는 주택을 지을 때 목재를 사용했다. 철강소재가 발달함에 따라 철강을 이용하여 더 싸고 더 효율적으로 건축물을 지을 수 있었고, 이제 강화플라스틱의 개발로 녹슬지 않고 반영구적인 건물을 지을 수 있게 되었다. 플라스틱은 성형이 쉽고 가격이 싸므로 기존 목재가구를 대체하여 플라스틱가구 산업이 발달할 수도 있다.

정부출연 연구기관은 지난 30여 년 동안 수많은 연구성과를 축적하고 있으며 최근 많은 벤처기업이 이들을 사업화하고 있다. 이들 연구는 정부지원에 의한 연구성과이므로 비교적 싼 가격에 연구성과를 사용할 수 있다. 기술력이 부족한 기업가는 이들 정부출연 기관을 활용하면 많은 도움을 얻을 수 있다.

기술 진보는 항상 새로운 기회를 만들어 내지만 동시에 기존기술의 경쟁력을 떨어뜨린다. 지속적 경쟁우위를 확보하기 위해서는 항상 기술의 변화를 지켜보아야 한다.

4) 문화적/사회적 변화

문화적/사회적 변화는 소비자들의 생활양식이나 습관적 관행의 변화를 말한다. 대부분의 기업은 문화적/사회적 환경에 적응하는 것이 보통이지만, 일부 경우에는 새로운 문화를 형성할 수도 있다. 이러한 문화적 변화는 사람들의 구매행동에 직접 영향을 미쳐 시장을 바꾸어 버린다. 공급할 수 있는 제품 서비스가 제한적인 창업기업은 이러한 문화적/사회적 변화에 특히 취약하다. 그러므로 창업기업가는 항상 어떤 변화가 진행되고 있는지 파악하고 있어야 한다.

5) 경쟁환경 변화

자본주의의 근간은 공정하고 건강한 경쟁이다. 이러한 경쟁으로 기업은 소비자 취향에 자신을 맞추어 가기 위해 시장전략을 계속 바꾸어 가야 한다. 누군가 특정시장에서 크게 성공했다면 머지않아 많은 경쟁자가 진입할 것이다. 창업기업은 현재 극심한 경쟁이 진행 중이거나 경쟁이 예상되는 분야보다는 새로운 사업기회를 찾아야 가능성이 높아진다. 대기업은 브랜드, 판촉활동이나 점포입지로 경쟁한다. 소규모 창업기업은 독창성, 전문성 및 가치로 승부를 걸어야 한다.

2절 산업전망

제품시장에서의 사업기회는 소비자의 특성이나 수요 결정요인 못지않게 경쟁상대에도 크게 영향을 받는다. 그러므로 마케팅 계획은 시장을 확실히 이해하고 경쟁자보다 우위를 점할 수 있는 전략을 찾아야 성공할 수 있다. 앞에서 설명한 시장기회 분석의 결과는 이 과정에 크게 도움이 된다. 경쟁자가 소수일 경우에는 이들 각각을 분석하는 것이 가능하다. 하지만 대부분 불특정 다수와 경쟁하게 되므로 이들 모두를 분석한다는 것은 시간적 낭비는 물론 많은 비용이 소요된다. 그러므로 먼저 산업을 분석하고, 그런 다음 경쟁자 중 중요한 일부에 대해서만 상세히 분석하는 것이 좋다.

(1) 산업분석

사실상 창업기업가들은 가장 직접적으로 경쟁하는 상대에 대해서 관심을 가져야 하므로 여기서 말하는 산업은 동종의 제품을, 동일한 단계의 판매망을 통해서, 동일지역에서 판매하고 있는 일단의 경쟁자들로 국한할 필요가 있다. 예컨대, 같은 소주라 하더라도 경월소주 같은 것은 강원도 지역 중심인 소주이고 진로는 전국적인 소주이므로, 경월소주회사가 관련산업을 분석할 때에는 한국 전체보다는 강원도 지역을 중심으로 산업분석을 한다는 얘기이다.

산업분석은 먼저 관련정보 및 자료의 수집으로부터 시작된다. 먼저 산업의 크기, 성장률, 구조 등을 분석한 다음 목표시장, 주요 마케팅 목적, 그리고 마케팅 전략과 전술 등 해당산업에서 행해지고 있는 마케팅 관행에 대한 정보를 수집한다. 창업기업가는 이러한 산업정보를 산업의 규모, 구조, 마케팅 활동 등에서 앞으로 있을 변화를 예측하고 경쟁상대 기업의 약점 또는 문제점을 파악하는 데 활용한다.

(2) 유효시장 파악

시장의 규모를 조사할 때 우리는 흔히 관련시장의 크기를 해당제품의 총매출액으로 평가한다. 그러나 이것은 정확한 것이 아니다. 수입자동차 판매회사가 생각하는 시장은 국내 자동차시장 전체가 아니다. 세븐일레븐이 커피시장을 조사할 때 레스토랑이나 자동판매기 업체에서 소비하는 수요는 자신의 시장으로 보지 않는다. 유효시장을 파악하려면 시장의 내부구조를 면밀히 살펴보아야 한다.

유효시장을 파악한 후에는 이 시장이 마케팅 노력을 투입할 만큼 충분히 큰가를 확인해 보아야 한다. 시장 크기를 조사하는 것은 쉬운 일이 아니다. 특히 신제품일 경우에는 더욱 그렇다. 시험판매와 같은 방법으로 필요한 정보를 수집하여 추정할 수 있다. 유효시장의 성장과 쇠퇴, 추세 파악 또한 중요하다. 시장이 정체되어 있거나 줄어드는 경우, 한정된 고객을 서로 빼앗으려는 경쟁이 심하여 특별한 경우를 제외하고는 성공이 어렵다. 그러나 한계시장에서도 새로운 아이디어 상품으로 수요를 창출할 수 있다. 센트럴 비타민 제조회사는 증가추세에 있는 노령층 시장을 흡수하기 위해 기존제품의 성분을 조정한 '실버 포뮬러'를 개발하여 큰 성공을 거두었다. 제품시장의 변동성은 제품수명 주기를 이용하여 이해하는 것이 좋다.

(3) 유효시장 성장추세

제품수명 주기(product life cycles: PLC)상의 위치에 따라 제품시장은 상이한 특성을 보인다. 제품수명 주기는 새로운 제품이 인지되고 구매가 진행됨에 따라 시장의 크기가 어떻게 변해 가는가를 보여준다. 제품수명 주기의 개념은 제품의 확산 또는 수용과정이 판매활동에 중요한 의미를 가지고 있기 때문에 중요하다. 모든 제품은 도입기, 성장기, 성숙기, 그리고 쇠퇴기를 거친다. 제품수명 주기를 이해한다면 시장의 변화에 대한 통찰력을 가질 수 있다.

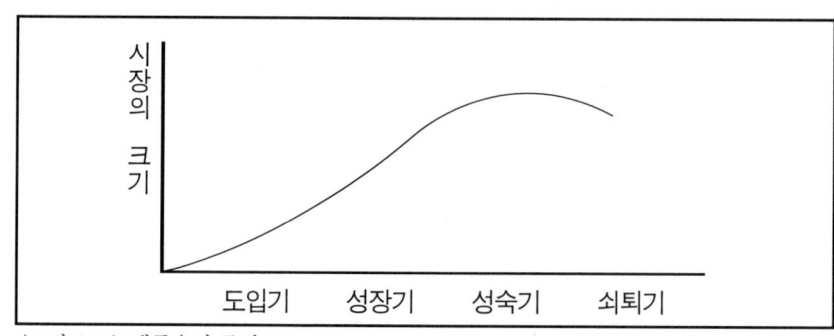

〈그림 6-3〉 제품수명 주기

도입기에는 제품을 알리는 것이 중요하다. 시험판매는 하나의 방법이 될 수 있다. 제품을 널리 알리기 위해서는 창업기업가가 부담하기에는 너무 많은 광고비가 들 수도 있다. 어떤 사람은 사업초기에 소수의 매장에 제품을 독점적으로 유통시키는 방법을 선택한다. 새로운 제품을 내놓을 때는 비교기준이 없으므로 가격을 결정하기가 쉽지 않다. 초기에 설정하는 제품의 가격 및 이익수준은 추가적인 연구개발뿐 아니라 후발회사와의 경쟁에도 막대한 영향을 미친다.

성장기에는 보다 많은 제품이 시장에 선보이면서 경쟁이 심화된다. 소비자들은 여러 제품의 기능을 비교한 후 구매한다. 기업경영자는 소비자들이 제품을 손쉽게 구매할 수 있도록 선택적 유통전략을 전개함으로써 점포의 수를 확대하고 점포의 다양성을 확보해야 한다. 이 단계에서는 생산 및 광고효율 제고를 통해 비용을 절감하고 경쟁기업보다 한발 앞서 판매망을 증강시키는 것이 중요하다

성숙기에는 소비자들이 제품을 잘 알고 있으며, 제품간 차이도 크지 않아 상표 충성도가 중요한 역할을 한다. 포화시장에서 한 회사의 점유율 상승은 다른 누군가의 점유율 하락을 의미하므로 가격경쟁이 격심하다. 성장단계에서 중요했던 제품의 특성이 이 시기에는 표준화된다. 제품간 속성을 구별하기 힘들어 광고가 주요 차별화 수단으로 이용된다.

쇠퇴기에는 가장 경쟁력이 높은 몇 개의 제품만 살아남는다. 이들은 가격이나 기능면에서 모두 비슷한 특성을 가지게 된다. 소비자들은 경쟁제품들이 비슷하다는 것을 알기 때문에 광고에 귀를 기울이지 않는다. 이 단계에서는 경쟁이 계속되면서 기업들은 최대한 가격을 인하하려고 한다. 이때에는 소매점과 원만한 거래관계를 형성하는 것이 무엇보다 중요하다. 시장이 쇠퇴기에 접어들었다고 하여 반드시 그 제품이 없어지는 것은 아니다. 제품혁신만 이루어진다면 새로운 성장기를 맞이할 수 있다.

3절 경쟁력 분석

경쟁전략을 수립할 때 자신과 경쟁기업을 객관적인 관점에서 평가해 볼 필요가 있다. 자신의 강점이나 핵심역량(core competencies)은 무엇이고 자신의 약점은 무엇인가? 이러한 경쟁력 분석은 시장을 어떻게 공략할 것인가 하는 결정에 정보가 된다. 산업이나 시장에 따라 경쟁요소는 상이하다. 대부분의 산업에서 경쟁구도를 형성하는 핵심 경쟁요소로 품질, 가격, 마케팅, 연구개발력, 서비스 등 5개를 꼽는다. 예를 들어 패스트푸드 업계에서는 집중적인 광고와 판촉이 중요하고, 원자재를 공급하는 업계에서는 가격과 서비스가 중요하다. 커피시장에서는 가격과 품질이 경쟁력의 원천이다.

경쟁자란 이미 존재하거나 또는 앞으로 들어올 것으로 예상되는 회사들 가운데 창업기업의 성공에 가장 큰 영향을 미칠 것으로 예상되는 회사들을 말한다. 경쟁자 분석은 이들 기업에 대하여 규모, 성장률, 목표, 경영층, 기술력, 그리고 마케팅활동 등을 포함하는 전체 모습을 그려 보는 데서 출발한다. 경쟁자 분석에서는 주요 경쟁자의 시장 포지션과 행태, 예상 시장점유율, 그리고 진입했을 때 그들의 예상되는 대응 등에도 주의를 기울여야 한다. 그리하여 경쟁자의 마케팅활동이 앞으로 어떻게 변할 것이냐를 예측하고 또 경쟁자가 소비자의 요구조건을 얼마나 잘 충족시키고 있느냐를 평가할 수 있어야 할 것이다. 이 단계에서는 공개된 자료나 경쟁자를 잘 아는 사람들과의 인터뷰, 또는 단순히 경쟁자를 관찰함으로써 경쟁자에 대한 마케팅전략, 전술, 그리고 경영 스타일까지도 종합적으로 파악하는 것이 무엇보다도 중요하다.

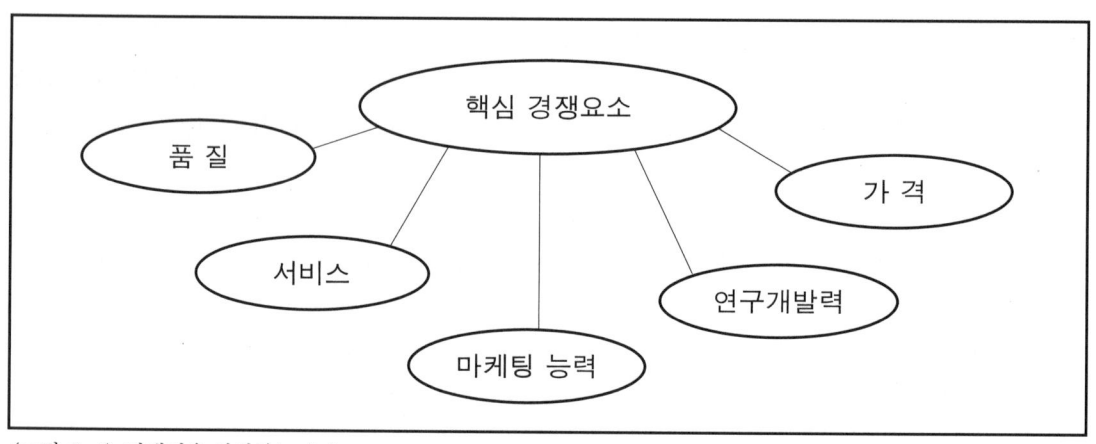

〈그림 6-4〉 경쟁력을 결정하는 요소

경쟁력 분석에서는 경쟁요소를 바탕으로 다음과 같은 표를 만들어 보면 자신의 강점과 약점을 체계적으로 파악하는 데 도움이 된다.

신규기업의 시장진입에 대한 진입장벽은 경쟁력을 평가할 때 중요하다. 진입장벽이 낮으면 많은 기업이 쉽게 시장에 진입할 수 있으므로 경쟁이 심하다. 경쟁을 피하기 위해서는 신규 진입자가 쉽게 모방할 수 없는 마케팅전략을 수립하여 진입장벽을 구축해야 한다. 의약산업은 신약 개발력과 유통망을 갖춘 소수의 기업이 지배하고 있다. 이러한 시장에서 경쟁하려면 기업은 대규모의 판매망과 연구소를 운영할 수 있어야 한다.

소규모 창업기업은 자신의 강점을 살리고 약점을 보완해 줄 수 있는 업체와 제휴(alliance)를 통해

시장진입에 성공할 수 있다. 변변히 내세울 만한 유통망이나 경험은 물론 자본도 부족한 어느 소규모 커피회사가 가진 것이라고는 고품질의 커피뿐이었다. 대기업이 주도하고 있는 시장에 진입하기 위해 이 회사는 합작사업에 관심을 가진 식품업계의 대기업을 찾아 자신은 커피를 공급하고 파트너는 유통과 마케팅을 담당하는 방법으로 시장진입에 성공할 수 있었다.

		우리 회사	경쟁기업
가용자원	인력		
	자금		
	생산능력		
시장위치	주력시장		
	시장점유율		
	인지도		
강점과 약점	신제품		
	기술인력		
	판매력		
	유통망		
	가격		
	생산설비		

〈그림 6-4〉 경쟁력을 결정하는 요소

경쟁분석을 위한 방법으로 인지도 기법(perceptual mapping)도 많이 쓰인다. 대부분 가격과 품질을 변수로 그리지만 다른 변수를 사용할 수도 있다. 인지도는 소비자들이 시장에서 경쟁관계에 있는 제품들을 어떻게 인지하는가를 보여주므로, 인지도를 통해서 우리는 충족되지 않은 세분시장을 찾아내고 마케팅 아이디어를 얻을 수 있다.

아래의 그림은 자동차에 대한 가상적 인지도이다. 자동차를 구매할 때 소비자들은 경제성과 안전성을 중요하게 생각한다. 이 지도에서 G사는 경제성과 안전성이 높아 경쟁력이 높은 것으로 나타나고 있다. 경쟁제품과 자사제품의 인지도상 위치를 파악하면 현 제품의 효과적 마케팅전략 수립이나

134

방향설정에 도움이 된다.

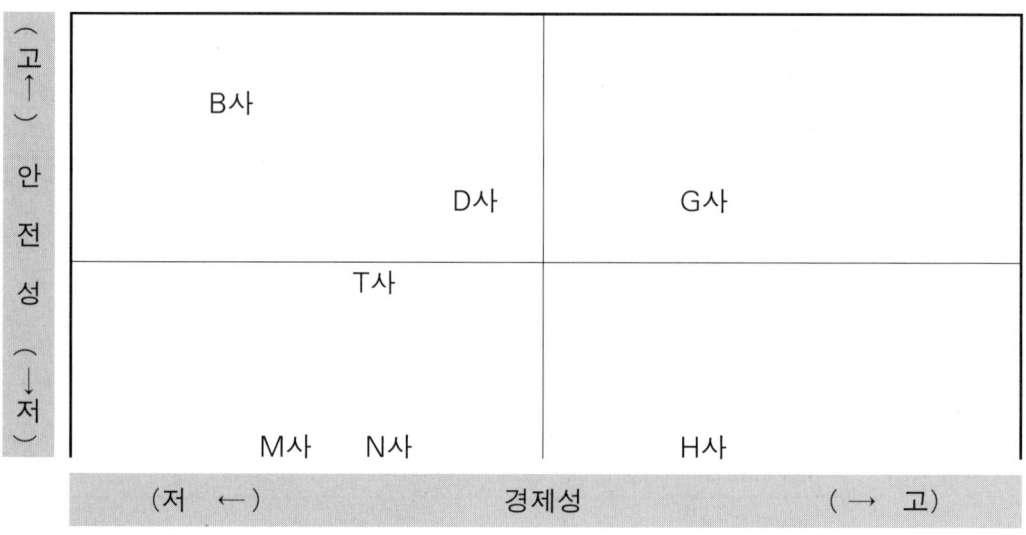

〈그림 6-6〉 자동차 인지도

4절 고객분석과 목표시장

 전체시장을 어떤 특성으로 분류하든 그 결과는 잠재적 고객들의 일부만을 포함한다. 따라서 일부가 아닌 전체를 이해하고 그들이 요구하는 바를 보다 잘 파악하기 위해서는 집중적인 분석이 필요하다. 다시 말해서 고객분석은 고객을 인간적인 측면에서 파악하고 제품이나 서비스에 대한 구매결정 과정과 구매결정에 영향을 미치는 외부적 요인을 분석하는 데 그 목적이 있다.

 이러한 고객분석을 통하여 창업가는 또한 고객이 필요로 하고 원하는 것이 무엇인가를 이해함으로써 목표고객을 보다 확실하게 알 수 있게 되고, 소비자 수요에 영향을 미치는 모든 요인, 예컨대 일상적인 활동, 관심, 의견, 의사결정 과정 같은 것들도 완벽하게 이해할 수 있다. 창업가의 임무는 회사가 목표로 하는 이들 고객들이 좋아할 수 있는 마케팅 프로그램을 수립하는 것이다. 이제 고객분석 문제를 좀더 깊이 있게 생각해 보자.

(1) 요구 파악
 마케팅 계획의 첫 단계는 고객이 원하는 것(needs)이 무엇인가를 파악하는 것이다. 고객이 원하는 것을 찾아 이를 공급하는 것은 창업의 기본이다. 그러므로 고객분석의 궁극적 목적은 신제품 개발을 위하여 개별 소비자의 욕구를 파악하고, 가장 적합한 마케팅활동을 전개하기 위해 비슷한 욕구를 가진 고객집단을 식별하는 것이다.

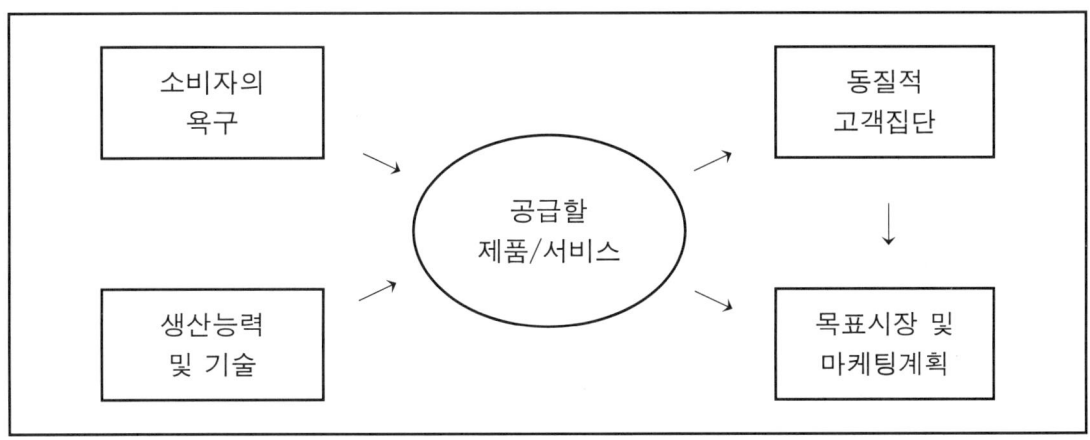

〈그림 6-7〉 고객요구 파악의 목적

누가 우리의 제품을 구입하는지를 정확히 파악해야 한다. 사용자뿐 아니라 구매자까지도 고려해야 마케팅 계획은 성공할 수 있다. 많은 경우 제품의 구매자와 사용자는 다르다. 남성용 내복이나 양말은 대부분 여성이 구입한다. 그러므로 스포츠 신문에 남성용 양말 광고를 싣는다면 빗나간 선택이 된다.

(2) 고객이 어떤 사람들인가를 파악하라

고객을 파악하기 위해 흔히 사용하는 변수는 주로 활동, 관심, 태도, 제품 사용경험, 개인적인 취향, 가치관, 심지어는 인간성 등이다. 이들 중 어떤 것들이 가장 적절한가는 제품에 따라서 다르고, 분석대상 시장에 따라서도 다르다. 어쨌든 고객을 인간적인 측면에서 보다 많이 이해하는 것이야말로 창업가가 자기들이 만든 제품이 과연 고객들의 생활습관이나 또는 일하는 습성에 얼마나 잘 맞는 것인가, 그리고 회사의 마케팅전략에 대해 고객이 어떤 반응을 보일 것인가를 알아내는 데 큰 도움이 된다.

(3) 시장을 세분화하라

어느 회사에서 생산한 제품이나 서비스가 모든 사람에게 필요한 것이라면 시장전체를 대상으로 한 전략이 적절하다. 예를 들어, 코카콜라는 모든 사람이 자사제품을 마실 수 있도록 하기 위해 대중시장 접근책을 채택하고 있다. 그러나 특정고객층의 관심이 특별히 높을 것으로 예상된다면 이들에게 마케팅 노력을 집중하는 것이 효과적이다. 세분시장(segment)이란 공통적 특성을 가진 소비자로 구성된 시장을 말하며, 이들은 비슷한 욕구를 보인다.

기업경영자는 효율적인 마케팅활동이 가능하도록 세분 목표시장을 명확히 설정해야 한다. 목표시장을 정확히 파악하지 못한다면, 아무 상관없는 사람들을 대상으로 마케팅 자원을 낭비하는 실수를 범하게 될 것이다. 시장의 세분화는 지리적 특성, 인구통계적 특성, 행동패턴 등을 기초로 하여 이루어진다.

① 지리적 세분화 : 행정구역이나 지리적 특성을 기초로 시장을 분할할 수 있다. 인구가 밀집한대도시와 지방으로 나누거나, 경인지역과 기타지역으로 구분하는 것은 하나의 보기가 된다.
② 인구통계적 세분화 : 나이, 성별, 소득, 결혼 여부, 교육이나 직업 등을 기초로 시장을 분할하면 동질성을 파악하기 쉽다.
③ 행동패턴에 따른 세분화 : 구매량이나 구매습관 등 구매패턴, 선물, 휴가, 계절 등의 구매동기, 상표 충성도, 가격 및 판촉 반응도 등 소비자들의 구매행동 패턴을 기초로 시장을 분할한다.

(4) 목표시장을 설정하라

시장을 세분화하는 이유는 시장을 세분하여 특정 목표시장에 마케팅 노력을 집중하기 위함이다. 그러므로 세분시장을 파악한 후 특정 세분시장이 집중적 마케팅 노력을 투입할 만한 가치가 있는지 평가하여 목표시장을 설정하여야 한다. 다음은 목표시장 설정에 도움이 되는 평가기준이다.

① 측정성 : 세분시장을 구별할 수 있는가? 그 규모를 수량화할 수 있는가?
② 접근성 : 광고, 판매원, 대리점 등 유통망, 우편, 물류시스템 등의 방법으로 세분시장에 접근할 수 있는가?
③ 효과성 : 이 세분시장이 원하는 품질의 제품/서비스를 제공할 능력이 있는가?
④ 수익성 : 표적시장으로 삼을 만큼 잠재적 이익이 충분한가?
⑤ 성장성 : 세분시장의 크기는 경제성이 있는가? 시장이 축소되고 있는가, 성숙 혹은 성장하고 있는가?
⑥ 경쟁성 : 이 세분시장에 관심을 가지고 있는 경쟁자는 없는가?
⑦ 방어능력 : 경쟁자의 공격을 방어할 수 있는가?

이상의 이론적 배경을 바탕으로 셀프서비스 원두커피 시장의 목표시장을 정의하여 보자. 주고객의 연령, 교육 정도, 직업, 결혼 여부, 소득 등 인구통계적 특성은 어떻게 될까? 행동패턴 변수로 주고객층을 정의하여 보자. 목표시장을 설정해 보자.

전혀 틈새가 없어 보이는 시장에서도 기존업체들이 간과해 온 틈새시장은 존재할 수 있다. 성숙산업으로 인정되어 어려움을 겪던 PC업계에서 삼보컴퓨터는 새로운 디자인의 보급형 PC를 개발하여 IMF 체제의 어려운 시대를 성공적으로 버틸 수 있었다.

(4) 고객들의 구매과정을 파악하라

소비자는 아무 제품이나 사는 것이 아니다. 어떤 제품이 자신의 필요에 가장 적합한지 숙고한 후 구매를 결정한다. 그러므로 앞에서 살펴본 고객과 시장특성을 면밀히 검토하여 그들이 원하는 요구수준을 모두 만족시킬 수 있는 제품을 제공하는 것이 중요하다. 소비자들이 구매여부를 결정하기까지는 일반적으로 다음과 같은 몇 단계를 거친다. 처음에는 '아! 이 제품이 나왔구나' 하는 신제품에 대한 인지, 그 다음에는 관심(흥미)을 갖게 되는 단계, 그 다음엔 어떤 점이 좋고 어떤 점이 나쁘다는 식의 평가단계가 되고, 평가한 다음에는 일단 써 보자 하는 시험구매의 단계를 거쳐, 마지막으로 그 제품으로 구매를 전환하는 또는 그 제품에 적응하는 적응의 단계가 있다.

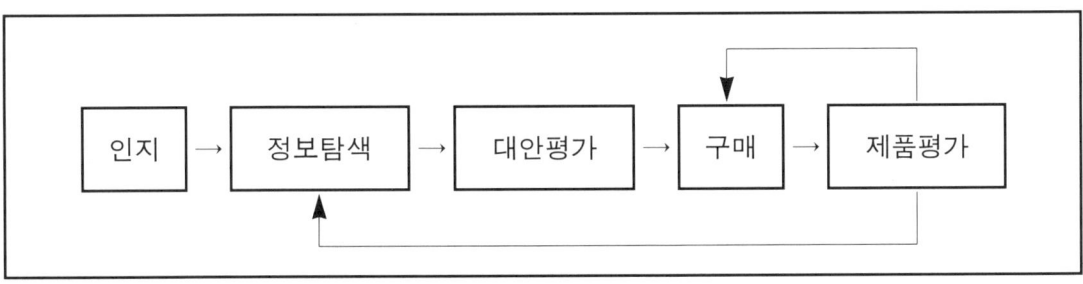

〈그림 6-8〉 고객 구매과정

어떤 사람이 샴푸를 구매하기까지의 과정을 살펴보자.

비듬/가려움 인식 ⇒ 무엇을 사용할까? 비듬샴푸? ⇒ 주위에 자문 ⇒ 점포방문 및 상표비교 ⇒ 특정상표 구매 ⇒ 효과 확인 ⇒ 재구매 또는 다른 상표 시도위에서 소비자는 왜 비듬샴푸를 사용해야겠다고 생각했을까? 이러한 욕구는 불편함이나 외부자극으로 생긴다. 광고는 이러한 구매동기를 유발시키는 가장 흔한 방법이다. 비듬샴푸는 비듬으로 인해 연인이나 친구로부터 따돌림당할 수 있다는 점을 부각시켜 동기를 자극한다. 창업가는 고객들이 어떤 경로로 분석대상 상품을 알게 되는지를 파악하고 효과적 전달수단을 찾아야 한다.

제품/서비스의 필요성을 인지한 이후에도 소비자는 구매를 결정하기 전에 판매원, 전문잡지, 가족, 친구, 전문가 등 다양한 방법으로 정보를 수집한다. 매출을 극대화하기 위해서는 소비자가 구매여부를 결정하는 시점이나 장소에서 자사제품에 대한 호의적인 정보를 최대한 제공해야 한다. 점포 전시물이나 화장품업체가 백화점 매장에서 소비자들에게 제품을 설명하는 것은 좋은 보기이다. 대안평가는 어떤 제품이 내게 가장 적합한가를 알아보는 단계이다. 대안평가 단계에서 소비자들은 다양한 후보상품을 생각한다. 자동차를 사려고 했으나 가격이 비싼 것을 알게 되면 오토바이나 자전거로 구매대상을 바꿀 수도 있다. 제품의 중요도에 따라 소비자들은 추가정보나 조언을 구하기도 한다. 예를 들어, 최종적으로 자동차 구입을 결정하기 전에 주위의 정비사나 동네의 정비공장을 방문할 수 있다. 이런 점에서 다양한 소스로 제품정보를 제공하고 소비자들에게 충분한 선택의 기회를 제공하는 것은 성공적 마케팅의 한 열쇠이다.

소비자가 최종적으로 구매를 결정할 때는 최소의 비용으로 자신의 욕구를 충족시켜 주는 제품을 선택한다. 저가 소비재의 경우는 별 문제가 되지 않지만, 금강산 관광선, 냉장고 등 가전제품, 자동차와 같이 가격이 비싼 제품은 시험적 사용이 불가능하다. 그러한 경우 큰 위험이 따르므로 구매결정에 더욱 많은 시간이 필요하다. 창업가는 이러한 소비자 위험을 이해하고 이를 줄여 주는 방안을 강구해야 한다. 판매사원, 보증서, 인쇄물, 광고 등을 통하여 구매자에게 제품의 기능 및 경쟁상품과의 비교에 관한 정보들을 제공하는 것은 구매위험을 줄여 주는 방법이 된다.

제품을 구매한 후 올바로 선택했는가에 대한 답은 제품의 효과를 직접 시험해 보거나 동료의 반응을 통해 얻을 수 있다. 긍정적 답을 얻을 때 소비자는 다음 기회에 동일한 제품을 다시 구매하거나 동료에게 그 제품을 추천하게 되므로, 구매 후 좋은 평가를 받는 것은 기업의 영업활동에 대단히 중요하다. 고객의 구매결정에 영향을 미치는 요인들 가운데는 고객 자신들은 통제할 수 없는 외부적인 요인도 있다. 특히 MOA에서 중요하게 보는 외부적인 요인들에는 경제적, 법률적, 기술적, 그리고 사회적인 것들이 있다. 예컨대 정부가 산림자원을 보호하는 정책을 채택한다면 고객들은 목재가격의 상승을 예견하고 목재 이외에 다른 건축자재를 찾으려고 노력하게 될 것이다.

(5) 신제품에 대한 고객 유인책을 세워라

지금까지 시장에서 볼 수 없었던 새로운 제품이나 서비스를 제공하는 것은 하나의 모험이고 시장에 대한 도전이다. 소비자들이 낯선 제품을 얼마나 빨리 받아들일 것인가, 또 시장 전체로 얼마나 빨리 확산할 것인가 등이 불확실하다. 창업자본가들 사이에서는 종종 그들이 매출액에 대한 예측은 비교적 정확한 편이지만 매출액의 타이밍에 대한 예측은 그보다 덜 정확하다는 얘기가 있다. 다시 말해서 예상 매출액을 달성하는 데 생각보다 시간이 오래 걸린다는 얘기이다. 그렇다면 소비자들이 새로운 제품에 적응하는 시간을 어떻게 하면 단축시킬 수 있을까? 이것이 곧 창업기업의 성공여부를 결정하는 열쇠가 될 때가 많다.

창업기업가는 앞에서 설명한 구매결정의 다섯 단계를 소비자들이 어떻게 하여 빨리 거치도록 하느냐 하는 데 역점을 두어야 한다. 이때 여러 가지 마케팅전술 중에서 가령 신제품에 대한 정보를 제공하는 광고, 쿠폰, 또는 신제품을 사도록 하는 여러 가지 유인책 등 마케팅전술의 타이밍이 결정적으로 중요하게 된다. 둘째, 어떤 사람들은 신제품에 적응하는 속도가 빠르고 어떤 사람들은 반대로 느린데, 이것은 마케팅전략을 수립하는 데 매우 중요한 의미를 갖는다. 최초의 마케팅전술이 적응속도가 늦은 사람들한테 주력한다면 그 마케팅은 실패할 수밖에 없을 것이다. 셋째, 신제품 마케팅에 있어서는 신제품의 실제 특성이 어떤가 하는 것보다는 잠재적인 구매자가 어떻게 인식하느냐가 중요하다. 따라서 마케팅활동은 소비자들이 제품의 특성을 잘못 알게 될 가능성을 줄여 주는 데 초점을 맞추어야 한다. 특히 소비자들이 중요하게 보는 신제품 특성은 다음과 같다.

① 상대적 우위 : 기존제품이나 기타 경쟁자 대비 신제품의 우수성
② 일치성 : 잠재고객이 느끼는 신제품에 대한 그들의 가치관 및 필요성 등과의 일치성
③ 간편성 : 신제품이 갖는 사용상의 간편성
④ 검증성 : 소비자들이 신제품이나 신사업을 검증해 볼 수 있는 정도

이제는 고전적인 예가 되었지만 Apple 컴퓨터의 매킨토시가 앞에 열거한 제품의 특성을 염두에 두고 만든 제품의 좋은 예이다. IBM PC에 비해서 매킨토시는 질이나 가격에서 소비자들이 좋다고 생각했고, 소비자들의 필요성이나 또는 여타 제품과의 호환성, 그리고 간편성 같은 점들이 훨씬 더 우수했던 것이다.

7장 마케팅 계획

웬디스를 창업한 토마스(R. David Thomas)는 창업가 가운데 가장 시장지향적인 사람이라 할 수 있다. 그는 시장에서 수요는 있는데 그에 대한 공급이 없음을 보고 첫번째 '웬디스 (Wendy's)'라는 식당을 열었다. 당시 많은 사람들이 맥도날드(McDonald's)에서 보다 더 다양하고 신선한 햄버거를 원하고 있다는 사실을 알고, 자신이 소유하고 있던 네 개의 켄터키 프라이드 치킨(Kentucky Fried Chicken)점을 팔아서 딸의 별명을 딴 웬디스를 열었던 것이다. 토마스는 "나는 머스타드(mustard), 피클(pickle), 그리고 양파가 있는 햄버거를 좋아하는데 맥도날드나 버거킹(Burger King)에서는 그런 것을 찾을 수가 없었다. 나는 그들은 고객이 정말 원하는 것보다는 그들 자신이 주고 싶은 것들을 주고 있다고 생각했다."라고 말한다. 이러한 고객지향성, 또는 고객중심성은 현대 마케팅의 기본이 되고 있다.

처음 토마스가 웬디스를 열었을 때 맥도날드는 1,298개의 점포를 가지고 있었다. 2년이 지난 다음 토마스는 2개의 웬디스를 더 열게 되었고, 그 후 또 1년이 지난 후에는 2개, 그 다음은 12개를 더 열게 되었다. 1973년에 그는 첫번째 프랜차이즈(franchise)를 5,000달러를 받고 팔았고, 1976년에는 전 미주에 300여 개의 웬디즈가 생기게 되었으며, 그 해 회사는 상장기업이 되었다. 오늘날 웬디스 레스토랑은 4,700여 개에 달하고 매출액만도 연 46억 달러에 달하며 회장인 토마스는 최대주주인 동시에 웬디스의 판매전략 수립에서 핵심적인 역할을 하고 있다. 그는 시장기회를 포착한 창업기업가가 기본적인 마케팅원리를 이용해서 과연 무엇을 할 수 있는가를 보여준 예가 되고 있다.

마케팅은 신사업 창업과정에서 가장 기본적인 것이며, 역으로 새로운 사업의 창업은 곧 마케팅이라고 해도 과언이 아니다. 한 연구에 의하면 미국의 벤처자본가는 벤처사업의 성공에 있어 마케팅의 중요성을 7.0 척도에서 6.7로 평가하고 있다. 또한 보다 철저한 예비시장 분석을 통해서 새로운 벤처사업의 실패율을 60%나 떨어뜨릴 수 있다는 연구결과도 있다. 벤처사업의 마케팅 과정에서 창업가들은 벤처기업 특유의 어려움에 직면하기도 한다. 예컨대 광고비를 여러 점포에 분담시키거나 대규모 매출로 커버할 수 없다든지, 능력이 뛰어난 제품 판매업자와 손잡는 것이 벤처기업으로서는 쉽지 않다든지, 혹은 그렇다고 좋은 소매점포를 찾는 것 역시 쉽지 않은 것 또한 이들이 직면하게 되는 독특한 문제들이라 하겠다.

 더욱더 주목할 만한 사실은 성공한 사업가들은 양질의 제품 및 서비스, 고객으로부터의 좋은 평판, 그리고 고객의 요구에 대한 신속한 반응 등을 자신의 성공요인 중 가장 중요한 것으로 꼽고 있다는 점이다. 이들은 모두 곧 마케팅 관련사항으로, 효과적 마케팅전략을 수립하고 실천하는 것이 창업의 성공에 매우 중요하다는 사실을 말해 주고 있다. 마케팅이란 개인이나 조직이 자신의 목표를 달성하기 위해 소비자에게 제공하는 아이디어와 제품 및 서비스의 종류, 가격, 판매방식 등의 결정과 관련된 일체의 계획 및 추진과정을 말한다. 웬디스 창업자 토마스는 바로 이러한 마케팅의 개념을 가장 잘 말해 주는 예이다. 소비자가 찾고 있는 상품을 적절한 가격에 편리하게 공급함으로써 웬디스는 창업에 성공할 수 있었다. 이 장에서는 새로운 사업의 창업과 사업의 성공을 위한 마케팅 계획을 논의하고자 한다.

1절 창업기업의 마케팅 계획

 마케팅 계획에서는 사업환경과 시장기회를 분석하고 마케팅 목표를 정하며 마케팅전략과 전술을 수립하고 이것들을 실천에 옮기기 위한 행동계획을 작성한다. 〈그림 7 -1〉이 보여주는 것과 같이 마케팅 관리는 또한 마케팅 계획상의 여러 요소를 포함하는데, 마케팅 계획은 사업계획 또는 전략계획의 일부분을 이룬다.

 마케팅 계획의 첫 단계는 사업환경을 분석하는 것이다. 사업환경 분석을 통하여 대체로 시장에서의 사업기회를 분석하고, 기존 또는 잠재적 사업에 대한 강점, 약점, 위협, 기회 등에 대한 정보를 얻는다. 마케팅 계획의 기타 주요 요소들은 구체적인 특정 마케팅 목표를 설정하고 목표시장을 결정하며 목표시장 각각에 대해서 마케팅 프로그램을 수립하는 것을 포함한다. 목표시장의 선정과 마케팅 목표의 설정, 그리고 마케팅 프로그램 등이 합쳐서 마케팅전략을 이룬다. 마케팅 계획의 최종단계는 계획을 구체적으로 실행에 옮기기 위한 행동계획을 만드는 것이다. 이제 각 단계별로 구체적인 내용을 검토하기로 하자.

142

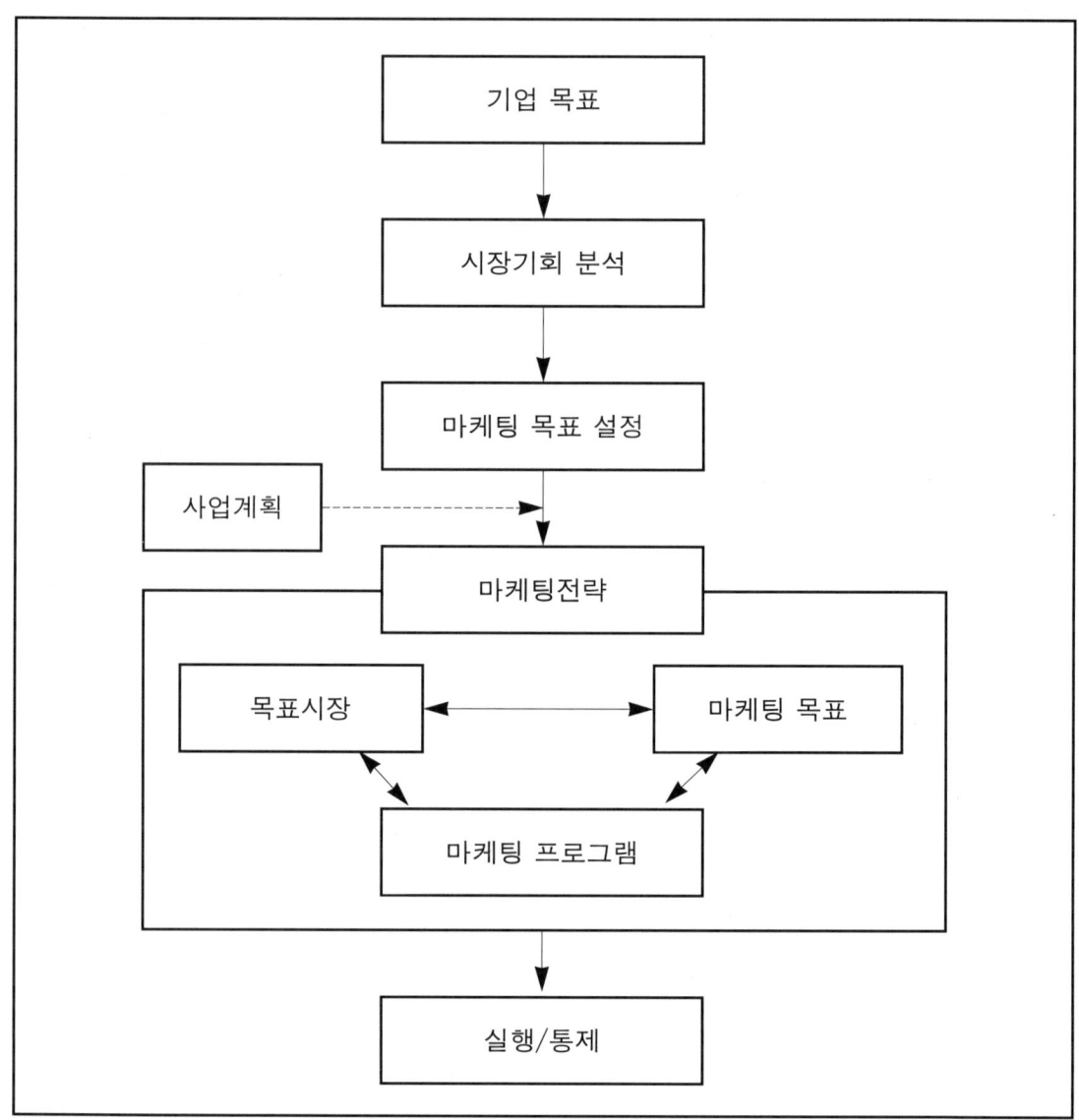

〈그림 7-1〉 마케팅 관리와 창업기업

2절 마케팅 목표의 설정

마케팅 계획 수립과정에서 다음 단계는 마케팅 목표를 설정하는 것이다. 목표는 목표시장 각각에 대해서 매출액, 이익률, 기타 이미지 제고 등과 같은 구체적 실적목표로 설정해야 한다. 목표는 실적 목표와 마케팅 지원 목표로 크게 나눌 수 있다. 시장 실적 목표(market performance objectives)는 매출액 또는 이익과 같이 마케팅 노력의 결과로 얻게 될 구체적인 성과를 말하고, 마케팅 지원 목표(marketing support objectives)는 앞에서 말한 구체적인 실적 목표를 달성하도록 도와주는 것으로, 고객인지도 제고 또는 이를 위한 교육 등과 같은 것을 말한다.

목표는 목표시장 각각에 대해서 마케팅전략을 세우는 데 도움을 준다. 예컨대 목표시장에서 매출액을 6% 증가시키고자 한다면 기존의 마케팅 프로그램을 별로 변경하지 않고도 가능할 것이고, 만약 기업의 성공이 그야말로 일취월장한다면 마케팅 노력은 오히려 감소될 수도 있을 것이다. 반면에 새로운 사업을 시작한다고 하면 지금까지와는 전혀 다른 마케팅전략을 사용해야 할 것이다.

마케팅 목표는 어느 정도까지는 측정이 가능하도록 설정되어야 한다. 그렇지 않다면 설정한 목표를 어느 정도 달성했는지 평가할 수 없기 때문이다.

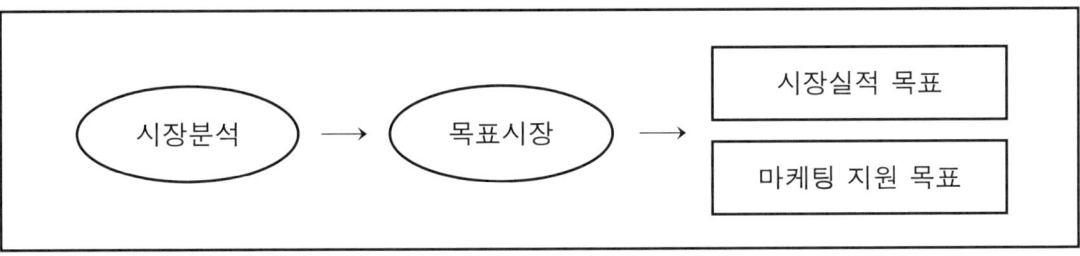

〈그림 7-2〉 마케팅 목표 설정과정

3절 마케팅전략의 수립

마케팅전략은 창업목표를 달성하기 위하여 제품, 유통망, 가격, 판매촉진 등 마케팅 계획을 목표시장의 기회와 고객의 요구사항에 효과적으로 접목시키기 위한 일련의 가이드 라인과 정책을 말한다. 마케팅전략은 일상적 활동이 아니라 장기적인 관점에서 보다 근본적인 의사결정을 다룬다. 그러므로 전략수립시에는 시장뿐 아니라 경쟁자의 전략도 감안해야 한다. 어떤 고객을 목표로 할 것인가를 결정하고 기존 또는 잠재적 고객의 입장에서 경쟁자와 비교하여 제품과 사업을 어떻게 차별화할 것인가를 다루어야 할 것이다.

마케팅 프로그램의 개발에서는 먼저 여러 가지 마케팅 변수들 중에서 어떤 결합을 선택해야 할 것인가를 결정한다. 웬디스는 고품질, 고가격 햄버거를 대상으로 잡았다. 다음에는 선택한 결합이 시장기회를 얼마나 잘 반영하고 있느냐를 판단해야 한다. 이때 가장 중요한 것은 선택한 결합에 대해서 잠재적 고객이 어떻게 반응할 것인가를 예측하는 것이다. 그런 다음 가장 좋다고 판단되는 프로그램을 선택한다. 물론 말하기는 쉽지만 이것은 과학이라기보다는 기술에 가까우므로 경험이 필요하다. 예를 들어, 목표시장이 부유층이라면 이들을 상대로 한 마케팅전략은 되도록 품질이 높다는 이미지를 창조하도록 수립되어야 할 것이다. 이를테면,

① 가격이 다른 제품보다 월등히 높다는 이미지를 전달하기 위해서 높은 가격과 좁은 가격변동 폭이라는 정책을 채택한다.
② 제품과 서비스의 질은 최고로, 또한 그에 따르는 보증 역시 최고로 한다.
③ 광고미디어나 선전은 이 제품이 하나밖에 없고 매우 높은 품질이라는 이미지를 심어 주도록 한다.

마케팅전략에서의 이러한 지침과 정책은 주어진 마케팅 목표, 즉 '품질'이라는 이미지 제고에 어떤 마케팅활동이 적절한지 구체화시켜 준다. 목표시장의 선정과 마케팅 목표설정, 그리고 마케팅 프로그램의 결정 등은 마케팅전략을 구성한다. 목표시장의 결정은 경영자가 해야 할 가장 큰 일 중 하나이다. 예컨대, 웬디스의 젊은층을 상대로 한다는 결정은 목표시장의 결정에 좋은 예가 된다고 볼 수 있다.

마케팅전략을 수립하기 위해서 우리는 여러 가지 소비자들의 구매행태에 영향을 주는 요소들을 혼합하여 이른바 마케팅 믹스(mix)를 만든다. 마케팅 믹스, 또는 앞에서 말한 마케팅 프로그램은 제품 및 서비스, 유통망(도매상, 대리점, 소매상) 가격, 판매촉진 같은 요소들로 이루어진다.

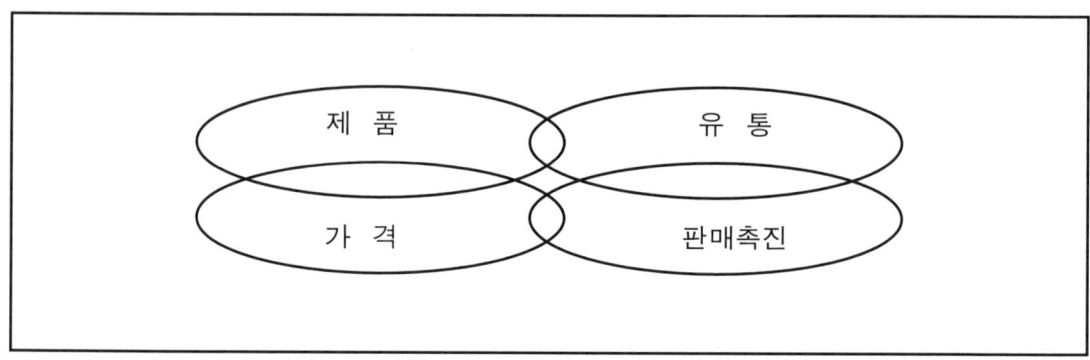

〈그림 7-3〉 마케팅 믹스

〈그림 7-3〉은 마케팅 프로그램 또는 마케팅 믹스를 구성하는 각 요소에 대한 예시적 결정 변수들이다. 마케팅전략에서 이들 요소들은 상호 일관성이 있어야 하고 이상적으로는 서로를 보완하여 시너지 효과를 가져와야 한다. 예를 들어서 최고급 제품과 큰 폭의 가격할인 같은 결합은 상호 일관성이 없으므로 소기의 목적을 달성할 수 없을 것이다.

제 품	유 통	가 격	판 촉
기능	유통형태	정가	매체 포트폴리오
품질	중개인	외상거래 조건	광고 카피
포장	도소매상	할인정책	광고 시점
상표	입지	유연성	대인판매
서비스	창고		훈련
품질보증	물류, 수송 배송		보상정책
종류	재고수준		대중홍보

〈그림 7-4〉 마케팅전략 변수

1) 제품선택

제품이란 편익이나 만족감 때문에 시장에서 팔릴 수 있는 모든 것을 말한다. 그러므로 제품은 물건도 될 수 있고 서비스도 될 수 있다. 어떤 조직의 형태를 띨 수도 있고 장소가 될 수도 있고 사람이 될 수도 있고 아이디어가 될 수도 있다. 제품선택은 이와 같은 제품이라는 용어가 갖는 여러 가지 의미를 몇 개의 그룹으로 나누어 보면 편리하다.

첫째, 제품을 그 제품이 주는 기본적인 편익 또는 만족도로 생각하자. 같은 제품이라 할지라도 사람마다 느끼는 편익이 다르다. 예컨대 캐딜락이라는 차가 어떤 사람에게는 그 사람의 신분을 높여주는 방법이 될 수도 있고, 또 다른 사람들에게는 편안하고 조용하고 믿음직스러운 수송수단으로 간주되기도 한다.

둘째, 제품결정을 위해서는 객관적이고 구체적으로 손에 잡히는 제품의 성질과 주관적인 만족도간의 관련성을 이해해야 한다. 캐딜락이라는 상표 이름, 품질, 그리고 외양은 소비자들이 느끼는 만족도를 높여 준다.

마지막으로 제품을 좀더 확대해석하면 특정제품 이상의 마케팅적 요소까지도 포함할 수 있다. 물론 이때의 마케팅적 요소는 소비자들이 가치가 있다고 생각하는 것을 말한다. 캐딜락의 경우 서비스에 대한 보증기간, 신분을 격상시키는 홍보정책, 그리고 차를 가져다 주는 제도 등은 마케팅적 요소의 보기이다.

이와 같은 세 가지 그룹, 다시 말해서 확대된 개념의 제품, 제품의 성격, 특성, 그리고 편익 및 만족도 등은 어떤 제품에 대한 소비자들의 전반적인 인식을 만들어 주게 되므로 창업기업가는 이러한 세 그룹의 제품을 일반적이고 서로 보완적인 효과를 가져올 수 있도록 결합해야 한다. 구체적으로 고려해야 할 사항은 다음과 같다.

(1) 각 제품은 조화를 이루는가

제품간 시너지(synergy) 효과를 얻을 수 있고 마케팅활동에 장애를 유발하지 않는 제품으로 라인을 구성해야 한다. 예를 들어, 세탁기 및 건조기를 생산하던 S사가 그릇 세척기를 라인에 추가하였다면 생산자나 소매업자들은 현재의 유통라인을 이용할 수 있다. 이러한 라인 확장은 조화를 이룬다고 할 수 있다. 그러나 S사가 전동공구를 팔고자 한다면 제품간에 조화를 이루기 어렵다.

(2) 어떻게 차별화할 것인가

차별화는 자사제품을 경쟁제품들과 구별시키는 활동이다. 제품의 기능이나 크기, 디자인, 보증기간이나 반품정책을 통한 신뢰성, 포장방식, 적시성, 예외성, 정확성, 서비스 품질 등 다양한 방법으로 차별화할 수 있다. 창의적인 광고나 판촉활동에 의해서도 경쟁제품과 차별화할 수 있다.

선택된 제품 차별화 기법은 판촉활동의 토대가 되므로 어떤 차별화 기법을 선택하느냐에 따라 전체 마케팅활동도 영향을 받게 된다. 앞에서 언급한 인지도는 차별화 방법을 알아내는 데 유용한 도구가 된다. 소비자들은 동일제품군에서도 경쟁요소의 결합에 따라 제품을 다르게 인식하고 특별한 욕구를 가진다. 이러한 세분시장을 적소(niche)라 한다. 창업기업가는 표적 세분시장에 적합한 마케팅으로 매출과 이익을 극대화할 수 있다.

(3) 제품수명 주기와 차별화

제품수명 주기와 관련하여 성장단계에서는 제품특성이 중요하지만, 성숙단계에서는 브랜드의 중요성이 높아진다고 하였다. 예를 들어, 컴팩트디스크 플레이어 광고에서 한 번에 여러 장의 CD를 들을 수 있는 기능이 있다고 강조하는 것은 이 제품이 성장단계에 위치해 있음을 의미한다. 그러나 성숙기에 진입한 녹음기 시장에서는 자동되감기 기능과 돌비 잡음제거 기능의 경쟁은 이미 끝나 있을 것이다.

2) 유통망 결정

제품과 표적시장을 선택하고 나면, 제품과 소비자에 적합한 최적의 판매망을 선택해야 한다. 유통 채널 결정에서는 어떤 유통경로를 통하여 제품을 판매하고 채널 마진폭은 어느 정도로 할 것인가를 결정한다. 판매조직은 수많은 조직과 사람들로 이루어지며 이들은 정보의 흐름, 제품, 협상, 위험, 돈, 그리고 사람들로 서로 연결되어 있다. 유통망(channel of distribution)이란 마케팅 목적을 달성하기 위해서 여러 기구 또는 제도들이 조직적으로 묶여진 네트워크로서, 생산자와 사용자 또는 사용자와 생산자를 연결시키는 기능을 한다.

유통조직은 소비자와 생산자간의 거래 횟수를 크게 줄여 주는 역할을 한다. 열 명의 최종소비자가 네 개의 서로 다른 제품을 구매하는 경우를 생각해 보자. 만약 각자가 이러한 네 가지 상품 제조업자와 각각 거래를 한다면 도합 40번의 거래가 이루어져야 한다. 또, 네 사람의 생산자와 열 사람의 소비자 사이에 한 사람의 소매업자가 있다고 하자. 그렇다면 이 경우 거래 횟수는 40번에서 14번으로 줄어든다. 이처럼 중간상은 제조업자나 소비자가 할 수 없는 여러 가지 유용한 기능을 수행한다. 유통조직은 제품을 확보하고, 보관하며, 포장하고, 자금을 조달하고, 돈을 빌려주는 등 다양한 기능을 수행한다. 그러므로 소비자가 제품에 지불하는 가격의 상당부분이 이들 회사가 수행하는 활동에 대한 보상이라는 점은 그렇게 놀랄 만한 일이 아니다. 미국에서 발표된 한 연구를 보면, 식품가격 1달러당 69센트, 다시 말해서 69%가 판매 및 가공활동에 대한 보상이라고 한다. 그러므로 충분한 조사 없이 무턱대고 소비자에게 직접 판매하는 직판이 비용을 줄여 준다고 믿는 창업가가 있다면 그 사람은 바로 이와 같은 유통망이 주는 효과를 잘못 이해하고 있는 사람이다.

비효율적 중간조직은 결국 마케팅 시스템으로부터 퇴출된다. 뿐만 아니라 경쟁시장에서는 기업들이 항상 비용절약적인 서비스의 방법을 찾고 있어 늘 새로운 유통방식이 나타난다. 최근 급속히 확산되고 있는 무점포 마케팅은 하나의 보기이다. 우편물에 의한 마케팅, 전화에 의한 텔레마케팅, 자판기에 의한 마케팅, 그리고 방문판매 같은 방식은 모두 무점포 마케팅의 보기이다. 뿐만 아니라 전략적 제휴도 중요한 마케팅 판매망의 하나라 하겠다.

〈표 6-4〉는 여러 가지 판매망 유형을 보여주고 있다. 소비자와 제일 가까운 순서부터 소매업자가 있고 제조업자는 판매인을 통해서 도매업자나 판매 대리점과 접촉한다. 때로는 그들 자신이 판매점 또

는 지사를 운영하기도 한다. 특히 벤처사업에서는 매출액이 적은 관계로 많은 수의 대규모 판매조직을 이끌 수 있는 경제력이 없으므로 흔히 커미션을 주는 판매 대리인이나 중개인을 사용하기도 한다.

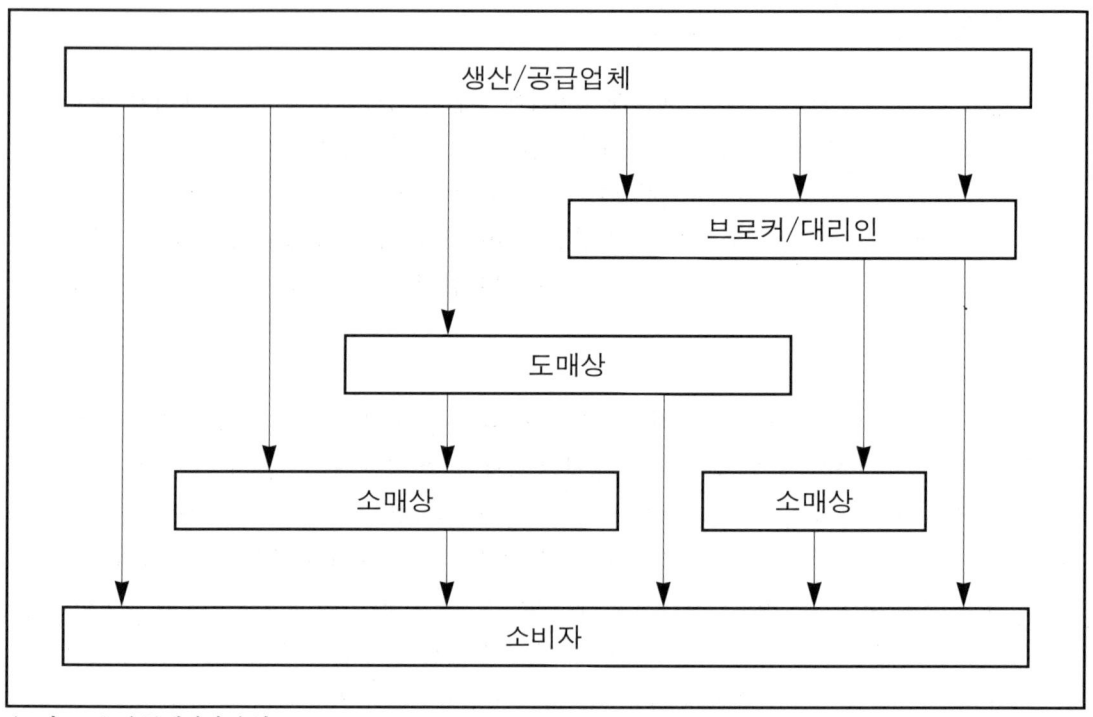

〈그림 7-5〉 유통채널의 유형

　어떤 유통형태를 선택할 것이냐 하는 문제는 아주 쉬울 수도 있고 또 경우에 따라서는 어려운 일일 수도 있다. 마이클 델은 델 컴퓨터를 시작하면서 중간판매조직을 거치지 않고 소비자들에게 직접 판매하는 방식을 선택했다. 이러한 판매방식으로 델은 1999년 컴퓨터 판매 1위를 달성했다. 또 하나 주목할 만한 판매방식은 최근 급속한 성장을 보이고 있는 네트워크 마케팅이다. 흔히 다단계 마케팅이라고도 하는데, 이러한 네트워크 마케팅은 1990년대는 물론 21세기에 가장 중요한 마케팅 방법의 하나가 될 가능성이 크다. 경쟁이 심화되고 생산성이 향상되어 제조비용이 낮아짐에 따라 오늘날 소매가격의 85% 정도는 판매와 관련한 비용이다. 그러므로 성공기업의 관건은 이와 같은 판매비용의 절감에 있다고 할 수 있다. 다단계 마케팅이 성장하게 된 배경도 여기에 있다. 종전에는 가정주부나 노동자들에게만 유행하였으나 이제는 회사의 사장, 증권 중개인, 회계사 등 모두가 관심을 가지고 있으며, 미국에서는 보험, 통신 등의 산업에서도 이미 다단계 판매조직이 도입되고 있다. 다단계 판매방식은 비단 이들 산업뿐만 아니라 거의 경제전반에 적용될 수 있는 판매방식이다. 물론 다단계

판매방식에 대해서 비난하는 사람도 적지 않다. 네트워크 마케팅을 피라미드 사기라고까지 말하지만, 이 판매방식이 판매비용을 줄이는 효과적 수단이라는 데는 의심할 여지가 없다. 이제 좀더 구체적으로 유통전략을 생각해 보자.

(1) 어떤 유통전략을 선택해야 하는가

유통전략에는 각 부분시장에서 하나의 판매점만 활용하는 독점적 유통, 소수의 판매점을 선별적으로 활용하는 선택적 유통, 그리고 가능한 한 많은 판매점을 사용하는 대량유통 등이 있다. 이러한 유통전략으로 자사제품을 경쟁제품과 차별화시킬 수도 있다.

예를 들어, 어떤 디자이너가 자신의 제품을 일급 백화점에서만 독점판매하기로 했다면 이러한 유통전략은 제품에 높은 품격을 부여하는 결과를 가져온다. 어떤 형태의 유통방식을 선택하든 제조업자와 판매업자는 모두 일정한 의무를 갖는다. 선택적 유통방식을 채택한다면 제조업자는 고품질, 양질의 서비스를 제공해야 할 뿐 아니라 경우에 따라 자금도 지원해야 한다. 제조회사가 판매회사와 광고비용을 분담하는 협력광고(cooperative advertising)는 하나의 보기이다.

(2) 유통망은 어떻게 선택해야 하는가

유통망의 선택은 전략적 의사결정이므로 신중하게 평가해야 한다. 결정에서 고려해야 할 요소 중 가장 중요한 것은 제품특성, 통제 필요성, 그리고 적정마진이다. 모든 전략에서와 마찬가지로 유통전략이 성공하려면 상호 지원적이고 내부적으로 일관성이 있어야 한다.

① 제품 특성 : 제품에 따라서는 높은 비용에도 불구하고 자체 판매망을 갖추어야 하는 경우가 있다. 반면에 기능이나 용법이 단순하여 전시와 판매에 제조업자가 직접 관여할 필요가 없을때는 도매상이나 물류회사를 거치는 것이 편리하다. 사무용품이나 청량음료가 그러한 보기이다.

② 통제 필요성 : 제조회사와 소비자 사이에 중개인이 많을수록 마케팅에 대한 제조회사의 통제력은 감소한다. 제약회사들은 의사들에게 전문정보를 제공하고, 시장의 질서를 위해 자체 판매인력을 갖추고 있다. 이들이 외부 판매조직에 의존한다면 영업활동을 확실히 통제하기 힘들 것이다.

③ 적정 마진 : 유통단계를 최소한으로 줄여 소비자와 직접 거래할 수 있다면 일반적으로 높은 마진을 얻을 수 있다. 그러므로 큰 마진을 원한다면 유통단계를 줄여야 한다. 델 컴퓨터는 대

리점이나 일반 판매점을 이용하지 않고 잡지광고를 이용해 소비자들에게 직접 판매하는 방식을 택하였다. 컴퓨터의 기능이 어느 정도 표준화되어 광고만 보고도 소비자들은 제품의 기능을 알 수 있어 이러한 직판방식이 가능했다.

맥스웰하우스 커피의 유통채널과 마진			
채 널	채널 기능	판매가	마 진
St. Juan Valdes Westway Merkuria Kraft General Food Associated Grocers, Inc. Bob's Market	지배업자 커피 브로커 가공업자 식품 도매상 소매상 소비자	1,000원/Kg 1,050원/Kg 4,200원/Kg 4,820원/Kg 6,000원/Kg	 4.8% 75% 9% 23%

〈표 7-1〉 유통단계별 유통마진

유통망 선택은 그 결정이 가격책정, 유통마진 폭의 설정에 영향을 끼친다는 점에서 매우 중요하다. 그러므로 유통망을 선택할 때는 각 단계의 유통업자들이 요구하는 이익은 어느 정도인가, 유통망에서 누구의 협상력이 제일 강한가 등에 대해서도 살펴보아야 한다.

① 유통마진을 이해하자 : 상품을 판매하는 사람은 누구나 판매마진을 취하려 한다. 유통과정의 참여자들은 상위 공급자에게서 마진을 취한다. 대부분의 업계에서 채널 참여자들은 자신들의 마진을 판매가격 대비 마크업(markup)으로 계산한다. 커피업계 유통과정의 각 단계에서 중간상은 전 단계에서 커피를 구입하여 다음 단계로 넘기는 가격을 기초로 마진을 계산한다.

$$판매가격 \ 대비 \ 마크업(\%) = \frac{마크업(원)}{판매가격(원) \times 100} \times 100$$

아래의 표는 1989년 맥스웰하우스의 구어메트 프라이빗 콜렉션 커피(Gourmet Private Collection coffee)의 유통과정이다. 유통채널에 참여한 참가자들은 자신의 유통활동에 대한 대가로 마진을 취한다.

연습 커피 가공업자인 Kraft는 가격 경쟁력을 높이기 위해 커피 소매가격을 6,000원에서 4,000원으로 인하할 것을 검토하고 있다. 현재의 유통마진(도매마크업 9%와 소매마크업 23%)을 보장하기 위해서는 도매상으로 넘기는 가격을 얼마로 해야 할까? 또 Kraft의 최대 마진은 얼마가 되는가?

해답 판매가×(1 − 마크업%)=공급가격이므로 유통채널을 역으로 거슬러 올라가 보자. 도매상이 소매점에 넘기는 가격은 4,000원(소비자 판매가)×(1 − 0.23 소매마크업)=3,080원. Kraft가 도매상에 공급하는 가격은 3,080원(도매업자가 소매업자에게 넘기는 공급가)×(1 − 0.09 도매마크업)=2,800원이 된다. Kraft가 도매업자에게 판매하는 가격은 2,800원이며, 이 회사의 유통마진은 1,750원(2,800원 − 1,050원)이다. 이 정도의 마진으로 적절한 이익을 남길 수 있는지를 검토하여 가격인하를 결정한다.

② 협상력이 크면 마진도 크다 : 제품특성이 독특하여 시장에서 독점적 위치에 있으면 제조업자가 거래조건을 정할 수 있다. 그렇지 않은 경우 채널 중간상은 자신의 마진이 최대가 되는 거래조건을 요구한다. 식료품업계에서 채널 지배력은 제조업자로부터 슈퍼마켓 체인으로 옮겨졌다. 1980년대에 소규모 식료품 체인점들이 결합하여 대형 슈퍼마켓 체인을 형성하면서 체인점의 지배력이 강화되었다. 체인점들은 자신의 지배력 강화에 따라 생산회사에 거래개설비(slotting fees)를 요구하게 되었고, 경우에 따라 진열비가 무려 수백만 달러에 이르고 있다. 이러한 현실은 소규모 생산회사들의 슈퍼마켓을 통한 판매활동을 사실상 불가능하게 하고 있다.

3) 가격결정

기업경영자는 가격정책을 통해서 회사나 제품의 이미지를 향상시키고, 때로는 매출액을 증가시키기 위해 가격을 낮추기도 한다. 그러나 많은 경우 회사는 가격을 마음대로 결정하지 못한다. 경쟁시장에서 가격은 어느 한 기업이 결정할 수 없기 때문이다. 그러므로 가격은 전통적으로 비용에 얼마의 이익을 붙여 결정하거나 선두업체가 하는 대로 따라가는 경우가 많다. 이와 같은 현상은 특히 새로 시작한 작은 기업에서 많이 볼 수 있는데, 그 이유는 경쟁자로부터의 보복과 가격경쟁에 대한 두려움이라고 하겠다. 가격정책이 마케팅전략의 한 수단으로 활발히 사용되건 또는 그렇지 않건 간에 가격결정은 마케팅 계획의 중요한 부분임에는 틀림없으며, 가격은 소비자가 구매여부를 결정할 때 가장 중요하게 생각하는 것으로 알려져 있다. 마케팅전략의 다른 요소 선택에도 가격은 큰 영향을 미친다. 또한 가격에 따라 선호하는 소비자 계층이 달라지므로, 가격은 그 자체로 자사제품을 경쟁제품과 차별화시킨다. 티코와 롤스로이스(Rolls-Royce)는 자동차 가격 스펙트럼의 양극단에 위치하여 확실히 차별화된다.

우리 나라에는 아직 진출하지 않았지만 미국의 '서비스 머천다이스'는 견본품 쇼룸만 운영하면서 저가정책을 쓰고 있다. 가격이 낮은 대신에 고객은 주문서를 작성해야 하고 창고해서 상품이 나올 때까지 기다리는 불편을 참아야 한다. 반면에 비싼 가구를 다루는 가구점의 경우에는 보통 최고품질의 가구에 높은 가격을 부과하는 대신 소비자들의 집까지 배달해 주는 등 많은 서비스를 제공한다. 효과적인 가격정책을 위해서는 다음과 같은 4가지 단계를 거치는 것이 좋다.

(1) 가격책정의 목표를 분명히 하라

많은 사람들이 이 절차를 무시하지만 매우 중요하다. 가격정책의 목표를 설정하는 것은 전체 마케팅 계획에서 가격이 어떤 역할을 하느냐를 결정하는 것이다. 때로는 계량적 목표를 설정할 수 있고, 경우에 따라서는 질적인 목표가 될 수도 있다. 다음은 몇 가지 목표의 보기이다.

① 총매출을 10% 증가시킨다.
② 장단기 이익을 극대화한다.
③ 신규진입을 억제한다.
④ 취약한 경쟁자를 시장에서 몰아낸다.
⑤ 시장가격을 안정적으로 유지한다.
⑥ 시장점유율을 2배 높인다.
⑦ 제품과 회사의 이미지를 높인다.

(2) 가격변동 폭을 결정하라

가격의 신축성은 비용, 수요조건, 경쟁 및 법률적·윤리적 제약을 감안하여 결정한다. 이들 요인을 기초로 가격의 상한과 하한을 결정한다. 실제 제품에 들어간 비용보다 낮은 가격을 책정하는 것은 결코 장기적 전략이 될 수 없다. 비용보다 낮은 가격을 책정해서 매출이 는들 무슨 소용이 있겠는가? 원가보다 낮게 가격을 설정하는 실수는 고정비용을 잘못 배분할 때 발생한다. 그러므로 가격의 하한을 결정할 때는 비용에 밝은 회계사와 상의해서 결정하는 것이 필수적이다. 그러면 상한가격은 어떻게 결정하는가? 그것은 수요와 경쟁상황에 달려 있다. 이와 같이 비용에 의해 결정되는 가격의 하한과 수요와 경쟁에 의해서 결정되는 상한이 곧 이 회사 제품의 가격이 변동할 수 있는 폭이 된다.

(3) 가격전략을 수립하라

가격전략이란 실제로 목표시장에서 적용되는 실제가격을 결정하기 위한 지침과 정책을 말한다. 가격전략에서는 다음과 같은 점을 결정해야 한다.

① 가격을 매일 바꾸는가, 아니면 고정시킬 것인가?
② 평균적 가격수준은 얼마로 할 것인가?
③ 제품의 life cycle에 따라서 가격을 조정할 것인가?
④ 심리적인 가격을 사용할 것인가?

예를 들어 새로운 사업에서는 매일매일의 가격변화를 최소로 하고, 경쟁자보다 조금 높게 책정하는 정책을 세울 수 있다. 뿐만 아니라 심리적인 가격 프리미엄을 사용할 수도 있다. 예컨대 소비자들이 평가하기 어려운 제품에 대해서는 높은 가격을 사용해도 좋을 것이다. 소비자들은 오히려 그렇게 함으로써 '아! 이 제품의 품질이 상당히 좋은 것이구나' 하는 심리적 만족감을 얻게 된다.

(4) 가격책정 방법

실제 적용가격은 어떻게 책정하는 것이 좋을까? 역시 생산비용 및 경쟁상황, 그리고 수요 요인 등을 감안하여 결정하는 것이 안전하다. 제품이나 서비스의 가격설정에는 많은 이론적 근거가 있다. 나이키는 심리적 효과를 노려 운동화를 60달러가 아니라 59.95달러에 판매한다. 이러한 심리적 가격책정 외에도 가격을 결정하는 방법에 대해서는 많은 이론적, 관행적 방법이 있다.

① 원가플러스 가격 : 제품이나 서비스의 생산원가를 산정하고 여기에 일정액의 이익을 붙여 판매가격을 산정하는 방식이다. 예를 들어, 1억 원을 투자하여 1년에 10,000개를 생산하는 설비를 갖춘 회사를 보자. 제품 하나를 생산하는 데 재료비와 인건비로 1,000원이 들고 이자율이 10%라고 하자. 그러면 생산단가는 2,000원이 된다. 생산원가의 30%를 목표이익으로 생각한다면 판매가격은 2,600원이 되어야 한다.

판매가격 = 생산원가 × (1 + 원가이익률)

② 마크업(Markup) 가격 : 이것은 원가플러스 방식의 일종으로 마크업은 비용의 일정 퍼센트가 아니라 판매가격의 일정 퍼센트로 계산한다. 일정수준의 매출이익률을 달성하기 위한 가격이다. 위의 경우, 매출의 20% 이익을 목표로 한다면 판매가격은 2,500원이 되어야 한다.

   판매가격 = 생산원가 / (1 - 매출이익률)

③ 손익분기 가격 : 이 역시 비용중심적 방법의 하나이다. 우선 총비용을 회수하는 데 필요한 매출액을 결정한다. 가령 고정비용이 10억 원이고 단위당 변동비용이 2천 원이라고 하자. 목표 매출량이 5만 개라면 단위당 가격은 4천 원이 되어야 비용과 수익이 같아진다. 손익분기 가격(breakeven price)은 하한가격을 정하는 데 도움이 된다.

④ 목표이익 가격 : 목표이익 가격(target return price)은 원하는 비율의 이윤을 가져오는 가격이다. 이러한 비용 중심적 가격정책의 약점은 시장수요 상황을 전혀 고려하지 않는다는 점이다. 다시 말해서 이렇게 결정된 가격에서 실제 판매량은 여기서 산정된 판매량보다 클 수도 있고 작을 수도 있을 것이다. 그럼에도 불구하고, 이와 같이 비용에 입각한 가격은 좋은 출발점이 될 수는 있다.

⑤ 시장대응 가격 : 시장가격 방식(going rate pricing)은 가격을 경쟁자의 가격과 같게 하거나 또는 일정비율 높거나 낮게 하는 것을 말한다. 시장이 경쟁적일 때 시장점유율을 높이기 위해서는 제품가격을 경쟁제품과 동등하거나 낮은 수준에서 결정할 필요가 있다. 이러한 가격정책은 흔히 경쟁자로부터 보복이 예상되고 그 보복이 크게 영향을 준다고 생각될 때 사용한다. 휘발유, 철강제품, 항공권과 같은 일상품이나 서비스에서 흔히 볼 수 있다.

⑥ 인지가치 가격 : 비용에 관계없이 제품이 고객에게 얼마만큼의 이익을 주느냐를 감안해서 가격을 책정한다. 생산원가를 무시하고 소비자가 해당상품에 대해서 실제로 느끼는 가치(perceived value)만큼 소비자에게 부과하는 방식이다. 특히 해당제품과 직접적인 경쟁제품이 없을 때 이런 방식을 많이 쓴다. 예컨대, 일반 볼트나 너트의 시장가격은 싸지만 특정목적을 위해 이들을 주문제작할 경우에는 매우 비싼 가격이 부과된다.

⑦ 스키밍 방식 : 제품을 처음으로 도입하는 초기단계에서는 높은 가격으로 마진을 크게 하고, 이후 점차 가격을 낮추어 시장을 확대해 가는 방식을 스키밍(skimming)이라고 한다. 하이테

크 산업에서 흔히 볼 수 있는 방식으로, 1960년대 RCA가 컬러TV를 내놓을 때나 1970년대 말 SONY가 VTR을 판매할 때 이 방식을 적용했다. 이 방식은 경제적으로 생산자가 이익을 극대화하는 전략이지만 경쟁자의 신규진입이나 조속한 시장확대라는 관점에서는 위험이 따른다.

⑧ 침투 가격 : 신제품, 특히 새로운 시장에 신제품을 들고 들어갈 때, 또는 제품수명 주기상 도입기 혹은 성장기에 사용할 수 있는 방식으로, 생산원가 이하의 낮은 가격을 제시하는 방식을 침투 가격(penetration pricing)이라고 한다. 침투 가격 전략을 채택한 기업은 낮은 원가를 바탕으로 시장을 장악하는 것을 목표로 하므로 생산량을 늘려 단위당 생산원가를 낮추어야 한다. 그러므로 침투 가격 방식은 생산량이 늘어남에 따라 생산원가가 낮아지는 규모의 경제(economies of scale)효과가 큰 경우 효과적이다.

⑨ 가격/품질 연계성 : 소비자가 제품에 대해 느끼는 인식은 반드시 물리적 특성에만 기초하지는 않는다. 제품의 가격도 소비자가 인지하는 가치에 영향을 미친다. 의류, 향수, 보석 등이 보기가 된다. 소비자들은 종종 고가의 제품이 갖는 희소성이나 차별성에 가치를 부여하거나, 가격이 비싸면 성능도 우수한 것으로 생각한다. 제품의 물리적 가치를 평가하기 곤란할 때 소비자들은 제품의 가격을 품질에 대한 정보로 인식하기 때문이다. 이러한 소비자 행동 특성을 이용하여 가격을 결정할 수 있다.

⑩ 가격 탄력성에 기초한 가격 : 가격 탄력성은 가격의 상승에 소비자가 얼마나 민감하게 수요를 줄이는가를 나타내는 척도이다. 가격변화에 탄력적인 수요자는 가격이 상승하면 수요량을 급격히 줄인다. 제품수요의 특성이 탄력적이라면, 가격이 올라가거나 내려가는 정도보다 제품수요량이 변동하는 정도가 더 큰 경우이다. 일반적으로 내구재에 대해서는 탄력적이고 일상 소비재에 대해서는 비탄력적 특성을 보인다. 조순 전 서울시장은 남산터널의 교통체증을 줄이기 위해 통행료를 부과하기로 결정하였다. 운전자들이 가격에 탄력적 반응을 보인다면 이러한 조치로 교통량이 줄어들 것이라고 생각했다. 수요가 탄력적일 때에는 가격을 인상하여도 총매출액은 오히려 줄어들게 된다. 가격인상의 효과보다 가격인상으로 인한 매출감소의 효과가 더 크게 되어 총매출액은 줄어든다. 이러한 수요변동을 감안하여 최선의 가격을 결정할 수 있다.

(5) 가격은 현실적이고 전략적이어야 한다

위에서 설명한 가격결정 방식은 제품의 성격이나 경쟁상황에 따라 각각 장단점이 있으므로 현실적 관점에서 적합한 방식을 선택해야 한다. 그러나 가격을 결정할 때는 적어도 다음과 같은 사항은 반드시 확인한다.

    ① 경쟁업체의 가격은 어느 정도인가?
    ② 증분비용을 회수하려면 가격은 최소한 얼마가 되어야 하는가?
    ③ 초기 고가전략을 선택한다면 얼마나 빨리 신규진입이 예상되는가?
    ④ 초기 저가전략이 싸구려 이미지를 주지 않는가?

경쟁시장에 진입하는 회사의 경우, 대부분 시장가격을 주어진 것으로 받아들인다. 경우에 따라 초기 시장확보를 위해 경쟁회사보다 낮은 가격을 제시하고 어느 정도 시간이 지난 후 가격을 경쟁수준으로 올리는 방안을 생각하지만 성공하는 경우가 드물다. 그러므로 진입초기에는 가격보다 품질이나 서비스로 시장을 확보하는 것이 좋다. 모든 제품이나 서비스에는 경쟁제품이나 대체적 상품이 존재한다. 진입시점에서는 경쟁제품이 없다 할지라도 머지않아 경쟁자가 시장에 나타날 것이다. 즉, 진정한 독점은 많지 않다. 그렇다면 위에서 설명한 원가플러스 방식은 사실상 성공하기 힘든 방식이다. 이윤을 확보하는 방법은 원가를 줄이는 데서 찾아야 한다. 경쟁제품의 가격이나 소비자가 기꺼이 지불할 것이라고 생각하는 수준으로 가격을 결정한 후 이윤을 빼서 목표원가를 계산하고, 이러한 목표원가에 공급 가능한 상품을 설계하고 생산해야 한다. 이것이 불가능하다면 다른 사업을 찾아야 한다.

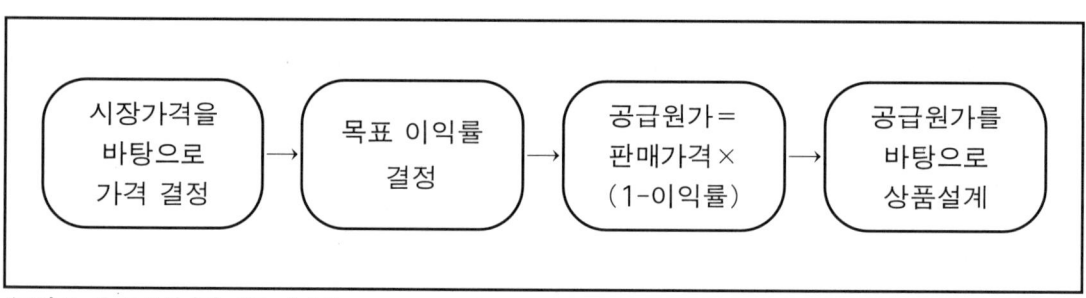

〈그림 7-6〉 공급원가와 제품 디자인

여러 가지 과학적인 방법이 있지만 결국 가격을 결정하는 것은 다양한 정보를 바탕으로 기업가가 결심해야 할 문제이다. 가격을 결정하기 전에 어떤 정보를 수집해야 할까?

① 예상고객을 대상으로 그들은 얼마가 적정하다고 생각하는지, 얼마까지 지불할 의사가 있는지, 값이 싸면 품질이 낮을 것이라 생각하는지 등을 조사한다.

② 납품업체, 도매점, 소매점 등이 생각하는 적정가격은 얼마인지 조사한다.

③ 경쟁제품의 현재 가격은 얼마이고 과거에는 얼마였는지, 어떤 추세로 변하는지도 알아본다.

④ 제품생산 및 판매원가를 알아본다.

⑤ 가격을 낮춘다면 수요는 얼마나 더 늘어날 수 있는가?

사업초기 틈새시장을 공략하는 벤처기업의 경우 저가 대량공급 정책보다는 고가 소량공급 전략이 효과적이다. 전략기획연구소(PIMS)의 연구에 의하면, 고품질 고가정책 기업의 수익률이 그 반대 정책을 채택하는 기업의 수익률보다 높다. 또한 가격을 낮추기는 쉬워도 가격을 높이기는 어렵다는 점도 고려할 필요가 있다.

흔히 범하기 쉬운 실수 : 남보다 싸게 공급할 수 있다.

사업 초기의 저가에서 이후 고가로 전환할 수 있다.

---

(6) 서비스산업의 가격정책

서비스업에서는 가격이라는 말보다는 수수료(fee)나 프리미엄이라는 말을 많이 쓴다. 여기에서도 '가격은 소비자가 느끼는 가치에 대응한다' 는 기본원칙은 똑같이 적용된다. 서비스산업에서 고객이 받는 것은 무형의 주관적 가치이므로 가격도 서비스의 품질, 전문성의 정도, 그리고 가치를 반영하여 결정한다. 고객이 받는 가치가 가격보다 낮다고 생각하면 소비자는 서비스 구매를 연기하거나 아예 스스로 해결하려고 할 것이므로 가격은 상호 합당하다고 생각되는 수준이어야 한다. 고가정책과 저가정책은 각각의 장단점이 있다. 그러나 서비스업에서는 일반적으로 고가정책이 보다 유리한 경우가 더 많다. 가격경쟁력이 중요한 경우에도 저가정책을 선택하기보다는 가격은 높게 책정하되 가격할인을 통하여 실제 지불하는 비용을 줄여 주는 편이 매출에 유리하다. 전문 서비스를 구매하는 고객들은 대부분 자신이 가격에 민감하여 값싼 서비스를 찾고 있다는 점을 보이지 않으려 한다. 또한, 사람들은 가격으로 품질과 경쟁력을 평가하는 경향이 있다. 가격이 높으면 심리적으로 품질이 높다고 생각한다. 뿐만 아니라, 공급자가 책정한 가격은 소비자가 느끼는 가치에도 영향을 미친다. 가격이 낮으면 자신이 받은 서비스의 가치가 낮을 것이라고 생각한다. 소아 심리치료사 A씨의 경우를 보자.

A씨는 고등학교 상담교사로 10년을 근무한 후 자신의 사업을 시작하였다. 그는 따로 오피스를 마련하지 않고, 고객을 방문하여 부모와 아이를 면담하고 고객의 행동을 관찰한 후 적절한 처방을 제시하는 방식을 채택하였다. 이렇게 하면 비용이 크게 줄어들어 상담료를 낮출 수 있고, 고객은 평소 익숙한 환경에서 자연스러운 행동을 보이므로 보다 효과적인 처방을 내릴 수 있을 것이라고 생각하였다. 실제로 A씨는 다른 사람들의 절반 정도로 상담료를 책정했다. 이렇게 낮은 상담료로 A씨는 고객을 확보하는 데에는 별 어려움이 없었다. 그러나 A씨는 자신의 고객들이 자신이 제시한 제안을 따르려 하지 않는다는 점을 발견하였다. 이것은 앞에서 설명한 가격/품질 관련성의 문제이다.

4) 판매촉진

판촉활동(promotion)은 제품판매를 위한 모든 광고 및 기타 마케팅 행위를 말한다. 판촉활동의 최종목표는 소비자 구매결정에 긍정적 영향을 미치도록 자극하는 것이다. 제품마다 제품수명 주기상의 위치가 다르고, 소비자 몰입 정도와 복잡성이 상이하므로 판촉활동도 이들을 감안해야 성과를 얻을 수 있다. 판촉활동은 일정한 전략적 틀 속에서 추진되어야 한다. 풀(pull)전략과 푸시(push)전략으로 나누어 활동을 전개하는 것은 하나의 틀이다. 풀전략은 소비자들이 제품을 요구하도록 하는 전략이고, 푸시전략은 소매업자가 소비자에게 적극 권고하게 하는 전략이다. 유통채널로 하여금 재고를 확보하고 소비자들에게 적극 판매하도록 권장하는 것은 푸시전략이다. 대부분의 판촉계획은 풀전략과 푸시전략을 병행한다. 맥주업계에서는 주점에서의 점유율 제고뿐 아니라 브랜드 광고에 막대한 비용을 투입한다. 소비자를 점포로 끌어들이거나 유통채널로 하여금 많은 재고를 확보하여 더욱 적극적으로 판매하게 하는 판촉활동은 다음과 같은 수단을 사용한다.

① 광고 : 유료미디어를 통해서 제품을 알리는 활동
② 판촉 : 무료 샘플, 선물, 쿠폰 등을 사용해서 제품을 시험해 보게 하는 수단
③ PR과 홍보 : 비용을 지출하지 않고 각종 미디어를 통해서 소비자와 접촉하는 방식
④ 대인판매 : 판매원을 사용해서 고객에게 접근하는 방식

〈그림 7-7〉은 판촉 프로그램의 기본 틀이다. 회사는 제품특성을 감안하여 가장 효과적이라고 생각되는 방법을 선택한다. 생산재를 생산하는 회사는 대인판매에 비중을 높게 두고, 소비재를 판매하는 회사는 광고나 판촉활동에 더 높은 비중을 두게 된다.

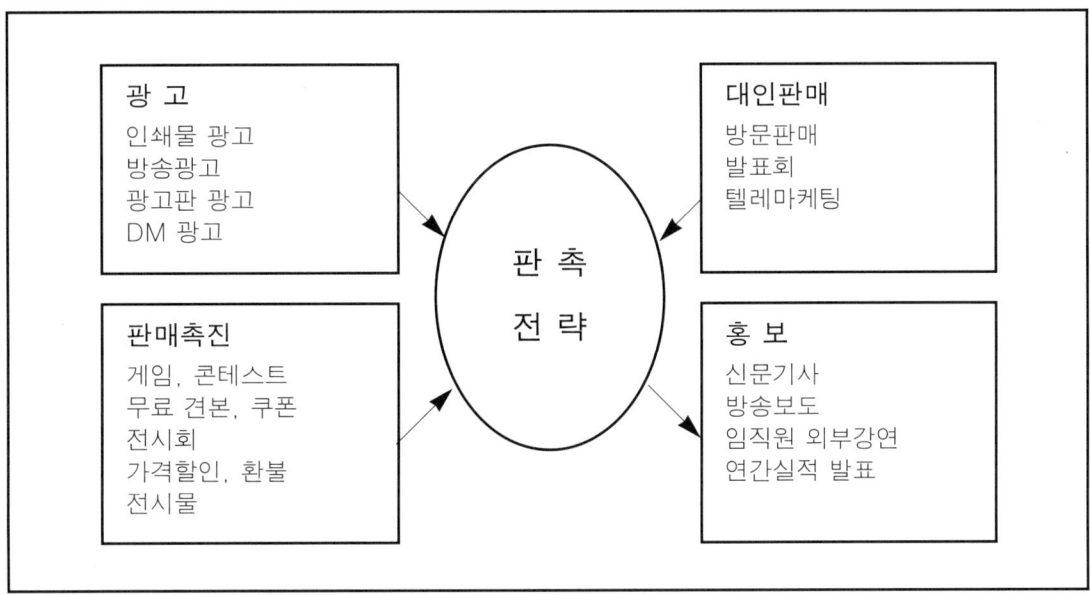

〈그림 7-7〉 여러 가지 판매 판촉수단

(1) 광고

벤처기업이 처음 활동을 시작할 때, 기업가는 주력상품의 존재를 고객에게 알리는 데 온 정열을 쏟아야 한다. 광고는 이러한 목적으로 사용되는 대표적 수단으로, 잠재고객에게 제품의 특성을 알리고 어디에서 얼마의 가격에 구매할 수 있는가를 알려준다. 간단히 전화번호부나 지역광고업체를 이용하는 방법에서부터 신문, 잡지, 라디오나 TV 등 대중매체를 이용할 수도 있다. 광고의 효과를 높이기 위해서는 어떤 내용의 광고를, 어느 정도의 크기로, 얼마나 오랫동안 또는 얼마나 자주 광고할 것인가 등을 결정해야 한다. 이런 문제는 전문 광고업체의 도움을 받는 것이 좋다. 광고회사는 다양한 광고수단을 알고 있으므로 예산과 목적에 가장 적합한 방법을 알려준다. 근래에는 광고회사가 시장조사나 마케팅전략 수립을 대신 해주기도 한다.

광고활동에 어느 정도의 지출이 적정한지 결정하는 것도 복잡한 문제이다. 잡지 및 신문광고는 발행부수와 구독자층의 특성에 따라 가격이 다르다. 잡지는 광고의 지속성이 장점이다. 한편, 신문은 신속성과 특정지역 독자층을 집중공략할 수 있다는 장점이 있다. 광고주가 소기의 광고효과를 거두려면 총 광고예산뿐 아니라 매체별 경쟁자와의 상대적 지출수준도 보아야 한다. 산업의 특성에 따라 다르지만, 이미 궤도에 올라선 제조기업의 경우 대략 총매출의 1~5%를 광고비로 지출한다. 신생 벤처기업의 경우, 매출규모가 확실하지 않아 적정비율을 정할 수는 없으나 광고의 필요성은 기존기업보다 훨씬 크다. 그러므로 신생기업은 적은 예산으로 광고효과를 높일 수 있는 수단을 찾아야 한다.

다음과 같은 방법을 생각해 볼 수 있다.

- 명함이나 전단을 이용한다.
- 개업 또는 신제품을 소개하는 인사편지를 발송한다.
- 다른 회사와 공동광고, 또는 다른 회사의 광고에 편승한다.
- 납품업체와 비용을 분담한다.
- 화제거리를 만들어 지역사회의 이목을 끈다.

광고회사를 선정할 때는 친구나 동종업계의 다른 회사의 조언을 받는 것이 좋다. 사업초기에는 적은 광고비용과 예산에도 벤처의 성장 가능성을 보고 기꺼이 투자하려는 광고회사가 있을 수 있다. 벤처가 성장함에 따라 광고예산도 늘어날 것을 기대하기 때문이다. 다음은 광고회사를 선정할 때 고려해야 할 사항들이다. 이러한 항목으로 여러 후보 광고회사를 평가한 후 가장 적합한 회사를 선택하면 된다.

	평 가 항 목	점 수
1	광고회사의 위치	
2	조직구조	
3	연구조사부서와 설비	
4	직원의 창의력	
5	카피라이터의 자격과 경험	
6	최고경영자의 교육 및 사업경력	
7	벤처와 신제품에 대한 관심이나 열정	
8	신제품 광고 경험이나 성공	
9	다른 고객의 평가	
10	비용과 지급조건	

〈표 7-2〉 광고회사 선정 평가표

성공한 광고들을 보면 단순하고 명확한 말로 간결하게 특징과 요점만 전달한다는 특성이 있다. 또한 광고는 정직해야 한다. 사람들은 속았다고 생각할 때 분노를 느낀다. 많은 반복구매 고객집단을 확보하기 위해서는 정직하고 투명해야 한다. 모든 것을 있는 그대로 내보여 줄 필요가 있다. 광고에서는 또한 가격을 제시해 주는 것이 좋다. 특정상품의 가격을 제시하여 고객이 경쟁자의 가격과 비교할 수 있어야 원하는 효과를 얻을 수 있다. 소규모 창업자에게는 우편, 전단, 현수막, 매점진열 등이 적합한 광고매체이다. 어떤 매체를 선택하든 광고문구에는 다음과 같은 점을 염두에 두어야 한다.

- 적시성 : 명절, 휴가철, 개학시기 등 계절적 수요변동을 감안하여 광고시기를 잡아야 한다. 크리스마스, 어버이날, 추석 등의 대략 2주 전에 광고를 시작하는 것이 좋다. 명절이나 기념일을 겨냥한 광고는 이후 즉시 다른 광고로 대체해 주어야 한다.
- 구매습관 : 고객의 구매습관을 파악하고 편리함을 강조하는 것이 좋다. 특정 고객집단에게는 토요일 야간영업이나 주문배달을 명시할 필요가 있을 것이다.
- 다양성 : 제품이나 서비스의 다양성, 주문 서비스 등

(2) 판매촉진

판매촉진은 소비자들로 하여금 제품의 가치를 시험하게 하여 구매동기를 높이기 위한 활동이다. 특히 광고로 대표되는 판촉활동을 보완하는 수단으로 많이 활용된다. 판매촉진은 소비자를 직접 대상으로 하는 형태와 유통채널을 대상으로 하는 형태로 나누어 볼 수 있다. 많이 사용하는 소비자 판매촉진 수단에는 견본, 쿠폰, 환불, 콘테스트 등이 있다. 무료견본(samples)은 신제품을 소개할 목적으로 많이 이용하는 방법이다. 그러나 소포장 샘플을 생산하고 유통하는 데는 비용이 많이 든다. 견본은 일반광고로는 제품의 편익을 효과적으로 전달할 수 없을 때 적합하다. 또한 브랜드를 바꾸기 싫어하거나 구전(word of mouth)효과가 큰 제품을 판촉하는 데 효과적이다. 샴푸업체들이 무료샘플을 제공하는 것은 이러한 보기이다. 쿠폰(coupons)은 소비자가 부담하는 가격을 직접 깎아 주는 방법이다. 제조회사는 시험사용, 상표변경, 상표에 대한 충성을 유도하기 위해 쿠폰을 제공한다. 쿠폰을 소지한 소비자에게 쿠폰에 기재된 금액만큼 정규가격에서 빼 주는 방식으로, 식료품 등 구매빈도가 높은 저가 소모품에 주로 이용된다. 이와 비슷한 방식인 환불(refunds)은 소비자가 물건을 정상가격에 구입한 후 구입증거와 환불증을 제시하면 해당금액을 돌려주는 방식이다. 이 방식은 소비자의 구매주기를 단축시켜 구매량이나 구매빈도를 높이기 위해 이용한다. 배터리 제조업자들은 경쟁기업이 판촉활동이나 신제품을 도입하기 전에 소비자들을 잡아 두려는 목적으로 이 방법을 이용한다.

프리미엄(premiums)은 구매자에게 염가 혹은 무료로 제공하는 품목이다. Hershey 사는 초콜릿을 구입한 사람들이 구입 증거물로 포장지를 보내면 상품으로 시계나 크리스마스 장식물을 준다. 콘테스트와 경품(sweepstakes)은 도박적 성격 때문에 가장 인기가 있으면서도 법적규제를 많이 받는 판촉수단이다. 승인을 받기 전에 도박관련법규에 저촉되지 않는지를 살펴보고, 게임규칙과 당첨확률 등도 검토하여 판촉비용이 예산을 초과하지 않도록 해야 한다. 1984년 맥도날드 사는 판촉의 일

환으로, 올림픽경기에서 미국 선수들이 메달을 딸 때마다 해당 메달이 그려진 표를 소지한 사람에게 무료 식사와 상품을 제공하겠다고 하였다. 그러나 공교롭게도 그 해 올림픽에 공산권 국가들이 불참하는 사태로 미국이 대부분의 메달을 획득하게 되어 지출이 컸다.

유통채널을 이용한 판촉수단으로는 소매점 전시물, 판매원 인센티브, 산업전시회, 점포 내 시연 등이 있다. 소매업자의 협조를 얻어 소비자의 관심을 끌 수 있도록 점포 안에 소형 광고판을 설치하는 것은 소매점 전시물의 한 예이다. 제조업체는 좋은 자리를 확보하기 위해 소매업자에게 유리한 조건을 제시해야 할 것이다. 상품의 판매마진을 높여 주거나, 마진이 낮은 상품의 경우에는 회전율을 높여 주는 것도 한 방법이 될 수 있다. 판매원 인센티브(dealer and employee incentive)는 거래개설비, 대량구입 할인, 판매 장려금, 사은품 등의 형태로 제공한다. 제조업체는 판매목표를 달성하거나 판매 증가율이 높은 매장에 장려금을 준다. 산업전시회(trade shows)는 도매업자, 딜러, 소매업자 등에게 신제품이나 기존제품을 판촉하는 효과적 수단이다. 이런 행사를 통하여 중간유통업자로 하여금 자사제품을 취급하도록 유도한다. 신생업체가 자신의 존재를 알리거나 신제품을 널리 홍보하는 데 매우 효과적이다. 점포 내 시연은 제조회사가 전문가를 파견해 소비자의 관심을 유발시켜 신상품을 소개하는 수단이다. 주방용품 판매업자는 점포 내에 시연공간을 마련하고 흔한 야채로 훌륭한 요리를 만드는 것을 보여준다.

(3) PR과 홍보

PR(Public Relations)은 광범한 대중을 상대로 한 판촉수단이다. 직접적인 제품판매가 목적이 아니고, 제품에 대한 호의적인 분위기를 조성하는 것이 목적이다. 기업은 이런 활동을 통하여 호감 창출, 잘못된 인식의 수정, 기업의 주요결정 등을 알려준다. 대외적인 후원활동이나 자선행사는 기업과 그 기업의 제품에 대한 이미지를 높여 준다. Hallmark 사는 TV에서 홀마크 명예의 전당을 후원하여 회사 및 제품에 품질, 문화, 선량한 시민의 이미지를 부각하는 데 성공하였다. PR의 한 형태인 홍보(publicity)활동은 많은 장점이 있다. 홍보는 대중매체를 통해서 회사 혹은 제품에 대한 정보를 제공하는 것으로 이에 들어간 비용도 기업이 부담하지 않는다. 뉴스기사의 형태나 혹은 대중매체에 자연스럽게 제품이나 서비스가 등장한다. 광고라는 느낌이 들지 않으므로 일반대중이 더 신뢰한다. 홍보의 수단에는 기자회견, 보도자료, 유명인사의 활용 등이 있다. 박세리의 우승장면을 방송하는 방송사는 삼성으로부터 광고비를 받지 않았지만 삼성마크를 화면에 담지 않을 수 없다. 창업기업의 경우, 전단을 돌리거나 우편을 이용하여 상품을 알릴 수 있으며, 경우에 따라 샘플이나 쿠폰을 이용하는 것이 효과적일 때도 있다. 그러나 신문, 잡지 등의 대중매체에 벤처기업이 하고 있는 일을 기고하거나, 라디오나 TV 프로그램에 인터뷰를 하는 것도 비용을 들이지 않고 상품을 광고하는 훌륭한 방법이다. 이러한 기회를 잡기 위해서는 벤처기업가의 창업동기나 조직, 근무형태, 판매방식, 상품특성이나 용도, 성장속도, 선행이나 지역사회 기여 등에서 대중이 흥미를 느낄 수 있는 주제를 개발해야 한다.

(4) 판촉 프로그램의 선택

위에서 설명한 다양한 판촉수단은 상호 보완적인 것도 있고 상호 대체적인 것도 있다. 예를 들어, 광고와 대인판매를 비교해 보자. 광고는 대인판매보다 같은 비용으로도 더 많은 고객들에게 메시지를 전달할 수 있다. 그러나 대인판매는 메시지 전달면에서 개별고객에게 광고보다 더 효과적이며 고객과 의견교환도 가능하다. 그들이 질문을 하거나 제품에 의견이 있을 때 대인판매에서는 그들과 의견을 나눌 수 있지만 광고는 일방적으로 메시지를 전달하는 데 그친다. 뿐만 아니라 복잡한 메시지, 예를 들어서 기계가 어떻게 기술적으로 작동을 하는지, 또 이 제품이 다른 제품과 어떻게 다른지 등을 설명할 때는 광고보다는 사람이 직접 설명하는 것이 낫다. 마지막으로 판매원은 고객과의 관계를 장기간에 걸쳐서 유지할 수 있으며 대인판매는 고객에게 보다 높은 신뢰도를 구축할 수 있다. 판촉목표, 메시지의 내용과 형식, 전달수단의 선택, 그리고 예산 등을 포함한 전체적인 판촉계획은 마케팅 목표와 일치해야 하고, 또 그 목표들을 달성하는 데 도움이 되어야 한다. 기업이 판촉수단을 결정할 때 다음과 같은 다섯 가지 기준은 도움이 될 수 있다.

① 비용
② 목표고객에 도달할 수 있는 능력
③ 복잡한 message를 전달할 수 있는 능력
④ 목표고객과 상호 message를 주고받을 수 있는 능력
⑤ 신뢰도

(5) 판촉예산

지금까지 설명한 광고 등 판촉수단을 실행에 옮기려면 상당한 예산이 필요하다. 어느 정도의 지출이 적정한지의 결정은 전략적 결정사항이다. 초기의 적극적 판촉활동이 좋은지 아니면 점진적 활동이 좋은지는 판단의 문제이다. 창업기업의 현금상황 및 경쟁상황도 고려 요소이다. 적당한 방법이 없다면 업계의 평균비율을 기초로 책정하는 것이 좋다. 판매단위당 일정액, 또는 경쟁업체 수준 등은 하나의 기준이 될 수 있다.

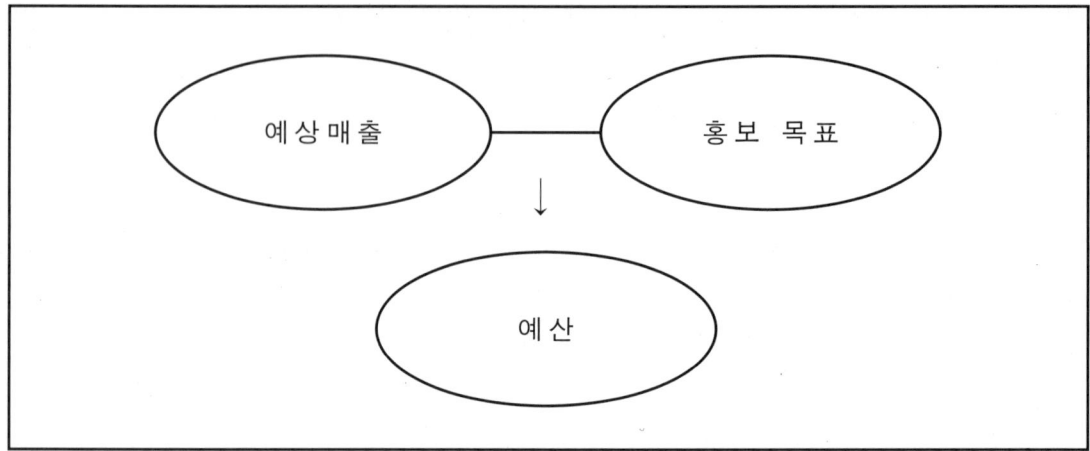

예상 매출

홍보 목표

예 산

〈그림 7-8〉 판촉예산 수립 절차

4절 마케팅 계획의 평가

모든 계획은 목표달성을 위한 체계적 활동절차이다. 그러므로 계획안을 수립한 후 반드시 그 계획안의 실행 가능성과 경제성을 평가해 보아야 한다. 이 평가 과정에서 문제가 있다고 판단되면, 마케팅 계획을 처음부터 다시 검토해야 한다. 예를 들어, 판매가격 대비 원가의 비중이 대단히 높아 판매 마진이 작다면 손익분기점에 도달하기 위해서는 매우 많은 양을 판매해야 한다. 이러한 판매량이 비현실적이라면 채산성을 맞출 수 있는 해결책이 나올 때까지 마케팅전략을 수정해야 한다. 수립된 계획이 수익성 있고 합리적인지를 평가하는 데 도움이 되는 방법으로 손익분기점과 회수기간에 대해 알아보자.

1) 손익분기점 달성이 가능한가

손익분기점은 어떤 활동의 결과로 발생한 수익과 그 활동을 위해 들어간 비용이 같게 되는 판매액 또는 판매 단위량이다. 수익은 단위당 가격에 판매량을 곱하여 계산하고 총비용은 고정비와 변동비를 합한 것이다. 여기서 고정비(fixed costs)는 임대료, 건물 구입비, 사무직원 급여 등과 같이 판매량과 무관하게 일정하게 발생하는 비용이고, 변동비(variable costs)는 재료비나 생산직 인건비와 같이 판매량 또는 생산량에 비례하여 증가하는 비용을 말한다. 그러므로 변동비 총액은 단위당 변동비에 판매량을 곱하여 계산한다. 총비용은 변동비와 고정비의 합이므로 다음과 같이 그림으로 나타낼 수 있다.

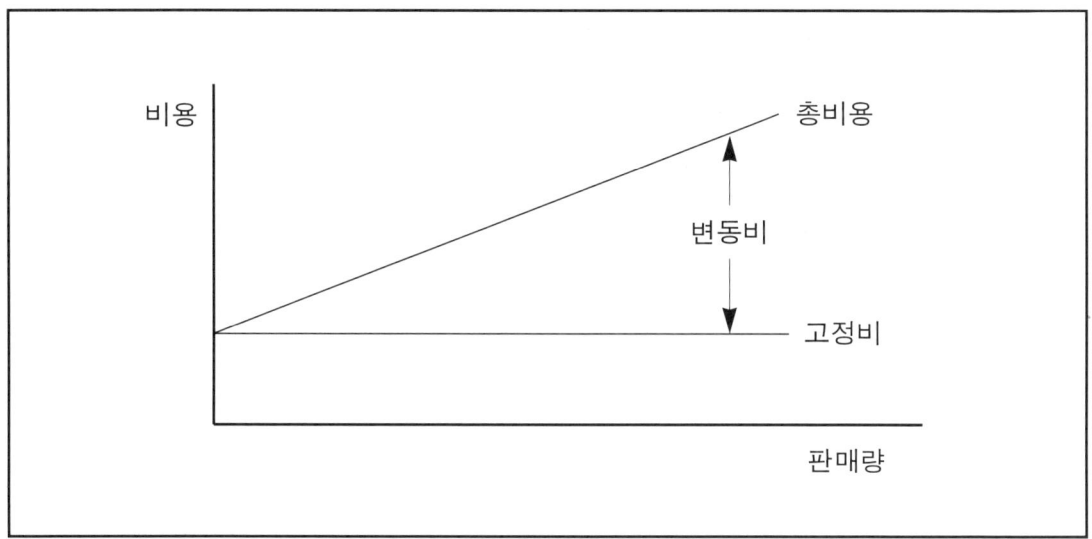

〈그림 7-9〉 총수입과 총비용 곡선

판매와 관련된 비용을 회수하고 이익을 남기는 것이 마케팅의 목적이다. 그러므로, 비용이 발생하는 마케팅활동을 계획할 때는 그러한 활동으로 증가하게 될 수익이 비용보다 많은지를 평가해 보아야 한다. 이를 위하여 손익분기점을 이용할 수 있다. 손익분기점은 다음과 같은 공식으로 계산한다.

$$손익분기\ 판매량\ =\ \frac{고정비}{판매가격\ -\ 변동비}$$

손익분기 분석에서 한 가지 주의해야 할 점은 분석대상이 되는 특정활동과 직접 관련된 비용이나 수익만 고려해야 한다는 점이다. 제품개발이나 광고 캠페인 등에서 결정을 해야 하는 시점 이전에 이미 이루어진 매몰비용(sunk cost)이나 과거의 결정에 의해 발생하게 될 수익은 분석에서 제외시켜야 한다. 경제성 평가는 언제나 현재의 관점에서 수행된다. 예를 들어, 커피 첨가제 개발에 이미 수억 원을 지출했다 하더라도, 이것은 광고비를 추가적으로 투입할 것인지 여부를 결정하는 것과는 무관하다.

〈표 7-3〉은 Kraft 커피회사가 평가한 커피생산 및 유통과 관련된 자료이다. 이것을 보고 손익분기점을 찾아보자. 고정비 총액은 2억 1천 2백만 원이고, 단위당 변동비는 1Kg에 2,240원이다. 그러

므로 손익분기 판매량은 다음과 같다.

$$손익분기점 = \frac{212,000,000}{4,200 - 2,240} = 108,163 \ Kg$$

이것을 금액으로 환산하면 약 6억 5천만 원이 된다. 일년에 이 정도의 매출을 올려야 손실을 보지 않게 된다. 그렇다면 매년 1억 원의 이익을 남기기 위해서는 얼마나 팔아야 할까? 목표 판매량은 다음과 같이 계산한다.

$$목표이익\ 판매량 = \frac{고정비 + 목표이익}{판매가격 - 변동비}$$

	비 용	구 분
소비자 판매가격	6,000원/Kg	-
유통업자 인도가격	4,200원/Kg	-
커피원두 구입가격	1,000원/Kg	변동비
가공비용	440원/Kg	변동비
포장비용	550원/Kg	변동비
운송비용	250원/Kg	변동비
거래 개설비(연)	5,000만 원	고정비
생산시설 임차료(연)	1,200만 원	고정비
판촉비용(연)	1억 5천만 원	고정비

〈표 7-3〉 Kraft 커피회사의 커피 유통가격

앞에서 설명한 손익분기점 계산식의 분자에 목표이익만 더해 주면 된다. 목표이익 판매량은 얼마가 되는지 계산해 보라. 손익분기점보다 50% 정도 더 팔아야 함을 알 수 있을 것이다. 손익분기점을 계산한 후에는 관련시장에 비추어 손익분기점 달성이 가능한지를 평가해 보아야 한다. 위의 보기에서 소매업자에 대한 손익분기점 매출액은 6억 5천만 원이고, 이것은 슈퍼마켓을 통해 판매되는 2천 2백억 시장의 0.3%에 해당한다. 1억 5천만 원의 광고비와 5천만 원의 거래 개설비로 0.3%의 시장점유율을 달성하는 것이 어려운 문제가 아닌 것으로 평가된다면 이 사업은 가능성이 있다.

> 연습 〈셀프서비스 커피점 또르띠〉 셀프서비스 커피점 또르띠는 현재 커피 한 잔을 2,000원에 판매하고 있다. 재료비 등 변동비는 커피 한 잔에 1,000원으로 추정된다. 하루 평균 500명 정도가 방문하고 있으나, 이 정도로는 임대료 등 고정비를 충당할 수 없어 사업을 정리하려고 하는 또르띠 사장은 마지막 한 달 간 매출을 올리기 위해 도우미를 이용한 캠페인을 계획하고 있다. 3일 동안의 캠페인에 도우미 2명을 포함하여 하루 총 60만 원의 비용이 예상된다. 이 캠페인으로 이익을 보기 위해서는 하루 최소한 얼마를 더 판매할 수 있어야 하는가? 원가 20만 원 상당의 경품 행사와 동시에 가격을 200원 할인하는 방안으로 이익을 보기 위해서는 하루 최소한 얼마를 더 판매할 수 있어야 하는가?
>
> 해답 현 상태에서의 예상이익 : 500명×(2,000원-1,000원)×30일＝1천 5백만 원. 캠페인 경비는 200원이므로, 판매량은 하루 판매량×(1,800원-1,000원)×30일＝1천 5백만 원＋200원. 하루 판매량은 70g 이상이 되어야 한다. 즉, 캠페인으로 현재보다 손님이 40% 정도 더 증가할 수 있다면 캠페인이 효과적이다.

2) 투자회수기간은 적정한가

투자회수기간(payback period)은 신규사업이나 마케팅 프로젝트를 평가할 때 자주 사용되는 기준이다. 불확실한 경영환경에서 최소한 투자원금만이라도 회수하는 데 어느 정도 시간이 걸리는가를 따져 보고 이 기간이 짧을수록 투자위험이 작다는 점에서 해당 프로젝트를 선호한다. 투자회수기간을 산출하는 공식은 다음과 같다.

$$투자회수기간 \ = \ \frac{초기 \ 투자액}{연간 \ 순이익}$$

앞에서 예로 든 커피사업의 경우 총투자비는 2억 1천 2백만 원이다. 연간 목표이익 1억 원이 달성될 수 있다면 회수기간은 약 2년 2개월이 된다.

5절 실행계획의 수립

마케팅 계획 수립에서 마지막 단계는 지금까지 결정된 사항들을 가지고 실제로 그것들을 행동으로 옮기는 것이다. 기업환경과 시장기회에 대한 분석에 입각해서 기업은 마케팅전략을 수립했다. 마케팅전략은 앞서 말한 바와 같이 분명히 정의된 시장, 다시 말해서 목표시장을 설정하고 양적·질적 마케팅 목표를 정하여 마케팅 믹스의 요소들을 포함하는 것이다. 제품, 가격, 유통망, 판매촉진 수단, 이들 모두가 함께 새로운 사업 또는 기업을 고객에게 전달해 줄 것이다. 이와 같은 마케팅 믹스가 고객에게 어떻게 비추어지느냐가 곧 사업의 성패를 결정하게 된다. 이러한 수많은 마케팅 의사결정을 계획화하기 위해서 마지막 단계는 여러 가지 작업을 정리해서 책임이 수반되는 상세한 시간표와 예산을 작성하는 것이다. 물론 유연성을 유지하는 것이 반드시 필요하지만, 특히 시장에서의 반응이 들어오기 시작하면 마케팅 계획을 실천하기 위해서 필요한 주요임무를 파악해서 여러 가지 이정표를 달성할 수 있는 시간을 정해 두는 것도 중요하다. 어떤 일들은, 예컨대 광고와 같은 일은 전반적인 마케팅 계획의 일부분으로서 보다 상세한 일정표를 짜는 것이 중요하다.

　최선의 마케팅전략 수립과정을 한마디로 정의할 수는 없다. 상황에 따라 전략수립 과정은 달라질 수 있다. 마케팅전략에는 정답이라 할 것이 따로 없기 때문에 경우에 따라 무력감을 느낄 수도 있다. 지금까지 우리는 일반적 절차에 대해 알아보았다. 이러한 일반적 내용보다 더욱 중요한 것은 글로 표현하거나 다른 사람으로부터 배워서 터득할 수 없는 통찰력이다. 설득력 있고 조화를 이루는, 즉 내부적으로 일관성 있고 상호 지원적인 마케팅전략을 수립하기 위해서는 계획을 수립하는 사람의 창조성, 경험, 기술, 그리고 직관이 필요하다. 또한 마케팅 계획이 성공을 거두려면 숫자에 대해서도 세심한 주의를 기울이는 노력이 필요하다. 이 과정에서 시장의 흐름을 파악할 수 있다.

〔도움이 되는 읽을거리〕

1. King, Norman, Big Sales From Small Places, Facts on File Publications. New York, 1986: 홍보물 제작 및 활용에 관한 효과적 결정방법을 설명.

2. Levitt, Theodore, "Exploit the Product Life Cycle" Harvard Business Review, 1965: pp 81-94. 수명주기 각 단계에서의 마케팅전략의 제안으로, 비록 오래되었으나 현재의 경영환경에서도 의미하는 바가 크다.

3. Moridrty, Sandra, Creative Advertising, Prentice-Hall, 1986: 효과적 광고 캠페인 개발에서 창조성에 초점을 맞추어 설명하고 있다.

4. Silbiger, Steven, The 10 Day MBA, 1993: 마케팅 계획을 포함하여 경영실무자로서 알아야 할 여러 가지를 간단히 설명하고 있다.

8장 추정 재무제표 작성과 가치평가

새로 사업을 시작하는 데 얼마만큼의 자금이 필요할 것이며 또 언제 필요할 것인가? 쓸 수 있는 현금은 얼마나 되며 앞으로 회사의 재정상태는 어떻게 될 것인가? 특히 신규사업을 시작하는 데 있어서는 예산을 통제하고 가장 중요한 문제인 현금 부족상태에 대비하기 위하여 재무제표를 작성해야만 한다. 뿐만 아니라 새로운 사업은 항상 자금이 부족하게 되므로 외부로부터 자금을 조달하지 않으면 안 되는데, 외부의 투자가들은 그냥 돈을 주는 것이 아니라 앞서 말한 여러 가지 문제를 물어보게 된다. 그러므로 추정 손익계산서는 물론 수지균형이 언제 이루어질 것인가, 현금흐름은 어떻게 될 것인가, 회사의 재정상태는 어떻게 될 것인가 등을 포함한 재무제표의 작성은 사업계획서에 반드시 포함되어야 할 내용들이다.

> 만약 숫자, 특히 미래와 관련된 숫자를 무시하면 사업 자체가 조만간 당신을 무시할 것이다.

1절 추정 재무제표 작성

1) 추정 손익계산서

앞장에서 우리는 마케팅 계획에 대해서 살펴보았다. 마케팅 계획의 결과를 이용하여 우리는 향후 12개월 동안 회사의 매출액을 추정할 수 있다. 매출은 그야말로 사업초기의 최대 수입원일 뿐만 아니라 기타 회사운영에 필요한 경비는 대체로 매출액과 관련이 있으므로 자금조달 계획의 수립에 있어 우선 매출액에 대한 추정이 필요하다. 일반적으로 3년에 걸쳐 매년 재무제표를 추정해야 하는데, 특히 외부 투자가들의 입장에서는 첫해에 대해서는 매월 어떻게 될 것인가를 알고 싶어하므로 첫해에는 월별 매출액을 추정해야 한다.

〈표 8-1〉은 어느 가상적 제조기업의 처음 1년 동안의 추정 손익계산서이다. 표를 보면 이 회사는 4개월째부터 이익을 남기기 시작한다. 매출원가가 매월 변하는 이유는 수요량의 변화에 따른 생산량의 변화로 원자재 및 종업원의 임금 또한 매월 변하기 때문이다. 월별 매출액의 추정은 시장조사나 산업 전체의 매출액을 기초로 추산하거나, 또는 소비자 구매의사 서베이, 판매요원이나 전문가 의견조사, 매출액 시계열 자료 등을 이용한 전문적 예측기법을 활용한다. 새로운 사업의 매출액을

(단위: 백만 원)

	7월	8월	9월	10월	11월	12월	1월	2월	3월	4월	5월	6월
매출액	40.0	50.0	60.0	80.0	80.0	80.0	90.0	95.0	95.0	100	110	115
매출원가	26.0	34.0	40.0	54.0	50.0	50.0	58.0	61.0	60.0	64.0	72.0	76.0
매출이익	14.0	16.0	20.0	26.0	30.0	30.0	32.0	34.0	35.0	36.0	38.0	39.0
영업비용												
판매비	3.0	4.1	4.6	6.0	6.0	6.0	7.5	7.8	7.8	8.3	9.0	9.5
광고비	1.5	1.8	1.9	2.5	2.5	2.5	3.0	7.0*	3.0	3.5	4.0	4.5
임금/급여	6.5	6.5	6.8	6.8	6.8	6.8	8.0	8.0	8.0	8.3	9.5	10.0
사무용품비	0.6	0.6	0.7	0.8	0.8	0.8	0.9	1.0	1.0	1.2	1.4	1.5
임차료	2.0	2.0	2.0	2.0	2.0	2.0	2.0	2.0	2.0	2.0	3.0	3.0
전기/수도/ 전화비	0.3	0.3	0.4	0.4	0.6	0.6	0.7	0.7	0.7	0.8	0.9	1.1
보험료	0.2	0.2	0.2	0.2	0.3	0.3	0.3	0.3	0.3	0.3	0.6	0.6
제세공과금	1.1	1.1	1.2	1.2	1.2	1.2	1.6	1.6	1.6	1.7	1.9	2.0
감가상각비	3.3	3.3	3.3	3.3	3.3	3.3	3.3	3.3	3.3	3.3	3.3	3.3
기타	0.1	0.1	0.1	0.1	0.1	0.1	0.1	0.2	0.2	0.2	0.2	0.2
총영업비용	18.6	19.9	21.2	23.3	23.6	23.6	27.4	31.9	27.9	29.6	33.8	35.7
영업이익	-4.6	-3.9	-1.2	2.7	6.4	6.4	4.6	2.1	7.1	6.4	4.2	3.3
지급이자	1.2	1.2	1.2	1.2	1.2	1.2	1.2	1.5	1.5	1.5	1.5	1.5
세전이익	-5.8	-5.2	-2.4	1.5	5.2	5.2	3.4	0.6	5.6	4.9	2.7	1.8
법인세	0	0	0	0.75	2.6	2.6	1.7	0.3	2.8	2.45	1.35	0.9
당기순이익	-5.8	-5.2	-2.4	0.75	2.6	2.6	1.7	0.3	2.8	2.45	1.35	0.9

〈표 8-1〉 A창업기업의 초년도 추정 손익계산서

일정수준 이상까지 이르게 하는 데는 어느 정도의 시간이 필요할 것이다. 그리고 이러한 매출액을 달성하는 데 드는 비용은 그때그때 상황에 따라서 어떤 달은 많을 수 있고 또 어떤 달은 적을 수도 있으나, 매출에 어느 정도 비례한다.

 추정 손익계산서는 또한 매달 영업활동에 들어가는 비용 즉, 영업비용이 얼마나 될 것인가도 보여준다. 출장비나 커미션, 접대비와 같은 판매비용은 영업지역이 점차 확장됨에 따라서, 또한 판매원이나 대리인들이 신규로 채용됨에 따라서 같이 증가할 것이다. 따라서 매출액에 대한 판매비용의 비율은 처음에는 높다가 사업이 안정됨에 따라서 점차 안정적으로 변화될 것이다. 월급 및 급여 역시 종업원 수에 따라서 변한다. 표에서는 예컨대 1월에 비서의 신규채용, 혹은 급여인상이 있었음을 말해 준다. 뿐만 아니라 지급 보험료의 증가, 박람회 참가, 상품보관 창고의 확장 등에 따른 비용 역시 감안되어야 하는데, 특히 규칙적으로 들어가는 것이 아니고 불규칙적으로 어떤 달에 금액이 크게 늘었다면 그것은 반드시 표시를 해서 표의 맨 밑에 각주로 그 이유를 설명해 주어야 한다.

(단위: 백만 원)

		첫해	둘째 해	셋째 해
매출액	100%	995.0	1450.0	2250.0
매출원가	64.8%	645.0	942.5	1460.0
매출이익	35.2%	350.0	507.5	790.0
영업비용				
판매비	8.0%	79.6	116.0	180.0
광고비	3.8%	37.7	72.5	90.0
임금/급여	9.2%	92.0	134.0	208.0
사무용품비	1.1%	11.3	16.5	25.6
임차료	2.6%	26.0	37.9	58.8
전기/수도/전화비	0.8%	7.5	11.5	16.5
보험료	0.4%	3.8	4.5	9.5
제세공과금	1.8%	17.4	25.4	39.4
감가상각비		39.6	39.6	39.6
기타	0.2%	1.7	2.2	2.7
총영업비용	31.8%	316.6	460.1	670.1
영업이익		33.4	47.4	119.9
지급이자	1.6%	15.9	15.5	14.9
세전이익	1.8%	17.5	31.9	105.0
법인세	0.9%	8.75	15.95	52.5
당기순이익	0.9%	8.75	15.95	52.5

〈표 8-2〉 A창업기업의 3년 요약 추정 손익계산서

최초 12개월 동안은 월별로 손익을 추정해야 한다는 것은 앞에서 말한 바 있다. 일반적으로 투자가들은 향후 3년 간의 손익관계를 알고 싶어한다. 그러므로 다음 두 번째 및 세 번째 해에 대한 연도별 추정 손익계산서를 작성해야 한다. 〈표 8-2〉는 연도별 추정 손익을 보여주고 있는데, 두 번째 해와 세 번째 해의 비용추정은 보통 첫해의 매출액에 대한 비율을 사용한다.

표에서는 이 회사의 이익이 둘째 해부터 크게 증가하는 것을 보여주고 있는데, 이것은 일반적인 현상이 아니라 사업의 성격과 창업비용에 따라서 달라지게 된다. 예컨대 서비스산업의 경우에는 이익을 내는 데까지 걸리는 시간이 짧을 것이고, 하이테크 산업에서는 초기투자가 많이 들어가므로 그만큼 이익을 내는 데 걸리는 시간도 길 것이다.

둘째, 셋째 해의 영업비를 추정하는 데 있어서는 우선 급격한 증가나 감소를 보이지 않고 안정적인 항목이 어떤 것들인가를 보고 감가상각비, 전기 및 수도료, 임대료, 보험료, 이자비용 등은 추정 매출액에 대한 비율로 결정할 수도 있다. 판매비용, 광고비, 급여 및 임금, 그리고 세금 같은 것들은 예상 순매출액에 대한 비율로 계산할 수 있다. 기존사업과 달리 신규사업에서는 과거자료가 없으므로 시계열 자료를 이용하는 것은 설사 비슷한 업종의 기존 회사자료를 이용한다 하더라도 정확성이 떨어질 것이다. 특히 이렇게 손익을 추정하는 데 있어서는 무턱대고 이익만 크게 할 것이 아니라 보수적으로 추정하는 것이 외부 투자가들에게 좋은 인상을 줄 수 있다는 것을 명심해야 할 것이다.

매출 및 손익을 추정할 때 산출근거를 제시하고 실현 가능성을 고려하여 보수적으로 추정하는 것이 외부 투자가에게 좋은 인상을 준다.

---

2) 추정 현금흐름

처음 사업하는 사람들이 흔히 혼동하는 것들 중의 하나가 현금흐름을 이익과 혼동하는 것이다. 매출이익이란 매출액에서 매출에 들어간 비용을 뺀 나머지 부분을 말한다. 반면에 현금흐름은 실제로 들어온 현금수입에서 현금지출을 뺀 나머지를 말한다. 그러므로 실제로 현금을 지불하거나 또는 현금이 들어왔을 때만 현금흐름이 발생한다고 볼 수 있다. 특히 매출액을 모두 현금유입으로 볼 수 없는 이유는, 매출액 중에는 실제로 매출거래는 발생했으나 그에 대한 대가인 수입은 30일이 지나야 들어오는 경우도 있을 수 있기 때문이다. 뿐만 아니라 회사가 갚아야 할 채무 역시 모두 현금으로 즉각 지불하는 것이 아니다. 한 달 후에 지불하기로 하고 원자재를 사 오는 경우도 흔히 있는 일이다. 뿐만 아니라 차입금에 대한 원금을 갚았다고 하면 분명히 현금은 나갔지만 장부상으로는 이때 지출된 원금이 비용으로 처리되는 것이 아니다. 그렇지만 분명히 현금은 나간 것이므로 현금 보유액은 그만큼 줄어든다. 감가상각비 역시 손익계산서상에서는 비용으로 처리되어 당기의 이익을 그만큼 감소시키지만 감가상각비는 장부상으로만 비용으로 처리됐을 뿐 현금이 그만큼 나간 것은 아니다.

앞에서도 말했지만 특히 창업기업이 직면하게 되는 가장 어려운 문제들 가운데 하나가 현금흐름이다. 우리는 흔히 흑자도산이라는 말을 많이 하고, 또 듣는다. 흑자도산이란 다름 아닌 장부상으로 이익은 남게 되었지만 현금이 부족해서 지불해야 할 돈을 지불하지 못함으로써 회사가 망하게 되는 경우를 말한다. 그러므로 이익을 사업성공의 척도로 사용하는 것은 상당히 위험한 일이다. 이익은 남지만 실제로 현금흐름을 보면 현금이 부족한 경우가 얼마든지 있기 때문이다.

> 창업기업가에게 중요한 것은 이익관리가 아니라 현금관리이다. 왜냐하면 장부상으로는 흑자를 기록하고도 현금잔고가 없어 부도가 발생할 수 있기 때문이다.

현금흐름에 대해서도 첫해는 손익추정에서와 마찬가지로 월별로 추정해야 한다. 현금흐름표에 나와 있는 숫자들은 추정 손익계산서에서 몇 가지 항목을 수정하여 작성된다. 만약에 어떤 기간 중 수입보다 지출이 크다고 하면 회사는 부족분을 빌려오거나 또는 부족분만큼의 현금을 은행에 가지고 있거나 해야 될 것이다. 만약 어떤 기간 중 현금 잉여분이 크다고 하면 그것을 단기금융자산에 투자하거나 또는 은행에 예금함으로써 미래에 현금부족이 생길 때를 대비해야 할 것이다. 특히 창업의 경우에는 처음 몇 개월 동안은 통상적으로 현금지출이 현금수입보다 크기 때문에 대부분의 경우에는 차입에 의존하게 된다. 그러다가 사업이 잘되고 현금이 계속 축적되면 처음에 있었던 현금부족을 메울 수 있게 된다.

〈표 8-3〉은 A회사의 처음 12개월 동안의 영업활동에서 발생하는 현금흐름을 나타내 주는 추정 현금흐름표이다. 표에서 볼 수 있는 바와 같이 영업을 시작한 처음 4개월 동안은 현금지출이 현금수입보다 많아서 현금부족(부의 현금흐름)이 발생하고 있다. 비단 이 회사뿐만 아니라 신규사업을 하는 회사의 경우에는 대부분 이런 현상을 보인다. 다만 사업의 성격에 따라서 현금부족분의 금액이나 지속되는 기간이 다를 뿐이다. 이제 현금흐름을 어떻게 추정하는가를 살펴보기로 하자.

(단위: 백만 원)

	7월	8월	9월	10월	11월	12월	1월	2월	3월	4월	5월	6월
현금수입												
현금매출 수입	24.0	46.0	56.0	72.0	80.0	80.0	86.0	93.0	95.0	98.0	106.0	113.0
현금지출												
설비투자	100.0	100.0	40.0	0	0	0	0	0	0	0	0	0
재고구입비	20.8	32.4	40.8	51.2	50.8	50.0	55.4	61.4	60.2	63.2	70.4	75.2
판매비	1.5	3.55	5.35	5.3	6.0	6.0	6.75	7.65	7.8	8.05	8.55	9.25
임금/급여	6.5	6.5	6.8	6.8	6.8	6.8	8.0	8.0	8.0	8.3	9.5	10.0
광고비	1.5	1.8	1.9	2.5	2.5	2.5	3.0	7.0	3.0	3.5	4.0	4.5
사무용품비	0.3	0.6	0.65	0.75	0.8	0.8	0.85	0.95	1.0	1.1	1.3	1.45
임차료	2.0	2.0	2.0	2.0	2.0	2.0	2.0	2.0	2.0	2.0	3.0	3.0
전기/수도/전화비	0.3	0.3	0.4	0.4	0.6	0.6	0.7	0.7	0.7	0.8	0.9	1.1
보험료	0.8	0.8	0.8	0	0.4	0	0	0.5	0	0	0	0
세금	0.8	0.8	0.9	1.8	0.9	0.9	2.2	1.3	1.3	2.3	1.5	1.6
원리금 상환	2.6	2.6	2.6	2.6	2.6	2.6	2.6	2.9	2.9	2.9	2.9	2.9
총 현금지출	137.1	151.35	112.2	73.35	73.4	72.2	81.5	92.4	86.9	92.15	102.05	109.0
순 현금흐름	(113.1)	(105.35)	(46.2)	(1.35)	6.6	7.8	4.5	0.6	8.1	5.85	3.95	4.0
기초잔액	275.0	161.9	56.55	10.35	9.0	15.6	23.4	27.9	28.5	36.6	42.45	46.4
기말잔액	161.9	56.55	10.35	9.0	15.6	23.4	27.9	28.5	36.6	42.45	46.4	50.5

〈표 8-3〉 A사의 추정 현금흐름표

현금흐름을 추정하는 데 있어서 가장 어려운 문제는 월별 현금수입과 현금지출을 정확히 파악하는 것이다. 추정 손익계산서와 마찬가지로 이때에도 우리는 몇 가지 가정을 하게 되는데, 특히 중요한 것은 낙관적으로 볼 것이 아니라 보수적으로 보아서 현금수입이 지출보다 작은 달에 대비해야 한다는 점이다.

이 회사에서는 매달 매출액의 60%만이 현금으로 유입되고 나머지 40%는 그 다음달에 들어오는 것으로 가정하고 있다. 따라서 8월 매출액의 60%만이 현금으로 들어오고, 나머지는 7월 매출액의 40%가 8월에 수입되어 8월의 총 현금수입은 4천 6백만 원이 된다. 기타 다른 현금지출에 대해서도 비슷한 가정을 할 수 있다. 예컨대 매출원가의 80%만이 그달에 현금으로 지급되고 나머지 20%는 다음달에 지불한다고 가정하는 것 등이 그러한 예이다.

이렇게 추정된 현금흐름은 기업가로 하여금 어느 정도의 금액을 빌려와야 될 것인가를 결정하는 데 도움을 준다. 이 회사의 경우 2억 2천 6백만 원이 은행으로부터 차입됐고 5천만 원이 두 사람의 창업주로부터 차입되었다(〈표 8-4〉 참조). 그러나 매출액이 증가하고 현금수입이 현금지출을 초과함에 따라서 연말에는 5천 5십만 원의 현금잔고를 가지게 되었다. 이와 같은 잉여현금은 기존의 부채를 갚거나 현금흐름이 부족한 달에 대비해서 유동성이 높은 금융자산에 투자하거나 또는 새로운 장비를 구입하는 데 사용할 수 있을 것이다.

특히 이와 같은 추정 현금흐름은 추정 손익계산서와 마찬가지로 가장 최선을 다한 추정치라는 것을 명심해야 한다. 그러므로 일단 사업을 시작하고 나서는 상황도 변하고 여러 가지 사정을 감안해서 추정 현금흐름을 계속 수정할 필요가 생기게 된다. 뿐만 아니라 추정 현금흐름표 역시 손익계산서에서와 마찬가지로 항상 외부 투자가가 잘 볼 수 있도록 숫자의 뒤에 있는 여러 가지 가정을 분명히 밝혀야 한다.

추정 손익계산서와 마찬가지로 추정 현금흐름표에서도 좋을 때, 나쁠 때, 그저 그럴 때 등 여러 가지 있을 수 있는 시나리오를 가정해서 그에 따른 추정 현금흐름표를 작성할 필요가 있다. 그 이유는 그렇게 함으로써 어떤 요소가 영업활동에 영향을 가장 크게 주는가를 파악할 수 있기 때문이다.

---

3) 추정 대차대조표

창업가는 첫해 말에 그 시점에서의 회사의 자산구성과 재무상태를 보여주는 추정 대차대조표를 작성해야 한다. 즉, 대차대조표는 연말 현재 회사의 자산, 부채, 그리고 자기자본을 요약해서 말해 주는데, 사실상 회사의 모든 거래가 대차대조표에 영향을 미치지만 시간과 비용이 소요될 뿐만 아니라 필요성도 그만큼 적기 때문에 대차대조표는 분기별, 반기별, 또는 연도별로 작성되는 것이 보통이다. 대차대조표를 작성하려면 추정 손익계산서와 추정 현금흐름표가 필요하다.

〈표 8-4〉는 A회사의 추정 대차대조표이다. 여기서 보는 바와 같이 A사의 자산 총액은 부채와 자

기자본의 합계와 같다. 대차대조표에 나타나는 각 항목의 의미를 알아보자.

(단위: 천 원)

자 산		
유동자산		108,050
현금	50,400	
미수금	46,000	
재고자산	10,450	
사무용품	1,200	
고정자산		200,400
설비	240,000	
차감 : 누적 감가상각	39,600	
자산총액		308,450
부채 및 자기자본		
유동부채		40,500
미지급금	23,700	
1년 이내 상환부채	16,800	
고정부채		209,200
회사채	209,200	
부채 총액		249,700
자기자본		
이 기업(창업주)	25,000	
신 사업(창업주)	25,000	
사내유보	8,750	
자기자본 총액		58,750
부채 및 자기자본 총액		308,450

〈표 8-4〉 A사의 추정 대차대조표

① 자산 : 자산은 회사가 소유하고 있는 것 가운데 가치가 있는 것은 다 포함한다. 뿐만 아니라 자산의 가치는 대체비용으로 평가하거나 또는 시장가치로 평가한 것이 아니라 실제로 그 자산의 구입에 들어간 실제비용으로 평가된다. 자산은 현금화의 난이도에 따라, 다시 말해서 1년 이내에 현금화 될 수 있는 자산을 유동자산이라 하고 그 이상 기간이 걸리는 자산을 고정자산이라 말한다. 유동자산에는 현금, 미수금, 재고자산 등이 포함되고 고정자산은 건물 및 기계, 토지 등이 포함된다.

② 부채 : 이 계정은 채권자에게 진 채무를 말한다. 어떤 것들은 1년 이내에 갚아야 될 채무도 있고 또 어떤 것들은 1년 이상의 기간이 걸려서 갚아야 하는 채무도 있다. 전자를 유동부채, 후자를 고정부채라고 부른다. 유동부채에는 미지급금, 장기채무 중에 당해 연도에 갚아야 할 채무 등이 있고 고정부채에는 1년 이상의 은행차입금, 또는 회사채 등이 포함된다.

③ 자기자본 : 자기자본은 자산총액에서 총부채를 뺀 나머지 부분이 된다. 표에 의하면 두 사람의 창업주가 5,000만 원을 이 회사에 투자했는데, 이것이 곧 회사의 자기자본이 된다. 그리고 만약에 당해 연도에 이익이 남았다면 그 이익은 사내유보 이윤으로 역시 자기자본에 포함된다.

이제 추정 대차대조표와 추정 손익계산서, 추정 현금흐름표의 관계를 간단히 살펴보기로 하자. 현금은 추정 현금흐름표의 기말 잔액에서 온 것이고, 미수금은 전기의 미수금에다 당기의 매출액(추정 손익계산서)에서 현금매출액(추정 현금흐름표)을 차감한 것을 가산해서 구한다.

재고자산은 전기 말 재고자산에서 당기 재고자산 구입비(추정 현금흐름표)를 차감한 것이다. 추정 대차대조표의 재고자산은 전기 말 재고자산에 추정 손익계산서 당기 재고구입비(추정 현금흐름표)와 미지급금을 더한 다음 추정 손익계산서상의 당기 매출원가를 차감해서 구한다.

순 고정자산은 전기 말 순 고정자산에 당기의 고정자산 투자액(가정)을 더한 다음 누적 감가상각비를 차감하면 나온다.

누적 감가상각은 전기 말 금액에 당기 감가상각비(손익계산서)를 더한다.

유동부채 중 미지급금은 전기 말까지의 미지급금을 모두 합한 다음 당기 영업비용(손익계산서)과 재고구입비, 당기 설비투자액(가정) 등을 가산한 다음 당기에 지불된 영업관련 비용(예컨대 급여, 세금, 공과금 등) (손익계산서)와 영업에 관련된 비현금성 비용(예컨대 감가상각비)을 차감한다.

4) 추정 자금운용표

추정 자금운용표는 영업활동에서 생기는 이익과 기타 다른 경로를 통해서 조달된 자금이 어떻게 배분되고 있는가를 보여주는 것이다. 이 표의 목적은 당기 순이익이 어떻게 자산을 증가시켰는가 또는 부채상환에 쓰여졌는가를 보여주는 데 있다. 종종 창업주는 당해 연도의 이익이 어떻게 사용되었는지 또는 영업활동에서 발생한 현금흐름이 어떻게 영향을 주고 있는지 알기 어려울 때가 많다. 예컨대 현금이 어디서 왔는가, 현금이 어떻게 사용됐는가, 또 보유자산이 어떻게 변했는가 등을 알고 싶어하는데, 이런 목적으로 사용되는 것이 바로 이 표라 할 수 있다.

〈표 8-5〉는 창업 1년 후 A사의 추정 자금운용표를 보여주고 있는데, 이 표에 의하면 이 회사는 자금조달의 대부분을 개인이나 또는 차입에 의존하고 있음을 알 수 있다. 연말에 이익이 발생했으므로 자금조달의 원천에 이 이익도 포함되어야 할 것이다. 뿐만 아니라 감가상각비는 당해 연도에 지출된 현금이 아니므로 자금의 원천에 다시 더해 주어야 한다. 그러므로 통상적인 자금조달의 원천은 영업활동, 외부로부터의 신규투자, 장기차입, 그리고 자산의 매각 등이라고 볼 수 있고, 자금의 사용은 자산의 증가(즉 자산의 매입), 장기부채의 상환, 자기자본의 감소, 그리고 배당금의 지급 등이라 하겠다. 총 유입된 자금에서 지출된 자금을 뺀 것은 당해 연도에 사용된 운전자본의 증가분이 될 것이다.

(단위:천 원)

자금의 원천		
자산담보 차입	150,000	
장기 차입	75,000	
개인자금	50,000	
순이익	8,750	
가산 : 감가상각비	39,600	
유입자금 총액		**323,350**
자금의 사용		
설비구입	240,000	
재고	10,450	
차입금 상환	16,800	
유출자금 총액		**267,250**
순 운전자본 증가		**56,100**

〈표 8-5〉 A사의 추정 자금운용표

2절 사업의 가치평가

창업자가 직면하게 되는 중요한 문제 가운데 또 다른 하나는 사업의 가치가 얼마인가를 아는 것이다. 우선 어떤 창업가가 다른 회사를 구입하려 한다든지 또 창업가 자신이 미래의 어떤 시점에서 자기 회사의 가치가 얼마나 될 것인가를 알고자 할 때, 예컨대 사업 도중에 더 많은 자금이 필요한데 은행으로부터의 차입은 어려워서 외부 투자가를 유치하려 할 때 그 사람한테 줄 지분율을 결정하기 위해서는 그때 사업의 가치가 얼마가 되느냐를 알아야 할 것이다. 뿐만 아니라 사업이 계획대로 잘 되어서 나중에 이 회사를 다른 사람한테 판다거나 또는 증권시장에 상장시키고자 할 때 역시 회사 또는 사업의 가치를 정확히 알아야 할 것이다.

그러나 창업기업의 가치를 평가한다는 것은 말은 쉽지만 실제로는 매우 어려운 일이다. 왜냐하면 이미 증권시장에서 거래되고 있는 기업의 경우에는 그 회사 주식의 시가총액에 부채를 더하면 회사의 가치가 계산되겠지만, 창업기업과 같이 역사가 짧고 모든 것이 불확실한 상황에서는 기업의 가치를 평가하는 것이 엄청나게 어렵다고 하겠다. 일반적으로 사용되는 기업가치 평가방법으로는 회사의 자산가치에 의한 평가, 그리고 회사의 이익을 기준으로 하는 평가(흔히 주가배수법이라고도 함), 마지막으로 최근에 널리 확산되고 있는 현금흐름에 의한 가치평가가 있다.

1) 주가배수법

실제로 창업기업에 투자하는 창업투자회사들이 가장 손쉽게 사용하는 방법은 평가대상기업의 이익을 기초로 유사한 상장기업의 주가배수를 이용하여 가치를 평가하는 방법이다. 여기서 말하는 이익이란 당기순이익, 영업이익, 또는 매출이익인데 실제 기업 또는 사업의 가치는 이들 이익에 주가배수를 곱해서 얻게 된다. 그런 다음 부채를 차감해서 지분(자기자본)의 가치를 구하게 된다. 이들 여러 가지 이익 중 많은 기업들이 매출이익의 4배 내지 3배를 그 기업의 가치로 보고 있는데, 실제 몇 배가 되느냐 하는 문제는 사업의 성격 즉 사업에 내재되어 있는 위험이나 앞으로의 성장 가능성에 의존하게 되고, 특히 기업이 팔려고 할 때는 파는 사람과 사는 사람과의 상대적인 협상여하에 달려 있다고 하겠다. 이제 예를 들어 보자.

어떤 창업회사가 5년 후 당기순이익이 1,000만 원이고 앞으로 계속 매년 1,000만 원씩 이익을 낸다고 하자. 그리고 업종이나 규모면에서 이와 유사한 회사의 PE(주가-이익)배수가 10이라고 한다면 이 회사의 가치는 5년 후 1억 원이 될 것이다. 만약 창업가가 5년 후가 아니라 지금 현재 자금이 부족해서 5백만 원을 창업투자회사로부터 투자받아야 한다고 가정하자. 이때 창업투자회사가 연 50%의 수익률을 원하고 있다면 이 창업가는 5백만 원의 투자를 들여오는 대신 창업투자회사에게 얼마만큼의 지분을 주어야 할까?

창업자본에 대한 요구수익률이 연 50%이므로 현재 5백만 원은 5년 후, 5백만 원$\times$ $(1+50\%)^5$=3천 8백만 원이 될 것이다. 그러므로 이론적으로 이 창업가는 창업투자회사에게 38%의 지분을 5백만 원에 대한 대가로 지불하면 될 것이다.

이 방법을 적용하기 위해서는 신생기업이 속한 산업 내에서 유사한 기준기업들을 찾아야 한다. 이들 회사는 (1) 공개시장에서 거래되고 있거나(상장기업) (2) 가치평가일 이전 비교적 가까운 기간에 팔린 기업이라야 한다. 주가배수법에 의해 기업가치를 평가하는 절차는 다음과 같다.

① 기준기업 선별 : 기준기업은 일반적으로 평가대상기업과의 유사성을 기초로 선정한다. 유사성은 주력제품의 유사성, 산업 내에서 기업의 위치, 대상시장, 성장성, 위험도 등의 요인을 고려한다.

② 기준기업에 대한 과거 및 추정 재무지표 계산 : 매출, 순이익, 현금흐름 등의 재무지표를 계산할 때 평가대상기업의 회계원칙과 동일한 방법을 적용해야 하며 비정상적 거래는 제외해야 한다.

③ 기준기업의 여러 가지 재무지표에 대한 가격배수 계산 : 많이 사용하는 가격배수는 매출액 가격배수, 현금흐름 가격배수, 순이익 가격배수, 장부가 가격배수 등이다. 이들 가격배수는 최근 12개월, 5년 평균, 가중평균 등 관련기간 동안의 배수를 계산해야 한다. 앞으로 급격히 성장할 것으로 예상되는 신생기업의 경우에는 과거 평균보다는 최근 12개월이나 예상 재무정보를 기초로 배수를 계산하는 것이 좋다.

④ 기준기업의 가격배수 조정 : 기준기업과 피평가기업간에 규모, 다각화 정도, 예상 성장성 등에서 차이가 있다면 가격배수를 조정해야 한다.

⑤ 선택한 가격배수를 피평가기업의 조정 재무지표에 적용 : 조정 재무지표에 가격배수를 곱하여 가치를 계산한다.

⑥ 계산한 결과에 가중치를 부여하고 추정가치를 결정한다.

※ 영업손실을 기록한 회사의 가치평가

신생기업은 대부분 흑자를 기록하지 못한다. 뿐만 아니라 가까운 장래에도 흑자를 기록할 가능성이 낮다. 결국 영업이익(EBIT)이나 감가상각 이전 영업이익(EBITDA)이 음수가 된다. 그러므로 이 경우에는 다른 방법이 필요하다.

① 매출 가격배수 : 현재는 물론 앞으로 당분간 순이익 실현이 어려울 것으로 판단되는 신생기업의 가치를 평가하기 위한 가장 보편적 방법은 과거 또는 추정매출에 대한 가격배수를 적용하는 것이다. 창업 초기단계에 있는 기업 중에는 매출마저 없는 경우도 있다. 이 경우에는 잉여현금흐름법을 사용해야 한다.

② EBITDAR 가격배수 : 소프트웨어 개발사와 같은 신생기업의 손익에 큰 영향을 미치는 요인 중 하나는 연구개발비(R&D Expense)이다. 연구개발비는 회계처리상 당기 비용으로 처리되지만, 이들은 일종의 투자로 그 효과가 향후 상당기간에 걸쳐 나타난다. 연구개발비의 이러한 특성을 감안하여 신생기업의 가치평가시 연구개발비를 공제하기 전의 이익을 기초로 하는 것은 의미가 있다. 그러므로 배수를 계산하는 기준으로 EBITDA 대신에 EBITDAR을 사용할 수 있다.

2) 잉여현금흐름법

위에서 설명한 방법은 경제적인 접근방법이라기보다는 회계적인 관점에서 사업의 가치를 평가하는 방법이다. 경제적으로 올바르고 기업가치 평가를 전문으로 하는 재무이론에서 권장하는 방법은 미래에 예상되는 현금흐름의 현재가치의 합이 곧 어느 사업의 가치라고 보는, 이른바 잉여현금흐름 접근방법이다. 이것은 기업가치가 투입자본에 대한 수익률이 자본비용보다 높을 때만 증가된다는 이론에서 출발하는 것으로서, 오늘날 기업가치의 평가를 전문으로 하는 컨설팅회사에서 많이 사용하고 있는 방법이다. 그러면 잉여현금흐름(free cash flow)이란 무엇인가?

잉여현금흐름은 기업의 영업활동에서 발생한 현금흐름으로서 기업의 투자자들, 예컨대 채권자와 주주에게 분배될 수 있는 현금을 말한다. 잉여현금이 중요시되는 이유는 투자자가 요구하는 수익이 곧 이들 현금흐름이기 때문이다. 이제 잉여현금흐름을 정의하면,

---

잉여현금흐름＝세전 영업이익－세전 영업이익에 대한 세금(법인세율×세전 영업이익)＋감가상각비＋기타 비현금성 비용－순 운전자본의 증가분－투자지출액

위 공식에 따라 잉여현금흐름을 계산하는 절차는 다음과 같다.

① 미래에 예상되는 잉여현금흐름을 추정하기 위해서는 우선 어느 기간까지 추정할 것인가를 결정해야 한다. 보통 그 기간, 다시 말해서 예측기간은 이 회사가 다른 회사들에 비해서 경쟁적 우위를 가지고 있는 기간이 되는 것이 보통이다. 그 이유는 이 기간 중에 이 회사는 투자수익률이 자본비용보다 높을 것이기 때문이다.

② 일단 이 예측기간을 넘는 기간에 대해서는 어떻게 잉여현금을 예측할 것인가? 통상적으로 두 가지 방법을 사용하는데, 하나는 이 기간 이후 매년 예상되는 잉여현금흐름을 동일한 액수로 가정하는 것이고 또 하나는 일정비율로 매년 증가하는 것으로 가정하는 것이다. 예측기간 이후의 기간에 대해서는 무한대라고 가정하는 것이 통상적이다.

③ 예측기간 이후 예상되는 투자지출을 추정하기 위해서는 미래에 있을 매출액 증가와 거기에 소요되는 투자지출간에 일정한 관계가 있다고 가정하는 것이 좋다. 이때 일정한 관계는 그 동안에 어떤 관계가 있었는가를 검토해서 그 비율로 정하는 것이 무리가 없을 것이다.

이제 남은 과제는 쉬운 일이다. 우선 예측기간 동안 각 연도의 잉여현금에 대한 현재가치를 각각 구해서 합하고, 두 번째는 예측기간을 초과하는 기간(잔여기간)에 대해서는 위의 가정에 입각해서 계산된 잉여현금흐름(잔여가치)의 현재가치를 계산해서 이 두 개의 합을 구하면 된다. 여기서 예측기간 중의 현재가치는 다음과 같이 구한다.

$$PV = \sum_{t=1}^{T} \frac{FCF_t}{(1+k)^t}$$

여기서 T는 예측기간, K는 할인율, 또는 기업의 평균 자본비용을 말한다.

만약 예측기간을 T라 하고 매출액이 매년 $g\%$씩 성장하는 것으로 가정하면 T시점에서 본 T+1 이후 잔여 잉여현금흐름의 현재가치의 합 $PV_T = FCF_{T+1} / (k - g)$가 될 것이다. 만약에 예측기간 이후의 잉여현금흐름이 매년 같다고 하면 성장률은 0이 될 것이고 $PV_T = FCF_{T+1} / k$가 될 것이다. 그러나 이때 PV_T는 T시점에서의 현재가치이므로 다시 0 시점에서의 가치로 환산할 필요가 있다. 따라서 0 시점에서의 현재가치 $PV = PV_T / (1 - k)^T$이다. 기업의 현재가치는 전에도 말한 바와 같이 예측기간 중의 잉여현금흐름의 현재가치 합과 예측기간 이후에 들어올 잉여현금흐름의 현재가치의 합이므로 두 잉여현금흐름의 현재가치의 합은 다음과 같다.

$$PV_0 = \sum_{t=1}^{T} \frac{FCF_t}{(1+k)^t} + \frac{PV_T}{(1+k)^T}$$

C회사는 작년도에 매출액이 500만 원이었다. 그리고 영업이익 마진(영업이익/매출액)은 10%였으며 앞으로도 계속 동일할 것으로 예상된다. 작년의 매출액 500만 원은 앞으로 4년 동안 매년 12%씩 증가할 것으로 예상하고 그 이후부터는 5%씩 증가될 것이라고 예상된다. 이 회사의 법인세율은 30%이고 매출액에 대한 고정자산의 비율은 25%, 그리고 매출액에 대한 유동자산의 비율은 15%라고 가정하자. 그리고 비현금성 비용인 감가상각비는 현금으로 지출되는 대체투자비용과 같으며 부채잔액은 120만 원이다. 이 회사의 자본비용은 15%라고 하자. 이러한 가정하에서 잉여현금흐름법으로 이 회사의 기업가치를 계산해 보자.

(ㄱ) 예측기간 중 처음 4년 동안의 연도별 잉여현금흐름을 계산한 후 예측기간 이후의 기간에 대해서는 첫해, 다시 말해서 5년째에 대해서만 잉여현금흐름을 계산한다. 〈표 8-6〉은 다음과 같은 계산 절차를 거친 연도별 잉여현금흐름을 보이고 있다.

① 매출액은 4년 동안 매년 12% 증가하는 것으로 가정했고, 그 이후 5년째에는 5% 증가하는것으로 가정한다.
② 세전 영업이익은 매출액의 10%이다.
③ 법인세는 세전 영업이익의 30%이다.
④ 감가상각비가 대체투자액과 같다고 가정했으므로 현금흐름에 감가상각비를 가산하지 말아야 한다. 뿐만 아니라 대체투자에 들어간 현금도 현금흐름 계산시 차감하지 말아야 한다. 왜냐하면 감가상각과 대체투자가 동일한 액수라 가정했으므로 이들은 플러스, 마이너스, 제로이기 때문이다. 따라서 현금성 투자지출액, 즉 투자증가액은 매출액 증가에 따른 자산의 증가에 그칠 것이다.
⑤ 자산에 대한 투자의 증가분은 「매출증가분 × 매출에 대한 자산의 비율」이다. 예컨대 1차 연도

에는 매출액이 전년에 비해서 60만 원 증가했다. 그러므로 이로 인한 운전자본의 증가는 9만 원이 된다. 왜냐하면 60만 원×15% = 9만 원이기 때문이다.

⑥ 그러므로 각 연도의 잉여현금흐름은 「세전 영업이익－영업이익에 대한 세금－투자증가분」에 의해서 계산된다.

(단위 : 원)

	예측기간(T=4)				
	1	2	3	4	5
매출액	5,600,000	6,272,000	7,024,640	7,867,597	8,260,977
영업이익	560,000	627,000	702,464	786,760	826,098
법인세(영업이익에 대한)	168,000	188,160	210,739	236,028	247,829
세후 영업이익	392,000	439,040	491,725	550,732	578,268
투자지출 총액	240,000	268,800	301,056	337,183	157,352
순 운전자본 증가	90,000	100,800	112,896	126,444	59,007
고정자산 투자	150,000	168,000	188,160	210,739	98,345
잉여현금흐름 **(세후 영업이익-투자지출)**	152,000	170,240	190,669	213,549	420,916

〈표 8-6〉 잉여현금흐름의 측정

(ㄴ) 각 연도의 잉여현금흐름이 계산되었으면 이제는 그 잉여현금흐름의 현재가치를 계산해야 된다. 먼저 첫해부터 4번째 해까지 각 연도의 잉여현금흐름의 현재가치를 구한 후 그들을 다 합한다.

$$현재가치 = \frac{152,000}{(1+0.15)^1} + \frac{170,240}{(1+0.15)^2} + \frac{190,669}{(1+0.15)^3} + \frac{213,549}{(1+0.15)^4}$$

$$= 132,174 + 128,726 + 125,368 + 122,097$$

$$= 508,365원$$

그런 다음 5년째부터 시작되는 잔여 잉여현금흐름의 현재가치를 구해야 하는데, 여기서 우리는 매년 5%씩 영구적으로 잉여현금흐름이 증가한다고 가정했으므로 예측기간 중의 마지막 해 즉, 4번째 해에서 본 이들 잔여 잉여현금흐름의 현재가치는 다음과 같다.

$$PV_4 = \frac{FCF_5}{k - g} + \frac{420,916}{(0.15 - 0.05)} = 4,209,160원$$

그리고 4년 후 4,209,160원의 현재가치는 아래와 같다.

$$PV = \frac{4,209,160}{(1 + 0.15)^4} = 2,406,603원$$

(ㄷ) 따라서 기업가치 총액 = 508,365원 + 2,406,603원 = 2,914,968원이 되고, 이 회사의 자기자본 가치는

$$자기자본의 \ 가치 = 기업가치 - 부채 \ 총액$$
$$= 2,914,968원 - 1,200,000원 = 1,714,968원$$

3) 자본비용

잉여현금흐름법을 적용하기 위해서는 반드시 미래현금흐름을 현재가치로 전환하는 할인율 (present value discount rate) 또는 자본비용(cost of capital)을 결정해야 한다. 그러나 적절한 할인율을 추정하는 작업은 단순하지 않다. 피평가기업이 신생기업이라면 이 작업은 더욱 어렵다. 할인율을 추정하는 방법은 여러 가지가 있으나, 다음과 같은 방법이 많이 쓰인다.

(1) 벤처자본 수익률

신생기업 투자에 대한 요구수익률을 추정하기 위한 출발점은 벤처자본의 실제 투자수익률을 분석하는 것이다. 벤처자본의 주 투자대상이 신생기업이므로, 이들 투자의 실제수익률이나 예상수익률은 신생기업의 예상할인율에 대한 평가기준이 될 수 있다. 최근 조사자료에 의하면 1년에서 5년까지의 투자기간의 투자수익률은 30%에서 45% 정도인 것으로 보고되고 있다(Venture Economics 조사). 물론 이런 자료는 신생기업 할인율 추정의 참고자료일 뿐이다. 왜냐하면 우리가 찾는 할인율은 과거가 아니라 미래에 대한 것이고, 피평가기업의 위험 정도에 따라 할인율은 달라야 하기 때문이다.

(2) 유사기업의 과거수익률

신생기업과 사업내용이 유사한 기업의 실제수익률을 조사하여 이것을 할인율로 사용하는 것도 좋은 방법이다. 상장기업 중 기준이 될 수 있는 유사기업들을 찾아 이들 회사에 투자한 투자가들이 실제로 실현한 연간이익률을 평균하여 신생기업의 요구수익률로 사용한다. 이 경우에도 신생기업과 기준기업들의 위험 정도가 다르다면 적절히 조정할 필요가 있을 것이다.

(3) 자본자산가격 모형

회사의 자기자본 비용을 추정할 때 가장 많이 사용하는 방법은 자본자산가격 모형(CAPM)이다. CAPM은 '모든 자본자산의 수익률은 그 자산의 위험이 높아질수록 비례하여 높아진다'는 이론이다. 즉, 다음과 같다.

$$\text{기대수익률} = \text{무위험 자산수익률} + \text{베타}(\beta) \times \text{위험 프리미엄}$$

위에서 무위험 자산수익률은 장기국공채 수익률로 대신할 수 있고, 베타는 투자자산의 위험이다. 신생기업의 할인율 추정에 이 모형을 적용하고자 할 때 가장 어려운 부분은 베타를 얼마로 할 것인가이다. 신생기업의 주식이 공개시장에서 거래되고 있지 않으므로 유사기업이나 업종의 베타를 대신 사용하고, 신생기업이 소규모라는 점에서 위험도를 더 높이 조정해 줄 필요가 있다. 이 외에도 해당기업만의 독특한 위험요소로 경영팀의 능력, 제품/서비스 다각화 정도, 지역적 시장 다각화, 고객 의존성, 기술위험, 과거 재무성과의 변동성, 목표 시장점유율 또는 추정이익 실현 가능성, 핵심인력 위험, 특허나 사업권 위험, 원자재 공급계약 위험 등도 감안해야 한다.

무위험 이익률	6%	5년 이상 장기국채 이자율
위험 프리미엄	7%	시장 평균 이익률과 무위험 이익률의 차이
기준 베타	1.5	
기대 이익률	16.5%	
소규모 위험 프리미엄	3%	
기타 위험 프리미엄	10%	
자본수익률	30%	

〈표 8-7〉 벤처기업의 기대수익률 계산 예

4) 유동성 위험

　지금까지 설명한 신생기업 가치평가 방법은 해당기업의 주식을 바로 현금화할 수 있다는 전제를 바탕으로 하고 있다. 그러나 신생기업의 주식은 공개시장에서 거래되고 있지 않으므로 주식을 현금화하는 것이 쉽지 않다. 따라서 그만큼 평가가치를 조정해 줄 필요가 있다. 비공개기업 소수지분의 유동성 위험을 계량화하는 방법은 상장기업이 발행한 주식 중 거래제한에 묶인 주식이 얼마나 할인된 가격으로 장외에서 거래되고 있는가를 보거나, 비상장주식의 장외거래 가격을 참고하는 것이다. 비상장기업을 시장에 상장시키면 상장시 최초가격보다 2~3배 높은 가격에서 거래되는 것을 우리는 많이 보았다. 창업초기의 신생기업의 경우 유동성 위험은 더 크다. 신생기업이 공개시장에 상장되어 유동성을 가지게 될 때까지는 상당한 시간이 필요하고, 이 사이에 신생기업이 어떤 형태로 성장해 갈지 이에 대한 불확실성이 매우 높기 때문이다. 미국의 경우 시장상황에 따라 큰 차이가 있지만 과거자료를 보면 할인율은 40%에서 63%에 이른 것으로 파악된다.

〔도움이 되는 읽을거리〕

1. Copeland, Tom, Tim Koller and Jack Murrin, Valuation: Meaasuring and Managing the Value of Companies, 3rd ed., McKinsey & Company, Inc. 2000. 기업가치를 창출하는 요인, 가치경영, 미래의 현금흐름을 추정하는 방법, 기업가치를 평가하는 방법이 가장 많이 인용되고 있다. 이 책의 2판은 번역되어 경문사에서 출판하였다.

2. Reilly, Robert F. and Robert P. Schweihs, The Handbook of Advanced Business Valuation, McGraw Hill, 2000. 기업가치 평가기법과 함께 여러 가지 응용사례를 참고할 수 있다. 여러 사람이 한 부분씩 나누어 저술한 것으로, 전체적으로 짜임새가 부족하다. 여기서 볼 수 있는 사례들에는 자동차 딜러십, 라디오 방송국, 신생기업 등이다.

3. 기업가치평가론, 강효석, 이원흠, 조장연, 홍문사, 1999. 기업가치 평가의 전략적 의미, 주가배수모형, 잉여현금흐름 모형이나 EAV 모형 등 가치평가의 이론적 모형들을 소개하고 있다.

4. Bygrave, The Portable MBA in Entrepreneurship 2nd ed., John Wiley & Sons, Inc. 1997: Chapter 7. 기업가치평가에 대한 보다 자세한 내용이 설명되어 있다.

5. Benninga, Sarig, Corporate Finance Valuation approach, McGraw-Hill, 1997: 기업가치평가에 대한 기초적인 이론을 요약하여 설명하고 있다.

부 록

1. 닷컴기업의 가치평가 - 아마존 사례

2000년 초 인터넷기업은 그들의 사업 아이디어를 이윤이나 배수, 또는 단기적 자본시장에 대한 일반적 방식으로는 설명할 수 없는 수천억 원의 가치로 전환하는 데 성공했다. 이들과 같이 성장속도가 매우 빠르고 불확실성이 높으며 수익도 없는 기업의 가치를 평가한다는 것은 하나의 도전이다. 어떤 사람은 심지어 전혀 불가능한 것이라고도 한다.

여러 가지 평가방법이 있으나 역시 전통적인 할인 현금흐름법에 미시경제분석과 확률을 보강하는 것은 이들 인터넷기업을 평가하는 최선의 방법이다. 여기에서 설명하려는 방법이 불확실성을 파악하고 정량화하는 데 도움이 되는 것은 사실이나, 그렇다고 불확실이 사라지는 것은 아니다. 인터넷 주식의 가치는 여러 가지 이유로 매우 불안정하다.

2. 적자 현금흐름 기업에 현금할인법을 적용할 수 있는가

인터넷기업의 가치평가에서 가장 많은 비판은 손실이 급격히 증가하는데도 시장은 그들의 가치를 높게 평가한다는 점이다. 높은 주가와 큰 손실 사이의 관계는 그러한 현상이 그렇게 설명하기 어려운 것이 아닌데도 불구하고 불가사의한 것으로 비판을 받아 왔다.

이런 관계는 비정상적으로 급격한 성장과 이에 따른 투자의 증가라는 두 가지 요인으로 나타날 수 있다. 많은 인터넷 관련 창업기업은 보통 매년 100% 이상의 성장을 보인다. 불과 5년 전에는 15% 정도만 증가하여도 높은 성장이라고 하였다. 이러한 초고속 성장과 이를 지원하기 위한 투자의 증가는 성장률이 낮아질 때까지 손실의 규모를 계속 증가시킨다.

그러나 인터넷기업의 투자는 보통 공장이나 시설과 같이 대차대조표에 표시되는 고정자산 투자가 아니다. 대신에 닷컴기업은 가입회원을 확보하기 위한 광고나 DM에 많은 투자를 해야 하고 이러한 투자는 손익계산서에 당기 비용으로 바로 반영된다. 회원 한 사람을 확보하는 데 2만 원의 비용이 소요된다면 첫해에 1백만 명, 다음 해에 300만 명의 회원을 확보하려면 투자지출은 200억 원에서 600억 원으로 증가한다.

기존 오프라인 소매업과 전자상거래 소매업을 비교해 보자. 기존산업의 경우, 고객을 확보하기 위한 투자는 점포 구입비, 진열대 설치비 등으로 구성되나 이들은 자본지출이므로 상당한 기간에 걸쳐 비용화된다. 그러나 온라인 쇼핑몰의 경우 거의 모든 비용이 당기 비용으로 처리된다. 현금흐름이 동일하더라도 기존의 소매점은 온라인 상점보다 훨씬 빨리 손익분기에 이를 것이다.

그러나 하나 확실한 것이 있다. 초고속 성장과 당기 비용성 투자는 P/E비율이나 배수와 같은 간단한 가치평가법을 무의미하게 한다는 점이다. 어떤 사람은 평가기준으로 회원당 가격이나 3~5년 후 수익의 배수 등을 제안하기도 한다. 그러나 이런 방법은 급변하는 경영환경에서 개개 회사의 특성을 반영하지 못하므로 근본적으로 문제가 있다. 사실상 인터넷기업 평가에 회의적인 중요한 이유는 이러한 간단한 방법으로 기업가치를 평가하려 했기 때문이다.

닷컴기업을 평가하는 최선의 방법은 역시 가장 기본적 평가방법인 DCF를 이용하는 것이다. DCF법에서는 비용성 투자와 자본성 투자가 회계처리 방식만 다를 뿐 현금흐름에는 차이가 없으므로 이들을 구분하지 않는다. DCF는 계산과정에서 일정기간 동안의 미래수익만을 이용하므로 의미있는 과거자료가 없다거나, P/E비율의 기초가 되는 순이익이 없어도 문제가 되지 않는다. 여기서 우리는 닷컴기업의 가치평가에 전통적 DCF기법을 적용하되 첫째, 기업성과를 미래의 특정시점에서 시작하여 현재로 역산하고, 둘째로 불확실성을 명확히 반영하기 위하여 확률가중 시나리오를 사용, 셋째로 대상회사의 경쟁력과 미래의 수익을 예측하기 위해 전통적 분석기법을 활용할 것이다. 아마존닷컴을 대상으로 가치평가 방법을 알아보자.

3. 미래의 특정시점에서 시작

아마존닷컴과 같은 고성장 기업의 성과를 예측할 때는 현재의 성과에 연연해서는 안 된다. 일반적 관행처럼 현재를 기초로 미래의 성과를 예측하려 하기보다는 해당산업과 기업의 성장속도가 어느 정도 안정적으로 정착되는 미래시점에서의 성과를 먼저 생각하고 역으로 현재까지 연결하는 것이 좋다. 미래의 안정단계에서의 상태는 시장 침투율, 고객당 평균이익 및 지속적으로 달성 가능하다고 생각되는 매출이익률 등의 척도로 정의할 수 있다. 미래에 해당산업이나 기업이 어느 정도의 성과를 보일 것인가도 중요하지만, 그 시점이 언제가 될 것인가를 결정하는 것도 매우 중요하다. 인터넷 관련기업은 이제 막 태동하는 시기이므로 안정적 상태에 이를 때까지는 10~15년의 세월이 필요할지 모른다.

그러나 아마존닷컴이 이미 성취한 성과를 생각해 보자. 아마존이 사업을 시작해서 지배적 입지를 구축할 때까지 보여준 그들의 능력은 온라인이건 오프라인이건 그 유래가 없다. 예를 들어, 1998년도 CD 판매를 개시한 지 3개월 만에 온라인 판매업체 중 1위를 달성하였으며, 1999년도 비디오 판매에서는 45일 만에 주도적 온라인 판매업체로 부상했고, 가전제품의 경우에는 10일 만에 선두주자가 되었다.

이런 기록을 바탕으로 낙관적 시나리오를 만들어 보자. 아마존을 차세대 월마트라 가정해 보자. 말하자면 2010년까지 아마존이 온라인에서 계속해서 선두를 유지하고, 오프라인에서도 특정시장에서 1인자가 된다고 하자. 결국 아마존닷컴이 미국 서적시장의 13%, 음반시장의 12%를 확보하고, 다른 분야에서도 대강 이와 유사한 점유율을 확보한다면 2010년 아마존의 매출은 600억 달러에 이를 것이다.

매출이 600억이라면 영업이익은 얼마가 될까? 아마존의 시장점유율이 높으므로 그는 좋은 조건으로 구매할 것이다. 또한 아마존은 기존의 판매점과 달리 판매시설이 없으므로 판매비용도 적게 발생할 것이다. 그러므로 소매점 평균 이익률보다 약간 높은 11%를 예상할 수 있다.

자본투자에 대해서는 어떤가? 낙관적 시나리오로는 아마존은 전통 판매점보다 운전자본이나 시설비가 덜 들어간다고 생각할 수 있다. 아마존은 판매점을 전혀 가지고 있지 않으며, 창고도 소수이므로 어떤 상황에서도 전통 판매점보다 상품재고가 더 적을 것이다. 그러므로 우리는 아마존닷컴의 2010년 자본회전율(매출을 운전자본과 고정자본 투자액의 합으로 나눈 값)을 전형적 판매점의 2.5보다 높은 3.4로 가정할 수 있다.

이들 가정을 이용하면 아마존의 2010년도 실적은 매출 600억 달러, 영업이익 70억 달러, 총 자본 180억 달러가 될 것이다. 2010년 이후에도 아마존은 15년 간 매년 12%로 성장하고, 그 후에는 명목 GDP 증가율과 비슷한 5.5% 정도의 성장이 계속된다고 하자. 현금흐름이 이상에서 설명한 바와 같다면 이들을 할인한 현재가치는 약 370억 달러가 된다.

그러면 아마존닷컴과 같은 회사의 10년 간에 걸친 현금흐름에 대하여 신뢰할 만한 예측치를 어떻게 얻을 수 있을까? 사실상 이것은 불가능하다. 그러므로 우리의 목표는 미래 예상 현금흐름을 정확히 예측하는 것이 아니다. 오히려 발생가능한 상황을 정밀하게 그려 보는 것이다.

4. 확률가중 평가

고성장 기술기업의 가치를 평가할 때 가장 어려운 것은 불확실성이고, 불확실 상황을 다루는 가장 간명하고 확실한 방법은 확률가중 시나리오를 사용하는 것이다. 이 방법은 몬테칼로 시뮬레이션과 같은 모델링 기법보다 가정이나 상호작용을 훨씬 투명하게 다룬다. 확률가중 시나리오를 사용하려면 상당한 범위의 가능한 시나리오에 대하여 미래의 재무상황을 반복적으로 추정해야 한다. 다음의 표는 아마존닷컴에 대한 4개의 시나리오이다.

	매출(10억 달러)				EBITDA 비율(%)	할인 현재가치
	서적	음반	기타	합계		
시나리오 1 : 서적시장 점유율 15%, 음반시장 점유율 18%	24	13	48	85	14	790억 달러
시나리오 2 : 서적시장 점유율 13%, 음반시장 점유율 12%	20	9	31	60	11	370억 달러
시나리오 3 : 서적시장 점유율 10%, 음반시장 점유율 8%	16	6	19	41	8	150억 달러
시나리오 4 : 서적시장 점유율 5%, 음반시장 점유율 6%	7	5	5	17	7	30억 달러

〈시나리오별 아마존닷컴의 2010년도 실적〉

시나리오 1에서는 아마존이 미국시장을 기준으로 순위 2위 업체가 된다고 가정한 경우이다. 아마존의 주사업은 온라인이므로 전통기업보다 투하자본은 훨씬 적고, 이익마진은 높게 책정했다. 이 시나리오에 의하면 아마존은 2000년 4분기 790억 달러의 가치가 된다. 시나리오 2에서는 매출면에서는 시나리오 1과 큰 차이가 없으나 이익률과 투하자본 회전율은 전통기업에 다가가는 수준으로 정하였으며, 시나리오 3에서는 아마존의 매출은 여전히 높은 수준을 유지하나 이익률은 이제 전통기업과 유사한 수준을 가정하였다.

위에서 살펴본 네 가지 시나리오의 가치는 크게 차이가 난다. 시나리오 4에 의한 현재가치는 시나리오 1의 4%에 불과하다. 기업가치는 비록 크게 차이가 나지만 이들 네 시나리오는 모두 발생가능한 것들이다. 이제 각 시나리오의 가능성을 평가하고 아마존의 가업가치를 계산할 차례이다. 시나리오 1과 4의 실현 가능성은 낮을 것이다. 특히 시나리오 1의 가능성은 앞으로 시장의 변화 가능성과 새로운 경쟁자의 출현을 예상하여 5%로 가정한다. 각 시나리오의 가능성을 다음의 표와 같이 평가하면 아마존닷컴의 가치는 230억 달러가 된다.

	할인 현가(억 달러)	확률	기대가치(억 달러)
시나리오 1	790	5	3.9
시나리오 2	370	35	13.0
시나리오 3	150	35	5.3
시나리오 4	30	25	0.8
			23.0

위에서 계산한 아마존의 기업가치는 확률 추정치에 따라 크게 달라질 수 있다. 우리는 이러한 확률 값의 변동이 기업가치 추정치에 얼마나 영향을 미치는지를 간단히 알아볼 수 있다. 아래의 표에서 보는 것과 같이 확률이 많이 변하지 않아도 기업가치는 큰 폭으로 변동한다. 이것으로부터 아마존 주가의 높은 변동성을 이해할 수 있을 것이다. 아마존의 장래에 대한 시장의 견해가 약간만 바뀌어 도 기업가치는 크게 달라질 수 있다.

	확률 1	확률 2	확률 3
시나리오 1	0	5	10
시나리오 2	25	35	50
시나리오 3	35	35	35
시나리오 4	40	25	5
할인 현가	16	23	32

5. 고객가치분석

고성장 기술기업의 가치를 평가할 때 당면하는 또 하나의 문제는 미래의 예상 시나리오를 현재의 성과에 어떻게 연결시킬 것인가이다. 머지않아 성공할 기업과 곧 파산할 기업을 어떻게 구별할 수 있을까? 이때 전통적 미시경제이론과 전략적 기법이 중요한 역할을 한다. 왜냐하면 어떤 사업에 대 해 건전한 시나리오를 만들기 위해서는 무엇이 진짜로 가치를 창출하는가를 알아야 하기 때문이다. 아마존닷컴이나 기타 많은 인터넷 기업의 경우, 고객가치 분석은 유용한 해결책이 된다. 아마존닷컴 과 같은 온라인 기업의 고객가치 분석에는 다섯 가지 요인이 있다.

- 고객당 연간 평균매출액, 사이트 광고수입, 또는 자신의 제품을 판매하기 위해 사이트를 이용 하는 회사가 지불하는 이용료
- 고객의 수
- 고객당 공헌이익
- 고객 1인을 확보하기 위한 평균비용
- 고객 이탈률

아마존닷컴이 시나리오 2에서 예측한 재무성과를 어떻게 달성할 수 있을지를 알아보고 이것을 회

사의 현재성과와 비교해 보자. 아래의 표에서 우리는 향후 10년 간에 걸쳐 가장 큰 변화는 고객의 수와 고객당 평균매출이라는 것을 알 수 있다. 시나리오 2에서 아마존의 고객은 현재 900만 명에서 2010년에는 1억 2천만 명으로 증가한다. 우리는 아마존이 미국 내에서는 계속 선두를 유지하고 국외에서도 강력한 위치를 달성할 것이라고 가정하였다.

	1999	2000
고객당 평균매출(달러)	140	500
고객의 수(백만 명)	9	120
공헌이익(%)	14	14
고객당 확보비용(달러)	29	50
이탈률(%)	25	25

〈아마존 시나리오 2의 고객 경제성 〉

시나리오 2에서는 또한 고객 1인당 평균매출이 140달러에서 2010년에는 500달러로 증가한다고 가정한다. 아마존은 아마도 자신의 핵심분야인 서적과 음반시장에서는 계속 지배적 위치를 유지하고, 인접한 유사분야에도 진출하여 주도적 위치를 구축해 나갈 것이다.

시나리오 2에서는 2010년도 고객확보 비용 공제 전 공헌이익률을 14%로 설정하고 있다. 이 숫자는 현재 월마트와 같은 최고등급의 대형 판매점의 실적이다. 앞으로 경쟁이 심화될 것으로 예상되지만 지명도 높은 온라인업체라는 점을 감안하면 이 정도는 실현 가능하다고 판단된다. 이런 방식으로 고객 경제성을 분석하면 시나리오의 실현 가능성을 평가하는 데 필요한 정보도 얻을 수 있다.

상이한 고객 경제성을 가진 두 가설적 닷컴기업(A사와 B사)을 생각해 보자. A사의 고객 이탈률은 B사의 이탈률보다 훨씬 낮아 고객 충성도가 높은 것을 알 수 있다. 두 회사는 모두 지난해 1,000억 원의 매출을 올렸으나, 30억 원의 영업손실을 기록했다고 하자. 이 경우 전통적 재무제표에서는 두 기업이 동일하게 나타나지만, 고객가치 평가 모형을 이용하여 자세히 분석해 보면 큰 차이가 난다.

	A사	B사
고객 1인당 평균매출(천 원)	250	342
공헌이익(%)	15	15
고객 1인당 확보비용(천 원)	75	93
이탈률(%)	20	46

A사 고객 한 사람의 가치는 5만 원이나 B사 고객 한 사람의 가치는 2년에 1천 원의 손실이다. 이런 차이는 고객 이탈률이 상이하고 또한 고객 확보비용도 B가 높기 때문이다. 매출은 B가 많이 올리지만, 경제성은 더 낮다. A사는 매년 B사만큼 많은 고객을 확보할 필요가 없으므로 성장 가능성이 높고, 영업이익 흑자도 더 빨리 달성할 수 있을 것이다. 이것은 단기적으로 두 회사가 유사해 보여도 그들의 DCF 가치는 크게 다르다는 것을 의미한다.

6. 불확실성은 남아 있다

지금까지 설명한 변형 DCF법을 사용하여 그럴듯한 가치평가가 곤란한 기업에 대해서도 어느 정도 그럴듯한 평가가 가능하다. 그러나 인터넷 관련 급성장 기업의 성과는 매우 불확실하다. 오늘 아마존 주식 1주를 사서 10년 간 가지고 있을 경우 앞에서 설명한 4개의 시나리오에 따라 주식의 가치는 얼마나 될까?

시나리오 1의 경우 연간 투자수익률은 23%가 되므로 현재의 주가는 저평가되어 있는 셈이고, 시나리오 3이 실현된다면 수익률은 7%로 현재 시장은 아마존을 과대평가하고 있다고 할 수 있다. 미래에 대한 불확실성으로 현재의 주가를 고평가되어 있다고 볼 수도 있고, 반대로 저평가되어 있다고 할 수도 있다.

이러한 불확실성은 대부분 거대한 경쟁세계에서 승자를 찾아내는 문제와 관계가 있다. 많은 인터넷 관련기업이 초기 기업공개에 성공하지만 그들이 모두 마이크로소프트처럼 크게 성공하지는 못한다. 많은 운동선수 중 극소수만이 대스타로 성공하고 대부분은 이름도 없이 사라져 간 것을 우리는 수없이 보았다. 어떤 기업이 번창하고 어떤 회사가 망할 것인지 예측하는 것은 대단히 어렵다. 투자가도 기업도 이러한 불확실성에 대해서는 아무런 역할을 할 수 없다. 이러한 불확실성 때문에 많은 투자가들이 그들의 포트폴리오를 다양화한다.

9장 자금조달 계획

창업가들이 창업과정에서 공통적으로 당면하게 되는 문제 중의 하나가 자금조달이다. KTB와 전경련에서 벤처기업을 대상으로 조사한 자료에 의하면 60%가 자금조달을 가장 어려웠던 분야로 꼽고 있었다(〈그림 9-1〉 참조). 언제, 어떻게, 누구로부터 필요한 자금을 조달할 것이냐 하는 문제는 항상 이들이 관심을 갖고 얘기하는 주제들 중의 하나이다. 항상 자금부족에 시달려 온 우리 나라에서는 더욱 그러하다. 본 장에서는 흔히 이들의 자금조달원이 되는 자금 공여자들은 누구이며, 이들 투자가들의 일반적인 대출 또는 투자조건에 대해 살펴보기로 한다.

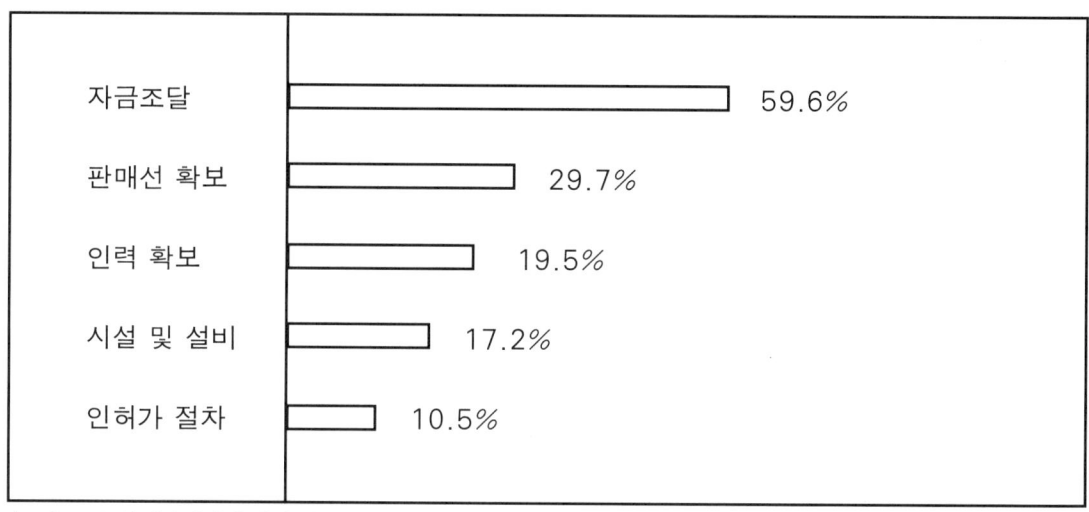

〈그림 9-1〉 창업과정에서 가장 어려웠던 분야   (자료 : KTB와 전경련 공동조사)

1절 싼 자금과 비싼 자금

대부분의 거래에서와 마찬가지로 자금을 가지고 있는 사람들은 자본을 투자하는 대가로 무엇인가를 보상받기를 원한다. 그들은 또한 어떤 형태로든 투자에 대한 위험과 수익률을 생각하는 것이 일반적이고, 바보가 아닌 이상 위험이 높으면 높을수록 더 높은 수익률을 요구하게 된다. 창업기업가의 목적은 물론 자금을 가장 싼 비용으로 조달하는 것이다. 그러므로 성공적인 자본조달의 기술은 다른 데에 있는 것이 아니라 자본의 공급자가 상대적으로 덜 위험하다고 느끼도록 만들어 주는 데 있다. 이런 방법으로는 다음과 같은 몇 가지를 생각해 볼 수 있다.

① 개인 또는 회사의 자산을 대출금에 대한 담보로 제공한다.
② 가급적 원금을 빠른 시일 내에 돌려준다고 약속한다. 왜냐하면 기간이 길어질수록 불확실성
   이 더 커지기 때문이다.
③ 이도 저도 안 되면 투자가들에게 어떤 식으로든 얼마간의 사업에 대한 지배권을 주도록 한다.
   구체적인 방법으로는 대출의 경우에는 여러 가지 해서는 안 될 조건(금지조항)을 붙여 준다거
   나 또는 회사의 경영에 참가하도록 하는 것 등이 그런 방법들이다.

또한 창업가에 따라서는 일이 술술 잘 풀려서 초기 자본조달에 전혀 문제가 없는 경우도 간혹 있지
만 그것은 극히 예외이고 대부분의 경우에는 엄청난 시련을 겪게 되는 것이 보통이다. 전형적인 예
는 특히 오늘날 각광을 받고 있는 하이테크 회사의 경우, 대부분 처음 프로토타입 회사를 시작할 때
창업기업가는 이른바 '땀 흘려서 버는 돈(sweat equity)'과 자기 개인의 저축으로 시작하게 된다.
여기서 말하는 몸으로 떼운 자기자본이란 곧 임금의 대가로 얻게 되는, 다시 말해서 임금을 받지 않
고 그 대신 그 대가만큼의 소유권을 갖는 것을 말한다. 이 단계가 지나면 돈을 많이 가진 투자가, 흔
히 개인 투자가 또는 엔젤투자자(business angel)라고 불리는 사람들이 창업기업가의 주요 자금조
달원이 되는데, 이들은 대체로 창업기업가에 대해서 잘 알거나 또는 그 산업에 대해서 지식을 가지
고 있거나 아니면 둘 다인 경우가 대부분이다. 이들은 그들의 개인 돈을 투자하고 그 대가로 지분을
요구하게 된다. 그러다가 사업이 성공적이어서 물건이 잘 팔리게 되면 그때 가서는 재고나 미수금
등을 담보로 해서 은행으로부터 신용대출을 받을 수도 있다. 더 나아가 만약 시장이 크고 회사가 급
속도로 성장한다면 심지어 창업투자 회사로부터도 회사지분을 주는 대가로 자본을 끌어들일 수도
있을 것이다.

그 이상의 단계로 회사가 커짐에 따라서 더욱더 많은 자본이 필요하게 되면 창업기업가는 주식을
공개해서 필요한 자본을 조달하게 되는 경우도 있을 것이나, 대부분의 창업기업들은 이와 같이 전문
적인 창업투자 회사 자금을 쓸 수 있거나 또는 주식공개를 통해서 자본을 조달하는 것이 그리 쉬운
일이 아니다. 그럼에도 불구하고 창업기업들은 어떻게 해서든 필요한 자기자본을 조달해야 한다. 대
부분의 경우에는 앞서 말한 대로 우선 그들이 가지고 있는 저축을 다 소잔한 다음에는 가족, 친지,
그 밖에 아는 사람들을 통해서 자본을 조달하게 된다.

물론 창업이란 엄청나게 위험스러운 일이다. 실제로 창업가들은 전재산을 사업에 쏟아붓고 생계까

지 그 사업에 의존하는 경우가 많다. 이야말로 이중으로 위험한 일이다. 만약 사업이 실패한다면 묻어 났던 돈까지 잃어버리고 생계수단마저 잃게 되기 때문이다. 그러므로 창업가는 창업을 하는 데 있어서 이러한 엄청난 위험부담이 정당화될 때 즉, 사업의 전망이 이러한 위험부담을 안고도 남을 정도로 좋을 때만 창업을 하여야 할 것이다.

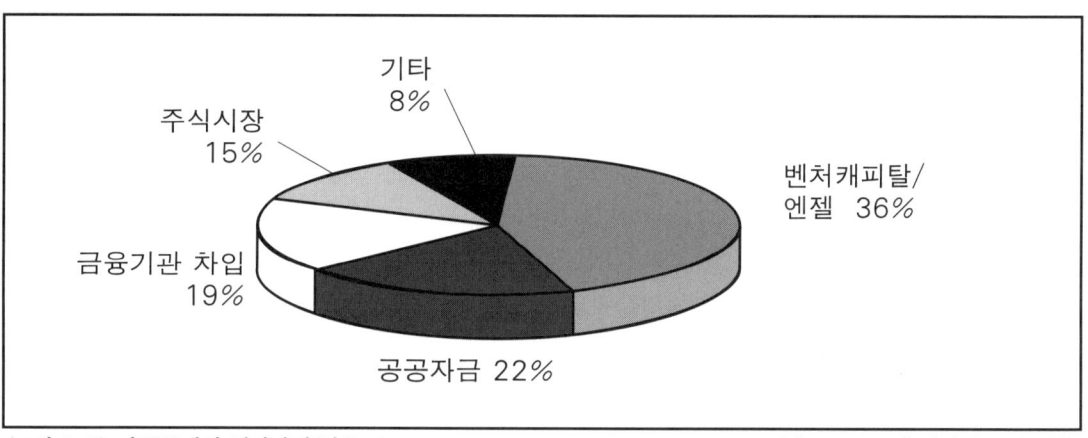

〈그림 9-2〉 자금문제의 해결방법(선호도)　　　　　　　　　　　　　(자료 : KTB와 전경련 공동조사)

2절 초기의 자금조달

　창업초기의 자금조달은 창업기업가에게는 그야말로 여러 의미에서 커다란 도전이라 하겠다. 그도 그럴 것이 창업초기에는 그 사업이 앞으로 어떻게 될지 아무도 모르는 상황이기 때문이다. 위험도가 가장 높은 시점이 바로 창업초기인 것이다. 따라서 이 기간 중의 자금조달은 거의 자기가 가지고 있는 돈, 즉 자기자금에 의존할 수밖에 없는 것이 보통이다. 그렇다고 해서 타인자금을 차입하는 것이 불가능한 것은 아니다. 앞에서 말했듯이 기업가 개인의 자산이라든가 또는 사업에 사용되고 있는 빌딩이나 장비 같은 것을 담보로 해서 은행에서 차입할 수는 있다. 그러나 그렇다 하더라도 은행이 100% 다 빌려주진 않고 최소한 25% 정도는 창업주 스스로가 부담할 것을 요구한다. 그 이유는 창업주가 얼마간이라도 자기자본을 투입한다는 사실 자체가 이 창업주가 이 사업에 대해서 얼마만큼 연구하고 얼마만큼 확고한 신념을 가지고 밀고 나갈 것인가를 말해 주는 하나의 척도가 되기 때문이다.

　이때 문제가 되는 것은 창업가가 부담하는 절대적인 금액이 아니다. 가령 한 사람이 5,000만 원을 투자하고 또 다른 사람이 10억 원의 개인자본을 투자했다고 해서 10억 원 투자한 사람을 은행에서 더 좋게 평가하는 것은 아니다. 5,000만 원 투자한 사람이 엄청나게 가난한 사람이고 10억 원 투자한 사람이 재벌급의 거부라면 5,000만 원이 그 사람한테 갖는 의미는 10억이 재벌에게 주는 중요성보다 더 클 수 있기 때문에 은행은 오히려 그 사람을 더 평가하게 된다.

창업초기에 불가피하게 필요한 자본의 대부분을 창업가 스스로 조달해야 되는 또 다른 이유가 있다. 일단 타인자본을 끌어들이기 위해서는 그 사업이 아이디어 수준 이상의 진척이 있어야만 한다. 따라서 창업기업가는 아이디어 개발은 물론 그 아이디어를 사업화하기 위해서 프로토타입 공장도 만들어야 하고 시장조사도 해야 되며 또 기타 여러 가지 방법으로 그 아이디어가 그야말로 크게 성공할 수 있는 아이디어라는 것을 잠재적인 자본공급자들에게 설득시켜야만 하는데 이 모두가 다 돈이 필요하다.

그러나 그렇다고 해서 창업가의 투자자금이 전액 순수한 의미에서의 자기 돈이어야 할 필요는 없다. 단지 외부투자가의 입장에서 볼 때 자기자본이면 된다. 다시 말해서 투자가의 입장에서 볼 때 회사가 이자를 부담해야 하고 원금을 상환해야 하는 돈이 아니라 대차대조표상의 자기자본이면 된다는 말이다. 그러므로 창업가는 처음에 들어가는 자기 몫의 자금을 개인재산을 담보로 해서 대출을 받거나, 친지나 친척으로부터 차입하거나, 또는 심지어 은행대출, 신용카드를 이용해서 필요한 돈을 회사에 투자하더라도 외부투자가의 입장에서 보면 아무런 관계가 없는 것이다. 이도 저도 여의치 않을 때는 종자자본(seed capital)을 제공하는 투자자를 찾을 수밖에 없다.

초기 창업자본은 창업가 자신의 저축이나 창업가를 신뢰하는 이웃 친지로부터 조달한다. 아무리 어려워도 동원할 수 있는 자금을 모두 투자해서는 안 된다. 적어도 1년 간의 생활비는 남겨 두어야 한다.

3절 외부 창업자본 투자자금의 조달

앞에서 우리는 창업 초기단계에서는 자기가 가지고 있는 돈을 자본금으로 투자할 수밖에 없는 사정을 설명했다. 그러나 자기 돈이 그리 오래 가지는 못할 것이고 결국 부족한 자금을 어딘가 외부로부터 조달하지 않을 수 없게 될 것이다. 그러나 그렇다고 해서 은행이나 기타 다른 금융기관으로부터 차입한다는 것은 쉬운 일이 아니다. 그렇다면 창업단계에서 어디로부터 자금을 조달하겠는가? 창업기업은 대체로 소규모의 기업이기 때문에 주식시장에서 직접 자금을 조달한다는 것은 거의 불가능에 가깝다. 따라서 주된 외부자금 공급원은 결국 개인 투자가와 창업투자 회사로 한정될 수밖에 없다.

1) 개인 투자가

창업기업의 자금을 조달하는 데 있어서 중요한 자본 공급원은 돈이 많은 개인 투자가들에서 찾을 수 있다. 이들 돈 많은 개인 투자가들은 돈이 많은 가족이나 또는 친지도 될 수 있고 투자를 많이 하고 있는 큰 부자들일 수도 있다. 후자의 경우로는 돈 많은 의사, 변호사 등 전문직 종사자들이 대부분이다. 이들 돈 많은 개인 투자가들은 그들이 고용하고 있는 회계사나 변호사, 또는 그 밖의 전문가들로부터 조언을 받고 있는 경우가 대부분이므로 창업기업가들은 이런 사람들까지도 상대하지 않을 수 없을 것이다.

이들 돈 많은 개인 투자가들에게 접근하기 위해서 창업기업가들은 사업계획서가 꼭 필요하게 된다. 투자요청서와 같은 공식적인 서류는 법률적 보호를 받는 데 필요하지만 비용도 많이 들고 또 초기단계에는 여러 가지 크게 자랑할 것들이 없으므로 대체로 거래 변호사나 회계사의 자문을 받아서 간단하게 사업계획서를 작성한다. 미국의 경우 이들 돈 많은 개인 투자가들은 창업투자 회사들이 너무 작아서 다루지 않는 소규모 자본투자를 주로 담당하게 되는데 대체로 50만 달러 미만이 된다. 뿐만 아니라 이러한 개인 투자가들을 이용하면 창업투자 회사에 비해서 비용도 적게 든다. 그러나 이들로부터 창업자금을 조달할 때는 다음과 같은 점을 주의해야 한다.

① 이들 개인 투자가들은 회사 사업경영에 대해서 창업투자 회사와 같은 전문성이나 또는 시간적 여유를 갖고 있지 않는 경우가 대부분이다.
② 추가적으로 자본투자가 필요할 경우 이들 개인 투자가들은 추가적인 투자를 할 여유가 그렇게 크지 않다.
③ 때때로 이들 개인 투자가들은 그 숫자가 많을 때, 다시 말해서 창업기업이 여러 사람의 개인 투자가들로부터 창업자본을 조달할 경우, 경우에 따라서는 문제의 발단이 될 수 있다. 예컨대 회사사정이 잘 돌아가지 않으면 자주 전화를 건다거나 불평을 한다거나 함으로써 창업가에게는 골칫덩이가 될 수도 있는 것이다.

2) 창업투자 자본

창업투자 자본은 전문적으로 운영되고 있는 지분투자 자본(equity capital)의 풀(pool)을 말한다. 돈 많은 개인들이 이와 같은 창업자본 펀드에 유한책임 파트너(limited partner)로서 투자를 하게 되고, 업무집행 파트너(general partner)들이 이 펀드를 운용하게 되는데, 그들은 그 대가로 수수료 와 투자수익의 일정비율을 성과급으로 받게 된다. 투자에 수반되는 높은 위험에 대한 보상으로써 이 들 창업자본 투자펀드는 투자가들에게 높은 수익률을 내어주고 그들 자신도 이익을 얻게 된다. 통상 적으로 이들이 목표하는 수익률은 50% 또는 60%에 이르고 있다. 이에 대한 대가로 창업자본 투자 펀드들은 흔히 그들이 투자한 창업기업에 여러 가지 경영자문을 제공하고 있다. 이러한 창업자본 투 자가들은 창업가들이 통상적으로 경험하게 되는 일들을 이미 경험했기 때문에 창업초기에 직면하게 되는 여러 가지 문제들에 대해서 유익한 자문을 하게 되는 경우가 많이 있다.

앞에서 말한 바와 같이 창업자본 투자가들에게 접근하기 위해서 창업기업가는 사업계획서가 필요 하고 이 경우 이들에게 제출하는 사업계획서는 돈 많은 개인 투자가들에게 제출했던 경우와 다른 역 할을 하게 된다. 개인 투자가들과는 달리 이들 창업자본 투자가들은 자기들이 투자하게 될지도 모르 는 사업에 대해서 상당히 많은 조사를 하게 되고, 이것은 비단 그들의 투자가 실패할 수 있는 확률을 줄일 뿐만 아니라 그 창업투자 회사에 투자한 투자가들의 이익을 보호하기 위한 법률적인 의무가 있 기 때문이다. 따라서 이들 창업투자 회사에게 제출하게 될 사업계획서는 간단명료하고 또 그들의 흥 미를 유발시킬 수 있도록 작성되어야 한다.

한 가지 주의해야 할 점은 사업계획서에 어느 정도의 내용을 포함할 것이냐는 문제이다. 사업계획 서에 어느 정도의 자본이 필요한가는 말해야 되겠지만 예컨대 30%의 지분을 주겠다는 등의 상세한 조건을 제시하기는 아직 이르다고 말할 수 있다. 뿐만 아니라 그들의 흥미를 유발하기 위해서 창업 사업의 아이디어를 말해 주는 것이 과연 현명한 것이냐 하는 문제도 있다. 만약 그 아이디어를 다른 사람들이 가져갈 경우에는 어떻게 될 것인가? 일반적으로 창업투자가들은 전문적인 사람들이므로 극비정보를 외부에 의도적으로 알리지는 않겠지만 개인 투자가들에 대해서는 반드시 사업에 관한 극비정보는 보호되도록 노력해야 될 것이다.

자금조달 과정에서 창업투자 회사나 개인 투자가에게 제출하게 되는 사업계획서상에 회사가 가 지고 있는 독점적인 기술이라든가 아이디어를 상세히 포함시키는 것은 위험하다.

4절 차입에 의한 창업자금 조달

창업자금 조달에 있어서 또 하나의 중요한 원천은 차입이다. 차입은 정해진 대로 원리금이 상환된다는 의미에서 상대적으로 위험이 적다고 말할 수 있다. 정해진 계획에 따라서 원리금이 상환되도록 하기 위해서 채권자는 돈을 빌려줄 때 다음과 같은 담보를 요구하게 된다.

① 자산 : 유형자산을 담보로 이른바 자산담보 금융을 받을 수 있다. 예컨대 빌딩, 장비 또는 잘 팔리는 재고자산 등이 차입에 대한 담보로 사용될 수 있다.

② 현금흐름 : 창업기업은 예상되는 현금을 담보로 돈을 빌릴 수도 있다. 이때 채권자는 빌려준 돈이 예정대로 상환될 것인가, 즉 상환능력을 점검하기 위해서 이자보상배율(interest coverage: EBIT/지급이자) 또는 부채비율(debt/equity ratio) 같은 것을 보게 된다. 물론 부채가 적고 현금흐름이 좋은 기업은 쉽게 돈을 빌릴 수 있을 것이다.

1) 무담보 현금대출

현금흐름 또는 무담보 금융은 여러 가지 형태로 이루어진다.

① 단기부채 : 무담보금융은 흔히 계절적으로 필요한 운전자본을 메우기 위해서 1년 미만 또는 30일 내지 40일 이내에 갚도록 만기로 이루어지는 것이 보통이다.

② 당좌계정(line of credit) 금융 : 창업기업은 필요에 따라서 꺼내 쓸 수 있는 당좌계정을 은행과 협약할 수 있다. 이 당좌계정은 원금잔액에 대해서 이자가 지불되고 소위 수수료라는 것이 시작단계에 지불된다. 그리고 1년 중 처음에 약정한 어느 시점까지는 약정된 수준으로 당좌계정을 유지해야 한다.

③ 장기채무 : 아주 신용이 좋은 회사의 경우에는 장기적인 차입이 가능할 것이다.

이와 같은 무담보 현금차입은 대체로 일반 상업은행을 통해서 이루어지는데 그 밖의 다른 금융기관, 예를 들어서 파이낸스회사나 보험회사 또는 연, 기금을 통해서도 이루어질 수 있다. 그리고 무담보 금융이기 때문에 자산을 담보로 하는 금융보다는 일반적으로 더 위험하므로 은행의 경우 대출에 여러 가지 제약조건을 붙임으로써 그 위험을 줄이게 된다. 이러한 여러 가지 제약조건들은 결국 회사의 운영에 여러 가지 제약을 주는데 다음과 같은 것들이 이러한 제약조건들이다.

① 회사의 부채비율에 대한 한도
② 이자부담률에 대한 최저수준
③ 운전자본에 대한 하한선
④ 최저 현금잔고
⑤ 선순위 채권발행에 대한 제약

이러한 여러 가지 여신약정들은 대출기관의 위험을 줄여 줌으로써 그들의 대출금 회수 가능성을 높여 주는 조치들이다.

2) 자산담보 대출

기업은 보유하고 있는 대부분의 자산을 차입금에 대한 담보로 사용할 수 있다. 무담보 대출을 받으려면 사업이 상당기간 동안 이익을 내어야 하므로 대부분의 창업기업의 경우 거의 불가능에 가깝다고 볼 수 있다. 따라서 이들 기업은 보다 손쉬운 자산담보 대출을 받을 수밖에 없다. 자산담보 대출이란 회사가 채권자에게 회사 보유자산에 대한 일차 저당권을 부여하는 것이다. 따라서 만약의 경우 약정대로 원리금 상환이 불가능할 때 채권자는 자산을 그 대신 소유하게 된다. 일반적으로 다음과 같은 경우가 해당된다.

① 미수금 담보 : 일반적으로 고객의 신용도가 높을 경우에는 미수금의 90%까지 대출을 받을 수 있다. 또 공공사업의 경우에는 은행을 이용하지 않고 팩토링(factoring)회사를 통해서 미수금 금융을 받을 수 있는데, 이 경우 팩토링회사는 미수금의 액면가를 할인해서 매입하고 대출금은 미수금을 지불해야 되는 측으로부터 회수한다.
② 재고자산 금융 : 쉽게 팔 수 있는 재고자산의 경우 완제품의 경우에는 재고자산의 50%까지 대출받을 수 있다.
③ 장비 금융 : 사업에서 사용되는 장비는 통상 3년에서 10년까지 담보로 하여 대출을 받을 수 있다. 그 장비가 얼마나 쉽게 팔릴 수 있느냐에 따라서 장비가액의 50% 내지 80%까지도 대출을 받을 수 있다. 흔히 보는 리스도 일종의 장비금융이라고 말할 수 있다.
④ 부동산 담보대출 : 빌딩이나 공장의 경우 75% 내지 85%까지 담보대출이 가능하다.
⑤ 개인재산 담보대출 : 창업기업의 창업주 개인재산을 담보로 해서 대출을 받는 것을 말한다.
⑥ 신용장 담보대출 : 신용장(letter of credit)은 기업의 물품구입시, 특히 해외에 있는 회사로부터 물품을 구입하려 할 때 회사의 거래은행이 보증을 해주는 것을 말한다. 따라서 신용장은

신용카드와 마찬가지로 기업이 해외로부터 물건을 살 때 대금을 나중에 지급할 수 있도록 하는 역할을 한다.

⑦ 정부 담보대출 : 정부기관들도 기업이 대출을 받을 때 보증을 하는 경우가 있다.

5절 내부 자금조달

마지막으로 창업기업은 필요한 자금을 회사 내부적으로 조달할 수 있다. 내부자금을 조달하는 방법에는 다음과 같은 것이 있다.

① 공급자 신용 : 물품을 구입하고 즉시 지불하지 않는 것은 실질적으로 운전자본을 증가시키는 것과 같은 효과를 얻는다. 물론 이때 공급자는 물품가격에 이자를 암묵적으로 포함시키는 것이 보통이다.

② 미수금 : 미수금을 신속히 회수하는 것 역시 운전자금을 증가시키게 될 것이다.

③ 운전자본의 감소 : 운전자본, 예를 들어서 재고자산, 현금 등을 감소시킴으로써 필요한 자금을 조달할 수 있다.

④ 자산매각 : 보유자산을 매각해서 필요한 자금을 조달한다.

〔도움이 되는 읽을거리〕

1 Bygrave, The Portable MBA in Entrepreneurship 2nd ed., John Wiley & Sons, Inc. 1997: Chapter 8. 기업의 자본조달과 관련된 방법과 장단점을 비롯한 실무적 내용을 기술하고 있다.

2. Alarid, William and Gustav Berle, Free Help trom Uncle Sam to Start Your Own Business, Puma Publishing Co., Santa Monica, Ca., 1989. 창업시 정부지원을 받을 수 있는 여러 가지 방법을 제시하고 있다.

3. Burrill, Steven, John Guntzand Craig Norback, Arthur Young Guide to Raising Venture Capital, Liberty House, Blue Ridge Summit, Pa, 1988. 이 책에서는 벤처캐피탈이 무엇이고, 어떻게 형성되는가, 또 기업가는 이들로부터 어떻게 자금을 얻는가를 설명하고 있다.

4. 벤처창업론, 정승화, 박영사, 2000 : 벤처자본의 투자과정과 심사기준, 벤처자본가와의 협상에 대해 참고할 수 있다.

부 록

1. 중소기업에 대한 정책자금지원사업

(단위 : 억 원)

부처별	자금명	세부 사업명	99계획	99실적	2000규모	비고
중소기업청	구조개선	구조개선	6,500	6,500	7,000	
	창업지원	중소 · 벤처기업 창업	7,500	7,500	2,000	
		창업교육	559	559	485	
	경영안정	일반 경영안정 지원	7,160	6,860	2,800	
		특별 경영안정 지원	600	600	400	
		도산방지 및 경영안정	2,399	1,618	2,328	
	지방중소기업 육성	지방중소기업 육성	6,889	3,798	3,554	
		시장 재개발	261	164	108	
		농공단지 입주기업 지원	650	650	500	
	기술개발	중소기업 기술혁신 개발사업	450	450	600	
		산학연 공동기술개발	130	130	210	
		해외 유명규격인증획득 지원	58	58	84	
	소상공인	소상공인 지원	3,000	2,512	2,000	
	벤처투자	투자조합 출자	500	500	2,000	
		다산 벤처자본금 출자	-	-	500	
	기타	협동화	1,650	1,624	1,640	
		입지지원	492	293	486	
		개발기술 사업화 지원	-	-	300	2000신규
		구조조정 대상기업 지원	-	-	300	2000신규
소 계		구조개선 등 19사업	38,798	33,816	27,295	

부처별	자금명	세부 사업명	99계획	99실적	2000규모	비고
산업자원부	산업기술	산업기반 기술개발	1,100	834	1,120	
		선도기술개발	492	49	50	
		자본재시제품 및 첨단기술	2,867	1,782	2,030	
		신기술 창업보육	200	200	240	중기전용
	산업기반 기금	산억구조도화 외 4사업	4,916	4,080	3,204	
	에너지 지원사업	에너지 절약시설	1,945	1,614	1,844	
		대체에너지 보급	333	163	231	
		에너지 기술개발	401	24	115	
		가스유통 구조개선	507	24	99	
		LPG공급방식 개선	507	53	68	
		도시가스 시설개선	507	55	48	
		검시기관 시설개선	507	2	15	중기전용
	특정물질 사용 합리화	특정물질 사용 합리화	98	42	95	
소 계		산업기반 기술개발 등 17사업	12,859	8,922	9,159	
정보통신부	정보통신 산업기술 개발 선도기술개발 정보통신 전문투자 조합 기타	정보통신산업 기술개발(출연)	300	300	300	
		정보통신산업 기술개발(융자)	2,649	1,480	2,350	
		선도기술개발 보급지원	976	458	1,026	
		정보통신전문 투자조합	500	500	500	
		우수 신기술 지정지원	100	100	100	
		정보통신설비 구입 및 시설	338	216	374	
		멀티미디어산업 지원	110	32	110	중기전용
		소프트웨어개발 보급지원	50	50	50	중기전용
소 계		우수 신기술 지정지원 등 8사업	5,023	3,136	4,810	

부처별	자금명	세부 사업명	99계획	99실적	2000규모	비고
농림부	미곡종합처리장	농산물 가공산업 육성	76	76	58	
		미곡 종합처리장 설치운영	450	418	4,296	중기전용
		농기계생산 지원	136	136	120	
소　계		농산물 가공산업 육성 등 3사업	662	630	4,474	
문화관광부	문화진흥, 창업교육	문화산업 진흥기금	500	394	500	
		영화진흥금고	-	-	770	
		문화산업 창업보육	113	-	327	
		우수 체육용구 생산	13	-	30	
		고유 문화상품 개발	-	-	4	2000신규
소　계		문화산업 진흥기금 등 5사업	626	394	1,631	
노동부	산재예방 시설 등	중소기업 복지시설 융자	28	3	10	중기전용
		직장 보육시설 지원	18	13	20	중기전용
		직장 보육시설 융자	20	5	20	
		산재예방 시설자금 융자	943	924	1,006	
		프레스 교체 지원	26	25	28	
		안전설비 개선 지원	30	26	30	중기전용
		작업환경 개선 지원	38	38	43	중기전용
		장애인 고용시설 융자	250	103	200	
		장애인 편의시설 개선	24	7	10	
소　계		중소기업 복지시설 융자 등 9사업	1,377	1,144	1,367	
과학기술부	과학기술진흥	과학기술 개발	1,280	658	1,191	
소　계		과학기술 개발 등 1사업	1,280	658	1,191	

부처별	자금명	세부 사업명	99계획	99실적	2000규모	비고
환경부	환경개선	환경오염 방지시설 설치	500	500	500	중기전용
		환경기술개발 및 산업화	40	40	40	중기전용
		재활용산업 융자	500	484	500	
소 계		환경오염 방지시설 설치 등 3사업	1,040	1,024	1,040	
해양수산부	농어촌 구조개선	가공업체 운영자금	300	120	130	중기전용
		수산물 유통자금	400	170	190	중기전용
		어망생산 운영자금	60	60	70	중기전용
소 계		가공업체 운영자금 등 3사업	760	350	390	
건설교통부	표준화 자재 생산	표준화 자재생산 설비자금	72	-	50	
		일반화물 터미널 건설	-	-	50	
소 계		표준화 자재생산 설비자금 등 2사업	72	-	100	
국방부	방위산업 육성	방위산업 육성	88	-	37	
소 계		방위산업 육성 등 1사업	88	-	37	
보건복지부	신약개발	신약개발자금 융자지원	36	36	30	
소 계		신약개발자금 융자지원 등 1사업	36	36	30	
정책자금 합계		12부처 72사업	62,621	50,110	51,524	

2. 중소기업 관련자금 지원조건

		자금명(대상)	대출금리	상환기간	지원비율	지원기관
중소기업 창업 및 진흥기금	구조 고도화 자금	협동화	7.5%	시설:8~10년 (3~5년 거치) 운전:3~5년 (1~2년 거치)	시설 소요자금의 70~100% 범위 1회전 운전자금의 100% 범위 내	중진공 사업부
		구조개선	8.0%	시설 5년 (3년 거치)	시설 소요자금의 80% 이내	중진공 사업부
	창업 지원자금		7.5%	5년(2년 거치)		중진공 사업부
	지방 중소기업 육성자금	지방기업 육성자금	7.5%	시설:8년(3년 거치) 운전:3년(1년 거치) 시장 재개발:15년 (5년 거치)	시설자금은 50~100% 범위, 운전자금은 75~100% 이내	16개 지방 자치 단체
		농공단지 입주지원	7.5%	시설:10년(5년 거치) 운전:4년(2년 거치)	건축 70% 이내 기계 100% 이내 운전자금 70% 이내	중진공 사업부
	경영안정 지원사업		7.5 ~ 9.0%	운전:3년 이내 (1년 거치)	소요자금의 100% 이내	중진공, 지방청
중소기업공제사업기금	제1호 대출 (연쇄도산방지 대출)			3년(6개월 거치 후 30개월 분할상환) 무담보, 무이자 (단, 대출금 1/10 대손 준비금에서 공제)	부금잔액의 10배 이내	
	제2호 대출(어음대출)		연11%	180일 이내	부금잔액의 8배 이내	
	제3호 대출(소액대출)		연11%	1년 이내	부금잔액의 7배 이내	
산업기반기금		시설투자	7 ~ 7.5%	현물담보: 8년(3년 거치) 기술담보: 5년(2년 거치)	소요자금의 80% 이내	기업, 국민 은행, 시중 은행 및 지방은행

3. 지방 중소기업 육성자금 지원현황

(2000년 5월 말)

구분	재 원(억 원)			신 청		추 천		대 출	
	정부	지방	계	업체 수	금액 (억 원)	업체 수	금액 (억 원)	업체 수	금액 (억 원)
계	24,400	18,975	43,375	30,039	101,624	23,253	62,626	15,949	35,625
94	2,000	1,852	3,852	2,364	8,397	1,636	4,555	1,182	3,050
95	2,400	2,290	4,690	2,781	9,927	2,065	6,281	1,644	4,412
96	3,556	3,173	6,729	4,052	15,562	2,917	8,673	2,221	5,692
97	4,458	3,689	8,147	5,294	19,975	4,026	11,553	2,923	6,983
98	4,362	3,530	7,892	8,409	21,883	6,588	12,379	4,371	7,190
99	3,962	2,927	6,889	5,463	18,931	4,714	14,384	3,118	7,208
2000.5	3,662	1,514	5,176	1,676	6,949	1,307	4,801	490	1,090

4. 엔젤투자 현황

구 분	97	98	99. 12	2000. 6
엔젤 클럽(개)	3	4	19	25
엔젤 조합(개)	-	-	11	52
엔젤 수(명)	105	349	3,879	22,527
투자금액(억 원)	10	24	562	1,834
투자업체 수(개)	7	12	123	310

5. 벤처캐피탈

〈벤처캐피탈의 유형〉

구 분	창업 투자회사	신기술사업 금융회사
설립법	중소기업 창업지원법	여신전문 금융법
회사 성격	비통화금융기관적 민간벤처 캐피탈	비통화금융기관적 민간벤처 캐피탈

지원대상	· 창업 중소기업
	· 사업개시일로부터 14년 이내의 법인
	  (개인사업자인 경우 10년 이내)
	  단, 벤처기업은 제한 없음
	· 업종 일부제한(법 제3조, 시행령
	  제3조, 업무운용규정 제12조)
		· 신기술사업자
		· 종업원 1,000인 이하,
		  총자산 300억 원 이하 중견기업

〈벤처캐피탈 현황〉   (단위 : 개, 억 원)

종 류	회사 수	금 액	비 고
창업 투자회사	111	43,674	투자재원(투자액＋투자 가능액)
신기술사업 금융회사	6	15,672	투자액
창업 투자조합	196	16,334	투자재원(투자액＋투자 가능액)
신기술사업 투자조합	21	1,680	투자액
합계	334	77,360	

〈2000년 상위 벤처캐피탈 투자현황〉   (단위 : 억 원)

회사명	1/4분기	2/4분기	3/4분기	4/4분기	투자 여력
KTB네트워크	2,134	1,426	1,576	1,500	4,500
한국기술투자	550	661	266	450	1,530
산은캐피탈	183	234	232	450	1,170
삼성벤처투자	495	435	311	450	1,300
무한기술투자	391	379	147	200	610
TG벤처	320	100	157	150	238
현대기술투자	135	97	64	100	588
우리기술투자	152	123	57	100	100
한솔창투	90	90	25	50	100
스틱아이티벤처	380	170	90	125	1,000
합계	4,830	3,715	2,925	3,575	11,136

6. 자금지원 제도

〈중소·벤처기업 창업자금〉

대 상	창업을 준비 중인 예비 창업자 또는 창업 후 3년 이내인 중소·벤처기업
한 도	동일 기업당 5억 원(단, 운전자금은 3억 원)
대출금리	연 8% 내외(시중의 실세금리 추세에 따라 변동)
대출기간	5년(2년 거치 3년 분할상환) 이내 상환을 원칙
대출방법	담보부 대출, 신용 또는 보증부 대출(보증기관과의 부분 보증제도)을 병행
지원규모	상반기(2000. 3~7월):1,400억, 하반기(2000. 8~12월):600억
접수처	기술신보(신용보증부 대출), 중진공 지역본부(담보부대출)

〈우수 신기술 지정 · 지원〉

신청자격	개인 또는 창업 후 3년 이내인 중소기업
대상기술	제품화가 되지 않는 다음 기술로서 우수한 기술 · 선진적이고 혁신적인 개념에 기초한 창의적인 아이디어 · 「특허권, 실용신안권 및 컴퓨터 프로그램 보호법」에 의해 등록된 컴퓨터 프로그램(S/W)
지원내용 및 범위	· 시제품 개발 지원 : 기술 건당 1억 원 이내(지원기간:1년 이내), 다만 불가피한 경우 지원금액 증액 및 6개월 이내에서 기간 연장 가능 · 사업화 지원 · 시제품 개발에 성공한 자(지원기간:3년 이내) · 창업지원, 정보화촉진자금 참여우대 지원, 우수 신기술 지정표시(IT) 사용지원 등
지원일정	사업공고:매년 1~2월경, 과제신청 접수:연중 수시 접수
접수처	한국정보통신연구진흥원 중소기업 지원팀

〈경영안정 자금〉

대 상	제조업, 제조업 관련 서비스업 및 지식기반 서비스업을 영위 (전업률 30% 이상)하는 업력 3년 이상의 중소기업 · 수출기업, 소기업, 여성기업, 지방이전기업 등에 대해서는 평가시 총점의 5% 이내에서 가산점
한 도	업체당 연간 5억 원(매출액에 따라 차등)
대출금리	일반자금 연 8%, 특별자금 연 9% 이내
대출기간	3년 이내(거치기간 1년 이내 포함)
지원규모	일반:2,800억 원, 특별:200억 원(금융자금 포함시 400억 원) · 상반기:2000. 2. 7부터 자금소진 시기까지(1,800억 원 배정) · 하반기:2000. 8. 1부터 자금소진 시기까지(1,200억 원 배정)
채권보전	· 일반자금:부동산 담보, 신용보증서, 순수 신용 · 특별자금:신용보증서
접수처	일반:중진공 지역본부, 특별:지방 중기청, 주거래 은행

〈구조개선 자금〉

대 상 (일반원칙)	·「중소기업기본법」상의 중소기업 ·제조업 및 제조업 관련 서비스업, 지식기반 서비스업을 영위하면서 해당업종의 전업률이 30% 이상(단, 벤처기업은 예외)
한 도	·전체한도:기 대출잔액을 포함하여 동일 업체당 40억 원 이내 ·연간한도:업체당 연간 총 20억 원(매출액 범위) 이내 ·지원비율:소요자금의 100% 이내
대출금리	연리 8%
대출기간	8년(거치기간 3년 이내 포함) 이내
대출방법	·담보부 대출을 원칙, 예외적으로 신용대출 허용 ·담보:부동산, 신용보증서, 기술담보평가 증서
지원규모	7,000억 원(1차:2000. 2. 3,000억/2차:2000. 5. 2,000억/3차:2000. 8. 2,000억)
접수처	중소기업진흥공단 각 지역본부

〈정보통신 설비구입 자금〉

대 상	정보화 추진 및 연구개발을 위한 설비구입 및 시설개체 대상자
한 도	동일 기업당 20억 원
대출금리	연리 7.25%
대출기간	5년(거치기간 2년 포함) 이내
대출방법	담보부 대출, 신용 또는 보증부 대출(보증기관과의 부분 보증제도)을 병행
지원일정	사업공고:매년 1월/과제 신청서 접수:매년 2월/선정 및 사업비 지원 개시:매년 3월
접수처	지방체신청 정보통신과

〈멀티미디어 자금〉

대 상	「중소기업기본법」상의 중소기업(창업일로부터 7년 이내)
한 도	업체(사업)당 10억 원
대출금리	연리 7.25%
대출기간	5년(거치기간 2년 포함) 이내
대출방법	기금 취급 은행을 통해 선정 사업자에게 대출하는데, 담보나 신용 필요
지원규모	110억 원
지원일정	사업공고:매년 4월경/과제신청:매년 5월경
접수처	각 체신청 정보통신과

〈첨단기술제품 개발사업〉

대 상	· 산업기반기술 개발사업의 완료 과제 및 특허기술 등의 실용화 사업 · 사업자원부장관이 고시(제1996-389호, 1996. 10. 15)하는 "첨단기술 및 제품의 범위"에 해당하는 첨단기술 개발 사업
한 도	동일 기업당 30억 원 / 소요자금의 80% 이내
대출금리	연 8.25% 내외(기술담보의 경우 연 8.75%)
대출기간	8년(3년 거치, 5년 분할상환) 이내 기술담보:5년 이내(거치기간 2년 포함)
사업일정	사업공고:매년 2~3회(수시), 사업자 선정:신청일로부터 2개월 이내에 확정통보
접수처	한국산업기술평가원, 한국전자산업진흥회(S/W 및 DB업종 한함)

〈자본재 시제품〉

대 상	· 산업기반기술 개발사업의 완료 과제 및 특허기술 등의 실용화 사업 · 사업자원부장관이 고시(제1999-133호, 1999. 12. 31)하는 "국산화 대상 핵심 자본재 품목"의 개발사업 · 산업디자인 개발사업 및 기타 산업자원부장관이 신기술 및 신제품의 체계적인 개발을 위해 필요하다고 인정하는 품목의 개발사업
한 도	동일 기업당 30억 원 / 소요자금의 80% 이내
대출금리	연 8.25% 내외(기술담보의 경우 연 8.75%)
대출기간	8년(3년 거치, 5년 분할상환)이내 기술담보:5년 이내(거치기간 2년 포함)
사업일정	사업공고:매년 2~3회(수시), 사업자 선정:신청일로부터 2개월 이내에 확정통보
접수처	한국기계공업진흥회(기계 · 철강소재 부문), 한국전자산업진흥회(전자기기 부문) 한국전기공업진흥회(전기기기 부문), 한국섬유산업연합회(섬유소재 부문) 한국정밀화학공업진흥회(화학소재 부문), 한국산업단지관리공단

〈에너지 · 자원기술 사업〉

대　상	에너지 절약, 대체에너지, 청정에너지 및 자원기술 · 파일럿 플랜트 실험단계까지 성공한 기술 · 범용성이 높고 향후 보급 잠재력이 큰 기술
지원내용	연구비 지원 · 기업-연구기관 공동연구:75% 이내 · 기업, 기업-기업 공동연구:60% 이내 · 연구기관 및 비영리법인:100% 이내(사업종료 후 5년 이내 20% 상환)· 시설비 지원 · 중소기업:소요 시설비의 70% 이내 · 대기업:소요 시설비의 50% 이내 · 연간 지원 한도액:5억 원 이내(사업종료 후 5년 이내 50% 상환)
접수처	에너지관리공단 실용화보급팀

〈중소기업 기술혁신 개발사업〉

신청자격	공장등록 중소제조기업. 다만 다음 기업은 공장등록에 관계없이 사업자등록이 있으면 인정 · 소프트웨어업체 및 공업디자인 서비스업체 · 기업 부설연구소를 보유한 중소제조업체 · 창업 및 기술보육센터에 입주한 중소제조업체 · 「소기업 지원을 위한 특별조치법」 제2조의 규정에 의한 소기업
지원대상	1년 이내에 개발완료가 가능한 신제품 개발기술
지원조건	· 기술혁신개발 사업비는 정부 출연금과 기업 부담금으로 조성하되, 정부 출연금은 기술개발에 소요되는 전체 비용의 75% 이내, 최고 1억 원까지 주관기업에 출연 · 기술개발에 성공한 기업은 정부 출연금의 30%를 기술료로 1년 거치 5년 분할상환
사업일정	· 사업공고 : 매년 10월 말 ~ 11월 초 / 신청접수 : 매년 11월 초 ~ 12월 초 · 사업자 선정 : 익년도 2월까지 확정
접수처	중소기업청 기술개발과, 지방 중소기업청

7. 중소기업 금융지원자금

분야	재원	자 금 명	취급기관
벤처 및 창업지원	재정자금	중소·벤처기업 창업자금	중소기업진흥공단
		지방 중소기업 육성자금	지방자치단체
		정보화촉진금	정보통신연구관리단
	금융자금	벤처·우량기업 자금대출	각 금융기관
		뉴스타트 대출	국민은행
		창업자금 대출	기업은행
경영안정 지원	재정자금	경영안정 지원자금	중소기업진흥공단, 중기청
		중소기업 공제사업기금	중소기업협동조합 중앙회
		중소기업협동조합의 공동사업자금	중소기업협동조합 중앙회
		어음보험 기금	신용보증기금
		소프트웨어 공제사업 기금	소프트웨어공제조합
		중소할인어음	기업은행
		장애인 고용촉진 기금	장애인고용촉진공단
	금융자금	긴급 경영안정 자금	기업, 국민은행
		대기업 납품 중소기업 대출	기업은행
		지역 특화산업 영위 기업대출	기업은행
		장기 운전자금 대출	국민은행
설비투자 및 창업지원	재정자금	중소기업 구조개선 자금	중소기업진흥공단
		입지 및 협동화 사업자금	중소기업진흥공단
		산업기반 자금	기계공업진흥회 등
		지방 중소기업 육성자금	지방자치단체
	금융자금	자기공장 마련 부금대출	기업은행
		내공장 마련 부금대출	국민은행
		각종 시설설치 자금대출	산업은행
		기계할부 금융	연합기계할부금융사

분야	재원	자 금 명	취급기관
기술개발 및 신기술사업화 지원	재정자금	산업기술개발 기금, 산업기반 기금	기계공업진흥회 등
		과학기술 진흥기금	한국종합기술금융
		중소기업 기술혁신 개발자금	중소기업청
		우수발명 시작품 제작 및 특허·실용신안 외국출원지원	한국발명진흥회
		정보화촉진 기금	정보통신연구관리단
		지방 중소기업 육성자금	지방자치단체
		중소기업 기술개발자금	한국전력
	금융자금	소재·부품 생산자금	각 금융기관
		우수기술 보유업체에 대한 특별자금 대출	국민은행
		특허권담보부 무보증 신용대출	국민, 기업은행
		기술개발자금 대출	산업은행
		기술개발 및 시범기업 자금대출	기업은행
		기술력 담보대출	기업은행
디자인 및 정보화 지원	재정자금	중소기업 구조고도화 자금	중소기업진흥공단
		정보화 촉진자금	정보통신연구관리단
		산업기반 자금	한국산업디자인진흥원
		산업기술개발 자금	한국산업디자인진흥원
환경개선 지원	재정자금	산업기반 자금	기업은행 등
		환경개선 자금	환경관리공단
		재활용산업 육성자금	한국자원재생공사
		특정물질사용 합리화기금	한국정밀화학공업진흥회
		에너지 및 자원사업 특별자금	에너지관리공단
	금융자금	공해방지 시설자금	산업은행
		녹색환경 대출	기업은행
		공해방지 시설자금	기업은행
		환경친화 사업체 선정 및 자금대출	조흥은행
고용 및 근로자복지 지원	재정자금	장애인고용 촉진기금	장애인고용촉진공단
		근로복지시설 자금	근로복지공단
		직장 보육시설 설치 무상자금	노동부
		직장 보육시설 설치 융자금	근로복지공단

분야	재원	자 금 명	취급기관
수출 지원	재정자금	해외시장 개척기금	한국무역협회
		남북협력기금	수출입은행
		IBRD자금 및 한은보유외환 활용한 외상수입자금	각 외국환은행
		엔차관자금 내국수입유산스신용장 개설 및 인수	각 외국환은행
		수출자금, 수입자금	수출입은행
		자본재수출 중소기업 대출	수출입은행
		수입신용장 개설보증	산업은행
	금융자금	무역금융	각 외국환은행
		자본재 수입지원	산업은행
소규모 지원	재정자금	지방 중소기업육성 자금	지방자치단체
	금융자금	소기업자 상업어음 할인	기업은행
		소기업 및 자영업자 대출	기업, 상호신용금고, 새마을금고
		소규모 사업자 사업장임차 자금	기업은행

10장 벤처캐피탈

이 장에서는 창업가들이 가장 관심을 많이 갖는 벤처캐피탈(venture capital)에 의한 창업자본 조달에 관해 좀더 자세히 살펴보고자 한다. 먼저 벤처캐피탈의 특성을 살펴보면 다음과 같다.

- 벤처캐피탈은 주로 창업초기의 지분 또는 지분관련 투자를 말한다.
- 벤처캐피탈은 위험이 크다.
- 벤처캐피탈은 유동성이나 시장성이 작다.
- 벤처캐피탈에 대한 투자수익은 주로 자본이득에서 발생한다.
- 벤처캐피탈은 장기투자를 주로 하는 투자가들에 의해서 공급되는데, 이들은 자본뿐만 아니라 창업기업에 대한 경영자문까지도 해준다.

우리가 흔히 창업자본(창업투자 혹은 벤처자본) 투자자라고 부르는 사람들은 투자자본에 대해서 적어도 5배나 10배 이상의 수익을 올릴 수 있는 사업에 투자해서 그 사업을 키우는 사람들을 말한다. 이들은 자기들이 투자하는 사업에서 장기적으로 사업의 가치가 상승되어 수익을 올리는 것을 목표로 하고 있고, 대개는 자본뿐만 아니라 그들이 가지고 있는 경영지식까지도 제공하는 것이 보통이다.

창업자본은 값비싼 자본이라고 말할 수 있다. 투자결과가 극히 불확실할 뿐만 아니라 투자가 쉽게 현금화될 수 없기 때문에 높은 수익률을 요구한다. 따라서 벤처자본 투자가들에게 매력적인 투자기회는 그렇게 흔하지 않다.

1절 벤처자본 시장과 벤처자본 금융

1) 벤처사업의 유형

이와 같이 벤처자본 회사들이 기대하는 수익률이 높기 때문에 창업기업가가 생계나 유지할 정도로 수익성이 낮은 사업을 하게 되는 경우 벤처자본 회사를 찾느라고 비싼 시간을 소비할 필요는 없다. 왜냐하면 그러한 사업에 투자할 벤처자본 회사는 그리 많지 않을 것이기 때문이다. 미국의 경우 창업 5년 이내에 매출액이 적어도 1,000만 달러 이상이고 연 성장률이 20% 정도, 세전 영업이익에 대한 이익마진이 적어도 15%는 되어야 한다. 이 기준에 미달하는 벤처사업은 벤처기업가 자신에게는 편안한 생활을 할 수 있을 만큼의 이익을 올릴 수 있을지는 모르지만 벤처자본가들이 원하는 정도의 수익률은 결코 아니다. 반면에 창업 5년 후 매출액이 5,000만 달러 이상이 되고 매출액 성장률이 연 30%에서 50% 정도에 이르며 세전 영업이익 마진이 20% 이상이 되는 사업은 투자할 벤처자본 회사를 찾는 데 아무런 어려움이 없다.

벤처자본 투자가의 입장에서 보면 벤처사업에는 일반적으로 세 가지 유형이 있다.

① '생계유지 수단'으로서의 벤처사업은 창업 후 5년이 지나서 매출액이 1,000만 달러 미만인 사업을 말한다. 이들 사업은 생활중심으로 생각하는 창업가들에게는 전혀 문제가 없지만 창업자본 투자가들에게는 흥미가 없는 사업들이다. 그럼에도 불구하고 현실적으로는 이들 생계중심 벤처사업이 창업기업 전체의 90% 정도나 된다.

② '중견' 벤처사업은 창업 5년 후 매출액이 1,000만 달러에서 5,000만 달러 사이에 이르는 사업들을 말한다. 이들 사업은 국민 경제적인 측면에서나 창업가들에게는 매우 좋은 사업이지만 규모로 볼 때 자신들의 자본만으로는 부족하여 외부로부터의 창업투자 자본조달이 필요할 경우도 있다. 간혹 자본이득과 투자자금 회수전망이 좋을 경우 전문적인 창업자본 투자회사들의 관심을 끌 수도 있겠지만 대부분의 기업들은 창업가 개인의 소유이고 자금조달은 창업자 자신이나 개인 투자가들을 통해서 이루어진다.

③ '매우 유망한' 벤처사업은 창업 5년 후 매출액이 5,000만 달러 이상인 사업들이다. 이들 사업은 창업가나 창업투자자 모두에게 엄청난 이익을 남겨 주는 사업들이라 하겠다. 이들 사업은 자금조달의 규모도 크고 5년 후에는 주식시장에 상장되거나 또는 다른 기업에 팔릴 가능성이 높은 사업들이다. 예컨대 차세대의 Netscape, Callaway Golf와 같은 것이라고 말할 수 있다. 이들은 모두 벤처캐피탈 펀드의 투자대상 사업들이다. 그러나 이들 기업은 창업기업들의 1%에도 미치지 못한다.

2) 벤처자본 시장

벤처자본을 조달하는 벤처자본 시장은 기본적으로 두 개라고 말할 수 있는데, 하나는 눈에 보이는 시장이고 다른 하나는 보이지 않는 시장이다.

(1) 벤처캐피탈 펀드

보이는 벤처캐피탈 시장은 미국의 경우 500여 개의 벤처캐피탈 펀드들로 구성되어 있고 이들이 운용하고 있는 자금의 규모는 약 400억 달러에 달하고 있다. 웬만한 은행의 자산 총액이 대개 400억 달러이므로 결코 큰 규모라고는 볼 수 없다. 그리고 이들 벤처캐피탈 펀드들은 매년 40억 달러 정도를 벤처사업에 투자하는데, 연간 40억 달러가 우리들에게는 매우 큰 규모인 것같이 들리지만 뉴욕 증권시장에서 매일 오전까지 거래되는 금액이 40억 달러 되는 정도라는 것을 볼 때 이 역시 결코 큰 금액이라고는 볼 수 없다. 이들 벤처캐피탈 펀드들은 연간 천여 개의 회사에 투자하는데, 이들 중 3분의 2 이상이 기존 벤처사업에 대한 투자이고 나머지 3분의 1 정도가 신규사업에 대한 투자이다. 뿐만 아니라 이들 벤처 펀드들이 투자하고 있는 회사들은 모두가 성장 잠재력이 높은 창업회사들이다.

이들 벤처 펀드들이 투자하는 사업은 대체로 초기가 아니고 어느 정도 시간이 지난 후의 사업들로서 한 번에 300만 달러 정도씩 투자한다. 그러므로 만약 당신이 벤처자본 회사로부터 자본참여를 원한다면 당신이 성공할 수 있는 확률은 100대 1 정도가 된다고 볼 수 있다. 따라서 벤처투자 회사의 문을 두드리기 전에 먼저 당신의 사업이 이들이 원하는 고성장 가능성의 사업인가를 한번 검토해 보는 것이 좋을 것이다. 만약 이러한 여러 가지 조건들을 충족시키지 못한다면 보이지 않는 창업투자 자본시장으로 눈을 돌려야 할 것이다.

(2) 엔젤투자자

미국의 경우 보이지 않는 벤처캐피탈 회사는 역사도 가장 오래고 또 규모면에서도 가장 큰 시장이다. 이 시장은 순자산이 살고 있는 집을 제외하고 100만 달러 이상인 약 200만 명에 달하는 개인들로 이루어져 있다. 이들 중 대부분은 자수성가한 백만장자들로서 그들 자신이 상당한 사업이나 혹은 창업 경험을 가지고 있는 사람들이다. 포브스(Forbes) 잡지가 매년 발표하는 미국에서 가장 부유한 사람들의 명단인 Forbes 400에 의하면 1984년도에는 약 40%가 자수성가한 사람들인데 1994년에는 이 숫자가 80%로 증가하였다. 이들이 흔히 엔젤투자자(business angel)라고 불리는 사람들인데, 현재 미국에는 정확한 숫자는 아니지만 약 25만 명에 달하는 엔젤들이 매년 3만여 벤처기업에 100억 달러에서 200억 달러 사이를 투자한 것으로 추측된다. Forbes 400에서 1위를 점하고 있는 빌 게이츠는 이들 중 가장 대표적인 사람인데 그는 반드시 수익성만 추구하는 것이 아니라 지식의 발전을 도모해야 한다는 이유에서도 바이오테크 분야에서 여러 개의 벤처창업 기업에 투자한 것으로 알려져 있다.

유능하고 열성적인 경영진과 성공 가능성이 크게 보이는 사업계획을 가지고 있는 벤처기업은 엔젤로부터 투자자금을 조달할 가능성이 벤처캐피탈 펀드로부터 조달할 가능성보다 훨씬 더 크다. 그리고 전형적인 엔젤투자 규모는 미국의 경우 창업초기 약 10만 달러에서 50만 달러에 이르는 것으로, 한 사람이 아니라 여섯 사람 내지 열 사람의 투자가들이 공동으로 투자하는 것이 보통이다. 이들 공동 투자가들은 대체로 서로 신뢰하는 친구들이거나 또는 동업자들인 경우가 대부분이다. 따라서 엔젤 한 명을 찾으면 다섯 사람 또는 열 사람의 엔젤을 찾는 것과 같게 된다. 그러나 이와 같이 일단 찾으면 투자유치에 성공할 가능성이 높긴 하지만 엔젤을 찾는다는 것이 말처럼 쉬운 일은 아니다. 무엇보다도 이들은 밖으로 나타내지는 것을 꺼려한다. 따라서 어디에서도 엔젤들의 명단을 모아 놓은 책이나 또는 그들의 투자조건에 대해서 상세히 설명해 놓은 공식적인 자료는 찾을 수 없다. 그러므로 이들 엔젤들을 찾기 위해서 창업가들은 여러 가지 기발한 방법을 생각해 내야 하고 또 지속적으로 노력을 해야 한다. 몇 가지 도움되는 말을 생각해 보면 다음과 같다.

① 가까운 데서 찾아라. 대부분의 엔젤들은 자기들이 살고 있거나 또는 일하고 있는 곳으로부터 차로 30분 이내의 거리에 있는 창업기업에 투자한다.
② 창업기업의 시장과 기술을 잘 알고 있는 사람들을 찾아라. 그들이야말로 당신의 사업에 가장 높은 관심을 갖고 있을 가능성이 크다.
③ 많은 엔젤들은 자선사업이나 문화사업에 활발히 참여하고 있다. 따라서 지역신문이나 지역봉사기관들의 이사회나 또는 후원자들 명단을 주의 깊게 살펴보라.
④ 약간 비정상적인 방법이긴 하지만 이들 중 외제차나 또는 고급 승용차를 소유하는 사람들이 많으므로 차량등록 정보에 대해서도 신경을 써라.
⑤ 성장성이 높은 창업초기의 벤처사업을 전문으로 하는 변호사, 회계사, 창업투자자 또는 은행을 이용하도록 하라.
⑥ 무엇보다도 돈이 필요한 시점에서 적어도 6개월 이전에 이러한 투자자들을 찾기 시작하라.

(3) 붓스트랩 금융(Bootstrap financing)

벤처캐피탈 펀드나 또는 엔젤투자자를 통해서 창업자금을 조달할 수 없다면 창업기업에 외부자금을 조달할 가능성은 사실상 엄청나게 줄어든다. 그러나 그렇다고 포기해서는 안 된다. 1989년 Inc.500 명단에 나와 있는 500개 회사 가운데 100개 회사의 창업주와 인터뷰한 결과를 보면 자기금융(bootstrap financing)에 의한 자금조달이 대종을 이루고 있음을 알게 된다. 즉, Inc.500의 80% 이상이 창업주의 개인저축, 신용카드, 그리고 2차담보, 외상매입 등에 의한 금융에 의존하고 있는 것으로 추정된다. 또한 창업자본금의 규모는 대개 10만 달러 정도가 대종을 이루고 있고 Inc. 500의 5분의 1 미만 정도가 창업 후 5년 또는 그 이상 기간 동안 외부 투자자본을 사용한 것으로 나타나 있다.

3) 벤처자본을 유치할 때의 고려사항

(1) 창업자금의 조달은 일찍 착수하라

미국의 한 조사에 의하면 엔젤투자자나 창업투자 회사를 통한 자금조달은 처음 시작해서 끝날 때까지 적어도 6개월 정도가 소요된다. 이들을 통한 투자자금 조달과정은 두 단계로 나누어 볼 수 있는데 첫 단계는 창업기업이 자금조달을 하기로 결정하는 데서부터 엔젤이나 벤처캐피탈 펀드의 업무집행 파트너와의 첫 만남까지 걸리는 시간이다. 둘째 단계는 이들과의 첫 만남에서부터 실제로 자금이 들어올 때까지 걸리는 시간을 말한다.

첫째 단계에 걸리는 시간은 엔젤과 창업자본 투자회사의 경우가 각각 다른데, 대체로 전자는 1개월, 후자는 1.75개월 정도가 걸리는 것으로 조사되었다. 이는 사실 상식과 일치되지 않는다. 왜냐하면 흔히 엔젤들은 눈에 보이지 않고 창업투자 펀드는 회사가 어디 있는지, 또 누구인지 알려져 있기 때문에 비교적 찾기가 쉬울 것이라고 생각될 것이기 때문이다. 그러나 창업자본 투자펀드가 찾기는 쉬울 것 같지만 실제로 창업자본 투자가들과의 첫번째 만남은 오히려 더 힘이 든다. 심지어 어떤 벤처캐피탈 회사의 경영진은 서너 번의 전화는 응답하지 않음으로써 이 창업기업가가 얼마나 적극적인가, 열성적인가를 판단하기도 한다.

그보다 더 큰 차이는 첫번째 만남과 실제자금이 들어오는 데까지를 말하는 두 번째 단계에서 발생한다. 이때 걸리는 시간은 엔젤의 경우에는 2.5개월, 그리고 창업자본 투자회사의 경우에는 4.5개월이나 걸리게 되는데 그 이유는 엔젤들은 대체로 벤처사업의 기술, 제품, 시장 등에 관해 익히 알고 있을 뿐만 아니라, 이미 사업으로 크게 성공한 창업기업가들이 주도하는 동호인 투자자들이 대부분이기 때문이다. 또한 일반적으로 엔젤 각자가 투자하는 금액은 그들 각자의 총자산 중 극히 작은 일부이기 때문에 일단 사업성만 인정이 되면 가볍게 투자할 수 있다.

반면에 창업자본 투자회사의 경우에는 건당 금액이 대체로 크고 또 펀드자산의 상당한 비율인 경우가 대부분이다. 더구나 펀드 자체는 여러 투자가들의 투자를 관리하는 회사이므로 그들 투자가들에 대한 법률적 책임도 따른다. 따라서 그들의 조직이나 의사결정 과정은 투자 승인과정에 여러 사람이 개입하게 되어 있다. 설문조사에서 창업자본 투자가들은 시작에서 끝까지 엔젤의 경우에는 통상 약 4개월, 창업자본 투자회사의 경우에는 약 6개월 걸리는 것으로 응답했지만, 실제 걸리는 시간은 이보다 더 길어 적어도 1년 이상이 걸릴 것으로 생각된다. 따라서 창업투자가의 입장에서는 이들 엔젤이나 창업자본 투자회사로부터 자금을 조달하려면 이런 점을 감안하여 일찍 시작하는 것이 좋을 것이다.

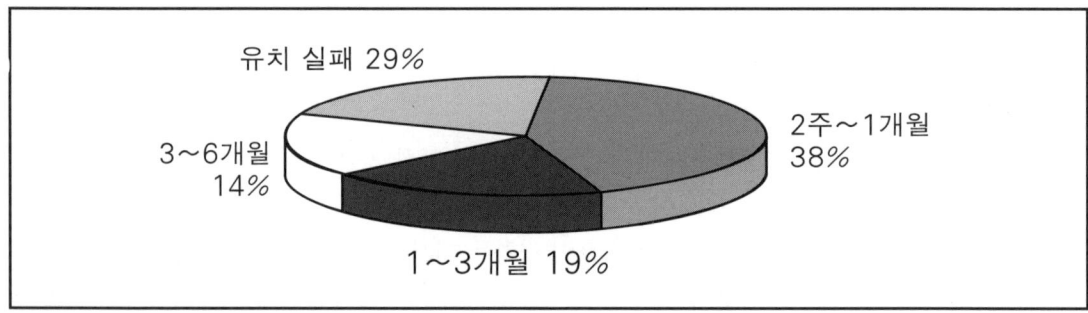

유치 실패 29%

3~6개월
14%

2주~1개월
38%

1~3개월 19%

〈그림 10-1〉투자자금 유치 소요기간   (자료 : KTB와 전경련 공동조사)

(2) 완벽한 사업계획서를 작성하라

'투자가 입장에서 작성된' 완벽한 사업계획서가 곧 자금조달의 성공을 의미하는 것은 아닐지라도 이러한 사업계획서가 없다면 그것은 곧 실패를 보증한다. 투자자금 유치의 성공을 기약할 수 있는 사업계획서의 작성이 물론 어려운 일이긴 하지만 반드시 이루어져야 하는 이유는 다음과 같다.

① 이런 사업계획서를 통해서 창업기업가는 그들의 비전과 또 언제 어떻게 그 비전을 달성하게 될 것인가를 분명히 이해하게 된다. 그러므로 사업계획서를 완벽하게 작성할 때 적어도 여러 주의 시간을 들여서 정성을 쏟아야 할 것이다.

② 분명하고 짜임새 있게 작성된 사업계획서는 노련한 투자자들의 주목을 받을 수 있는 가능성을 높일 것이다. 사업계획서란 다름 아닌 그 사업에 대한 설명서이므로 분명하고 명확해야 한다. 성공한 창업가의 한 가지 특징은 자기가 구상하고 있는 사업을 조리 있게 설명하고 사업의 목적과 목적달성을 위한 전략을 설득시킬 수 있는 능력이라 하겠다.

③ 흔히 창업투자자들은 창업기업가들이 한정된 자원을 얼마나 잘 관리할 것인가를 평가함에 있어 그들의 사업적 감각은 물론 냉철한 목적별 분석능력도 본다. 특히 '최고경영층을 위한 요약(Executive Summary)'은 사업계획의 가장 중요한 부분이다. 이 부분이야말로 창업자본 투자자들을 유인하는 미끼가 될 수 있다. 그러므로 Executive Summary를 작성하는 데 있어서 정성을 다하되 구미가 당기도록 화려하게 만드는 것도 나쁘지 않은 전략이다.

(3) 전문가의 조언을 구하라

몇 번이고 강조하는 바이지만 실제로 이들 엔젤투자자나 창업자본 투자자들로부터 자금을 조달하는 것이 그리 간단한 일은 아니다. 따라서 창업사업에 외부 투자자들이 필요하다면 업계에서 가장 유능한 법률, 회계, 그 밖에 은행이나 금융 및 경영에 관한 조언을 받을 필요가 있다. 그러나 한 가지 주의해야 할 점은 법률이나 회계에 관한 조언을 사업에 관한 조언과 혼동하지 말아야 한다는 것이다. 사업초기에 창업가들이 그들의 사업을 구체화하는 데 있어 변호사들의 도움을 받으려고 노력하는 것은 흔히 저지르는 잘못이다. 그러나 자문을 누구한테서 받느냐는 상당히 조심스럽게 접근해야 할 문제이다. 되도록 많은 사람을 추천받고 또 그 추천한 사람들과 상의해야 한다. 이제 각 분야에서 어떤 사람을 자문관으로 해야 할지를 결정하는 데 있어서 몇 가지 일반적인 지침을 제시하고자 한다.

① 변호사 : 변호사는 벤처금융에 대한 협상과 가격조건, 다시 말해서 할애해야 될 지분율, 그리고 벤처자금 조달 일반에 대한 형태 등에 경험이 많아야 하며 또한 제반 관련법규에 대한 해박한 지식이 있어야 함은 물론이다.

② 은행 : 벤처금융에 적합한 은행 담당자를 선택하는 것은 적합한 은행을 찾는 것 이상으로 중요하다. 이때 대출 담당자는 벤처회사에 대한 금융을 한 번 이상 다루어 본 경험이 있을 뿐만 아니라 벤처금융 자금과 벤처투자자들에 관해 여러 가지 자문을 해줄 수 있어야 한다. 또한 유능한 은행 대출 담당자는 현금흐름과 이익의 차이를 알아야 한다. 그리고 벤처사업가는 그들과는 솔직하고도 긴밀한 관계를 항상 유지해야 하며, 적어도 한 달에 한 번씩은 현황에 대한 간단한 보고를 해줄 필요가 있다.

③ 회계사 : 회계사는 벤처사업에 대한 회계제도의 설계와 경영정보 시스템을 전문으로 하는 회계법인에서 일하는 사람 가운데서 선정해야 한다.

마지막으로 꼭 기억해 둬야 할 것은 벤처사업에서 이미 성공을 거둔 사업가야말로 가장 적절한 자문을 해줄 수 있는 사람이라는 점이다. 필요하다면 그 사람들의 일부를 상임이사로 일하게 함으로써 그들의 경험을 사업에 활용하는 것이 거기에 들어가는 비용보다는 훨씬 더 큰 이익을 얻을 수 있을 것이다.

(4) 가장 적합한 투자자를 찾아라

우선 벤처사업 자금조달을 벤처사업의 주식을 파는 것이 아니라 자본을 사는 과정으로 이해할 필요가 있다. 주식을 판다는 것과 자본을 산다는 의미의 차이는 미묘하지만 아주 중요하다. 창업자본은 일종의 상품이다. 그렇기 때문에 벤처자본 투자자들과 그들의 투자조건 또한 다양하다. 모든 벤처사업에 대해서 해당사업에 더 적절한 특정 투자자와 투자조건의 결합이 존재하게 될 것이고 또 그러한 결합의 선택은 해당 벤처사업의 장래에 커다란 영향을 미치게 된다. 가격 외에도 이들 벤처사업 투자자의 선택에 영향을 미치는 요인들로는 다음이 있다.

① 투자자가 생각하고 있는 퇴출시기, 자금회수 시기, 자금회수 기간
② 미래에 필요한 자금을 더 공급해 줄 수 있는 투자자들의 능력
③ 벤처사업에게 제공할 수 있는 투자자들의 경영자문 능력
④ 유동성이 적고 위험이 큰 투자와 관련된 투자자들의 경험

어쨌든 상호협상의 최종적인 결과는 서로 필요로 하는 자원과 이해를 공유하는 전문가들간의 협력관계가 되어야 할 것이다. 그러므로 전략적으로 외부자본 조달시 벤처사업가는 항상 돈만 가지고 있는 것이 아니라 벤처사업에 관해 아는 것이 많은 창업투자자를 찾아야 한다. 이들이야말로 해당 벤처사업에 대해서 투자할 가능성이 가장 높은 사람들인 동시에 당신이 요청하건 안 하건 사업에 유익한 여러 가지 노하우를 제공하게 될 것이다. 두말할 것도 없이 그들이 가지고 있는 지식의 대부분은 그들이 실제사업에서의 실패를 통해서 얻은 값비싼 교훈이다. 창업기업가들에게 스스로의 뼈아픈 실패 이상으로 값진 교훈이 무엇이겠는가? 최적의 투자자들은 사업의 가치를 증가시키는 사람들이다. 그러므로 특히 사업을 처음 하는 창업기업가들에게는 창업투자자들이 현장에서 얻은 실제경험이 그들이 가지고 들어오는 자본보다도 더 가치가 있다고 하겠다.

최적의 투자자들은 전에도 말한 바와 같이 벤처기업의 시장, 제품, 기술에 대해서 잘 알고 있는 사람들이어야 한다. 그러므로 이들 투자자들은 비슷한 분야에서 이미 창업에 성공한 기업들을 경영했거나 또는 투자한 경험이 있는 사람들이다. 벤처사업을 위해서뿐만 아니라 그들 자신을 위해서도 이들 사업가들은 항상 당신이 하고 있는 사업과 긴밀한 관계를 유지할 것이나, 반드시 기억해야 될 것은 간섭하는 것과 생산적인 관계간에는 항상 유지되어야 할 일정한 선이 존재한다는 것이다. 다시 말해서 벤처사업에 투자한 투자자들의 사업경험은 그들과 창업사업가간에 존재해야 하는 건전한 관계에 대한 필요조건이지 결코 충분조건은 아니다. 결국 인간관계가 가장 중요하다는 얘기이다.

인간관계란 겉으로 보아서 좋게 보일 뿐만 아니라 또 실제로 좋게 느껴야 한다. 특히 그러한 관계를 유지하는 데 필요한 조직구조를 만드는 것도 중요하다. 예컨대 상임이사회의 이사로 선임하거나 또는 비공식적인 고문역할을 주거나 또는 상임 또는 비상임으로 회사를 도와줄 수 있는 여러 가지 역할을 주는 것도 한 방법이다.

최적의 투자가들은 벤처사업과 관련된 위험을 알고 있으며 자금면에서뿐만 아니라 감정적으로도 그러한 위험을 감당할 수 있어야 한다. 특히 벤처사업에서는 그에 따른 불가피한 지연과 여러 가지 난관이 따르게 되므로 이들과 씨름하면서 성급하고 경험이 부족한 투자자들을 상대할 시간적 여유가 없다.

> 그들과 접촉을 자주 하라. 분기별 재무제표는 물론 사장이 그 밖에 회사사정에 관한 여러 가지 보고를 하는 것은 최소한의 일이다. 여기서 말하는 접촉이란 간단한 전화도 될 수 있고 팩스도 될 수 있다. 투자자들은 반드시 긴 보고가 아니라 잦은 보고를 원한다.

창업사업의 수익성이 이례적으로 높지 않는 한 사업이 성장함에 따라서 현금이 계속 필요하게 될 것이다. 따라서 이상적으로는 최초의 투자자가 성장에 따르는 추가적인 자금소요를 메워 줄 수 있어야만 하지만 만약 여의치 않다면 이들 투자자들은 그 경우 2차, 3차의 외부자금 조달이 필요하다는 사정을 인정할 수 있어야 한다. 왜냐하면 그 경우 그들이 소유하고 있는 지분이 작아지기 때문이다. 따라서 창업기업가가 창업투자자에게 제시하는 추정 재무제표는 이러한 문제에 대한 논의의 기초를 제공하게 된다.

(5) 투자적격 심사과정에 상당한 시간이 필요하다는 것을 인식하라

예비접촉에서 합의를 한 후에 창업투자자들은 이른바 투자적격 심사에 들어가게 될 것이다. 투자적격 심사는 창업투자자들이 최종적인 투자결정을 하기 전에 마치는 일종의 숙제라고 볼 수 있다. 이러한 투자적격 심사는 전형적으로 경영진에 대한 여러 가지 배경조사, 산업연구, 경쟁자 분석, 주요한 위험과 때로는 보이지 않는 기타 여러 요인들을 파악함으로써 투자여부를 결정하는 것을 말한다. 다시 말해서 투자적격 심사는 창업기업가가 제출한 사업계획에 대한 정밀분석이라고 말할 수 있으며, 이 과정은 통상적으로 6주에서 8주 정도가 걸린다.

> 창업투자자들의 투자결정에 있어서 가장 중요시되는 요소는 창업기업가와 창업기업의 경영진이 가지고 있는 성실성, 사업능력, 그리고 사업에 대한 열의라고 볼 수 있다.

그러나 투자적격 심사는 일방통행이 아니라 쌍방통행로라고 말할 수 있다. 창업기업가 역시 그들이 영입하려고 하는 창업투자자들에 대한 여러 가지 자격에 대해서도 똑같이 신경을 써야 한다. 그러기 위해서 창업기업가들은 창업투자자들이 거래하고 있는 은행, 회계사, 그리고 변호사를 통해서 그들의 직업에서의 명성과 그들이 어떻게 인식되고 있는가를 조사해야 한다. 만약 그들이 흠없는 기록과 명성을 갖고 있지 않다면 일단 다른 투자자를 찾는 것이 현명할 것이다. 조금이라도 의심쩍은 구석이 있다면 그 자체가 확실치는 않지만 그래도 일종의 주의경보를 보내는 것이다. 만약 투자자가 엔젤이라면 그들에 대해서 말해 줄 수 있는 추천자와 그들의 전문 및 교육적인 배경을 말해 줄 수 있는 이력서를 요청하라. 그리고 추천인 각자를 다 만나 보라.

 또 하나 명심해야 할 것은 앞으로 닥쳐올 고난의 기간을 이들 투자자들과 함께 헤쳐나가야 한다는 것이다. 그러므로 최적의 투자자를 찾는 작업은 그만한 대가를 지불해도 좋다. 마지막으로 잊지 말아야 할 것은, 혹 창업투자자가 이미 투자한 회사가 있다면 그들 회사를 찾아가 직접 알아보는 것이다. 따라서 창업투자자에게 그들이 투자하고 있는 회사, 특히 실패한 회사도 빼놓지 않고 명단을 요청해서 그중 몇 개의 회사와 얘기해 보는 것도 중요하다. 그들에게 다음과 같은 질문을 해보라.

  ① 창업투자자는 신뢰성이 있었고 그리고 행동이 예측 가능했었습니까?
  ② 당신은 그들 창업투자자들이 공정하고 합리적인 사람들이었다고 생각합니까?
  ③ 그들은 상대하기가 퍽 어려웠습니까?
  ④ 사업자금을 최종적으로 받는 데 얼마나 걸렸습니까?
  ⑤ 계속적으로 지속적인 관계를 유지하는 데 있어서 당신의 투자자들은 어땠습니까?
  ⑥ 그들은 얼마나 당신의 사업에 참여했습니까?
  ⑦ 그들은 간섭을 좋아했습니까, 또는 도움을 주기를 좋아했습니까?
  ⑧ 그들은 자금 이외에 어떤 일로 당신을 도왔습니까?
  ⑨ 도대체 그들은 어느 정도로 도움이 되었습니까?
  ⑩ 그들은 동업자같이 행동했습니까, 아니면 경쟁자같이 행동했습니까?
  ⑪ 당신이 난관에 봉착했을 때 그들은 어떤 행동을 취했습니까?
  ⑫ 당신 회사의 이사회에 누구를 대표로 보냈습니까?
  ⑬ 다시 시작한다고 하면 당신은 그들 투자자들과 다시 거래를 하겠습니까?

2절 벤처자본의 비용

 이제 벤처캐피탈 도입에 대한 여러 가지 조건, 예컨대 어느 정도의 지분율을 할애할 것이냐 등의 조건을 결정해야 하는데 이 부분이야말로 벤처캐피탈에서 가장 잘 알려지지 않은 신비로운 분야라고 말할 수 있다. 벤처캐피탈의 가격결정은 부분적으로는 기술이고 부분적으로는 과학이고 또 부분적으로는 우시장에서의 소 거래와 같은 것이라고 말할 수 있다. 벤처캐피탈의 비용은 벤처사업의 발전단계에 따라서 다 다르다고 말할 수 있다. 먼저 일반적으로 통용되고 있는 창업자본 금융의 단계별 구분을 살펴보자.

1) 초기단계의 벤처캐피탈 금융

(1) 종자자본

이것은 아이디어가 실제로 사업화될 수 있고 또 창업개시자본(startup capital) 투자의 자격을 갖추고 있다는 것을 보여줄 수 있도록 발명가나 또는 벤처기업가에게 제공되는 소액자본을 말한다. 만약 최초의 몇 단계가 성공적이라면 곧 이어서 제품개발, 시장조사, 경영진의 구성, 그리고 사업계획서의 수립이 따르게 될 것이다.

(2) 창업개시자본

창업개시자본은 제품개발과 초기 마케팅을 거의 끝내 가는 단계에 있는 회사들에게 제공된다. 이들 기업들은 회사를 조직하는 과정에 있거나 또는 사업을 한 지 1년 미만의 회사들로서 아직은 제품을 상업화하지 않은 상태이다. 통상적으로 이들 기업들은 시장조사의 완료는 물론 주요 경영진을 이미 구성했으며, 또 사업계획서의 작성도 끝내고 사업을 착수할 단계에 있는 기업들이다.

(3) 1단계 창업자본

이 자금은 창업개시자본이 프로토타입 제품개발과 시장 테스트에 다 소진되었을 때 본격적인 제품생산과 판매에 착수하기 위해서 필요한 자금이다.

2) 확장기의 자금조달

(1) 2단계 창업자본

2단계 자본은 제품을 생산하고 판매하는 과정에서 미수금도 많이 생기고 재고자산도 많이 증가함으로써 발생되는 운전자본을 조달하는 것을 말한다. 이때의 창업기업은 상당한 수준의 성과를 올리기는 했지만 아직도 이익을 내기에는 역부족인 기업들이다.

(2) 3단계 또는 메자닌(Mezzanine)자본

2단계 자본이 초기에 필요한 운전자본이라고 한다면 3단계 자본은 매출액이 증가하고 손익분기점에 도달했거나 또는 어느 정도의 이익을 남기는 회사가 본격적으로 사업을 확장하는 데 필요한 자금이다. 이들 자금은 마케팅, 운전자본, 2차 본격적인 공장확장 또는 보다 나은 질의 제품을 개발하는 데 사용된다.

(3) 브리지 금융(Bridge financing)

브리지 자금은 글자 그대로 회사가 어떤 단계에서 다음 단계로 뛸 때 사용되는 자금이지만 통상 6개월 이상 1년 이내에 공개될 계획을 가지고 있을 때 사용되는 자금을 말한다. 그러므로 브리지 금융은 다음 단계의 자금조달로 상환될 수 있도록 짜여지거나 또는 주식공개를 통해서 상환하도록 되어 있다. 그러므로 브리지 금융을 하게 되면 주주의 소유지분율 변화를 초래하는 것이 보통이다.

3) 자금조달 형태와 요구수익률

창업을 하면서 자기사업이 실패하리라고 생각하는 창업가는 아마도 없을 것이다. 그러나 현실은 그렇지 않다. 성공하는 벤처사업보다는 실패하는 벤처사업이 훨씬 더 많다. 그러므로 창업자본 투자자는 실패하는 경우를 대비해서 최소한 몇 개의 사업에서는 큰 성공을 거두지 않으면 안 된다. 따라서 자금조달의 단계에 따라, 즉 사업에 수반되는 위험에 따라서 일반적으로 창업사업에서 연 25% 내지 50%의 수익률이 요구되는 것은 그렇게 상식 밖의 일이 아니다. 〈표 10-1〉은 사업단계별 즉, 위험도에 따라서 벤처자본 투자회사들이 벤처사업에 대해서 요구하는 기대수익률을 보여주고 있다.

단계(위험)	기대 수익률(%)
종자자본	80
창업개시자본	60
1단계 창업자본	50
2단계 창업자본	40
3단계 창업자본	30
브리지 자본	25

〈표 10-1〉 위험조정 벤처자본 비용   (자료 : Portable MBA p.197)

여기서 유의해야 할 것은 표에 나타난 수익률은 기대수익률이라는 점이다. 경험이 많은 투자자들은 아무리 그들이 투자심사를 완벽하게 하더라도 5개 또는 10개의 투자사업 중에서 하나 정도만이 기대수익률을 달성한다는 것을 잘 알고 있을 것이다. 그들이 하는 투자사업은 성공하거나 아니면 실패하는 것 둘 중의 하나지 평균사업, 즉 그 중간이라는 것은 없다. 흔히 투자자들은 "좀 과장해 말해서 나쁜 사업에 투자한 경우는 결코 없다."고 말하거나 혹은 "처음에는 그렇지 않았지만 일단 투자가 이루어진 후 사업이 잘못됐다."고 말하지 처음부터 나쁜 사업에 투자했다고 말하지는 않는다. 다시 말해서 투자에 필연적으로 따르기 마련인 실패를 보충하기 위해서는 이른바 '대박' 사업이 적어도 한둘은 되어야 한다는 말이다.

〈표 10-1〉에 있는 기대수익률은 또한 근사치에 불과하다. 각 사업이나 또는 투자자의 특성에 따라서 요구수익률도 달라질 것이다. 벤처사업가들이 알아 두어야 할 교훈 중의 하나는 투자자들이 벤처사업의 위험에 대해서 어떻게 생각하느냐에 따라서 그들이 요구하는 수익률도 달라진다는 사실이다. 다시 말해서 만약 그들이 위험이 작다고 생각하면 요구하는 수익률도 낮아지고 따라서 벤처사업가들이 투자자본에 대한 대가로 보상해야 되는 지분의 비율도 낮아진다. 다른 말로 표현하면 벤처사업가가 처음에 가지고 있던 자기자금, 일한 대가로 받는 지분, 붓스트랩 금융에 의한 자체조달 자금이 많으면 많을수록, 또 자체조달 자금으로 오래 견디면 견딜수록 벤처캐피탈의 비용은 더 낮아진다는 말이다.

벤처사업 투자자들은 그들이 투자한 사업에 대해서 유용한 조언도 해주고 벤처사업 투자에 따르는 위험과 유동성 부족도 감당하지만 성공한 투자자의 경우라 하더라도 벤처투자 포트폴리오 전체의 실제수익률이 우량주식 포트폴리오에 대한 투자수익률을 5%나 10% 상회하는 경우는 흔하지 않다. 다시 말해서 벤처사업 전체에서 그들이 얻게 되는 투자수익률은 20% 내지 25%에 지나지 않는다는 말이다. 뿐만 아니라 벤처사업가들은 벤처사업이 실패할 경우 대부분의 경우에는 투자자들이 창업자들보다 더 큰 손해를 본다는 것을 명심해야 한다. 반대로 벤처사업이 성공하는 경우 크게 이익을 보는 사람은 벤처투자자가 아니라 벤처사업을 창업한 벤처사업가들이 된다. 이런 이유 하나만으로도 벤처사업가가 지분율 몇 퍼센트를 놓고 투자자와 싸우다가 좋은 투자기회를 놓치는 것은 매우 어리석은 일이라 하겠다.

벤처자본 투자자들은 흔히 퍼센트로 따지는 수익률보다는 회사가치가 몇 배 증가했느냐 하는 자본이득 배수로서 사업에 대한 투자를 결정하는 경향이 있다. 수익률을 이와 같은 자본이득 배수, 또는 가치증가 배수로 환산하는 것은 어려운 일이 아니고 간단한 계산기로도 할 수 있는데, 〈표 10-2〉는 이와 같은 수익률과 수익률이 배수로 어떻게 전환되는가를 보여준다.

배수	예상 자본회수 소요기간(연)				
	3	4	5	7	10
3배	44%	32%	25%	17%	12%
4배	59	41	32	22	15
5배	71	50	38	26	17
7배	91	63	48	32	21
10배	115	78	58	39	26

〈표 10-2〉 자본이득/투자수익률(ROI) 전환표　　　　　　　　　　　　　(자료 : Portable MBA p.198)

〈표 10-2〉에서는 먼저 언제 투자자금을 회수할 것인가, 다시 말해서 언제 투자자금을 현금으로 다시 찾아갈 것인가를 결정한다. 예를 들어 예상 소요기간이 3년이라 하면 이 벤처투자자는 3년 동안 투자해서 3년 후에는 다시 투자사업에 대한 수익을 현금으로 회수한다는 말이다. 그 다음은 〈표 10-1〉에 나와 있는 창업의 단계별 또는 사업의 위험도에 따르는 요구수익률을 감안하여 원하는 수익률을 결정한다. 예컨대 이 사업에 대한 요구수익률이 위험을 감안할 때 44%가 되어야 한다면 이 사업은 3년 이내에 가치가 3배가 되어야 한다는 것을 말한다.

흔히 투자수익을 돈으로 평가하는데 창업투자에서는 금전 이외의 수익도 중요하다. 벤처캐피탈 펀드와 엔젤투자자를 구분하는 또 하나의 특징이 바로 비금전적 수익인데, 이것은 개인 투자가들은 시장에서 경쟁적으로 결정되는 금전적인 수익도 중요시하지만 그에 못지않게 기타 다른 요소들도 중요시한다는 말이다. 이들이 고려하는 비금전적 요소들은 사회적 책임 또는 그들을 크게 만족시키는 심리적인 이익으로서, 예컨대 다음과 같다.

① 실업률이 높은 지역에서 일자리를 창출하는 사업
② 사회적으로 유용한 기술, 예컨대 의술, 에너지, 환경과 관련된 기술들을 발전시키는 사업
③ 특히 도시지역의 피폐한 경제를 부흥시키는 사업
④ 여성이 소유하거나 지역경제인이 소유하는 사업
⑤ 자유경쟁시장의 꽃이라 할 수 있는 창업기업가의 성공을 돕는다는 개인적 만족 등

3절 창업자본 투자에 대한 지분율 결정

창업자본 투자자와의 협상에서는 무엇보다도 투자자의 입장에서 생각하는 것이 중요하다.

물론 쌍방이 해당 창업사업의 가치에 대해서 합의해야 하지만 이때의 사업가치는 '미래의 특정시점', 예컨대 5년 후 또는 10년 후를 기준으로 하며, 동시에 해당시점에서의 투자자금 회수방법과 관련된 퇴출전략까지도 합의대상이 된다. 여기서 특히 주의해야 할 점은 상대방에게 넘겨주는 지분율을 생각하지 말고 가치나 금액으로 생각해야 한다는 점이다. 구체적으로 다음과 같은 네 가지 원칙을 고려하면서 협상에 임해야 한다.

① 먼저 창업자본 투자자에게 자본참여에 대한 대가로 지불해야 할 지분율 결정인데, 현재시점

에서 각자의 투자금액 비율을 기준으로 하는 것이 거의 관행화되어 있다. 만약 창업가가 관련 기술을 보유하고 있거나 또는 이미 상당한 자금을 투입한 상태에서는 이를 자본화하여 창업가의 투자분에 포함한다. 그러나 이는 이론적으로 옳지 않을 뿐만 아니라 현실적으로도 불필요한 협상의 지연 내지는 최악의 경우 결렬까지 가져오게 되는 잘못된 관행이다.

> 투자자의 입장에서 문제를 보라. 투자자가 비슷한 위험도를 가지고 있는 다른 사업에 투자했을 경우 얻게 되는 수익률을 감안하라. 절대로 초기에 이들 각자가 투자하는 상대적인 투자금액의 비율로 결정하지 말고 합의된 미래의 투자자금 회수시점에서의 회사가치와 투자자들이 요구하는 수익률을 고려해서 그 수익률을 만족시켜 주는 금액을 기초로 지분율을 결정하라는 뜻이다.

② 앞에서도 말한 바와 같이 벤처사업의 사업역사가 길면 길수록 창업투자자가 부담하게 될 위험은 그만큼 감소될 것이고 따라서 위험에 비례하는 자본비용도 그만큼 낮아질 것이다. 그러므로 창업자본 투자자의 자본투자에 대한 대가로 지불해야 될 지분율도 그만큼 낮아질 것이다. 〈표 10-1〉, 〈표 10-2〉, 〈표 10-3〉들은 이와 같은 원칙을 보여준다. 다시 말해서 창업기업의 영업실적이 짧으면 짧을수록 포기해야 할 지분율은 더 증가한다.

③ 말할 것도 없이 투자회수 시점에서의 회사가치가 크면 클수록 일정 자본금액에 대해서 지불해야 될 지분율은 작아질 것이다. 뿐만 아니라 투자회수 기간이 짧으면 짧을수록, 다시 말해서 투자자가 자기들이 투자한 자금을 회수하는 데 소요되는 시간이 짧으면 짧을수록 그들이 갖게 되는 지분율도 낮아질 것이다. 왜냐하면 투자자들은 현금화하는 데 소요되는 기간을 매우 중요하게 생각하기 때문이다. 〈표 10-3〉을 보라.

투자회수 기간	회사의 미래가치(억 원)				
	50	100	150	200	250
2년	39%	20%	13%	10%	8%
3년	55	27	18	14	11
4년	77	38	26	19	15
5년	N/A	54	36	27	22
7년	N/A	N/A	70	53	42
10년	N/A	N/A	N/A	N/A	N/A

〈표 10-3〉 자본투자, 요구수익률, 투자회수 기간과 지분율

〈표 10-3〉은 어떤 창업자본 투자자가 10억 원을 투자하면서 수익률 40%를 기대할 때 미래에 예상되는 사업가치와 투자자금 회수기간이 그 투자자에 대한 지분율에 미치는 영향을 보여주고 있다. 표에서 보는 바와 같이 그 영향은 매우 크다. 예컨대 사업가치가 2년 후 250억 원에 이른다면 이 투자자는 8%의 지분율을 받아야 하고, 만약 사업가치가 50억 원이 된다면 39%나 받아야 한다. 또한 7년 후 사업가치가 250억 원이라면 창업기업가가 포기해야 할 지분율은 42%, 150억 원이라면 70%가 된다. 특히 표의 아래, 왼쪽 구석을 보면 만약에 투자의 회수기간이 너무 길거나 또는 그때 가서 사업가치가 형편없이 작다면 포기해야 될 지분율이 100% 이상이라는 것을 보여준다.

흔히 벤처사업가들이 잘못 생각하는 것 가운데 하나가 외부 투자자금을 유치하면 외부 투자자들에게 회사 경영권을 빼앗길지도 모른다는 불안감이다. 그러나 현실적으로 대부분의 벤처사업 투자자들은 사업에 대한 지배권에는 흥미가 없을 뿐만 아니라 일상적인 경영에 대해서도 관심이 없다.

그러나 가끔은 누구도 50% 이상의 지분을 소유할 수 없고, 따라서 어느 일방도 지배권을 갖지 않음으로써 회사의 목표, 방향, 기타 자금흐름에 영향을 미치는 중요한 결정은 적어도 쌍방이 합의해야 한다고 주장하는 투자자도 있다. 〈표 10-3〉에서 보는 바와 같이 투자자들은 지분투자를 정당화하려면 적어도 50% 이상의 지분율이 보장되어야 한다고 느낄 때만 그것을 요구한다. 일반적인 창업자본 투자자들은 창업사업가와 그 경영팀이 회사를 경영하는 것을 언제나 원칙으로 하고 있다. 만약 투자자가 경영권에 집착한다면 그 사람은 대체로 자신의 경영능력이 창업기업가보다 훨씬 낮다고 생각하는, 예컨대 그 전에 회사경험이 있었던 경영자 출신일 것이므로 그들만 조심하면 별 문제가 없다. 창업자본 투자에 대한 지분율을 결정하려면 어떤 형태로든 지분율을 구체적인 숫자로 보여주는 경제모형을 가지고 있을 필요가 있다. 그렇게 함으로써 쌍방간에 있을 수 있는 이견이나 분쟁을 해결하는 데 도움이 된다. 물론 이와 같은 구체적인 숫자 뒤에 숨어 있는 여러 가정에 대해서 이견이 있을 수는 있지만 그러나 무턱대고 쌍방간의 주장만을 내세우는 것보다는 과학적인 근거가 있다는 점에서 큰 도움이 된다.

다음에 소개하는 지분율 결정에 관한 실례는 과거에 전통적으로 사용되어 온 현금흐름 할인 모형에 기초한 것으로서 다만 현재가치가 아니라 〈표 10-1〉에 있는 위험조정 요구수익률을 이용한 미래가치에 초점을 두었다는 점에서 그들과 다를 뿐이다.

4절 지분율 결정 모형

'(주)새사업'이라는 창업회사의 경우 현재 필요한 자금이 1억 원이고 이 사업은 5년 후 20억 원의 매출액을 올리며, 이때 매출액 대비 순이익의 비율은 10%라 가정하자. 그리고 5년 후부터 이 회사는 계속 20% 이상의 성장률을 보일 것으로 예상되며 5년 후 증권시장에 상장한다고 가정하자. 또한 시장에서 비슷한 규모와 비슷한 성장률을 보이는 회사들의 주식가격이 당기순이익의 15배로 거래되고 있다고 가정하자. 다시 말해서 가격/이익 배수(P/E multiple)가 15라는 말이다. 이때 1억 원을 투자하는 창업투자자가 요구하는 위험조정 투자수익률이 연 58%, 다시 말해서 5년 후 투자원금의 10배라고 한다면 이때 벤처사업의 창업가들이 창업자본 투자자에게 지불해야 할 지분율은 얼마인가? 대답은 33%이다. 먼저 〈표 10-4〉의 '높은 가능성' 칸을 보라.

	최악	높은 가능성	최선
가정			
투자	1억 원	1억 원	1억 원
투자회수 시기(연)	7년	5년	3년
매출액	10억 원	20억 원	30억 원
순마진(매출액 대비 순이익)	5% / 10%	10% / 20%	15% / 30%
성장률			
P/E 배수	10×	15×	20×
총 자기자본(주식) 가치	5억 원	30억 원	90억 원
투자자 요구 투자원금 배수	15×	10×	5×
위험조정 투자수익률	47%	58%	71%
투자자 요구 자기자본(주식) 가치	15억 원	10억 원	5억 원
결과 투자자 지분율	N/A	33%	6%

〈표 10-4〉(주)새사업의 지분율 결정

이제 표를 보면서 어떻게 해서 33%의 지분율이 나왔나 생각해 보자. 20억 원의 매출액은 10%의 순이익률을 가정했을 때 2억 원의 당기순이익을 남긴다. P/E 배수가 15이므로 이때 이 회사의 주식가치는 30억 원이 될 것이다. 투자가들이 요구하는 투자수익률이 60%이므로, 그들은 5년 후 당초 1억 원 투자금액의 10배를 요구하는 것이다. 다시 말해서 10억 원이 되어야 한다는 얘기이다. 그들이 가져가야 할 금액이 10억 원이므로 당연히 전체 회사 주식가치 30억 원의 33%가 된다.

〈표 10-4〉는 또한 최선의 경우와 최악의 경우를 보여주고 있는데 이 두 경우는 발생확률이 각각 10분의 1씩, 다시 말해서 10번 중의 1번으로 가정한 것이다. 그러므로 가장 가능성이 높은 경우는 80%에 이른다고 볼 수 있다. 이와 같이 가능한 경우와 여러 가지 가능성을 검토해 봄으로써 창업투자자와 벤처사업가는 협상에서 주관적인 요소와 감정적인 요소를 최소한으로 줄일 수 있다. 가장 이상적인 경우는 쌍방이 모두 이와 같은 과학적인 모형과 그에 포함된 가정에 입각해 합의에 이르는 것이겠지만 통상적으로 사업가는 항상 낙관적이고 투자가는 항상 비관적인 경향이 있다. 그러므로 현실적으로 쌍방이 완전한 합의에 이른다는 것은 거의 불가능하지만 이러한 객관적인 모형에 의존하면 어떤 방법으로든 합의에 이를 가능성이 높아짐은 사실이다. 대부분의 경우 투자자들은 사업가가 가장 비관적인 경우라고 생각하는 것을 최선의 경우라고 보는 것이 일반적이지 않겠는가?

5절 실패자로부터 얻는 교훈

대부분의 창업기업가들은 그야말로 잘못을 통해서 비싼 대가를 치르고 교훈을 얻는다. 그러나 창업기업가들은 다른 사람의 잘못을 통해서 귀중한 교훈을 배울 수도 있다. 예컨대 아래에 열거된 이유들은 창업투자자의 입장에서 창업사업가가 제시한 투자계획서를 거절한 이유들이다. 가장 공통된 이유들 중의 몇 가지를 보자.

① 경영층에 대한 불신
② 위험을 감안한 수익률에 대한 불만족 즉, 지분율에 대한 불만족
③ 사업계획서 작성의 부실
④ 창업자본 투자자가 제품, 공정, 시장에 대해서 잘 모르는 경우
⑤ 비즈니스 엔젤의 경우 사업이 금전적인 것보다는 정신적으로 만족감을 주지 못한 경우

다음은 개인 투자가들이 사업제안서를 거절한 이유들이다.

① 우리는 시장지배력을 원한다. 우리는 시장의 1%를 차지하는 사업에는 투자를 하지 않는다.

우리는 아직까지 개발되지 않은 시장의 100%를 차지할 수 있는 투자사업에 투자한다.

② 대부분의 경우 경영진이 사업의 성공을 위해서 요구되는 수준에 미치지 못하는 것 같았다.

③ 우리는 제안된 사업에 관심이 없었다. 우리는 제안된 사업으로부터 어떠한 사회적, 경제적 가치도 발견할 수 없었다.

④ 지분율이 만족스럽지 않았다.

⑤ 가격에 합의할 수 없었다.

⑥ 사업제안서를 볼 때 너무 낙관적이었다.

⑦ 사업가 두 사람 중 한 사람이 사업에 전적으로 매달리지 않고 있는 것 같았다. 다른 활동에 너무 깊이 개입되어 있는 것 같았다.

⑧ 우리가 그 사업을 잘 모르고 있었다.

⑨ 부인이 거절했다.

부 록

1. 창업투자회사 현황

〈투자회사(조합) 설립현황(2000년 5월 말)〉　　　　　　　　　　　　　　(단위 : 개, 억 원)

연도별	86~96	97	98	99	2000.5.31	계
신규등록	62	6	13	26	47	154
등록취소	8	-	1	11	-	20
등록누계	54	60	72	87	134	134
납입자본금	7,986	8,863	10,263	12,400	17,942	17,942

• 2000년 월별 설립현황 : 1월(2개), 2월(11개), 3월(16개), 4월(8개), 5월(10개)

〈투자재원 현황 (2000년 5월 말)〉　　　　　　　　　　　　　　　(단위 : 억 원)

구 분	회사 수	86~97	98	99. 12	2000. 5	계
투자회사	134	8,204	1,387	2,809	5,542	17,942
투자조합	229	5,399	755	4,568	5,787	16,509
재정융자 잔액	57	878	1,406	2,485	6	4,763
계		14,481	3,548	9,862	11,335	39,214

〈설립연도별 투자현황 (1999년 12월 말)〉 (단위 : 억 원)

구 분	지원업체 수	%	지원금액	%	평균지원액
1년 이하	535	19.5	2,090	14.1	3.9
2~3년	685	25.0	3,247	21.9	4.7
4~5년	418	15.2	2,892	19.5	6.9
6~7년	313	11.4	1,969	13.3	6.3
8~14년	774	28.2	4,560	30.7	5.9
14년 초과	18	0.7	87	0.5	4.8
계	2,743	100.0	14,845	100.0	5.4

〈업종별 투자현황 (1999년 12월 말)〉 (단위 : 사, 억 원, %)

업 종	업체 수			금 액		
	98년 말	99년 말	비율	98년 말	99년 말	비율
기계 · 금속	333	494	18.0	2,457	2,346	15.9
전기 · 전자	241	800	29.2	2,458	4,946	33.3
화 공	170	132	4.8	1,300	679	4.6
공학 · 정보	138	653	23.8	772	2,985	20.1
소 계	882	2,079	75.8	6,987	10,974	73.9
섬 유	57	72	2.6	331	309	2.1
건 설	40	134	4.9	554	812	5.5
유 통 업	120	124	4.5	858	681	4.6
기 타	187	334	12.2	1,678	2,069	13.9
소 계	404	664	24.2	3,421	3,871	26.1
합 계	1,286	2,743	100.0	10,408	14,845	100.0

11장 창업성과의 수확

CASE 1

'흥부' 라는 옥호로 서울에서 평양냉면 전문식당을 시작한 이창업 씨는 1999년 말 전국적으로 중소도시까지 포함해서 40개의 식당을 갖춘 대형 체인 식당을 경영하는 어엿한 사장이 되었다. 행운인지, 또는 남북화해 무드 탓인지 40개 점포 모두가 성업 중이고 매출액만도 500억 원에 이를 것으로 예상되고 있다. 꼭 10년 전에 수중에 있던 1,000만 원과 거래은행은 물론 일가친척까지 모두 동원한 9,000만 원을 합해 총 1억 원으로 시작해서 그 후 7년 간 밤낮없이 부부가 매달려 살았으니 이창업 씨에게 최근 3년은 그야말로 행복한 나날이었음에 틀림없다.

사업성공을 말해주는 듯 이창업 씨의 '흥부' 에 관심을 갖는 사람들도 최근 부쩍 많아진 것이 사실이지만, 그 동안 그는 사업체를 매도한다는 생각은 전혀 해본 적이 없었다. 그러다가 작년 말 어느 재벌급 회사로부터 귀가 솔깃할 수밖에 없는 제의를 받았다. 몇 번의 협상 끝에 그 회사는 '흥부' 를 400억 원에 매입하고 향후 5년 간 경영권까지 보장한다는 최종안을 제시했다. 몇 달의 고민 끝에 드디어 이창업 씨는 2000년 4월 '흥부' 를 그 회사에게 매도하고 말았다.

그러나 문제는 이창업 씨가 사업체 매도각서에 도장을 찍은 바로 다음날부터 후회하기 시작했다는 데 있다. 물론 10억 원의 위약금까지 물겠으니 해약하자고까지 했지만 상대는 되돌려줄 의사가 전혀 없었다. 요즈음 이창업 씨는 일확천금을 했다는 성취감보다는 오히려 이제는 회사의 주인이 아니라는 깊은 절망감에 하루하루가 무섭게 느껴지곤 한다.

무엇이 문제인가. 이창업 씨 내외는 지난간 10년 동안 자식같이 애지중지해 왔던 회사를 잃었다. 물론 돈은 좋은 것이었지만 한편으로는 오히려 짐이 되었다. 그들에게 돈 관리의 즐거움은 식당경영이 주는 즐거움에 견줄 바가 못 되었다. 더욱이 '흥부' 의 새 주인과는 회사경영 철학이 전적으로 다름을 발견한 후부터는 회사경영에도 심드렁하게 되었다. 마침내 이창업 씨는 지난달 10일 사장직도 그만두고 현재는 또 다른 창업기회를 찾고 있다.

CASE 2

신벤처 씨는 최고급 가구회사의 창업주인데 몇 년 전 아파트 붐이 한창일 때 회사를 200억 원에 매도하라는 제의가 있었지만 팔지 않고 계속 소유하고 있었다. 당시 200억 원이라는 돈이 결코 적지 않은 금액이라고 주위에서 말들 했지만 신벤처 씨가 보기에는 충분치 못했다. 그 후 가구산업의 경쟁이 격화되었고 엎친 데 덮친 격으로 건설경기마저 불황으로 전환된 요즈음 그는 그때 팔지 않았던 것을 뼈저리게 후회하고 있다. 이 엄동설한에 과연 누가 신벤처 씨의 회사를 전과 같은 좋은 조건으로 사려 하겠는가? 그에게 당분간 그런 기회는 좀처럼 다시 올 것 같지 않았다.

며칠 전이었다. 뜻밖에도 그 동안 거의 포기했던 매수 제의가 들어왔다. 그러나 가격이 200억 원이 아니라 거의 반 값에 불과한 120억 원에. 실망이 컸지만, 요즈음 소홀했던 가정생활과 사회봉사활동에서 오는 즐거움을 새로 발견한 신벤처 씨는 그 값에라도 회사를 넘기기로 결정했다.

이들 두 얘기는 물론 가상적이기는 하나 벤처업계에서 실제로 흔히 일어나고 있다. 벤처창업가가 창업투자의 마지막 단계인 창업성과의 수확단계에서 크게 실패하게 되는 예는 매우 현실적인 문제라 하겠다. CASE 1의 경우, 이창업 씨 내외는 어떤 의미에서는 우리 모두가 크게 성공했다고 말할 수 있는 결실을 맺었으나, 지금까지 후회하는 것으로 보아 결과적으로는 실패했다고 볼 수 있다. CASE 2의 경우, 신벤처 씨는 충분히 가능했던 수확의 기회를 놓침으로써 몇 년을 더 기다린 끝에, 그것도 종전보다 형편없이 싼 가격으로 팔아야 했다. 우리에게 주는 교훈은 무엇인가.

창업기업가는 반드시 사업성과에 대한 수확을 왜, 언제 해야 하느냐를 알지 않으면 안 된다. 창업자의 입장에서 벤처사업이 궁극적으로 성공한 사업이 되려면 끝맺음이 좋아야 한다. 다시 말해서 퇴출전략이 있느냐, 또 있다면 얼마나 효율적이냐가 벤처사업의 궁극적인 가치를 결정한다는 말이다. 여기서 말하는 가치는 비단 경제적인 가치만 가리키는 것이 아니라 신벤처 씨의 경우와 같은 정서적인 면도 함께 포함한다.

이 장에서는 벤처사업 창업의 마지막 결과, 이른바 성과의 수확에 관해 알아보기로 한다. 먼저 수확전략을 생각해 보고, 다음은 수확단계에서의 사업가치 결정, 마지막으로 수확방안을 논의하기로 한다. 다만 두 번째 사업가치는 8장에서 언급했으므로 중복을 피하기 위해 간단히 다루기로 한다.

1절 수확전략의 필요성

수확전략을 수립하기 위해서는 먼저 수확(harvest)에 대한 개념을 확실하게 이해할 필요가 있다. 창업과정에서 말하는 수확이란 창업주와 창업투자자들이 투자에 대한 최종적인 대가를 세후현금, 즉 그들의 손안에 들어오는 현금으로 회수하는 전략을 말한다. 따라서 현금이 일시에 전액 회수된다거나 창업자가 반드시 회사를 떠나야 하는 것을 의미하는 것이 아니며, 또한 개인적인 사정이나 비금전적인 측면을 전혀 무시해서도 안 된다. 창업성과의 수확은 회사에 대한 현금매각도 될 수 있고, 회사의 지속적인 성장을 위해 필요한 투자를 의도적으로 중지함으로써 발생한 잉여현금을 개인적인 용도로 회수할 수도 있다. 또 그 동안 창업과정에서 동고동락한 임원들이나 혹은 공로가 큰 직원들에게 창업자 소유주식의 일부 혹은 전부를 매도할 수도 있다. 특정형태에 구애받지 않고 다만 창업자나 투자자들에게 현금을 회수할 수 있게만 하면 된다.

우리 나라에서도 널리 알려진 스티븐 코비(Stephen Covey)는 "성공한 사람들의 일곱 가지 습관 (The Seven Habits of Highly Effective People)"에서 성공적인 삶을 위한 가장 중요한 요인들 가운데 하나는 "종말을 염두에 두고 인생을 시작하는 것이다."라고 말한 바 있다. 이 말은 벤처사업에도 적절한 말이다. 벤처사업가가 성공하기 위해서는 창업시 사업성에 관한 철저한 분석은 물론 퇴출 방법까지도 생각해 두어야 한다. 만약 창업목적이 생계유지에 있다면 퇴출이나 수확전략 같은 것은 불필요하겠지만, 자신과 투자가들의 재산증식에 있다면 수확전략은 반드시 필요하다. 이 경우 사업으로부터의 퇴출은 창업자가 단순히 회사를 떠나는 것 이상을 의미하므로 퇴출전략이야말로 창업에 동참했던 모든 사람들, 즉 창업자 자신과 임직원들은 물론 투자가들에게 커다란 경제적 성과를 가져다 주는 데 필수적인 마지막 절차라 볼 수 있다.

어떤 의미에서 창업성과의 수확은 창업자들에게는 흥분과 망설임을 동시에 가져다 주는 창업 최대의 사건이라 말할 수 있다. 특히 회사가 시장에 공개된다거나 혹은 다른 회사나 투자회사에 인수될 경우는 더욱 그러할 것이다. 그럼에도 불구하고 대부분의 창업기업가들은 수확에 대해서는 다음에 생각해도 늦지 않다는 핑계로 의도적으로 회피하거나 무시하려 든다. 더구나 회사가 앞으로 어떤 식으로 마무리 되는지 어느 누구도 자신 있게 말할 수 없을진대 매일매일의 회사운영과 회사의 성장에만 전력투구할 수밖에 없다는 말에 무슨 말을 할 수 있겠는가. 그럼에도 불구하고 창업사업의 수확만큼 창업가의 생애에 지대한 영향을 미치는 사건이 없는 것 또한 사실이다.

또한 창업사업의 수확은 외부 투자자들에게도 지대한 관심사가 아닐 수 없다. 그들은 대체로 자신들의 투자에 대해서 사전에 어떤 견해 — 가령 기업이 공개된다거나 혹은 다른 투자가들에 의해 인수될 것이라는 등 — 를 갖고 있는 것이 보통이다. 물론 개인적인 중요성면에서는 창업주에 비할 수 없겠지만 그들의 최대 관심사인 세후 현금흐름, 즉 투자수익을 극대화하기 위해서도 이들 외부 투자가들 역시 퇴출방법에 대해서 지대한 관심을 갖지 않을 수 없을 것이다.

최근 저자는 평소 교분이 깊은 벤처사업가 선배 한 분을 창업투자 회사 사장에게 소개한 경험이 있다. 그분은 자동차 '알루미늄 엔진' 부품 전문기술을 가지고 회사의 30퍼센트 지분을 보유하고 있었는데, 나머지 70% 대주주와 사업에 관해서 이견이 있음을 창업투자 회사 사장한테 솔직히 말했다. 결국 그 선배는 창업투자 회사로부터의 자본유치에 실패하게 되는데, 후일 창투회사 사장은 거절한 이유가 이들의 견해차로 인해 회사의 투자회수, 즉 퇴출전략이 불분명했기 때문이라고 말했다.

이제 창업성과의 수확전략을 수립함에 있어 몇 가지 주의할 사항을 생각해 보기로 하자.

1) 창업기업가 자신의 개인적인 목적과 목표를 설정하라

대부분의 창업기업가들에게는 사업, 또는 창업기업이 그들 인생의 모든 것이라고 볼 수 있다. 따라서 벤처사업의 수확에 관한 결정은 창업기업가 자신의 개인적 목적이나 목표와 분리된 상태에서 이루어질 수 없다. 자신의 삶에서 과연 무엇이 중요한가를 알지 못한 상태에서 벤처사업을 정리하기로 결정하는 경우, 그 결정은 십중팔구 후회스러운 결정이 될 것이다.

2) 퇴출 또는 수확전략을 미리 수립하라

창업기업가가 창업성과를 수확해야 할 시기는 반드시 오고야 말 것이다. 상황은 경우에 따라서 조금씩 다를지 몰라도 조만간 오게 될 것을 알고서도 일부러 피하고 사전준비를 게을리 하다간 창업가 자신은 물론 가족들에게까지도 여러 가지 문제를 초래하게 될 것이다.

3) 오늘의 결정이 장차 수확에 미치는 영향을 고려하라

벤처사업에 성공했다고 하자. 회사도 엄청나게 발전했고 창업에 관련된 모든 사람들이 만족해 한다고 하자. 그러나 이 모든 것이 결국 자신의 성공으로 연결될 수 없다면, 다시 말해서 성과를 거두어들일 수 없다면 창업가 자신은 결국 헛수고를 한 것이나 다름없다. 오늘 내린 결정이 후일 수확하는 데 있어 장애물이 되는 경우도 있을 수 있다. 예를 들어, 회사 창업시 해당산업을 주도하고 있는 회사로부터 자본참여를 받는 경우, 당장은 부족한 자본도 해결되고 더불어 전문성, 경험, 마케팅 등에서 많은 도움을 받겠지만 이는 후일 사업의 수확단계에서 어떤 다른 경쟁기업도 이 회사를 매수하려 하지 않게 만들 것이다. 그런 결정은 후일 회사를 최고가격에 팔 수 있는 기회를 사실상 봉쇄하는 결과를 낳게 된다.

4) 벤처사업의 수확기회는 금방 왔다 금방 사라진다는 사실에 유념하라

벤처사업을 매도하거나 혹은 주식시장에 상장시키는 기회는 경제나 산업의 경기상황과 맞물려 있는 것이 일반적이다. 우리 나라의 경우, 1999년과 2000년 상반기까지 경기회복이 활발히 이루어졌고 주식시장, 특히 코스닥 시장이 과열현상까지 보여서 많은 벤처기업의 상장이 이루어졌다. 상당수의 벤처창업가들이 이때 수십억, 수백억 원의 현금을 벌어들였을 뿐만 아니라, 벤처재벌이라는 소리가 언론매체에 등장한 시기도 바로 이때였다. 그러다가 2000년 후반부터 경제성장 속도가 느려지고 이른바 '닷컴 거품'이 진정됨에 따라 벤처기업의 상장 또한 주춤하게 되었다. 이제는 벤처재벌이라는 말 대신 하늘 높은 줄 몰랐던 벤처산업에 감원과 도산의 열병이 확산되고 있다. 불과 일년도 채 못 되는 기간에 벌어진 하늘과 땅의 변화라 하겠다.

5) 너무 일찍 수확하지 말라

앞에서 말한대로 수확기회는 언제나 열려 있는 것이 아니다. 그러나 그렇다고 해서 서둘러서도 안 된다. 인내심을 갖는 것은 언제나 현명한 일이다. 특히, 벤처기업이 창업주나 투자자에게 만족할 만한 수익률을 낼 수 있을 만큼 성장하려면 최소한 7년에서 10년이 소요된다. 일이 년 사이에 수백 배의 수익률을 보장하는 사업은 심지어 벤처산업에서도 흔한 일이 아님을 명심하라.

6) 이른바 '전문가'들을 조심하라

벤처기업들은 부족한 인력을 보완하는 방편으로 무급, 또는 유급의 이른바 자문위원, 혹은 고문들을 많이 보유하고 있다. 특히 무급일 경우, 그들에 대한 금전적 보상은 대개 회사가 매도되거나 혹은 공개될 때 이루어지므로, 이들이 자기이익보다 회사이익을 먼저 생각한다는 보장이 없다. 따라서 그들의 의견은 비슷한 과정을 거친 다른 사람들의 조언과 균형을 이루도록 해야 할 것이다. 우선 창업수확을 먼저 한 선배 벤처사업가의 조언을 구하고, 보상이 수확협상 결과에 관계없이 이루어지는 사람들의 자문을 구하라.

2절 수확기회의 평가

수확전략의 성공여부는 대체로 기업 또는 사업가치를 얼마나 정확히 평가할 수 있느냐, 그리고 다음은 언제 수확하느냐에 달려 있다. 기업가치 평가방법은 8장에서 다루었으므로 여기서는 기업가치의 평가방법에 관한 논의는 생략하고 다만 수확기회의 평가, 즉 수확시기의 결정에 관한 논의에 국한하고자 한다.

> 수확시기의 결정은 기본적으로 그 사업에 투입된 자본이 경제적인 의미에서 새로운 가치를 창출할 것인가 하는 물음으로부터 출발한다.

물론 기업이 자본시장에서 거래되고 있으면 대답은 간단히 나올 수 있지만 불행히도 창업기업의 경우에는 문제가 간단치 않다. 그러나 모든 기업의 현재가치는 사업에 투입된 자본총액과, 투입된 자본의 수익률이 자본비용을 초과함으로써 발생하는 경제적 가치의 증가분을 합한 것과 같다. 바꿔 말하면 기업의 시장가치는 기업에 투입된 자본의 총액에서 투입된 자본의 수익률이 자본의 기회비용에 미치지 못함으로써 발생한 기업가치의 손실을 차감한 것과 같다.

이렇게 볼 때 창업기업이 발전하여 수확기에 접어들었다고 생각되면 다음과 같은 두 가지 질문을 던져 보아야 한다. 첫째, 현재의 창업주, 또는 경영팀이 기업가치를 계속 증가시킬 만큼 능력이 있는가? 이를 알기 위해서는 우선 재무자료를 이용하여 지금까지의 매년 경제적 이익, 또는 경제적 부가가치(economic value added: EVA)를 추정해 본다. 만약 경제적 이익이 매년 증가되고 있는 추세라면 대답은 긍정적이고 그 반대면 부정적이다. 경제적 부가가치의 계산은 다음 산식을 이용한다.

$$EVA_t = [투하자본\ 수익률_t - 자본비용(률)_t] \times 투하자본_t$$

여기서 투하자본 수익률은 세후 영업이익(영업이익 - 영업이익에 대한 법인세액)을 기업의 영업활동에 투입된 현금자본 총액으로 나눈 것이고, 자본비용은 투입된 자본이 이 회사의 사업에 투입됨으로써 포기할 수밖에 없었던 수익률, 즉 투하자본의 기회비용(률)을 말한다. 재무관리 이론에서는 이를 기업의 가중 평균자본 비용이라 말하는데, 창업기업의 경우 사업의 높은 위험도를 감안하여 통상적으로는 최소한 연 30% 이상이 된다(10장 참조). 물론 창업사업의 단계에 따라 다르긴 하다.

두 번째 질문은 창업주나 현 경영팀에 비해서 새로운 소유주가 회사의 가치를 더 증가시킬 것이냐는 것이다. 만약 그렇다면 회사는 새 주인을 맞는 편이 모든 사람에게 좋을 것이다.

> 창업기업가는 회사의 가치가 계속 증가될 수 없는 단계에 이를 때까지 사업을 발전시키고 그 이후에는 사업을 다음 단계로 진입시킬 수 있는 새 주인에게 매각하는 방법이야말로 창업성공의 가장 확실한 방법이다.

이때 새롭게 창출될 가치증가분을 옛 주인과 새 주인 사이에 어떻게 배분할 것인가의 문제는 전적으로 협상능력에 달려 있으며, 궁극적으로는 누가 더 이 사업을 원하느냐에 달려 있다.

3절 수확방법

일단 수확시기와 수확가치가 결정된 다음, 수확전략의 구체적인 실행방법은 창업기업가가 사용할 수 있는 수확방법이 어떤 것들이냐에 상당부분 의존하게 된다. 다시 말해서 창업기업가에 따라서 사용할 수 있는 수확방법이 다르게 된다는 말이다. 다음에 열거한 수확방법들은 그중 가장 대표적인 것들로서 열거된 순서는 가장 가능성이 큰 것부터 가장 작은 것으로 되어 있다.

- 잉여현금흐름의 증가
- 차입에 의한 매입(leveraged buyout: LBO)과 경영진 매입(management buyout: MBO)
- 합병과 인수(merge and acquisition: M&A)
- 최초 주식공모(initial public offering: IPO)

1) 잉여현금흐름의 증가

유명한 이솝(Aesop)의 우화 가운데 '거위와 황금알' 이라는 우화가 있다. 줄거리는 대개 다음과 같다.

어느 날 거위 둥우리에서 눈부신 황금알을 발견한 농부가 매일 아침 황금알을 꺼내 상상도 하지 못했을 만큼의 부자가 되었다. 그러나 시간이 지남에 따라 농부는 점점 하루하루 기다리는 것이 참을 수 없을 만큼 마음이 조급해졌고, 욕심 또한 커졌다. 마침내 그는 그 모든 황금알을 지금 당장

갖기로 결심했다. 방법은 황금알을 낳는 거위를 죽여서 배를 갈라 그 속에 있는 황금알을 모두 꺼내는 것이었다. 그는 거위를 죽여 배를 열어 보았다. 그러나 있을 줄 알았던 황금알은 그 속에 없었다. 그는 애지중지하던 거위를 잃었을 뿐만 아니라 더 이상의 황금알을 얻을 수 있었던 기회마저도 잃어버렸던 것이다.

위 이야기는 창업의 수확에도 그대로 적용된다고 하겠다. 거위를 회사, 알을 영업에서 발생하는 현금흐름이라 보면 창업초기에는 모든 자원이 회사(거위)의 성장과 건실한 발전(알 생산능력)을 위해 집중적으로 투입된다. 영업에서 발생한 현금 또한 모두 매출액 증가와 미래의 현금흐름을 증가시키기 위한 목적으로 재투자될 것이다.

그러나 창업가는 무한정 이렇게 재투자만 할 수는 없고, 어느 시점에선가는 얼마간의 현금을 개인적인 용도에 사용하고 싶어할 것이다. 따라서 회사(거위)를 어렵게 만들지 않을 정도의 현금만 회사에 남겨 놓고 나머지 현금흐름은 거둬들이게 될 것이다. 물론 창업가가 단기적인 수확에만 관심이 있다면 아예 시설 개·보수 비용도 최소한으로 묶고 종업원 훈련비용 같은 것도 삭감해서 공장을 최대한 가동시킬 것이다. 즉, 당장 모든 창업성과를 현금(알)화함으로써 거위를 죽게 만들 것이다.

잉여현금흐름을 크게 만드는 방법은 간단하다. 8장에서 본 바와 같이 매출액을 증가시키려면 운전자본과 시설투자를 증가시켜야 한다. 그렇다면 회사의 성장률을 감소시키면 투자도 감소되고 투자가 감소되면 잉여현금흐름은 증가될 것이다. 그러므로 시간적인 여유만 있다면 성장률 축소야말로 확실한 벤처사업의 수확방법이 될 수 있다. 요컨대, 이 경우 수확전략은 현재의 시장규모를 증가시키거나 또는 신규시장을 개척하지 않고 단순히 유지하는 데 필요한 만큼의 현금만 회사에 남기고 나머지는 모두 회수하는 것이다.

이 전략의 장점은 무엇보다 회사를 매각할 의사가 없을 때 창업주가 자신의 지분율을 계속 유지할 수 있다는 점이다. CASE 1의 이창업 씨의 경우, 이 전략을 사용했더라면 나중에 후회하는 일이 없었을 것이다. 뿐만 아니라 회사를 매각하는 일이 말처럼 쉬운 일이 아니다. 원매자를 찾아서 몇 달, 혹은 몇 년을 기진맥진할 때까지 협상할 것을 상상해 보면 이 전략이 얼마나 편한 방법인가를 짐작할 수 있을 것이다.

반면에 이와 같은 잉여현금 증가전략은 몇 가지 단점도 가지고 있다. 우선, 세부담의 증가이다. 수확에서 최종적으로 문제가 되는 것은 세금을 지불한 후 창업자와 창업투자자가 손에 쥐게 되는 금액이므로 법인소득의 일부를 배당금으로 나누어 주면 회사는 법인소득세를 물고, 주주는 배당금에 대한 개인소득세를 물게 되어 투자자는 결국 이중으로 세금을 내는 것이 된다. 뿐만 아니라 이러한 방법으로 창업성과를 수확하게 되면 회사는 경쟁의 우위를 계속 유지할 수 없게 될는지도 모른다. 창업가가 사업을 너무 오랫동안 붙들고 있음으로 말미암아 창업기업의 이점이었던 경쟁력을 상실하고 동업자와의 격화되는 경쟁으로 끝내 망하게 되는 예는 얼마든지 있다. 마지막으로, 창업 이래 온갖 고난과 역경을 이기며 회사를 끌어 온 창업기업가들 중 상당수는 그야말로 심신이 모두 피로해 있을 것이다. 흔한 말로 돈도 명예도 다 귀찮다는 창업가에게 이 방법은 너무 긴 시간과 너무 많은 인내를 요구한다. 그러므로, 이 경우 소요기간 동안 창업주를 대신해서 회사를 맡아 줄 유능한 인재를 발견할 수 없는 상황에서는 이 방법이 효과적이지 못하다.

2) 차입에 의한 매입과 경영진 매입

이 방법은 금융기법이 발달되고 기업사냥과 기업인수 등 기업전문 투자자가 많은 미국을 비롯한 선진국에서 활발한 방법이나, 아직 우리 나라에서는 실례를 찾기 어려운 투자자본 회수방법의 하나이다. 그러나 최근 자금사정이 어려운 기업을 상대로 한 벌처펀드(vulture fund)가 활발한 것으로 보아 우리 나라에서도 금융기관 구조조정 후 상당한 움직임이 있을 것으로 기대는 된다.

특히 미국의 경우, 1980년대는 칼 아이칸(Carl Icahn)과 티 분 피켄스(T. Boone Pickens)같이 악명 높았던 기업 사냥꾼(corporate raiders), 혹은 기업인수(corporate takeover) 기술자들의 시대였다. 이들은 오늘날의 금융공학(financial engineering)이라는 재무관리 이론의 한 분야를 유행시킨 사람들로서, 대개 구조조정 목적으로 회사를 인수한 다음 회사를 분할판매하는 것을 전문으로 하는 투자가들이다. 회사인수에 필요한 자금은 대부분 고수익 채권(차입)에 의존하고(어떤 때는 90%까지), 일단 인수한 다음은 인수기업 자산의 일부를 매각해서 부채를 줄이고, 나머지 부채는 회사운영에서 오는 잉여현금으로 서서히 갚아 나간다. 그런 의미에서 우리는 이를 LBO라 부른다.

경우에 따라서는 LBO가 소수의 회사 임원들에 의해서 이루어지기도 하는데 이를 LBO와 구분하는 의미에서 경영진 매입(MBO)이라 부른다. 이때 회사 임원들이 가지고 있는 자본이 회사매입에는 턱없이 부족한 것이 상례이므로 대개는 외부 투자자들로부터의 차입에 의존하게 되는데, 이는 기업사냥꾼들과 크게 다를 바 없다.

LBO 또는 MBO의 공과에 대해서는 자본시장에서나 사회적으로 많은 논란이 있어 왔다. 특히 우리 나라는 물론 미국 같은 선진국에서도 창업주의 기득권을 인정해야 한다는 이유로, 또 이를 통해 이른바 돈밖에 모르는 기업 사냥꾼들이 부당이익을 누리게 된다는 이유로 매우 부정적인 시각이 많았다. 그러나 경영능력의 부족이 시장에서 증명된 창업기업가 또는 경영자를 유능한 사람으로 바꾸어 회사가치를 극대화하면 주주, 투자자, 나아가서는 사회적으로도 좋은 일이라는 경제이론과 많은 실증적 분석결과로 최근에는 벤처기업의 퇴출방법의 하나로도 각광을 받게 되었다.

그러나 창업기업의 퇴출수단으로서의 MBO는 문제점도 가지고 있다. 예컨대, MBO에서 창업주의 지분과 창업투자자들의 지분을 매입하는 데 소요되는 막대한 자금은 MBO 전문 금융기관들로부터의 차입과 매도자 금융, 즉 매입자가 회사운영 수입으로 나중에 갚을 수밖에 없는데, 회사사정이 여의치 않아 금융기관이 대출을 회수하게 되면 결국 매도한 측은 돈을 못 받게 될 수 있는 위험이 있다.

그럼에도 불구하고 MBO는 매우 유용성이 큰 창업기업의 퇴출수단이라 하겠다. 창업기업의 임원들 대다수가 그들이 많은 땀을 흘렸고 또 회사사정을 속속들이 알고 있는 회사를 사고 싶은 욕망이 어찌 없겠는가. 만약 창업초기에 창업주가 MBO를 통해서 자신은 노력의 대가를 수확하겠다고 약속이라도 한다면 이는 회사의 임직원들을 더욱 열심히 일하게 만드는 훌륭한 유인이 될 것이다. 다만, 인수자가 나중에 벌어서 갚는 조건으로 MBO를 하는 경우에는 대리인 비용(agency costs)을 최소화하도록 계약구조를 만들어야 한다. 우선 MBO에 참여한 경영진들이 개별적으로 그들 자산의 상당 부분을 매입에 투입하도록 해야 한다. 금액의 많고 적음이 문제가 아니라, 회사가 실패하면 그들 자산의 전부 혹은 대부분을 잃게 되도록 해야 한다는 말이다. 그렇지 않으면 부채를 갚는 것보다는 자신들의 이익을 우선하는 의사결정을 한다든가, 또는 밤낮없이 열심히 일하지 않아도 자신들에게는 큰 손해가 없게 될 것이기 때문이다.

3) 합병과 인수

흔히 기업합병이나 기업인수를 부정적인 측면에서 보는 경우가 대부분이나 이들은 창업기업가의 투자 대가 회수수단으로도 이용될 수 있다. 특히 최근 M&A시장을 보면 M&A 전문회사들이 일단 매입해서 확장하는 전략을 사용하고 있다. 이 전략은 선도기업이 없이 기술 또는 판매 등 중소 전문기업들로 구성된 산업에서 특정기업을 인수한 다음 그 기업을 발판으로 주변기업을 더 인수하면서 점차 확장해 나가는 것이다. 따라서, 특정분야에서 실력을 인정받는 창업기업은 이들 M&A 전문회사들을 이용하면 쉽게 사업을 팔 수 있을 것이다.

M&A를 이용한 퇴출시 가장 중요한 문제는 기업가치에 대한 평가와 매각대금을 받는 방법이다.

그러나 이들 재무적인 문제들 못지않게 중요한 문제는 매각협상이다. 흔히 창업주는 회사를 매도한 경험이 없거나, 또는 있다고 해도 전문성이 부족하므로 이 경우 전문가의 의견을 구하는 것이 현명하다. 다음은 기업매각의 유경험자가 주는 보너스이다.

- 창업주에게 기업매각은 단 한 번의 기회이지만 사는 사람은 앞으로도 계속 산다는 생각을 갖고 매사 철저히 준비하라.
- 회사 매각은 개인적인 일이다. 결코 책임을 브로커 등 타인에게 떠넘기지 말라.
- 유동성이 요구되고 자산을 다른 회사에 맡길 생각이 아니라면 현금을 받고 매각하라.
- 적어도 두 사람 이상과, 그것도 동시에 흥정하라. 물론 여러 사람에게 내놓았다는 인상을 주지 않도록 조심성 있게 협상에 임하라.
- 당신의 회사에 가장 큰 관심을 가질 만한 회사를 선정하여 단계적으로 접근하라.
- 매각완료까지 적어도 일년 반 정도는 걸린다고 생각하라. 특히 원매자를 찾아야 하는 경우에는.
- 일단 거래조건에 대한 윤곽이 잡히면 상세한 조건들을 협상할 변호사를 선정하라.
- 늘 신경을 쓰면서 건강에 유의하라. 협상은 지루하고 피를 말리는 과정이다.
- 협상도중 한순간도 안도하지 말라. 원칙적인 합의를 보았다 하더라도 그것은 단지 정말 어려운 일의 시작에 불과함을 명심하라. 매각대금이 은행구좌로 입금되기 전에는 매각됐다고 볼 수 없다.

4) 최초 주식공모

앞에서 우리는 최초 주식공모를 수확수단 중 가장 가능성이 낮다고 말했다. 그러나 대부분의 창업기업가들이 가장 바람직스럽다고 생각하는 것은 창업회사를 주식시장에 상장시키는 방법이다. KTB네트워크가 조사한 바에 의하면 84%가 코스닥 시장을 희망하고 있다(〈그림 11-1〉 참조). 그 이유는 보잘것없는 회사로 출발하여 마침내 내로라하는 기업을 이루었다는 성취감도 있겠지만 그보다는 다른 방법들에 비해 IPO가 회사가격을 가장 크게 만든다는 일반적인 믿음 때문일 것이다. 우리나라의 경우, 1999년부터 2000년 중반까지의 코스닥 열풍을 생각해 보면 이러한 주장에도 일리는 있다.

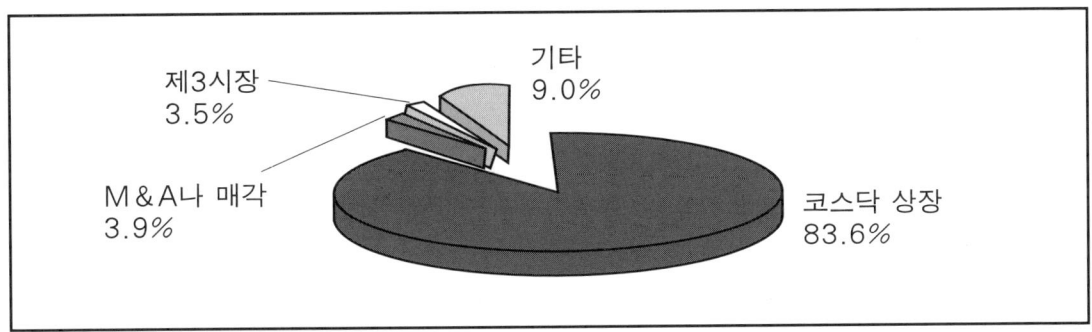

〈그림 11-1〉 벤처기업이 희망하는 투자회수 방법

　물론, 주식시장을 통한 자본조달을 계획하고 있는 창업가에게는 IPO만큼 매력적인 수단은 없겠지만 모든 벤처기업들이 다 주식을 공개할 수 있는 것은 아니다. 예컨대, 자산 및 매출규모, 산업, 또는 기타 여러 이유로 상장자격에 미달하는 경우도 있겠고, 설사 자격요건은 갖추었다 하더라도 기업공개 후 신규발행된 주식매각이 허용되는 기간에 관한 법적제약 때문에 현금이 당장 필요한 경우에도 이 방법은 곤란하다. 또한 벤처기업의 주식공개는 IPO 시장상황이 좋을 때 이루어져야 하는데 이들 IPO 시장은 예측하기가 상당히 어렵다. 이제 수확수단으로서의 IPO 시장을 좀더 살펴보기로 하자.

(1) 최초 기업공개 시장
　회사의 공개를 계획하고 있는 창업주들은 다음 몇 가지 신주공모 시장의 본질과 기본적 특성을 먼저 이해할 필요가 있다.

- 최초 신주공모시 주식가격이 과소평가되는 경향이 있다. 우리 나라 벤처기업에 대한 과학적 연구결과는 아직 없지만 신문지상을 통해서만 보더라도 상장 후 며칠 동안 상한가를 치는 경우도 흔한 일이고, 미국의 경우를 보면 신주가 주식시장에서 거래되는 첫날 평균적으로 10%에서 15%까지 상승하는 것이 보통이다.
- 신주발행 물량과 과소평가 모두 주기적이라 볼 수 있다. 최초 공모주에 대한 평균 수익률이 높고 물량이 많은 기간을 일반적으로 '핫 이슈' 시장이라 하는데, 이와 같이 주식공모에는 공개 시점이 무엇보다 중요하다.
- 미국의 경우, 신주가격은 공개 후 최대 5년까지 전체시장에 비해서나 회사의 이익에 비해서 과소평가되고 있다. 우리 나라에서도 코스닥 시장이 미국 나스닥과 같이 움직이는 것으로 미루어 큰 차이는 없을 것으로 보아도 좋다.

(2) IPO 절차

먼저 IPO 과정을 개괄해 보자.

- IPO 전 과정은 최소 6개월이 소요되지만 기업에 따라서는 18개월, 또는 그 이상까지도 걸린다. 회사조직이 엉성하거나 신규 자금유치가 필요한 경우에는 2년 정도가 걸릴 수도 있다.
- 이 기간 동안 최소 한 사람, 이상적으로는 두 사람의 회사직원들이 제출서류 작성에 참여하고 있는 변호사, 감사, 발행 주간사 회사, 또는 인쇄소 사람들이 필요로 하는 정보수집에 매달려야 한다.
- 공개일이 가까워 오면 적극적인 회사홍보를 위한 로드쇼를 준비해야 하고 또 실제로 해야 한다. 따라서 사장은 증권회사나 기타 기관투자가들에 대한 사업설명회에 상당한 시간을 투입해야 한다.

우리 나라의 코스닥 시장과 등록절차에 관해서는 본 장의 부록을 참조하라.

〔도움이 되는 읽을거리〕

1. Bygrave, The Portable MBA in Entrepreneurship 2nd ed., John Wiley & Sons, Inc. 1997: Chapter 14. 수확의 전략과 대안 등에 관한 설명을 하고 있다.
2. Vesper, New Venture Experience 1st ed., Vector Books, 1994: Chapter 9. 수확의 한 대안으로 M&A를 준비하는 내용을 설명하고 있다.
3. 김병국, 국제변호사 김병국의 비즈니스 협상론, 한국능률협회, 1998: 수확과 관련된 협상의 전술을 기술하고 있다.
4. Hisrich, Peters, Entrepreneurship 3rd ed., Irwin 1995: 수확에 실패할 수밖에 없는 경우의 파산 등의 방법들에 대하여 기술하고 있다.

부 록

1. 코스닥 등록절차 및 요건

사업성과의 수확은 지금까지 투자한 금전과 노력, 인력에 대한 보상일 뿐만 아니라 회사의 성장과 발전을 위해 필요한 사항이다. 그중 보편적으로 사용되는 것이 증권거래소나 코스닥, 또는 제3시장을 통한 공개된 시장에서의 주식공모일 것이다. 이중 증권거래소에 상장되는 것은 훨씬 더 까다롭고 복잡한 절차를 거쳐야 하고, 회사의 영업성과나 규모 등도 상장조건에 포함되기 때문에 창업한 지 몇 년 되지 않은 벤처기업들이 증권거래소에 상장하는 경우는 거의 없다. 또, 제3시장은 거래의 방법이나 정보가 투기적인 면이 있고 아직 정착이 되어 있지 않았기 때문에 벤처기업들의 주식이 오르는 경우는 많지 않은 실정이다. 여기서는 벤처기업들이 보편적으로 이용하는 공개된 주식거래시장인 코스닥에 등록하는 방법과 절차, 요건 등을 살펴보기로 한다.

1) 등록절차(시간별)

코스닥에 등록하기 위하여는 많은 준비가 필요하다. 적절한 자격을 갖춘 외부 감사인이 작성한 재무제표, 등록 주간사 선정 등 기간에 따라 필요한 사항들을 순차적으로 준비하여야 한다. 아래의 표는 일정에 따라 시행해야 할 주요내용이다.

순서	구 분	주 요 내 용	일정
1	외부감사	최근 사업연도 재무제표에 대한 감사	-
2	등록종목 딜러 선정	등록을 주선할 증권회사 선정	-4월
3	금융감독위원회 기업 등록	코스닥 시장에 등록하기 위한 사전절차	-4월
4	정관정비	등록요건에 부합하도록 정관 변경(명의개서 대리인, 주식양도 제한 삭제, 주식액면가액 조정 등)	-4월
5	유가증권 분석 및 예비심사 청구서 작성	자산가치, 수익가치 산출 및 등록 예비심사 청구서 작성	-4월

6	예비심사 청구	코스닥 시장 등록의 적합성에 대한 심사	-2월
7	예비심사 결과통보	발행회사 등에 예비심사 결과 통보	-7일
8	명의개서 대행 계약체결	등록요건 충족을 위한 계약체결	-2일
9	주식총액 인수 및 모집, 매출 계약 체결	발행가액 등 주식공모에 관한 사항 약정	-2일
10	유가증권 신고서 제출	유가증권 신고서의 효력이 발행가액 결정	D
11	수요예측 및 발행가액 결정	수요예측 결과를 감안하여 발행가액 결정	+10일
12	유가증권신고서 효력발생	유가증권 신고서 수리일로부터 15일이 경과한 날	+16일
13	청약	증권회사 본/지점에서 접수	+17일 ~18일
14	배정	청약결과에 따라 배정	+19일 ~24일
15	주금 납입	신주모집 금액의 주금 납입	+26일
16	증자등기	신주발행에 대한 증자등기	+27일
17	등록신청서 제출	등록종목 딜러를 통해 등록신청	+33일
18	등록 승인	등록	+40일

위의 표는 일반적인 경우에 사용되는 것으로서 기업의 준비상황이나 코스닥 시장의 여건 등에 따라서 기간은 다소간 조정될 수도 있다.

2) 등록요건

회사의 형태나 크기에 따라서 코스닥 시장에 등록하기 위하여는 다음과 같은 요건이 필요하다.

(1) 납입자본금 5억 원 미만의 회사
- 설립 경과 연수 : 3년 이상
- 자본 잠식 : 없을 것
- 경영성과 : 최근 사업연도에 경상이익이 있을 것
- 부채비율 : 동업종 평균 부채비율의 150% 미만

(2) 자기자본 100억 원 이상의 회사
- 자산 총액 : 500억 원 이상
- 자본 잠식 : 없을 것
- 부채비율 : 동업종 평균 부채비율 미만일 것

(3) 자기자본 1,000억 원 이상
- 자본 잠식 : 자본금의 50% 미만일 것
- 부채비율 : 400% 미만일 것

(4) 공통사항
- 무상증자 규모 제한 : 등록 전 1년 간 2년 전 자본금의 100% 이하(전입 후 자본금에 대한 자기자본의 비율이 200% 이상)
- 유상증자 매각 제한 : 등록 전 1년 간 2년 전 자본금의 100% 이상 사모 유상증자를 실시했을 경우 초과분에 대해 등록 후 1년 간 매각 불가
- 주식의 분산 : 공모 분산(발행주식 수의 300% 이상 또는 10% 이상으로서 500만 주 이상을 모집하고 주식을 소유한 소액주주가 500인 이상일 것), 기 분산(소액주주 500인 이상이 발행주식 총 수 30% 이상 또는 10% 이상으로서 500만 주 이상 보유하고 있을 것)
- 최대주주 소유 주식비율 변동제한 : 대상(최대주주 및 특수관계), 제한기간(예비심사 청구일 전 6개월)
- 감사 의견 : 적정 또는 한정(정기 주총에 보고된 감사보고서에 한함)
- 합병, 분할, 분할합병 및 영업의 양수도 : 합병 등의 기일이 속한 사업연도의 결산확정(합병 등의 기일로부터 사업연도 말까지의 기간이 3개월 미만인 경우 다음 사업연도 결산이 확정될 것)
- 기타 : 명의개서 대행 위탁계약의 체결, 통일규격 유가증권의 사용, 소송 등의 분쟁사건이 없고 부도발생시 등록예비심사 청구일 6개월 전에 사유가 해소될 것, 정관에 주식의 양도제한에 대한 제한이 없을 것, 액면가액(100/200/500/1,000/2,500/5,000원), 경영 안정성, 성장성

및 업종특성 등을 고려하여 시장의 발전을 저해할 우려가 없을 것

3) 등록시의 장점

코스닥 시장에 등록하는 경우의 가장 큰 장점은 소요자금의 조달능력이 확대된다는 데에 있다. 신규등록시에 공모를 통하여 자금을 조달할 수 있고, 등록 후 공모를 통한 증자가 용이하다. 이 외에도 일반공모를 통한 증자가 가능해지고, 의결권 없는 주식의 발행한도가 확대되며, 신종사채의 발행이 가능해지고, 사채발행의 한도도 확대된다. 이러한 자금조달 능력의 확대는 코스닥에 등록함으로써 얻을 수 있는 가장 큰 혜택이라 할 수 있다. 이 외에 경영실적과 주가 등의 기업정보를 통한 홍보효과를 누릴 수 있으며, 공식적인 시장에서의 공신력 있는 가격형성을 통해 기업의 공신력이 증대되는 혜택을 얻을 수도 있다.

2. 우리 나라의 중소기업 관련법

헌법(123조 제3항, 제5항)
- 중소기업의 보호육성
- 자조조직 육성

↓

중소기업 기본법
- 중소기업의 범위
- 중소기업 정책심의회
- 중소기업 육성 시책방향

↓

중소기업의 창업촉진			구조고도화 제품구매 촉진 경영기반 확충		중소기업 조직화 및 공제제도	사업영역 보호 계열화 촉진 수탁거래 공정화	금융지원 확대			지방중소기업 육성 규제완화	
중소기업 창업 지원법	소기업 지원을 위한 특별조치법	벤처기업 육성에 관한 특별조치법	중소기업진흥 및 제품구매촉진에 관한 법률	중소기업의 구조개선 및 경영안전 지원을 위한 특별조치법	중소기업 협동 조합법	중소기업 사업영역 보호 및 기업간 협력 증진에 관한 법률	중소기업 은행법	신용 보증 기금 법	신기술사업 금융지원에 관한 법률	지역 균형 개발 및 지방 중소 기업 육성에 관한 법률	기업활동 규제완화에 관한 특별조치법

제 3 부
창업초기 경영관리

창업을 하는 것이 어렵다고 하지만 더욱 어려운 것은 세워진 기업을
성공적으로 경영하는 것이다.

창업에 용기가 필요하듯 성공적 경영에는 리더십과
경영에 필요한 기본적인 지식이 요구된다.

성공적 경영을 위하여 벤처기업가가 알아야 하는
경영지식은 어떤 것이 있을까?

　모든 조직은 설립목적을 가지고 있다. 영리기업의 창업목적은 대부분 사업활동을 통하여 이익을 올리는 것이다. 이익이 없으면 기업은 생명을 이어 갈 수 없다. 즉, 도산하게 된다. 그러므로 경영관리의 궁극적 목적은 기업이 생명을 유지하는 데 필요한 최소한의 이익을 올리는 것이다. 경쟁시장에서 살아남기 위해서는 경쟁기업보다 우수한 실적을 올리지 않으면 안 된다. 생존게임이다.

　이익은 어떻게 올릴 수 있는가? 소비자나 고객이 필요로 하는 제품이나 서비스를 생산하여 생산에 들어간 비용보다 높은 값으로 판매하면 이익이 생긴다. 그 차이가 클수록 이익은 많아진다. 그러므로 이익을 올리기 위한 경영활동은 간단하다. 고객이 가장 필요로 하는 서비스를 찾아서 최소의 비용으로 그것을 생산하고, 가능한 최고의 가격으로 판매하면 된다. 시장이 경쟁적이어서 가격을 관리할 수 없다면 최대한 많이 파는 것이 이익을 많이 올리는 길이다.

　'제품을 생산하여 판매' 하는 것은 가장 기본적 경영활동이다. 우수한 경영자가 되기 위해서는 생산활동을 남보다 효율적으로 관리하여 생산원가를 낮추고, 생산된 제품을 가장 필요로 하는 고객을 찾아 최대한 많이 판매해야 한다. 훌륭한 경영관리자가 되기 위해서는 이 외에도 생산활동과 판매활동에 필요한 사람을 어떻게 확보하고 확보한 사람의 능력을 극대화할 것인가 하는 사람이나 조직을 관리하는 문제를 알아야 하고, 생산 및 판매활동의 결과로 얼마만큼의 이익이나 손실이 발생했는가를 알기 위해 회계적 지식도 갖추어야 한다. 또한 경영활동에 필요한 자금을 확보하고, 이익금을 관리하는 재무적 기술도 창업기업가가 알아야 한다. KTB네트워크와 전경련의 공동조사에 의하면 벤처기업이 가장 심각하게 느끼는 경영문제는 자금(49%), 인력(23%), 판매(10%), 기술(7%) 등인 것으로 나타났다.

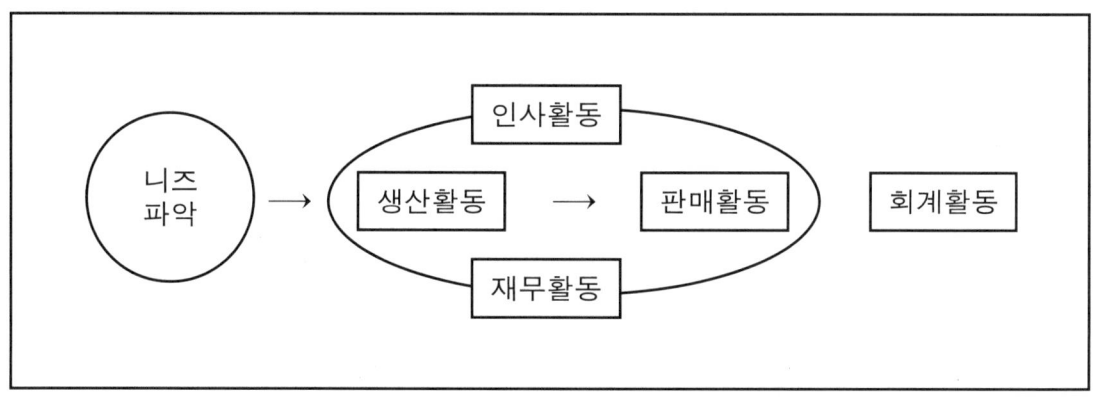

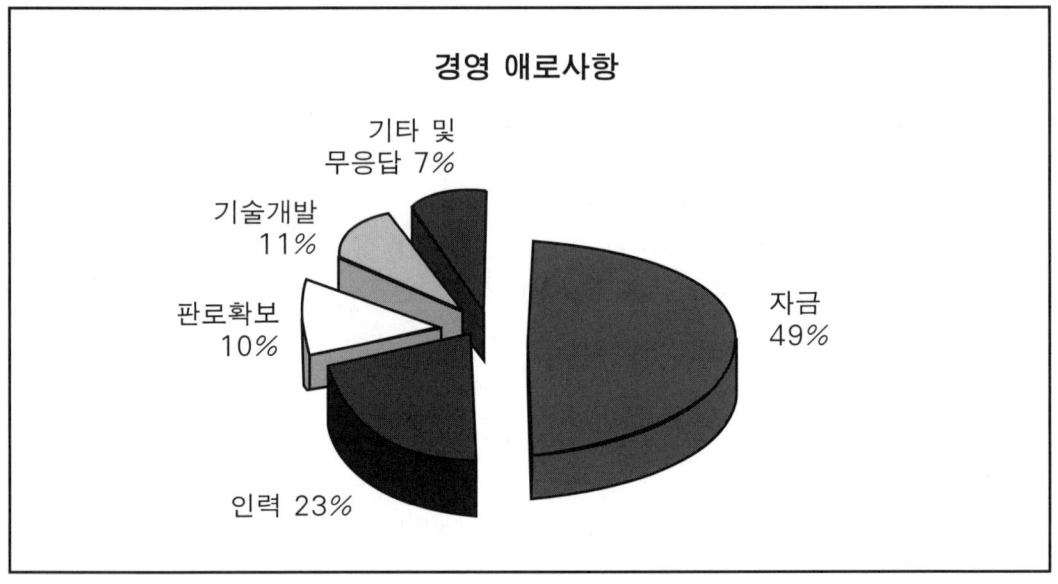

여기에서는 이러한 일련의 경영활동에 필요한 경영기술을 소개하려고 한다. 본서는 전문경영인보다는 창업기업가를 대상으로 하므로, 이론적 배경이나 깊은 내용은 다루지 않는다. 자세한 내용은 경영학 관련 전문서적에서 찾아볼 수 있을 것이다.

12장 창업기업의 성장전략

스티브 잡스는 개인용 컴퓨터라는 새로운 산업분야를 창조한 사람이다. 그는 Paul과 Carla Jobs의 양자로 샌프란시스코에서 성장했다. 그가 중학교 다닐 때 그의 가족은 지금 실리콘 밸리로 알려진 지역으로 이사했다. 일찍부터 스티브는 과학에 흥미를 가졌고, 고등학교 때는 전자공학에 몰두하여 HP 기술자들이 주최하는 10대들을 위한 대화모임에 매주 빠지지 않고 참석했다. 학교 과제작품을 만들기 위한 부품을 얻기 위해 HP 사장에게 직접 전화를 걸 만큼 당돌함도 있었다. 그의 이러한 용기와 열심에 감동받은 사장은 필요한 부품을 주고, 여름방학 중에 회사에서 일을 할 수 있도록 배려해 주었다.

그러나 스티브의 성실하고 하나만을 생각하는 집념이 학교성적으로까지 연결되지는 않았던 것 같다. 고등학교를 졸업한 후 그는 오레곤 주의 Reed College에 입학하여 한 학기를 마쳤으나, 이후 빈둥거리다가 2년 후 돈이 떨어지자 집으로 돌아와 '재미도 있고 돈도 번다'는 광고를 보고 아타리(Atari)의 40번째 직원으로 취직했다.

아타리에서 비디오 게임을 설계하는 것은 재미가 있었고 회사의 분위기도 좋았으나, 스티브는 이에 잘 적응하지 못했다. 그는 아이디어맨이지 엔지니어가 아니었으므로, 그가 자신의 구상을 얘기할 때 다른 엔지니어들은 그를 건방지고 거만하다고 생각했다. 결국 그는 사람들을 피해 밤에만 일을 하게 되었고, 고등학교 친구인 스티브 우즈니액(Steve Wozniak)이 회원으로 있는 Homekrew Computing Club에서 시간을 보내기 시작했다. 이때 우즈니액은 HP의 계산기 칩 엔지니어였으나, 여유시간을 이용해 Breakout이라는 비디오 게임을 개발했다. 마침 아타리에서 50개 미만의 칩으로 만드는 게임 콘테스트가 있어 두 사람은 Breakout을 수정하여 출품했고 700달러의 상금을 받았다. 이 게임은 아타리의 히트 제품이 되었으며, 후일 Apple Computer를 출발시킨 2인조의 첫 작품이 된 셈이다.

우즈니액은 고등학교 시절부터 컴퓨터를 분해하고 수리하는 등 하드웨어에 관심이 많았다. Homekrew Computing Club에서 얻은 아이디어를 가지고 그는 사용하기 쉬운 개인용 컴퓨터를 처음으로 설계하고 제작하였다. 그러나 HP가 가정용 TV에 연결하는 장난감 수준의 작품에 관심을 보이지 않자 우즈니액은 포기하려 하였으나 잡스는 사업 가능성을 가늠하고 포기하지 않았다.

잡스는 자신의 폭스바겐 자동차를 팔고 우즈니액은 HP 계산기를 팔아 1,300달러를 준비하여 회사를 설립했다. 애플 I은 이렇게 탄생한 것이다. 외상으로 구입한 부품으로 잡스 부모님의 차고에서 생산을 시작하여 1976년 200대를 팔았다.

이후 잡스는 회사를 외부에 알리고 자본을 끌어들이기 위해 정력적으로 뛰어다녔고, 우즈니액은 애플 I의 후속제품을 개발하였다. 애플 I은 간단한 장치에 불과하였으나 우즈니액은 여기에 타자기와 같은 키보드, 비디오 터미널, 디스크 드라이브 저장장치, 전기 공급장치를 덧붙여 지금의 PC와 같은 형태의 애플 II를 만들어 냈다. 이 과정에서 기계의 구성과 외형을 개념화한 것은 잡스였다고 한다. 1977년에 시장에 나온 애플 II는 대성공이었다. 새로운 시장을 창조하며 1980년까지 2억 달러어치가 팔려 나갔다.

그러나 1980년 애플컴퓨터는 큰 시련을 겪게 된다. 신제품 애플 III는 실패작이 되었고, IBM이 자신의 PC를 시장에 내놓았다. 순식간에 IBM PC는 산업표준으로 자리를 잡아 갔으며, 1984년 애플의 점유율은 IBM의 절반에도 미치지 못하게 되었다. 1970년대 후반 회사가 급격히 성장할 때, 애플컴퓨터는 외부에서 많은 판매 및 경영전문인을 채용하여 이들이 경영을 맡게 되었다. 애플 II나 IBM PC가 기술적으로 조잡하고 사람들이 이들 기계에 싫증을 느낀다고 생각한 잡스는 신제품 개발에 착수했다. 그는 프로젝트 책임자였으나 동시에 회사의 최고책임자였으므로, 개발팀 동료들은 그의 의견에 이의를 제기하지 못하였다.

성공한 벤처는 있어도, 성공한 벤처인은 있을 수 없다. 오늘 성공한 것으로 알려진 사람도 경쟁환경의 변화에 따라 내일은 실패한 사람으로 평가받을 수 있기 때문이다. 마찬가지로 포기한 벤처인은 있어도 영원히 실패한 벤처인은 없다. 실패의 경험을 발판으로 누구든 재기할 수 있는 기회는 있다. 오늘날 성공한 것으로 알려진 기업가 중 한두 번의 시련을 겪지 않는 사람은 없다. 그러면 무엇이 벤처를 성공하게 하고 무엇이 벤처를 실패하게 하는가? 핵심은 사람이다. 최고책임자의 경영능력이다.

스티브 잡스의 경우에서 보는 것처럼, 창업자가 창업기업을 성장 발전시키는 일은 용이한 일이 아니다. 창업한 벤처를 성장기업으로 잘 키워 나가는 기업가보다는 그렇지 못하는 경우가 훨씬 많다. 창업기업가는 자신의 경영관리 능력을 평가하고, 지속적 성장을 위해 누군가에게 경영을 넘길 시점을 잘 선택해야 한다.

1절 성공한 기업가와 실패한 기업가

매일 수많은 사람들이 새로운 사업을 시작한다. 그러나 이들이 모두 성공하지는 못한다. 이들 중 성공했다고 평가할 수 있는 기업은 극히 일부에 불과하다. 사업의 성공과 실패는 사업 자체의 사업성에 크게 영향을 받는다. 그러나 창업가의 사업능력도 매우 중요하다. 동일한 사업을 해도 그 회사의 사장이 누구인가에 따라 결과는 전혀 달라진다. 그러면 어떤 사람이 성공하고, 어떤 사람은 실패할까?

1) 성공한 기업가의 공통점

성공한 벤처기업가는 어떤 경영마인드를 가지고 있을까? 이 분야의 연구에서 나타난 결과를 종합하면 아래와 같다. 이들 성공요소가 어쩌면 당연해 보일지 모르나, 벤처를 시작한 사람이라면 한 번쯤 자신과 비교하여 생각해 보고 부족한 점이 있다면 보완하려는 노력이 필요할 것이다.

(자료: Kuriloff, Arthur, how to start your own business, McGraw-Hill, 1992)

기술적 능력	사업을 잘 알고, 좋은 아이디어를 가지고 있다.
기획 조직력	앞을 내다보고 필요한 조치를 준비한다.
피드백	직원들에게 그들의 성과를 분명히 말해 준다.
권한 위임	다른 사람에게 재량권을 준다.
감정 이입	다른 사람을 배려하고, 그들의 필요에 민감하다.
신뢰성과 공정성	사람을 대할 때 벽이 없고 정직하다.
혁신성	아이디어를 가진 사람을 반긴다.
의견 청취	적극적이고 성실하게 다른 사람의 의견을 듣는다.
자신감	새로운 사실에 긍정적이고 결정적으로 대처한다.
리더십	논란이 있을 때 직원을 보호하고 옹호한다.

〈표 12-1〉 성공한 벤처인의 공통점

이들을 잘 보면 기술적 능력, 시스템 능력, 대인관계 등으로 구분할 수 있다. 시스템 관리능력은 사업의 여러 측면이 조화를 이루어 원하는 방향으로 나아가도록 계획하고 조직하는 능력으로, 위에서 두 번째와 세 번째 항목이 이에 해당한다. 기술적 능력이 제품, 직무기능, 생산공정 등에 대한 지식이라면, 시스템 능력은 아이디어나 개념과 관련이 있다. 시스템 능력은 사업계획에 가장 잘 나타난다.

위에서 열거한 특징의 대부분은 대인관계와 관련한 항목이다. 사업이 성공하려면 다양한 배경을 가진 사람들이 합심하여 노력해야 한다. 이러한 공동노력의 필요성은 사업의 규모가 커 감에 따라 더욱 커진다. 경영책임자는 개방적이고 진솔한 환경을 조성해야 한다. 직원을 괴롭히고, 품격을 떨어뜨리며, 자발적 행동을 방해해서는 안 된다. 대신 직원들에게 용기를 주어 그들의 생각과 감정을 똑바로 꾸밈없이 표현하게 해야 한다.

다음의 이야기는 벤처기업이 성장해 가는 과정에서 기업가의 역할이 얼마나 중요하며, 다른 사람의 도움 없이 기업가 혼자서는 기업을 성공으로 이끌 수 없다는 메시지를 준다.

미국 텍사스 출신의 마이클 델은 그의 나이 19세 때인 1984년 단돈 1천 달러로 컴퓨터 통신판매회사 델 컴퓨터를 세워 그 해 6백만 달러라는 경이적 매출을 올렸다. 그의 사업 아이디어는 "우편이나 전화로 컴퓨터를 주문받아 우편 배달한다"는 것이었다. 주문판매방식을 채택하여 재고가 필요 없고 유통마진을 줄일 수 있어 델은 다른 경쟁회사보다 12% 정도 싼 가격에 공급할 수 있었고, 주문한 다음날 소비자의 집까지 컴퓨터를 배달해 주는 것이 성공의 비결이었다. 창업 13년 만인 1997년에는 76억 달러의 매출을 기록하였다. 이때 그의 나이 32세였다.

그러나 델도 시련이 없었던 것은 아니다. 1990년 매출이 감소하고 재고가 늘어나 델은 결정적 위기를 맞았으나 대대적인 내부 조직개편과 재고처리로 위기를 극복하였다. 당시 그는 "혼자 힘으로 모든 것을 해낼 수 있다는 사고만 버린다면 완전히 실패하지는 않는다."는 명언을 남겼다. 1999년 델은 드디어 컴팩을 제치고 컴퓨터 판매 1위에 올라섰다.

---

2) 실패한 기업가의 행동패턴

벤처사업을 시작하는 사람에게 꼭 필요한 기업가적 자질이 때로는 사업을 운영하는 과정에서 문제를 야기시킬 수도 있다. 기업가적 행동패턴으로 우리는 흔히 독립심, 고집, 성급함, 밀어붙이는 추진력, 열정 등을 꼽는다. 기업가는 일반적으로 성취욕이 강하다. 성취욕과 더불어 기업가적 행동패턴은 사업초기 벤처를 밀고 나가는 데에는 도움이 된다. 그러나 흥분하기 쉬운 기업가는 이러한 성격적 자산이 부담이 되지 않도록 조심해야 한다. 자신을 적절히 제어하지 못하는 기업가는 전형적으로 다음과 같은 부정적인 면을 보인다.

(1) 자기를 과신하고 기존 지식을 거부한다

다른 기업에서는 성공적으로 실행되고 있는 경영기법도 무조건 거부한다. 자신이 천부적 지각력과 직관적 판단력을 가지고 있다는 확신하에 다른 사람의 의견을 받아들이지 않으려 하고, 과거에 성공한 경우를 다시 시도하려 애쓴다. 경우에 따라서는 다른 회사에서 실패한 전략도 자신은 성공할 수 있다고 믿으며 이를 추진한다.

(2) 성공하려는 조바심으로 과민하게 반응한다

신생기업의 높은 위험과 성공에 대한 강박관념으로 벤처기업가는 사소한 문제에 대해서도 과민반응을 일으키는 경우가 많다. 선적한 물품이 제때 도착하지 않고, 생산설비에 결함이 발견되고, 납품업체로부터 전화도 걸려 오지 않으며, 새로 채용한 구매책임자가 결근하는 등 여러 문제가 일시에 일어나는 것 같은 생각에 기업가는 조바심을 느끼고 충동적으로 행동하는 경향이 있다. 이로 인하여 납품업체, 고객 또는 직원들과 원만한 관계를 유지하지 못하게 된다.

문제가 발생하면 원인을 알아보고, 객관적이고 냉정하게 대처하는 성격을 키워야 한다. 업무처리가 굼뜬 납품업체를 확인하기 위해 구매책임자가 직접 현장에 가서 업무를 처리하고 있을지도 모른다. 문제를 해결하려 하기보다는 과민반응으로 대처하는 것은 문제가 겉으로 나타나지 못하게 하거나, 풀리지 않는 문제가 점점 쌓여 가게 한다.

(3) 사람관리에 비효율적이다

사람을 적절히 활용하는 문제는 직원의 수가 많지 않은 신생기업에게 가장 중요한 문제이다. 그러나 우리는 이 문제를 적절히 풀어 가지 못하는 사례를 많이 본다. 이러한 원인은 부분적으로 앞에서 설명한 두 가지 약점 때문에 발생하기도 한다. 신생벤처가 기반을 잡아 가는 과정에서 기존의 기업에서 흔히 볼 수 있는 많은 인사관련 문제들이 빠른 속도로 나타난다. 인사문제는 벤처기업가의 경영스타일로 인하여 발생하며, 나쁜 관행이 한번 자리를 잡게 되면 고치기가 어렵다.

기업가적 자질은 사람을 뽑아 훈련시키고 다양한 이해관계를 조정하여 협력관계를 구축하는 데 필요한 객관적 능력과는 어느 정도 모순되는 점이 있다. 그러나 직원의 역할을 이해하고 그들의 능력을 백배 활용하는 것은 성공벤처를 위해 필수적이다. 사람들은 새로운 제품이나 서비스를 제공하여 원하는 성과를 달성할 목적으로 사업을 시작한다. 단순히 다른 사람들과 함께 일을 할 목적으로 사업을 하지는 않는다. 그러므로 기업가는 사람이 아닌 제품 또는 시장 지향적이어야 한다.

기업가적 성격과 신생벤처가 직면하게 되는 위험을 생각할 때, 사람을 다루는 문제는 소홀히 취급되기 쉽다. 그러나 제품이나 서비스를 제공하기 위해 직원이 존재함을 직시하고 정에 끌리는 사람관리는 없어야 한다. 벤처기업가에서 경영관리자로 전환되어 가는 과정에서 이것은 가장 어렵지만 반드시 습득해야 할 중요한 분야이다.

(4) 관리능력이 부족하다

기업가는 자신의 생각을 실행에 옮기는 실천가이다. 그들은 독립심이 강하고 행동지향적이며, 자기 자신의 창의력과 정력으로 원하는 결과를 얻기 위해 계획하고 행동한다. 그러나 일단 기업이 궤도에 올라서면 상황은 바뀐다. 이제 기업가는 직원, 고객, 채권자, 투자가, 납품업체 등과 효과적이고 지속적인 관계를 개발하고 유지해야 한다. 고독한 창업가에서 직업적 관리자로의 전환이 필요하다. 크게 성공한 기업과 덜 성공한 기업의 가장 두드러진 특징은 기업가의 이러한 전환능력이다. 특히 사업개시 초년도에 이러한 기업가의 능력이 벤처의 성공에 결정적 영향을 미친다. 이미 지적한 바와 같이 대부분의 벤처는 첫 두 해가 고비이다. 벤처가 실패하게 되는 주원인으로 벤처창업가의 관리능력 부족을 든다. 그렇다고 창업가의 창의적 도전정신과 독립심 등 기업가적 성격까지 바꾸라는 말은 아니다. 이러한 긍정적 사고 외에 새로운 관리능력을 습득할 필요가 있다는 의미이다.

3) 경영자가 갖추어야 할 9가지 능력

관리자로서 창업가는 최소한 다음에 설명한 아홉 가지의 역할을 수행할 수 있는 능력을 가져야 한다. 모든 분야에 다 전문가가 되기는 쉽지 않을 것이다. 그러나 최소한 몇 가지 분야에서는 전문가적 지식을 가져야 한다.

① 의사소통 능력 : 조직 내에서 효과적인 의사소통 채널을 개발하고 의사소통 과정을 이해하며 자신의 의견을 효과적으로 전달하는 의사소통 능력이 있어야 한다. 여기에는 사업성과에 관한 자료를 이해하고, 직원에게 이것을 알리는 것을 포함한다.

② 이해관계자 통합능력 : 회사에 이해관계를 가지는 여러 개인 및 집단의 활동을 조정하는 능력이다. 기업 외부의 지역사회 집단을 다루는 능력이 필요하다.

③ 기획 의사결정 능력 : 성공적 경영관리자가 되기 위해서는 사업의 기획과 관련한 지식, 의사결정 문제에서 대안을 만들고 이들을 평가하는 기술, 예산을 세우고 집행을 통제하는 기술, 자금을 관리하는 능력을 갖추어야 한다.

④ 조직설계 능력 : 시장환경이 바뀌면 이에 대응하여 회사조직도 바뀌어야 한다. 시장환경이 바뀔 때 현 시스템의 조직적 문제를 파악하고 새로운 조직구조를 설계할 수 있는 능력도 경영자가 갖추어야 할 필수적 능력이다.

⑤ 혁신능력 : 회사의 인적·물적자원을 이용하여 창조적인 제품/서비스를 개발할 수 있는 능력이나, 시장이 기업에 미치는 영향을 이해하고 기업을 지속적으로 창조적 조직으로 활성화해 가는 능력이 필요하다.

⑥ 문제해결 능력 : 경영활동 과정에서 발생한 문제를 분석하고 해답을 찾는 능력, 갈등을 진단하고 풀어 가는 능력이 있어야 한다.

⑦ 지도능력 : 직원들의 개인적 성장을 격려하고 도와주며, 그들이 업무처리 과정에서 곤경에 처했을 때 그것을 극복하도록 도와줄 수 있어야 한다.

⑧ 리더십 : 인적자원을 적절히 활용할 줄 알고, 리더십을 개발해 가야 한다.
⑨ 협상가적 능력 : 의사결정 과정에서 협상이나 양보가 이루어지는 과정을 이해하고, 조직의 상
호의존성을 이해하며, 또 집단간 관계를 진단하고 개선할 줄 아는 능력도 필요하다.

이상 경영자의 요구능력은 지식과 기능의 습득이 회사가 발전함에 따라 개인적 성장을 위하여 바람직한 것으로 알려진 분야들이다. 이들은 또한 창업기업가에서 경영전문가로 변신하기 위해 갖추어야 할 역량으로 제시되기도 한다.

2절 성장기 경영전략

회사를 처음 설립할 때는 누구나 가능한 한 빨리 매출을 늘리고, 직원과 지점을 확충하여 업계에서의 위치를 높이고 이익을 증대하겠다는 의욕을 가지고 사업을 시작한다. 그러나 구체적 대책 없이 너무 빨리 성장하는 것은 좋지 않다. 어느 사업이든 성장발전하기 위해서는 기초를 튼튼히 해야 한다. 어떤 산업분야에서나 항상 누군가는 새로 시장에 경쟁업체로 진입하고, 또 어떤 업체는 경쟁에 밀려 퇴출된다. 산업환경에 적응하지 못한 회사는 지속적 경쟁에서 살아남을 수 없다. 변화하지 않고 가만히 있는 회사는 자신의 입지를 잃게 된다. 회사의 규모가 어떠하든 경영책임자는 성장을 위한 전략을 세우고 실천해 가야 한다.

1) 재무계획을 세우자

우리는 주위에서 사업에 성공한 사람들의 이야기를 많이 듣는다. 누구나 성공하고 싶어하지만 성공하겠다는 의지만으로 성공할 수는 없다. 벤처를 시작한 사람 중 실패한 사람이 성공한 사람보다 훨씬 많다는 사실을 명심해야 한다. 통계에 의하면 실패한 사람들은 대부분 1년 반에서 3년 사이에 사업을 포기하고 있다. 이들의 공통점 중 하나는 너무 적은 자본으로 사업을 시작했다는 점이다. 벤처를 성공으로 이어 가기 위해서는 수중에 어느 정도 현금을 확보하고 있어야 한다. 사업의 성격에 따라 다르지만 사업자금은 초기투자자본, 운전자본, 유보자본 등 세 종류가 있다.

초기자본은 기계장치, 재고상품의 구입, 보증금 및 임대료, 홍보활동, 특허나 사업등록 등에 필요한 자금으로 일단 투자하면 회수가 어려운 자금이다. 자금에 여유가 있을 때는 은행대출이나 흥정으로 절약할 수 있는 여유가 많으나, 자금이 부족할 경우에는 지출을 줄이려는 시도가 오히려 더 큰 비

용을 치르게 되는 경우가 많다. 일단 간판을 내걸고 영업을 시작하면 재고상품 구입, 직원의 급여, 제품 홍보 등에 일정액의 운전자금이 필요하다. 신생기업이 범하는 가장 중요한 실수는 첫 한두 해의 수입으로 이들 비용을 충당할 수 있을 것이라 생각하고 충분한 대비를 하지 않는다는 점이다. 주문이 늘어나고 사업규모가 커지면 보통 더 많은 현금이 경영활동에 묶이게 되어 재정상태가 정상궤도에 오를 때까지 운전자본은 계속 증가한다.

경영활동 과정에서 발생할 수 있는 예기치 않은 자금이 필요한 경우도 대비해 두어야 한다. 주요 거래처에서 미수금을 회수할 수 없게 되거나 갑작스런 재해로 예기치 않은 보상비를 지급해야 하는 경우가 있을 것이다. 잘 나가던 회사가 거래회사의 부도로 함께 부도를 내거나 직원의 안전사고로 인한 의료비와 보상비를 지급할 수 없어 망하는 경우가 많다. 이를 위한 자금이 유보자금이다. 사업을 개시한 지 3년 이내에는 영업이익으로 이들을 해결할 수 있을 것이라 생각하는 것은 잘못이다.

그러면 어느 정도의 자금을 확보해야 할까? 사업 초기 일이 년 간의 사업규모와 사업성격에 따라 소요자금의 규모는 달라진다. 그러나 너무 낙관적으로 평가해서는 안 된다. 예상수입은 보수적으로 평가하고, 지출예산은 여유 있게 설정하는 것이 위험을 줄이는 길이다. 사업초기의 예상수입은 자기자본과 외부차입금, 매출액으로 구성된다. 매출액은 예상 매출물량에 판매가격을 곱하여 계산하므로 가격변동을 감안하여 안전한 수준을 생각해야 한다. 지출예산은 설비투자에 들어가는 고정비와 영업과정에서 발생하는 변동비로 나누어 추정하는 것이 편리하다. 다음과 같은 도표는 필요한 비용을 추정해 보는 데 도움이 될 것이다.

	비용 항목	매출 10만 단위시 예상액
고정비	기계장치 구입비 기타 고정자산 구입비 임대료 특허 및 사업등록비 간접인건비 사무용품비 수도전기료	견적가격 견적가격 월 임대료×12 사장 등 비생산직 인력 월 용품비×12 월 사용료×12
변동비	원재료 구입비 직접인건비 수도전기료 광고홍보비 판매수수료 기계장치 유지보수비	단위당 원료비×10만 (10만/1인당 생산량)×1인당 인건비 단위당 소요량×10만 예상매출액×10% 예상매출액×10% 월 예상액×12

〈표 12-2〉 비용예산 작성지침

2) 사업초기의 급격한 성장은 위험신호이다

신생벤처가 성장기에 접어들면 기업가는 이 과정에서 발생하는 여러 가지 문제들에 주의를 기울여야 한다. 사업을 시작한 후 매출이 급속히 늘어나면 보통 이것을 사업의 성공신호로 받아들이고, 기업경영에서 필수적인 재무적 또는 관리적 통제시스템 가동을 포기하고 사업확장에만 신경을 집중한다. 그러나 기업가가 관리통제를 게을리 하면 사업초기의 급속한 성장도 신생벤처의 위상을 부도위기로 몰아 갈 수 있다.

어떤 문제가 성공적 사업을 부도위기로 몰아 갈 수 있을까? 성장기 경영에서 중요한 문제는 무엇일까? 다음은 사업초기의 급격한 성장이 신생벤처의 장기적 성공에 영향을 미칠 수 있는 문제점들이다.

- 사업초기의 성공으로 취약한 관리능력, 빈약한 기획력, 자원낭비 등의 문제가 노출되지 않을 수 있다.
- 사업초기의 비약적 성장은 자칫 벤처의 사업목적을 망각하게 한다.
- 부서간 또는 개인간 의사소통의 장벽이 형성될 수 있다 .
- 종업원 훈련과 능력개발에 주의를 기울이지 않게 된다.
- 스트레스와 피로감이 쌓인다.
- 권한위임이 없이 창업주가 모든 업무를 처리하면서 의사결정에 병목현상이 나타난다.
- 품질수준이 유지되지 못한다.
- 신제품 개발을 잊어버린다.

성장기로 접어들기 이전에는 보통 소수의 직원과 적은 예산으로 운영한다. 그러므로 경영통제에 많은 시간이 필요하지 않다. 이후 사업이 급속히 성장하게 되면 기업가는 당장 급한 단기적 문제해결에 급급하여 회사의 장기적 비전이나 사업목표를 제시할 여유가 없어진다. 결국 직원들과의 대화가 줄어들고 통솔력이 떨어지며, 직원훈련과 능력개발에 주의를 기울이지 못한다. 창업주는 물론 직원들도 스트레스와 피로감을 느끼기 시작한다. 하위직원에게 권한을 위임하지 않고 창업주가 모든 업무를 처리하면서 의사결정에 병목현상이 나타나 결정이 늦어지고, 이것은 품질이나 신제품 개발에 문제를 일으켜 벤처의 장기적 발전이 위태로워진다.

벤처기업가는 이 과정을 슬기롭게 넘길 수 있어야 한다. 위에서 설명한 문제들을 회사 내부적으로 해결할 수 없다고 판단되면 외부 컨설턴트의 도움을 받아야 한다. 성장속도가 너무 빠르다고 생각되면 성장률에 한계를 설정하는 것도 하나의 방법이다. 이상하게 들릴지 모르지만 회사의 능력을 파악하고 능력의 한계를 넘지 않도록 노력하는 것은 장기적 발전에 대단히 중요하다. 한발 뒤로 물러나 회사가 지향했던 목표와 발전계획을 상기해 보는 것은 성장기 벤처기업 경영의 중요한 부분이다.

3절 목표관리

목표관리(Management by objectives: MBO)의 개념은 1954년 드러커(Peter Drucker)가 처음 소개하였다. 드러커는 성공적 기업의 경영자가 어떻게 높은 생산성을 올리는가를 관찰한 결과 그들에게는 하나의 공통점이 있다는 것을 알았다. 그들은 부하에게 지시하기보다는 교사나 코치, 또는 상담원과 같은 역할을 하는 경향이 있었다. 그들은 직원이 스스로 목표를 세우고 실천하는 것을 도와주며, 직원들로 하여금 자신의 직무와 직무수행 방법에 대해 의견을 제시하게 한다. 드러커는 이것을 목표관리라 하였다. 이후 1960년에는 맥그리거(Douglas McGregor)가 드러커의 이론을 발전시켜 통합관리(Management by Integration and self-control)라 이름붙였다. 그는 생산성을 올리기 위해서는 모든 구성원이 하나의 공통된 목적을 지향하여 직무를 수행해야 한다고 주장하였다.

회사가 성장하고 관리자가 늘어 가면 MBO시스템과 자기관리를 도입하여 경영효율을 높일 수 있다. 이 제도에서는 사장을 포함하여 모든 직원은 상사와 공동으로 자신의 목표를 설정한다. 일련의 과정이 적절히 실행될 때 회사는 통합목표 네트워크를 가지고 움직인다. 직원들은 그들 스스로가 개발한 목표계획을 달성하려는 경향이 있다. 그들이 목표를 달성하도록 격려하고 도와주어 회사와 함께 성장하도록 관리한다.

1) 목표체계

목표수준이 너무 높을 때 계획이 실패하기 쉬운 것처럼 목표가 너무 많아도 노력을 집중할 수 없어 실패하기 쉽다. 그러므로 계획단계에서부터 달성 가능하다고 판단된 소수의 목표로 제한하는 것이 좋다. 전체 목표를 주목표, 부목표, 행동계획으로 나누어 체계화하면 관리가 용이하다.

(1) 주목표
일정기간 동안에 성취하고자 하는 회사 전반적인 목표이다. 이들은 1년 정도 비교적 장기간의 경영 활동에서 추구하는 목표이다. 규모가 큰 회사의 경우 5년 계획을 주목표로 하기도 한다.

(2) 부목표

주목표를 달성하는 과정에 중간점검을 위한 목표나, 주목표를 구성하는 부분목표를 부목표(sub-objectives)라 한다. 부목표는 좀더 구체적이고 범위와 시간적으로 좀더 제한적이다. 일반적으로 여러 개의 부목표가 달성되고, 이들이 통합되어야 주목표가 달성된다.

(3) 행동계획

부목표를 달성하기 위한 활동으로 MBO가 실제로 작동하는 단계적 실천계획이다. 행동계획에서는 사람들이 해야 할 일과 단기적 목표를 구체적으로 규정한다.

2) 계획수립 가이드라인

① 어떤 회사나 사업부 또는 경영단위도 6개 이상의 주목표를 동시에 추진해서는 안 된다. MBO에서는 직원들이 그들의 직무를 수행하는 방법에 대하여 단계적으로 상세히 규정하지 않는다. 다만, 그들이 성취해야 할 목표를 제시할 뿐이다. 이렇게 설정된 목표를 달성하기 위해 직원들은 자신이 편리하다고 생각하는 방법을 마음대로 선택할 수 있다. 궁극적인 성과평가는 그들이 주어진 예산과 자원의 범위 내에서 주어진 시간 내에 목표를 얼마나 잘 달성하였는가를 본다.

② 목표계획은 정형화된 양식보다는 메모와 같은 비공식적 방법으로 작성하는 것이 좋다. 정형화된 양식을 사용하게 되면 MBO가 절차지향적으로 변질되기 쉽다. 양식을 채우는 것이 MBO로 인식되어 강요된 목표를 성취하겠다는 의욕이 감퇴할 것이다. 수단이 목적이 된다면 성과를 얻을 수 없다.

③ 각 목표계획에는 하나의 아이디어만 포함되어야 한다. 절차를 단순하게 하자는 것이 요점이다.

④ 목표계획은 단순하고 명확하게 작성해야 한다. 해석이 어렵다거나 혼란을 주어서는 안 된다.

⑤ 모든 계획은 해야 할 일을 명시해야 한다(예를 들어, '불량 감축', '순이익 증가', '영업사원 5명 충원', '영업소 매입' 등).

⑥ 모든 계획에는 시한이 있어야 한다.

⑦ 각 계획의 성취정도를 평가할 수 있는 척도를 규정해 두어야 한다. 가능한 한 숫자로 평가할 수 있는 것이 좋다. 예를 들어 순이익 ××억 원, 스크랩 ××톤, 회전율 ××퍼센트 등으로 평가할 수 있다.

⑧ 목표계획의 추진실적에 대한 중간진도 평가계획이 있어야 한다. 너무 빈번한 중간점검은 일의 추진을 방해할 수 있고, 중간점검의 간격이 너무 길어도 목표와 실적의 괴리가 커질 수 있어 문제를 유발한다.

MBO에서 설정한 목표는 현실적이어야 한다. 목표는 회사와 직원의 능력범위 안에 있어야 한다. 달성이 어려운 뜬구름과 같은 계획이 되어서는 성과를 기대할 수 없다. 그렇다고 너무 낮은 수준이 되어서도 곤란하다. 회사와 회사의 구성원인 직원들의 성장과 발전을 자극할 수 있을 정도로 충분히 높아야 한다. 최선의 노력으로 달성 가능한 목표를 설정하고 회사와 직원은 이를 성취하기 위해 도전하는 과정에서 점점 경쟁력이 높아진다.

다음의 〈그림 12-1〉은 주목표, 부목표, 행동계획간의 관계를 보여준다.

3) MBO의 장점

가장 중요한 장점이란 MBO에서는 모든 구성원의 노력이 생산성 향상을 위한 특정의 결과를 위하여 한 방향으로 결집된다는 데 있다. 회사 내에 MBO가 성공적으로 정착되면 직원 모두가 스스로 자신이 설정한 목표를 달성하기 위하여 최선을 다하게 된다. 이러한 MBO체제를 바탕으로 직원의 성과평가 제도를 개발할 수 있고, 개별 직원의 강점과 약점을 파악할 수 있으므로 경력관리에도 도움이 된다.

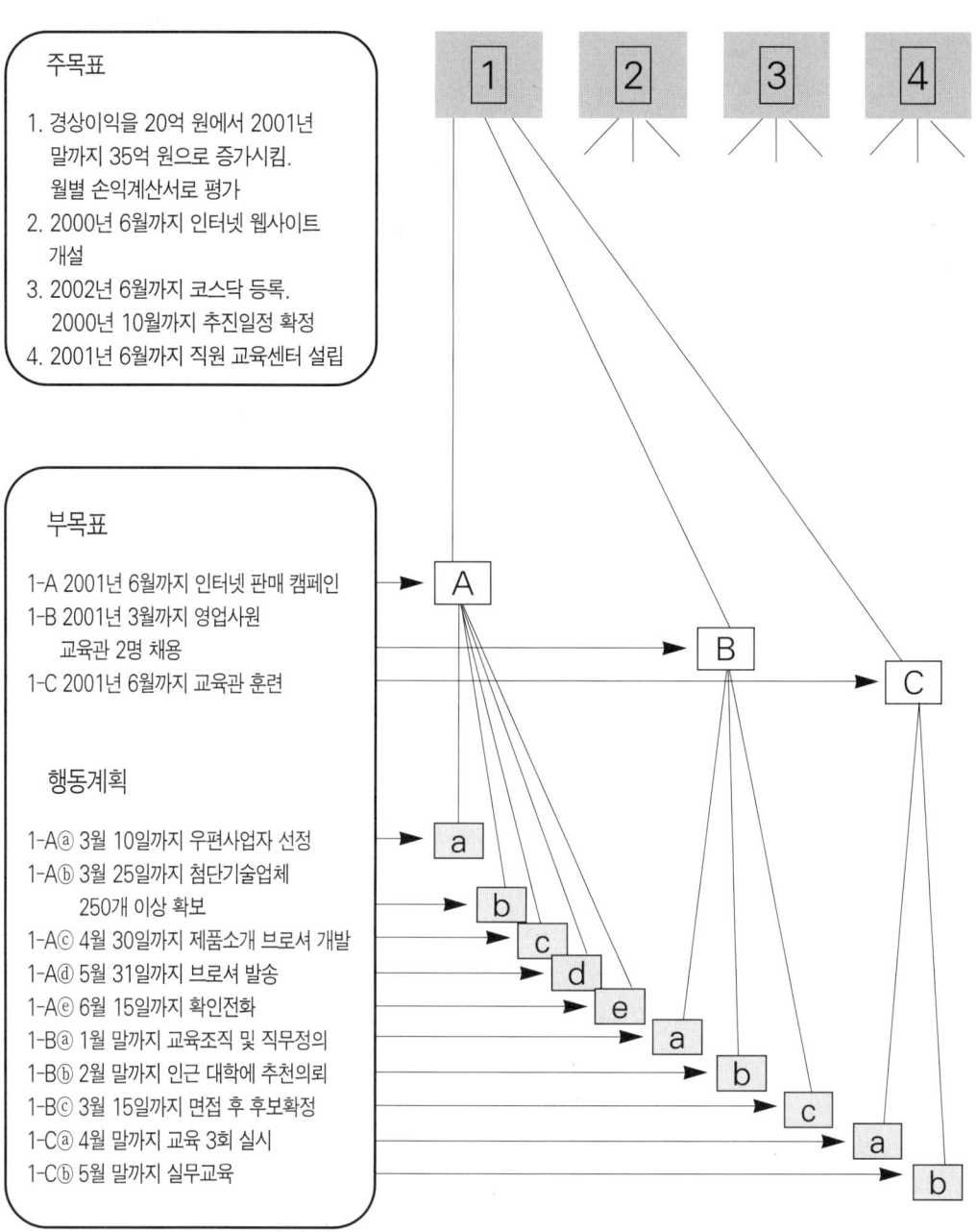

<그림 12-1> MBO의 목표체계 예시

4절 생산성 관리

　기업의 기본활동은 무엇인가 생산하여 판매하는 것으로, 그 과정에서 가치를 증식시키는 것이다. 원재료를 보다 가치 있는 상품으로 가공하고 이것을 소비자에게 제공하여 이익을 얻는다. 이렇게 형성된 이익은 주주, 채권자, 직원 등에게 분배되거나 기업의 성장 발전을 위하여 재투자된다. 투입한 원재료보다 생산품의 가치가 크면 클수록 기업은 더 많은 이익을 얻을 수 있고, 기업의 경쟁력은 더 높아진다. 경쟁력의 정도를 평가하는 하나의 척도로 생산성을 계산한다. 그러므로 생산성은 모든 경영활동에서 추구하는 하나의 목표가 될 수 있다. 생산성이 낮은 회사는 장기적으로 경쟁에 밀려 퇴출될 수밖에 없다. 생산성은 투입물의 가치에 대한 산출물 가치의 비율로 정의한다.

$$\text{생산성} = \frac{\text{산출물의 가치}}{\text{투입물의 양이나 가치}}$$

　생산성을 높이기 위해서는 일정한 투입물로 보다 많은 산출을 올리든지, 아니면 보다 적은 투입으로 같은 양의 산출을 올려야 한다. 생산성 관리에서 경영관리자는 생산활동에 필요한 인력, 장비, 원자재, 에너지, 자본 등 투입물과 이들을 활용하여 생산하는 재화나 용역 등 산출물을 관리한다. 투입물의 관리에서는 목표한 산출을 얻기 위한 가장 효율적 방법이 무엇인가를 연구하여 투입물의 가치, 즉 원가를 줄이는 것이 목표이며 산출물의 관리에서는 목표한 상품이 제대로 생산되고 있는지를 확인하고 산출물이 품질, 소비자 만족 등의 기목표에 충분히 기여하고 있는지를 검토한다. 다음은 생산성 관리를 위한 기본 질문이다.

- 투입 : "가장 경제적인 방법으로 관리하고 있는가?" (효율성 추구)
  특정직무나 기능에 필요한 인력, 장비, 원자재, 에너지, 자본의 양
- 산출 : "목표한 상품을 제대로 생산하고 있는가?" (효과성 추구)
  목적달성에 미치는 자원의 영향, 소비자 만족에 대한 기여도

　그렇다면 소정의 절차를 거쳐 회사를 설립한 후 기업활동이 궤도에 올라섰을 때, 현재의 경영활동이 생산성을 최고로 올리고 있는지를 어떻게 판단할 수 있을까? 핵심적 평가항목은 역시 매 회계연도 말에 계산되는 이윤이다. 이윤을 기초로 1인당 순이익, 1인당 매출액, 1인당 생산량, 투하자본 이익률, 총자산 이익률 등의 생산성 지표를 계산할 수 있다. 그러나 상황이 급속히 변화하여 회계연도 말까지 기다릴 수 없는 상황도 있을 것이다. 이런 경우에는 앞에서 언급한 생산성 관리의 기본질문

을 반복하면서 현 상황을 진단해야 한다.

- 우리는 가장 경제적인 방법으로 투입물을 관리하고 있는가?
- 우리는 목표한 상품을 제대로 생산하고 있는가?

문제를 제대로 파악하였다면 이미 절반은 해결한 셈이다. 다음에 제시하는 질문들은 생산성 평가에 도움이 된다고 생각하는 것들이다.

1) 회사 내부문제

(1) 창업기업가의 경영능력

사업의 건전성은 기업가가 기업을 얼마나 잘 관리하고 있는가에 크게 영향을 받는다. 기업이 성장 발전해 감에 따라 기업가도 관리자로서의 역할을 배우고 성장해야 한다. 기업가의 개인적 성장은 벤처의 생산성 증가에 반영된다. 기업가의 자질을 평가하는 질문으로는 다음과 같은 것들이 있다.

① 한달 전보다 회사경영에 대해 더 잘 알게 되었는가?
② 전보다 여러 가지 경영지식들의 연관성을 더 잘 이해하고, 현실 문제에 그들을 응용하는가?
③ 새로 습득한 지식을 활용하여 전보다 더 창의적이고 혁신적으로 행동하는가?
④ 불확실하고 애매한 문제를 전보다 더 잘 처리하는가?
⑤ 자신의 개성을 유지하면서 다른 사람들과 더 협력적으로 일하는가?

(2) 직원들의 생산적 참여도 평가

근무조건을 개선하면 사기가 올라가고 따라서 생산성도 향상된다. 직원들의 사기는 직무에 대한 그들의 태도나 회사방침에 대한 협력정도로 판단할 수 있다. 유능한 사장은 직원의 불만을 해소하고 사기를 높여 주는 방법을 알고 있어야 한다. 사업의 규모가 커질수록 사기에 영향을 미치는 요소들에 대해 스스로 점검해 보아야 한다.

① 회사는 직원들에게 그들의 직무를 명확히 알려주는가?
② 사장은 직원들이 필요로 하는 것에 신속히 대응하는가?
③ 직원과의 관계에서 솔직하고 정직한가?
④ 직원들이 스스로 자신의 아이디어를 얘기하도록 격려하는가?

⑤ 직원들이 어느 정도 스스로의 책임하에 일을 처리할 수 있는 권한을 위임하는가?

⑥ 다른 회사와 비교하여 보수는 적정하게 지급하는가?

⑦ 직원들이 참여의식과 업무에 대한 긍지를 느끼는가? 또, 자신들이 가치 있는 일을 하고 있다고 생각하는가?

사기가 높다고 반드시 성과가 높은 것은 아니다. 직무와 회사에 대한 직원들의 태도는 회사가 마음대로 할 수 없는 외적요인에 의해서도 영향을 받는다. 그러나 일반적으로 사기가 높으면 생산성이 향상되는 경향이 강하고, 사기가 높다는 것은 직원들을 잘 관리하고 있다는 증거가 된다.

2) 회사 외적문제

회사의 영업실적은 고객뿐 아니라 지역사회, 원부자재 납품업체, 정부, 채권자 등에 의해서도 큰 영향을 받는다. 이들은 생산성을 평가하는 투입과 산출 모두에 영향을 미친다. 그러므로 생산성을 평가하기 위해서는 기업 외부와의 관계를 얼마나 효과적으로 관리하고 있는가를 검토해 보아야 한다.

(1) 고객관계

기업성과에 미치는 고객의 중요성은 아무리 강조하여도 충분하지 않을 것이다. 기업의 성패여부는 소비자 고객이 얼마나 많은 상품을 구매하여 주는가에 달려 있다. 이러한 이유로 어떤 사람은 회사의 마케팅 기능이 무엇보다 중요하다고 주장한다. 회사 마케팅 활동의 생산성은 다음과 같은 점을 참고로 하여 평가할 수 있다.

① 회사의 주력 상품이나 서비스의 품질이 향상되고 있는가?

② 상품이나 서비스는 적당한 시점에, 필요한 곳으로, 필요한 양만큼 제공되고 있는가?

③ 상품이나 서비스에 대한 기술적 지식을 계속 쌓아 가고 있는가?

④ 시장에 대한 새로운 정보를 끊임없이 수집하고 있는가?

⑤ 회사의 판촉전략은 잠재적 고객층에 효과적인 메시지를 전달한다고 생각하는가?

⑥ 경쟁전략을 수립하고 실행하고 있는가?

⑦ 현재 고객에 대한 만족도를 높이고 신시장 개척을 위한 신상품을 개발하고 있는가?

⑧ 마케팅 예산은 특정 마케팅 목적과 연계되어 있는가?

이들 질문들은 고객만족과 이윤제고라는 회사의 궁극적 목적을 달성하는 데 도움이 되는 방향에서 평가해야 한다. 회사경영을 책임지고 있는 최고경영자는 소비자가 자신을 고용한 사장이라는 점을 항상 잊지 말아야 한다.

(2) 납품업체와의 관계

원부자재를 공급하는 납품업체는 투입물의 가치에 가장 큰 영향을 미친다. 그러나 이들은 생산성 평가에서 산출물의 가치에도 영향을 미친다. 각종 원자재나 설비를 공급해 주는 사업은 크게 보아 어느 한 회사가 담당하고 있는 사업영역의 연장으로 보아도 된다. 이들과 좋은 관계를 조성하게 되면, 이들은 단순히 물리적 재화 이상의 것을 제공하는 자산이 된다. 기계설비 등 산업재를 판매하는 세일즈맨들은 판매원 이상의 역할을 한다. 그들은 업계의 기술동향을 파악하고, 최신기술에 대한 정보를 가지고 있는 전문가들이다. 그들에게서 유익한 기술적 조언을 받을 수 있고, 동일업계의 다른 회사가 무엇을 하는지도 배울 수 있다.

① 외상 매입금은 기한 내에 지불하는가?
② 납품업체와의 거래는 공정하게 하고 있는가?
③ 할인구매 제도를 충분히 그리고 공정하게 활용하는가?
④ 납품업체의 제안을 받아들이는가?
⑤ 납품업체의 상품을 약속한 대로 진열하고 홍보하는가?
⑥ 납품기한은 충분히 주는가?
⑦ 거래처를 바꾸기 전에 비용과 서비스를 공정하고 철저하게 분석하는가?

(3) 대정부 관계

중앙정부나 지방행정부와의 원활한 관계도 생산성과 기업성과에 중요한 영향을 미친다. 세금을 납부해야 하는 것은 회사에 재정적으로 부담이 되지만 정부로부터 자본, 기술, 경영관리상 여러 가지 지원을 받을 수 있다. 세금은 피할 수 없는 것이므로 정부로부터 받을 수 있는 혜택을 최대한 활용해야 한다.

① 사업실적을 적절히 보고하고 세금은 기한 내에 납부하는가?
② 정부에서 제공하는 지원과 서비스를 충분히 활용하고 있는가?
③ 정부 및 자치단체의 정책수립 과정에 적극적으로 참여하는가?

(4) 채권은행과의 관계

시중은행이나 금융기관에서 운전자본을 대출하여 원자재를 구입한다면, 이들 금융기관은 회사의 생산성에 영향을 미친다. 납품업체나 정부기관과 마찬가지로 이들에게서도 회사의 건전한 성장에 도움이 되는 조언을 받을 수 있다. 예를 들어, 은행의 대출 담당자는 회사의 재정상태를 알고 있으므로 금융비용을 최소화하고 가장 경제적인 구매방법을 알려줄 수 있다. 많은 신생기업의 재무문제를 다루어 본 은행직원은 신생기업이 피해야 할 함정을 체험을 통하여 알고 있다.

① 채무변제 약속을 정확히 지키고 있는가?
② 필요한 운영자금 확보방안을 충분한 시간을 두고 계획하고 있는가?
③ 회사의 실적을 금융기관에 충분히 알려주고 있는가?

우리는 흔히 은행 등 채권자에게는 회사의 실적을 부풀려 신용을 높이려는 경향이 있다. 그러나 이것은 좋은 방법이 아니다. 은행과도 회사의 자문 변호사나 회계사와의 관계와 동일한 관계를 유지해야 한다. 은행도 다른 이해관계자와 마찬가지로 회사의 성장발전이 자신에게 도움이 된다는 점을 알고 있다. 그러므로 은행에도 회사의 정확한 상황을 설명하여 상호 신뢰하는 관계를 만들어야 한다.

〔도움이 되는 읽을거리〕

1. 101+ answers to the most frequently asked questions from enterpreneurs, Courtney Price, 1999: 소자본 창업을 계획하거나 운영 중인 사람들이 궁금해하는 문제를 질문과 대답 형식으로 설명하고 있다. 사업 아이디어, 사업 매수, 기술의 상업화, 시장계획, 자본조달, 프랜차이징 등 다양한 주제를 다루고 있다.
2. Acs, Zoltan J., Innovation and Small Firms, MIT Press, Cambridge, Mass., 1990: 초보 벤처기업가에게는 다소 부담스럽겠지만 이 책은 여러 산업분야에서 성공하기 위한 혁신의 상대적 수준에 대한 흐름을 제시하고, 또한 혁신활동과 기업규모의 관계를 보고하고 있다.
3. Barber, John, John S. Metcalfe, and Mike Porteous (eds.), Barriers to Growth in Small Firms, Routledge, London, 1989: 저자들은 소기업의 성장을 저해하는 요인에 대한 연구결과를 이 책에 모았다.
4. Curran, James, John Stanworth, and David S. Watkins (eds.), The Survival of the Small Firms, vol. 1, Gower Publishing Co., Brookfield, Vt., 1986: 이 책에서는 소기업의 생존과 성장에 영향을 미치는 경제적 요인을 설명하고 있다.
5. 김병국, 프랜차이즈 창업컨설팅, 도서출판 지정, 1997: 창업기업의 성장방안으로 프랜차이징을 설명하고 있다.

부 록

1. 닷컴기업의 10대 생존전략

- 닷컴들은 생존을 위해 다음과 같은 열 가지 전략 옵션을 구사 중
- 당장의 생존을 위한 대책과 미래번영을 위한 장기전략을 병행

전략옵션	세부전략	주요 내용	비고
비즈니스 모델 업 그레이드	B2B 겸업	수익성이 높은 B2B부문으로 관련 다각화	e-Bay
	유료화	단순 무료모델을 유료 복합 프리미엄 서비스 모델로 개조, 차별적 서비스 제공	새롬기술 다이얼 패드
	온라인 통합	닷컴간 공동 브랜드, 비즈니스 모델 Hybrid를 통한 협력체제 구축	Yahoo
오프라인 결합	유통/물류 진출	오프라인 점포 진출로 채산성 제고 및 광고효과, B2C 소매업체의 경우 물류기능의 내부화	김대리
	오프라인 상품개발	서비스 전문에서 탈피하여 제조(Production)를 겸업, 사이버에서 구축한 브랜드 상품을 직접 생산하여 2~3배 높은 마진 확보	
구조조정	경영관리 강화 및 CEO 영입	창의력 중심에서 경영능력 중심으로 이동, 엔지니어 창업주가 전문경영인에게 경영권 양도	e-Bay
	슬림화와 소싱 확대	경비절감을 위해 핵심역량은 정예화·슬림화하고 소싱은 레버리지 극대화 수준까지 심화 M&A, 제휴, 합작 등으로 외부자원 활용	
	현금흐름 해결	자금경색을 해소하고 흑자도산을 방지하기 위해 금융 전문가를 확보해 자금확보에 주력, 자신만의 비공개 노하우, 핵심역량까지도 상품화	ChaTV
국제화	해외진출 /외자유치	빠른 수익이 확실하고 시장이 큰 도전 국제시장 진출, 즉각적 국제화와 신중한 현지화의 조화, 문화적 동질성이 높은 동아시아 진출	새롬기술 Yahoo, AOL, 옥션 Japan
철수	제값 받고 팔기/재도전	사업의 일부분이나 전체를 매각하고 새로운 사업 추진 자금력이 있는 대기업, 투자기관과 지분관계 확보	유리시스템 넷딜러스

※ 삼성경제연구소 보고서 발췌

13장 생산활동 관리

생산활동에 대한 관리목표는 목표원가에 적합한 품질의 제품을 필요한 양만큼 정시에 제공하는 것이다. 이러한 목표를 달성하는 과정에서 예상되는 문제점들은 무엇일까? 다음은 우리가 신생기업에서 흔히 관찰할 수 있는 문제점들이다.

- 원자재 부족으로 인한 생산차질
- 생산인력의 부족이나 기능미달
- 유지보수 미비로 인한 장비고장
- 생산계획의 잘못으로 인한 납기지연
- 품질관리 소홀로 인한 결품이나 불량률 증가

이러한 문제는 생산활동과 관련한 정책과 관리통제를 못할 때 발생한다. 생산활동과 관련한 의사결정은 다양하다. 공장을 매입, 임대, 또는 건설하는 전략, 장비의 구입이나 임대, 여러 가지 부품 중 어느 것을 자체생산하고 어느 것은 외부에서 조달할 것인가, 생산라인의 설계, 재고관리 비용통제 등의 활동을 포함한다.

벤처를 시작하는 사람들은 누구나 자금이 충분하지 않다. 그러므로 최대한 지출을 줄여 유동성을 확보해야 한다. 가격이 싸다고 원재료를 대량구입하여 비축하거나, 당장 필요하지 않은 기계장비를 구입하는 것은 현명한 선택이 아니다. 사업초기에는 가능한 한 수중에 현금을 많이 확보하기 위해 조금 비싸더라도 소량씩 필요한 만큼만 구입해야 한다. 고성능 기계장치에 거액을 투자하기보다는 임대 등의 수단으로 현금유출을 통제하는 것이 좋다. 창업초기에는 벤처의 장기적 성공에 크게 영향을 미치는 여러 가지 사항을 결정해야 한다. 물론 초반의 전략은 이후 성장과정에서 수정될 수 있다.

1절 생산설비 확보

생산시설을 새로 짓든 매입하든 아니면 임대를 하든, 생산시설이 위치할 입지, 전력과 용수 등 생산환경, 그리고 공장설계 등은 중요한 구조적 결정사항이다. 이들 문제에 대한 결정은 벤처의 장기적 성공에 결정적 영향을 미친다. 한번 결정이 잘못되면 이를 바로잡는 데 많은 비용이 수반되므로 신중을 기해야 한다. 이들 선택문제에서 염두에 두어야 할 사항을 알아보자.

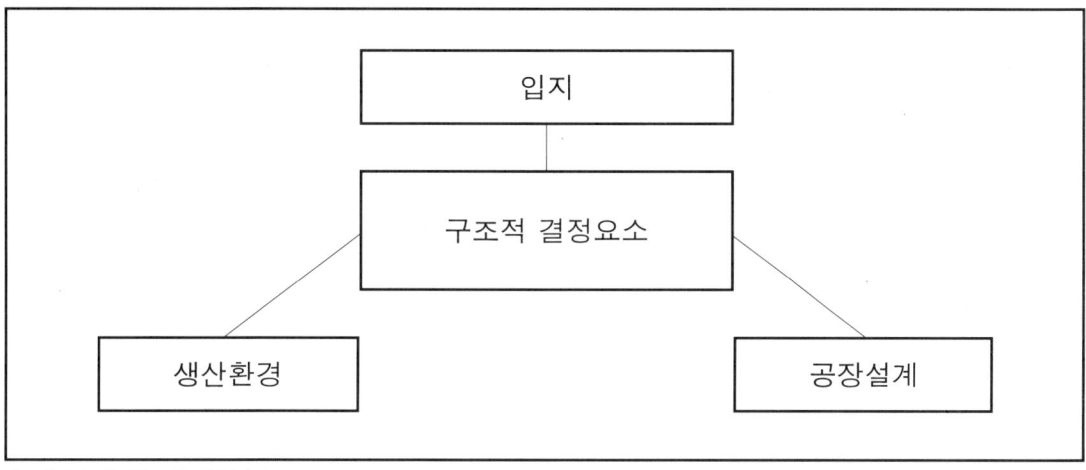

〈그림 13-1〉 구조적 성공요소

1) 입지

입지를 선택할 때 가장 중요한 고려사항은 시장과 원재료 공급선에 가까워야 한다는 점이다. 목재를 원재료로 많이 쓰는 사업의 경우에는 제재소나 기차역 또는 항만시설에 인접해야 한다. 특정산업을 위해 정부에서 조성하고 있는 소프트웨어, 출판업, 염색 등 산업단지를 후보지로 고려하는 것이 좋다. 많은 면적이 필요하지 않다면 아파트형 공장이나 벤처타운은 여러 기반시설이 갖추어져 편리하다. 어떤 경우이든 주변환경과 어울리는지도 살펴보아야 한다. 교회나 학교 근처에 유흥업소는 적당치 않으며, 장의업, 병원, 화장터 근처에 음식업은 좋지 않다. 교통이 번잡한 상가나 중심지에서 후보지를 찾는 경우는 주차설비나 대중교통 이용편의를 살펴보아야 한다.

필요한 기능을 갖춘 인력을 인근지역에서 확보할 수 있는가를 살펴보는 것도 중요하다. 해당지역의 상공회의소나 노동부 산하기관, 또는 직업학교를 통해 정보를 얻을 수 있다. 기능인력이 풍부하다면 그만큼 인건비를 줄일 수 있다.

가전제품에 쓰이는 정밀부품을 생산하는 경일전자의 경우를 보자. 이 회사의 창업자는 자금상의 문제로 대도시에서 조금 떨어진 외곽지역에 조립공장을 세웠다. 대중교통이 좋지 않아 회사에서 모든 비용을 부담하고 출퇴근을 시켜 주지만 시간이 많이 걸려 직원들의 불만이 많고 이직률이 높아

인력관리에 애로가 많았다. 어느 정도 기반이 잡힌 후, 이 회사 사장은 공장이전을 검토하였다. 마침 인근의 지방자치단체에서 경일전자가 무공해 산업이라는 점을 높이 사 비교적 싼 가격에 자체조성한 공단에 입주를 알선해 주었다. 공단은 대도시에서 멀리 떨어져 있으나 쾌적한 바닷가 전원도시의 외곽에 조성되어 환경이 좋았다. 이 도시에는 노년층의 은퇴한 사람이 많아 파트타임 근무를 희망하는 사람이 많고, 인근에 대학이 있어 젊은 인력의 확보도 용이한 편이었다. 창업자 사장은 작업자가 근무시간을 마음대로 선택할 수 있는 주 4일 근무 시스템을 개발하여, 노년층을 채용함으로써 인건비를 줄이고 이직률을 낮출 수 있었다.

2) 생산환경

공장입지를 선택할 때 공장가동에 필요한 전기와 용수를 충분히 공급받을 수 있는지를 검토하는 것은 필수적이다. 전기를 많이 사용하는 사업이라면 원하는 전압과 품질의 전력을 원하는 만큼 확보할 수 있는지 확인해야 한다. 앞으로 회사가 성장함에 따라 증가할 수요도 감안해야 한다. 공업용수를 많이 사용한다면 용수의 확보는 물론 폐수를 방류할 하수도 용량도 확인할 필요가 있다.

3) 공장설계

기존 공장을 개보수하거나 공장을 신설하려고 할 때는 전문가의 도움을 받는 것이 좋다. 전문가는 현재 필요한 설비는 물론 앞으로의 확장까지 고려하여 최소비용으로 설계해 줄 것이다. 최근 들어 다양한 건축공법이 개발되고 있다. 공장을 즐거운 작업장소로 만들기 위해 가능하면 건물이나 조경을 아름답게 만들 필요가 있다. 개인용 컴퓨터 생산회사인 컴팩의 생산공장은 대학교와 같은 분위기를 준다. 물론 창업초기 기업이 이런 시설을 갖추기는 힘들겠으나, 깨끗한 환경은 사기를 높여 생산성을 향상시킨다. 아름답고 독특한 설계는 지역주민과의 관계도 좋아질 수 있고, 회사의 홍보효과도 거둘 수 있다.

생산설비를 선택할 때는 미래의 수요를 고려하여 성능이나 한 단계 규모가 큰 기계나 설비를 선택하는 것이 좋다. 보통 성능이 한 단계 더 높아도 비용은 크게 증가하지 않는다. 성능이 높은 기계를 이용하면 소규모 작업처리가 보다 능률적이고, 긴급주문에도 대처할 수 있는 능력이 있어 장기적으로 경쟁력을 높이는 하나의 수단이 된다.

> 창업기업에 필수적인 제품 생산설비의 확보는 초기의 사업성패를 가름한다. 당장의 여건보다 3년 후를 생각하는 안목으로 결정해야 한다.

2절 운영관리

1) 교대근무제를 택하는 것이 좋은가

소규모 시설에서도 교대근무제를 시행하면 생산량을 늘릴 수 있다. 어떤 조건에서는 이것이 이익을 높일 수 있는 방법이 된다. 교대근무제를 통하여 생산품 한 단위당 고정비를 줄일 수 있다. 건물감가상각비, 투자비에 대한 지급이자, 기계의 노후화 비용, 세금 등은 생산량에 관계없이 일정하므로 동일설비에서 생산량을 늘리면 한 단위당 부담하는 비용은 적어져 평균 생산단가가 낮아진다. 또한 전력요금이 낮은 야간시간대를 활용하는 것도 이점이다.

그러나 교대근무제가 장점만 있는 것은 아니다. 삼교대 근무제에서는 기계의 유지보수가 어려워 고장이 잦고 이로 인한 비용이 증가한다. 일반적으로 저녁조나 야간조의 임금은 정상임금보다 높고 생산성도 떨어져 단위당 인건비가 증가한다.

소규모 공장을 운영해 본 사람들은 교대근무제보다는 공장의 규모를 크게 하고 정상시간에만 가동할 것을 추천한다. 다만, 공장에 고가의 특정장비가 필요한 경우, 두 대를 설치하기보다는 하나만 설치하고 이 기계에 대해서만 교대근무제를 시행할 수 있다.

2) 학습효과를 살펴라

새로운 일을 시작할 때, 누구나 처음에는 작업속도가 느리고 비효율적이다가 어느 정도 일에 익숙해지면 작업속도가 빨라지는 것을 경험해 보았을 것이다. 여러 가지 작업방법을 시험해 보면서 가장 효율적인 작업방식을 찾아 간다. 이러한 현상을 학습효과라 한다. 생산현장에서도 경험을 통하여 직무기능을 습득해 가면서 생산성이 올라가고, 생산품의 생산단가는 낮아진다. 아래의 그림은 학습효과에 따른 생산성과 생산단가의 전형적 패턴을 보여준다.

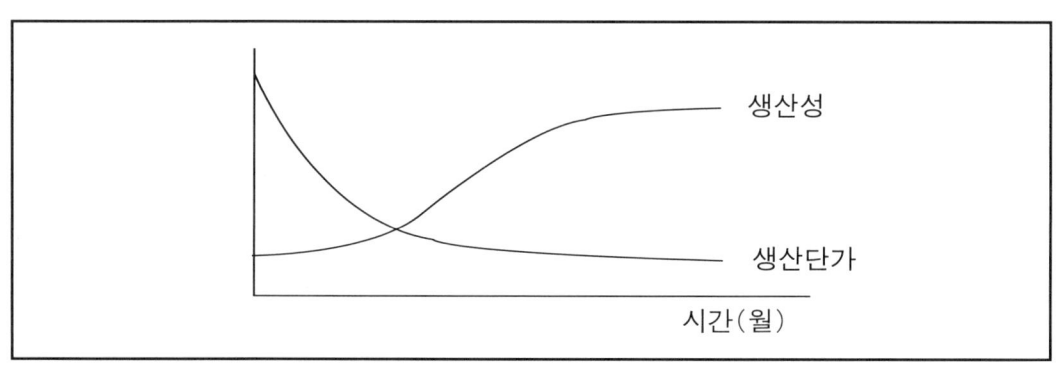

〈그림 13-2〉 생산성과 생산단가

시간이 지남에 따라 작업시간과 원가가 감소하는 이유는 여러 가지가 있다. 이들 요소를 잘 조사하면 학습과 비용감소 과정을 촉진할 수 있다.

- 생산직원의 기능수준 향상
- 작업도구나 작업대의 개선
- 특정목적의 전용장치 개발
- 스크랩 감소

학습효과를 알게 되면 미래의 생산단가를 비교적 정확하게 예측할 수 있다. 항공기나 전자산업의 경우 생산량이 두 배로 늘어날 때마다 단위당 직접인건비는 60~80%씩 감소하는 것으로 알려져 있다. 생산현장에서 자료를 수집하여 앞의 그림과 같은 곡선을 만들 수 있다면 어디에서나 자신의 생산단가 변화를 예측할 수 있고, 경영층은 보다 합리적 계획을 수립하게 된다.

3) 시장수요가 변동할 때 어떻게 대처해야 하는가

시장수요가 계절에 따라 변동하는 현상은 서비스업도 마찬가지이지만 제조업의 경우 특히 심하다. 스키나 테니스 라켓과 같은 스포츠용품 산업, 장난감 제조업, 의류산업 등의 경우 수요는 계절에 따라 심한 등락을 보인다. 이러한 산업에서는 변동할 수밖에 없는 생산량을 관리하는 것이 중요한 문제가 된다. 수요가 변동할 때마다 생산직원을 해고하거나 채용할 수는 없을 것이다. 계절적 수요를 다루기 위해서는 다음과 같은 방법들이 많이 사용된다.

- 재고로 조정한다. 비수기에 생산한 제품을 보관했다가 성수기에 출하한다. 이 전략은 재고상품 생산에 들어간 자금을 회수할 수 없으므로 많은 운전자금이 필요하다. 재고상품에 많은 현금이 묶이는 것이 부담이 될 수 있지만, 재고상품을 담보로 은행에서 단기자금을 차입하여 필요한 자금을 마련할 수 있다.
- 비수기에 제품판매를 높이기 위한 판촉활동을 강화한다. 수출수요나 틈새시장을 개발하거나 비수기 주문에 대해 특별할인 혜택을 주어 수요를 늘리는 것도 하나의 방법이 된다.
- 성수기에는 초과근무 등의 방법으로 가동시간을 늘리고, 비수기에는 가동시간을 단축하여 수요변동에 대처할 수 있다. 성수기에 임시직이나 파트타임 근무자를 늘리는 것도 하나의 방법이다.
- 성수기에 주문이 생산능력을 초과하면 주문의 일부를 외주 조달할 수 있다.

계절에 따라 수요의 등락이 심할 때 위에서 설명한 방법 중 하나 또는 몇 개를 동시에 사용할 수 있다. 어떤 전략을 선택하든 치밀한 사전계획에 따라 생산활동이 이루어져야 한다.

3절 구매관리

소규모 기업가는 누구라도 구매기능의 중요성을 알고 있을 것이다. 구매는 단순히 물자를 구입하는 것만을 뜻하지 않는다. 구매기능은 정도의 차이는 있지만 생산, 판매, 설계, 배송, 마케팅 등 모든 기능활동과 연관되고 이들을 지원한다. 신제품 개발시 구하기 어려운 부품을 생산하는 업체를 찾아 시제품 생산을 가능하게 하는 것도 구매부서의 역할이다. 배송부서에서 특정소재의 포장용기가 필요할 때 이러한 용도에 맞는 제품을 조달하는 것도 구매부서의 책임이다. 물론 생산부서에서 필요한 원부자재를 필요한 시간에 적정가격으로 공급하는 것은 기본기능이다.

구매 담당자는 앞으로 생산부서에서 생산할 물량을 알아야 미리 구매계획을 세워 자신의 역할을 다할 수 있다. 즉, 구매 담당자는 지속적으로 생산일정 계획수립에 참여해야 한다. 생산계획을 수립할 때는 생산, 판매, 설계, 구매 등의 관련자가 정기적으로 회의하는 것이 좋은 방법이다. 현재의 판매상황과 앞으로의 예상수요를 알아야 구매 담당자는 배달기간, 필요물량, 납품가격 등을 고려하여 구매계획을 세울 수 있다.

> 최저가격에 최고품질의 원부자재를 공급해야 하는 구매 책임자는 항상 납품업체 동향은 물론 기술의 변화, 신제품 개발상황을 파악하고 있어야 한다. 가격이나 배달기간, 생산량 등의 변화도 알고 있어야 한다.

납품업체와의 불편한 관계는 신생 벤처기업에서 아주 흔한 문제이다. 거래관계가 새롭고 주문물량이 적으며 얼마나 오랫동안 거래관계를 지속할지 알 수 없으므로, 납품업체는 벤처에 신경을 쓰지 않는다. 납기가 늦고, 품질이 좋지 않은 물건에 높은 가격을 요구하거나, 선불을 요청하기도 한다. 이러한 문제를 사전에 예방하기 위해서는 납품업체 선정에 신중해야 한다. 입찰을 실시하여 납품업체들의 주목을 끌고, 계약관계를 확실히 해 두어야 한다. 납품업체와 친밀한 관계를 유지하는 것도 중요하다. 친밀한 관계를 통하여 다양한 정보를 수집할 수 있으며, 긴급주문이나 소량 특수주문도 가능하게 된다. 장기적 거래관계를 유지하는 것이 좋다. 구매부서와 수납품질 검사팀이 함께 일을 해야 구입품의 품질수준을 확보할 수 있다. 구입물품의 품질에 문제가 있다면 구매부서는 즉시 납품업체에 이러한 사실을 알려 수정조치를 취하게 해야 한다.

1) 재고비용 최소화도 구매부서의 목표이다

구매활동의 목적은 적시에 적량의 원부자재를 최소가격으로 확보하는 것이다. 그러나 필요한 원부자재를 필요할 때마다 주문할 수는 없다. 일정기간 동안 필요한 물량을 한꺼번에 주문하여 창고에 보관하였다가 필요할 때마다 인출하는 것이 관례이다. 이때 우리는 한 번에 얼마만큼씩, 또 얼마나 자주 주문해야 할 것인가를 결정해야 한다. 이런 문제에서 고려해야 할 비용은 주문비용, 수입 및 검사비용, 세금, 보험료, 재고 유지비용 등이다. 이들 비용을 최소수준으로 줄이기 위해서는 주문처리 과정에서의 낭비를 제거해야 한다. 주문 및 수입장부는 최대한 간결하게 만들고, 주문, 구입, 검사, 대금지급에 필요한 전표도 필수적인 최소량만을 유지해야 한다.

부품 및 자재의 단가변동을 예의 주시하고, 가격상승이 예상된다면 미리 구매하여 구입가격의 절약이 재고유지와 관련하여 발생하는 비용을 초과하는지 평가해야 한다. 구매부서의 역할은 소요자재를 창고에 쌓아 두지 않고도 생산과정에 지장을 주지 않도록 공급하는 것이다. 그러므로 생산부서 및 판매부서와 힘을 합쳐 업무를 처리해야 한다. 재고의 증가는 수익성 악화의 신호가 될 수 있다. 또한, 실제로는 수익이 발생하고 있지 않은데도 장부상으로는 수익이 있는 것으로 나타나게 한다. 우리는 원부자재나 완제품 재고를 앞으로 생산활동에 투입하거나 판매할 수 있는 경제적 가치를 가지고 있다고 생각하지만, 그렇지 못한 경우가 많다. 시간이 지남에 따라 변질되어 못 쓰게 되거나, 설계변동으로 더 이상 필요 없게 되는 경우도 있다. 또는 공급선이나 경쟁업체에서 성능이 향상된 제품을 개발한 경우도 재고품의 가치가 떨어진다. 보통 재고자산을 가치가 있는 것으로 평가하여 당기순이익을 계산하지만, 재고상품의 가치가 떨어진 경우 실제보다 수익을 과대하게 계산하는 셈이 된다. 그러므로 최소의 수준으로 유지하는 것이 좋다.

> 완제품이나 원부자재의 재고가 늘어나는 것은 어떤 경우에도 바람직하지 않다. 재고가 늘어나는 원인을 조사하여 필요한 조치를 취하지 않으면 겉으로 남고 속으로 밑지는 사업이 된다.

2) JIT 생산방식

재고를 최소로 유지하기 위한 한 방법은 상품이 꼭 필요한 시점에 꼭 필요한 양만을 주문하는 것이다. 소매점의 경우, 구입을 원하는 고객이 있을 때 상품을 주문하여 바로 인도하는 것이다. 이러한 거래방식이 가능하다면 재고상품이 전혀 필요 없을 것이다. 이러한 개념을 생산활동에 적용한 것이 적시 생산방식(Just in time production)이다. JIT의 기본가정은 생산활동에 필요한 부품을 꼭 필요한 시점에 인도받을 수 있다는 것이다. 극단적인 경우, 자동차 조립과정에서 타이어가 하나 필요하면 납품업체에서 타이어 하나를 공급받는 것이다.

JIT의 목적은 재고를 줄여 비용을 줄이는 데 있다. 원자재이든 생산과정에서든 재고품의 양을 줄이면 보험료, 재산세, 창고 임차료, 인건비 등 재고관리 비용이 감소한다. 또한 불량품 발생원인을 파악하기 쉬워 품질수준을 높이는 데도 도움이 된다. JIT 생산방식에는 때때로 원부자재가 부족하여 가동을 중단하는 사례가 발생할 것이다. 그러나 JIT에서는 이것이 그렇게 나쁜 것만은 아니라고 생각한다. 자재의 재고가 떨어졌다는 것은 사전에 계획한 양을 생산했다는 의미이므로, 더 이상 생산하는 것은 완제품 재고수준을 높이게 된다. 그러므로 더 생산하는 것보다 다음 생산개시까지 기계의 유지보수, 작업장 정리 등의 활동에 시간을 보내는 것이 더 좋다고 한다. JIT 생산방식을 도입하기 위해서는 다음과 같은 점을 검토해 보아야 한다.

① 소량씩 자주 납품할 수 있도록 원자재 공급업체가 인근에 있는가?
② 공급업체에서 언제, 어느만큼 공급해야 하는가를 알 수 있을 만큼 생산계획이 안정되어 있는가?
③ 공급업체는 항상 불량이 없는 믿을 수 있는 제품을 공급하는가?

이러한 조건이 갖추어져 있지 않다면 JIT 생산방식은 효과를 거둘 수 없다. 한 번에 일정량을 주문하여 필요할 때마다 인출하는 방식을 채택할 수밖에 없다.

3) 한 번에 얼마씩 주문해야 할까

발주와 관련한 비용에는 두 종류가 있다. 발주물량이 얼마이든 주문할 때마다 일정하게 발생하는 고정비와 발주물량에 따라 달라지는 변동비가 있다. 이들 두 비용을 합한 총비용을 최소로 해주는 주문량을 경제적 주문량(economic order quantity)이라고 하며, 다음의 공식을 이용하여 계산한다.

$$\text{경제적 주문량(EOQ)} \backslash = \sqrt{\frac{2kD}{h}}$$

k = 매 주문시 일정하게 발생하는 고정비용

D = 연간 총수요

h = 상품 한 단위를 일년 간 재고로 유지하는 데 드는 비용

위에서 h는 재고상품에 대한 보험료, 재고품의 노후화로 인한 가치감소, 창고 보관료 등 여러 요인을 반영해야 하지만 고가상품의 경우 보통 재고품에 묶인 현금의 이자비용으로 대신하기도 한다. 다음의 경우 한 번에 몇 개씩 주문하는 것이 최선인가 알아보자.

연간 총수요가 6,000개인 제품의 구입단가는 8,000원이다. 고정적 발주비용(k)은 5,000원으로 추산되고, 현행 이자율은 10%이다. 이 경우 경제적 주문량은 얼마일까?

구입단가가 8,000원이고 이자율이 10%이므로 한 단위를 재고로 둘 때 이자비용은 800원이 된다. 기타비용을 감안하여, 상품 한 단위를 일년 간 재고로 유지하는 비용(h)을 1,000원이라 하자. 그러면 위의 공식을 이용할 수 있다.

$$EOQ = \sqrt{\frac{2 \times 6,000 \times 5,000}{1,000}} = 245$$

즉, 한 번에 245개씩 주문하는 것이 최선이다. 연간 총수요가 6,000개이므로 이것은 한 달에 두 번씩 주문하는 셈이 된다.

4절 원가관리

1) 생산성 향상을 살펴라

소기업 경영자는 항상 회사의 생산성 변화를 지켜보아야 한다. 생산현장의 생산성은 생산단가를 결정하고, 기업의 수익성과 경쟁력을 결정하는 핵심요소이다. A와 B 두 경쟁업체의 임금수준이 동일하나 A기업에서는 한 사람이 하루에 10개를 생산하고 B기업에서는 하루에 5개를 생산한다고 하자. 즉, A기업의 생산성은 B기업 생산성의 두 배이다. 생산직원의 하루 인건비가 3만 원이라면, A기업에서는 제품 한 단위당 인건비가 3,000원이지만, B기업에서는 6,000원이 된다. A기업은 B기업보다 단위당 마진이 3,000원 더 높다.

생산성 관리에서 가장 중요한 사항은 다음 항목들의 변화를 지켜보는 것이다.

- 1인당 월 생산량
- 1인당 월 매출액
- 1인당 월 A/S 처리건수
- 관리직원과 생산직원의 비율
- 과장 이상 직원의 수와 과장 이하 직원 수의 비율
- 기계가동 시간
- 기계시간당 생산량

과거의 추세에 어떤 변화가 있거나, 또는 경쟁기업과 비교하여 차이가 있다면 원인을 찾아 생산성을 높이기 위한 전략을 세워야 한다. 생산성 관리에서 관심을 두어야 할 또 하나는 생산원가이다. 생산원가는 고정비와 변동비로 나누어진다. 고정비는 임대료, 보험료, 간접인건비, 전화료, 차입금 지급이자, 소모품비 등으로 생산량이 얼마이든 매달 비슷한 수준으로 발생한다. 이와 반대로 변동비는 생산량에 비례하여 증가하는 비용으로 재료비, 직접인건비, 전기료 등을 포함한다. 이미 투자한 설비에서 생산성 증가로 생산량이 많아지면 한 단위당 고정비 부담액이 줄어들어 평균 생산원가가 낮아진다. 이것은 일종의 규모의 경제효과이다. 경영책임자는 제품생산에 투입되는 모든 원재료, 부품, 부분품의 구입단가와 가격동향을 알고 있어야 재료비 등 직접비용을 줄일 수 있는 기회를 갖게 될 것이다. 원자재 구입비를 줄이면 이익은 정확히 그만큼 늘어난다.

영업이익을 두 배로 올리는 방법에는 두 가지가 있다. 현재의 상황에서 매출을 두 배로 높이든가, 아니면 비용을 현재의 영업이익만큼 줄이는 것이다.

생산원가가 800원인 제품을 1,000원에 월 100,000개를 팔아 현재 월 수익 2,000만 원을 올리고 있다. 월 수익을 두 배로 높이려면 매출을 100% 증가시키거나, 아니면 생산원가를 800원에서 600원으로 25% 줄이면 된다. 어느 쪽이 더 쉬울까?

---

2) 가치공학 기법을 활용하라

사업을 처음 시작할 때는 누구나 처음 계획한 제품의 생산과 판매에 바빠서 좀더 경제적인 제품설계에 시간을 투입할 수 없다. 초기에는 적당한 가격에 고객이 어느 정도 만족할 만한 제품을 생산하는 문제만을 생각한다. 그러나 일단 회사가 궤도에 올라서면 동일한 품질수준, 또는 성능이 더 우수한 제품을 지금보다 더 싼 비용으로 생산하는 방법에 신경을 써야 한다. 가치공학(value engineering) 또는 가치분석(value analysis)은 이럴 때 도움이 된다.

가치분석은 생산방식이나 생산과정에 투입되는 원재료, 부품을 독창적으로 바꾸어 동일한 품질, 또는 성능이 더 우수한 제품을 더욱 싼 비용으로 생산하기 위한 분석기법이다. 가치공학을 실행하기 위해서는 크게 두 단계를 거친다.

① 품질과 성능을 유지하면서 보다 간편한 생산방식, 또는 원재료, 부품의 구입단가를 줄일 수 있는 독창적 아이디어 개발
② 이들 아이디어를 평가하여 어떻게 바꾸는 것이 현재의 품질을 유지 또는 향상시키면서 비용을 가장 많이 줄일 수 있는가를 결정

가치공학은 창의성과 혁신성을 높이 사는 경영환경에서 특히 성과가 높다. 누군가 아이디어를 제안했을 때 아무리 비현실적이더라도 그것을 비난해서는 안 된다. 직원들은 누구나 부담없이 자유롭게 자신의 아이디어를 건의할 수 있는 환경을 만들어야 한다. 이것은 비단 가치공학만의 문제는 아니다. 마케팅이나 재고관리와 같은 분야에서도 항상 새로운 아이디어는 필요할 것이다.

가치공학을 실행할 때 다음과 같은 질문은 아이디어 개발의 출발점이 될 수 있다.

- 현재의 인건비, 재료비, 간접비 등은 업계의 일반적 수준인가?
- 더 낮은 가격에 부품을 공급할 수 있는 납품업체는 없는가?
- 현재의 기능이 모두 필요한가?
- 비용에 비하여 각 기능은 충분히 가치가 있는가?
- 더 적은 비용으로 부품을 생산할 수는 없는가?
- 부품의 표준화로 부품의 수를 줄일 수는 없는가?
- 현재의 설비능력은 생산규모에 비추어 적정한가?

경북 경산에 소재한 건축자재 생산업체인 세대금속은 10년 이상 도어록만 전문으로 생산하여 동종업계에서 기술력을 인정받아 왔다. 그러나 대형업체의 시장진입과 업계 전체의 설비증설로 80년대 말 심각한 경영위기에 빠졌다. 현재 생산 중인 제품은 손잡이 부분이 스테인리스 강판을 프레스로 성형하여 제작하므로 대량생산이 가능하고, 열전도성이 높아 겨울에는 차갑고 여름에는 뜨거워지는 단점이 있었다. 세대금속은 대형업체와의 경쟁을 피하기 위해 대량생산이 어렵고 소기업의 특성을 살릴 수 있는 신제품 개발의 필요성을 느꼈다. 이 회사는 기존제품의 손잡이 부분 소재를 바꾸는 방향에서 여러 가지 소재를 시험한 결과 강판 대신 수지를 사용하기로 하였다. 수지는 성형성이 좋아 다양한 형태로 주문생산할 수 있으며, 경화과정에 시간이 많이 걸리고 온도와 습도 등의 조절이 까다로워 대량생산이 힘들어 대기업과의 경쟁을 피할 수 있어 좋다고 생각하였다. 뿐만 아니라 수지는 열전도가 낮아 촉감이 좋고, 투명한 수지에 색소나 무늬를 넣어 다양한 제품을 만들 수 있는 장점도 있었다. 세대금속은 원재료 소재를 바꾸어서 생산원가는 낮추고, 기능이 향상된 고급스런 제품을 생산할 수 있었다. 이 제품의 개발로 세대금속은 매출을 크게 늘려 경영위기를 벗어났다.

5절 품질관리

보스톤컨설팅사의 조사에 의하면 품질수준이 높은 제품을 생산하는 회사일수록 시장점유율이 높으며, 이익률도 더 높다. 특히 신생기업의 경우 최고수준의 품질을 유지할 이유가 있다. 우선 소비자들에게 알려져 있지 않으므로 신용을 쌓기가 힘들다. 품질이 특별히 뛰어나다면 신용을 쌓는 시간을 줄일 수 있다. 또한 특별히 높은 품질의 제품을 요구하는 틈새시장을 목표시장으로 선정하면 경쟁상대의 수를 줄일 수 있다. 표적시장이 작으면 작을수록 대형 경쟁업체의 관심은 더욱 작아 그들과의 경쟁을 피할 수 있다. 시장에 출하하는 제품이나 서비스는 원래 의도한 수준의 품질을 유지해야 한다. 목표시장과 가격조건을 고려하여 제품을 설계하고 이를 홍보하였다면 고객은 자기 나름의 기준을 가지고 평가한다. 원래 의도한 대로의 품질수준을 만족시키지 못한다면 사업은 위험에 빠지게 된다. 의도한 대로의 품질과 성능을 확보하기 위해서는 생산부서는 물론 설계, 자재, 구매, 회계, 인사 등 전부문이 하나의 목표를 가지고 참여해야 한다. 이것이 TQM(Total Quality Management)이다.

대부분의 회사들이 사전에 설정한 품질규격을 만족시키도록 생산품의 품질을 관리하기 위한 절차를 만들고 조직적으로 활동하고 있다. 그러나 대부분 소규모 기업에서는 품질관리 전담부서를 갖출 만한 여력이 없다. 그러므로 불량발생의 여지를 없애는 예방적 조치를 강화하여 별도의 품질관리 활동을 최대한 줄여야 한다. 생산공정 하나하나에서 품질수준을 점검한다면 품질관리부서를 따로 유지할 필요가 없어진다. 회사가 어느 정도의 규모로 성장하면 품질보증부서를 따로 운영할 수 있다. 그러나 이때에도 품질보증부서는 품질에 문제가 있으면 생산직원이 이러한 문제를 수정하도록 지도하고 교육하는 역할을 맡는다.

> 제품이나 서비스의 품질은 철저한 품질검사를 통하여 만들어지는 것이 아니라 생산과정에서 만들어진다.

1) 고객이 생각하는 품질기준

경쟁시장에서 제품간 경쟁력은 그것이 재화이든 용역이든 그 제품의 품질에 좌우된다. 우리가 일반적으로 품질이라 할 때, 우리는 보통 고급제품만을 생각하게 된다. 그러나 관리목표로 품질을 말할 때는 이것만으로는 부족하다. 고급제품을 공급하기 위해서는 비용이 많이 들어 대상 고객이 일부에 한정되므로 경영활동이 제한적일 수밖에 없다. 그러므로 경영관리에서 품질이라 할 때는 하나의 상품에 대하여 '고객이 느끼는 만족의 정도'로 정의한다.

우리는 흔히 "이것은 좋은 제품이다" 또는 "마음에 든다", "사고 싶다"와 같은 방식으로 한 상품의 품질을 평가한다. 상품이 좋다면 고객이 느끼는 만족은 당연히 클 것이다. 그러므로 어떤 제품에 대하여 "품질이 좋다" 또는 "고품질이다"라고 평가하는 것은 자신이 기대한 것 이상의 만족을 느낀다는 표현일 것이다. 고객의 기대는 평균적 가격수준이나 유사제품과 비교한 수준이다. 500만 원 수준의 자동차를 구입하는 사람이 1,000만 원 수준의 자동차를 기대하지는 않을 것이다. 1,000만 원 수준의 자동차에 비하여 500만 원 수준의 자동차는 여러 가지 면에서 만족스럽지 못한 점이 많을 것이다. 그렇다고 500만 원 수준의 자동차는 모두 불량품이라고 말하지는 않는다.

> 품질관리의 목표는 사전에 설정한 목표 품질수준을 잘 지켜 소비자가 기대하는 품질을 정확히 제공하도록 관리하는 것이다.

2) 품질보증

설정한 품질을 달성하고 유지하기 위해 기업이 설정한 정책, 절차, 지침 등 일체의 시스템을 품질보증(quality assurance)이라 한다. 품질보증은 품질공학과 품질관리라는 두 가지 주요기능으로 구성된다. 품질공학의 목표는 품질을 감안하여 제품과 공정을 설계하고, 생산에 앞서 혹시 있을 수 있는 품질상의 문제를 파악한다. 품질관리는 표준품질이 잘 지켜지고 있는가를 확인하기 위한 일련의 검사 및 측정절차로 구성된다. 표준품질이 지켜지고 있지 않다면 수정이나 예방하기 위한 조치를 취해야 한다.

> 제품을 고객에게 인도한 후에 품질문제가 발생한다면, 고객에게 인도하기 전에 문제를 찾아 이를 바로잡는 데 들어가는 비용보다 10배 이상 많은 비용을 지출해야 한다.

3) 관리도

똑같은 기계를 이용하여 동일한 공정으로 생산할 경우에도 산출물의 품질은 동일하지 않다. 생산품 품질의 변동이 기계의 마모, 부정확한 기계설정, 저급원료 등 눈에 띄는 원인으로 야기되었다면 생산공정은 가능한 한 빨리 수정되어야 한다. 그러나 온도나 습도, 원재료에 나타나는 무작위적 변동 등 운영 관리자가 통제할 수 없는 일반적인 이유로 품질의 변동이 나타났다면 공정은 수정될 필요가 없다. 통계적 품질관리의 주목적은 품질의 변동이 관리 가능한 눈에 띄는 이유 때문인가 아니면 일반적 이유인가를 구분하는 것이다.

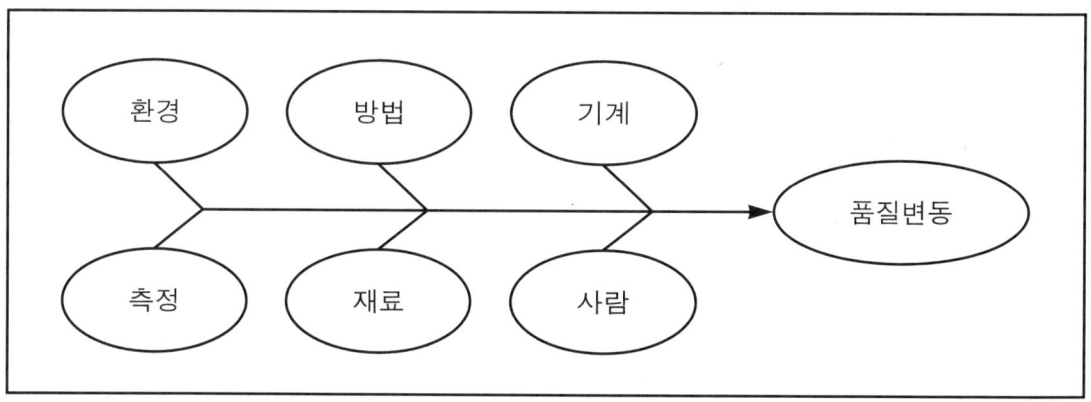

〈그림 13-3〉 품질변동 6대 요소

관리도는 생산품의 품질변동이 정상적인 공정에서 나온 것인지 비정상적 상태로 인한 것인지를 결정하기 위한 도구이다. 관리도는 도표작성에 사용된 자료의 유형에 따라 몇 가지로 구분된다. 평균치 관리도는 생산품의 품질이 길이, 무게, 온도 등과 같은 변수로 측정될 때 사용한다.

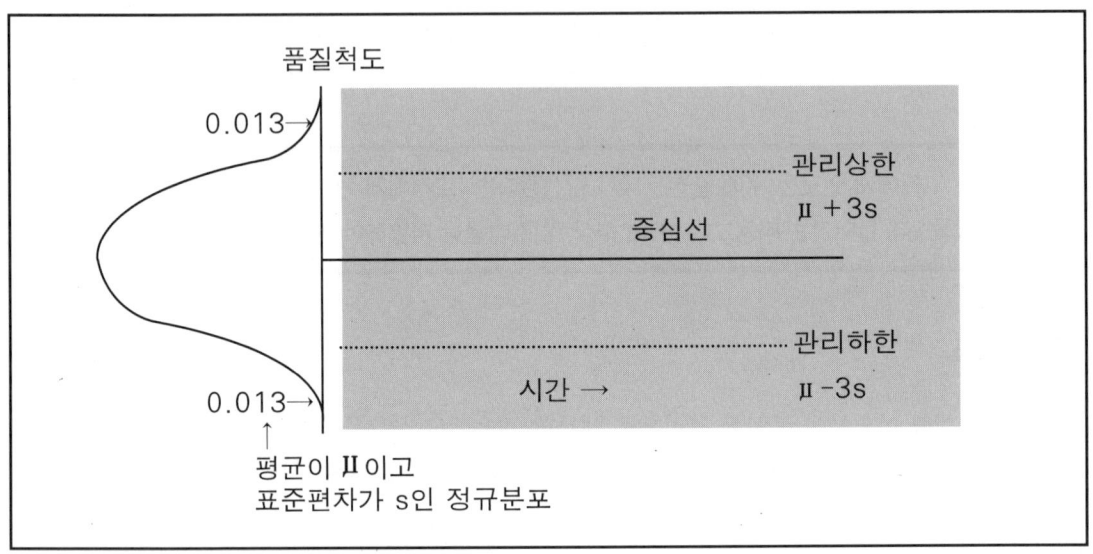

위 그림은 관리도의 일반적 구조를 보여준다. 도표의 중심선은 공정이 정상적일 때 생산품의 평균값에 해당한다. 생산공정에서 하나의 표본을 추출할 때마다 평균($\bar{x}$)을 계산하고 그 값을 도표에 그려넣는다. 관리상한(upper control limit; UCL)과 관리하한(lower control limit; LCL)으로 표시된 두 직선은 현재의 공정이 정상적인지 아니면 비정상적인지를 결정하는 데 중요한 역할을 한다. 공정이 정상적일 때는 하나의 표본 평균치가 두 직선 사이에 떨어질 가능성이 충분히 높도록 이들 직선의 위치를 결정한다. 그러므로 하나의 평균치가 이들 직선 밖에 위치하면 현재의 공정이 정상적이 아니라는 통계적 증거가 된다. 시간이 흐름에 따라 점점 더 많은 평균치가 도표에 그려진다. 사실상 하나의 관측치가 도표에 표시될 때마다 공정이 정상적인가를 평가하는 가설검정을 행하는 셈이다.

$\bar{x}$관리도 외에 품질척도의 범위를 감시하기 위한 도표로 R-관리도, 불량품의 비율을 관리하는 p-관리도, 불량품의 개수를 관리하는 np-관리도가 있다. 어느 경우나 일반적 구조는 $\bar{x}$관리도와 동일하다. 도표들간의 차이는 단지 자료의 측정단위에 있다.

알파화학은 조미료를 생산하는 중견기업이다. 일련의 생산공정을 거쳐 생산된 조미료는 표시정량 30g으로 진공포장되어 시장에 출하되고 있다. 소비자보호단체로부터 함량미달이라는 평가를 받지 않기 위해 이 회사에서는 포장설비를 평균함량이 31g이 되도록 설정하여 가동하고 있다. 그러나 포장공정은 노즐의 마모나 센서의 오작동 등 여러 가지 이유로 포장함량이 균일하지 않고 약간의 변동이 있다. 설비 엔지니어링 회사에서는 이 설비가 정상적으로 가동할 때 공정 표준편차가 0.6g으로 추정된다고 한다.

공정이 정상적이라면 표시정량 30g을 초과할 확률이 95% 이상이므로 이 정도의 변동은 문제가 되지 않는다고 생각하고 있다. 그러나, 알파화학의 품질관리팀에서는 포장공정이 정상적인지를 계속 확인할 필요가 있다. 이를 위하여 알파화학은 관리도를 활용하고 있다.

〔도움이 되는 읽을거리〕

1. Figgie, Harry E., Cutting Costs, American Management Association, New York, 1988: 약간 복잡한 분석과정을 거치지만, 저자는 다년간의 경험을 통해 얻은 표준화, 포장, 재고관리, 인력관리를 통한 효과적 비용절감 방법을 설명하고 있다.

2. Grieco, Peter L., et al., Just-In-Time Purchasing, PT Publications, Plantsville, Conn., 1988: 이 책에서는 JIT 구매에 대해 많은 것을 설명하고 있다.

3. Inventory Management, SBA Publications, Denver, Colo., 1989: 이 책에서는 재고관리의 목표, 재고장부 기록, 재고수준 예측방법 등을 설명하고 있다.

4. Profit Costing and Pricing for Manufacturer, SBA Publications, Denver, Colo., 1989: 생산업체의 성공에 있어 가장 중요한 조건 중 하나는 생산품의 적절한 가격설정이다. 이 책은 여러 가지 가격결정 방법을 소개하고 있다.

5. Purchasing for Owners of Small Plants, SBA Publications, Denver, Colo., 1988: 이 책은 소규모 생산업체에 적합한 효과적 구매 시스템을 제시하고 있다.

6. 생산운영관리, 강금식, 박영사, 2000: 생산운영관리의 모든 의사결정 문제를 설명하고 있다. 신제품, 공정설계, 입지결정, 재고관리, 품질관리에 대한 모든 해답을 찾아볼 수 있다.

7. 생산관리, 김희탁 외, 법문사, 1999: 대학 교재로, 생산운영관리의 광범한 주제를 다루고 있다.

14장 마케팅활동 관리

창업의 궁극적 목적은 이윤창출이고, 매출 없이 이윤은 불가능하다. 매출을 올리기 위해서는 고객을 확보하고, 주문을 받아 물건을 납품한 후, 판매대금을 수금하는 일련의 순환과정을 계속 반복한다. 매출이 없다면 이익이 있을 수 없고, 따라서 기업도 존재할 수 없다. 이 과정에서 기업은 성장해가고 또 여러 가지 문제가 발생하므로 적절히 대응하는 방법을 알아야 한다. 이들 활동은 기업경영에서 마케팅 영역에 속한다. 마케팅은 기업의 여러 기능을 통합하고 광고, 판매원, 그리고 기타 마케팅 활동을 통해 고객과 직접 접촉하는 대외적 창구역할을 수행한다. 이러한 마케팅활동이 성공하려면 마케팅활동은 기업목표와 전략 안에서 일관성 있게 추진되어야 한다.

KTB네트워크와 전경련이 공동조사한 바에 의하면, 벤처기업이 판로개척에 어려움을 겪는 이유는 마케팅 인력 부족(45%), 시장정보 부족(13%), 그리고 진입장벽(12%)으로 나타났다. 한편, 이를 극복하기 위한 그들의 전략 중점은 품질향상(33%), 신상품 개발(31%), 광고(10%), 가격 경쟁력(9%)으로 나타나, 많은 벤처기업이 제품 자체로 경쟁하려는 모습을 보이고 있다.

흔히 마케팅을 기술과 과학이 혼합된 관리활동이라고 한다. 그러므로 책에 의존하는 것은 한계가 있다. 마케팅에 필수적인 직관적 판단력과 창조적 아이디어 발상력을 습득할 수는 없기 때문이다. 서적을 통해서는 마케팅 문제를 이해하고 문제를 해결하기 위한 접근방식을 습득할 수 있을 뿐이다. 우리는 여기서 창업기업가가 알아 두어야 할 최소한의 마케팅활동 관리방법을 설명하고자 한다.

1절 경영철학으로서의 마케팅

창업이 성공하려면 효과적인 마케팅 관리가 필수적인데, 그 기초는 곧 마케팅 컨셉(marketing concept)에 있다고 말할 수 있다. 마케팅 컨셉는 비즈니스에 관련된 일상적인 업무는 물론 사고방식과 접근방식의 중심이 되고 있다. 그러므로 마케팅 컨셉이란 고객의 요구를 경쟁자보다 더 잘 충족시키기 위해서 전사적으로 실천되어야 할 고객 중심적 경영철학을 말한다.

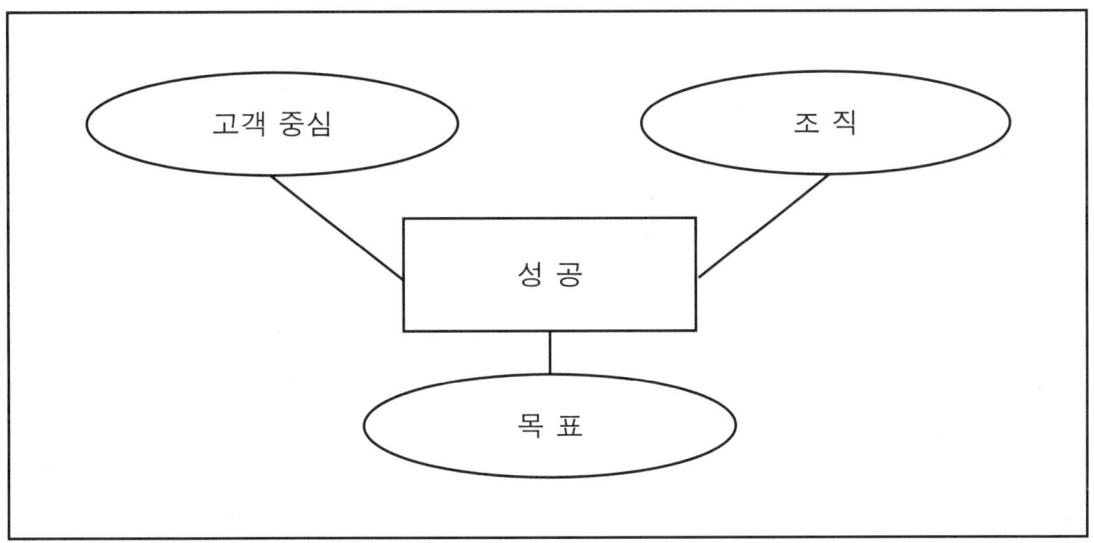

〈그림 14-1〉 창업경영에서의 마케팅 컨셉트

〈그림 14-1〉이 보여주는 바와 같이 마케팅 컨셉트는 세 부분으로 이루어진다. 창업가는 먼저 고객의 요구로부터 시작해서 목표달성을 위한 종합 마케팅 전략을 수립한다. 다시 말해서 마케팅 컨셉트는 고객으로부터 출발한다. 특히 창업 마케팅에서 잊지 말아야 하는 것은 마케팅의 기본목표가 고객이 기업의 요구에 잘 따르도록 만드는 데 있는 것이 아니라, 그 반대로 기업이 고객의 요구를 잘 파악하고 따르도록 하는 데 있다는 점이다.

창업가들은 새로운 사업을 마케팅함에 있어서 남다른 기회와 도전을 받는다. 우선 무엇보다도 고객들간에 신뢰성이 확립되어야 하고, 신제품에 대한 인지도가 생겨야 하며, 그리고 고객들이 갖게 되는 낯설다는 느낌이 극복되어야 한다. 뿐만 아니라 창업기업은 이때까지 고객과 아무런 관계도 없었고 이렇다 할 시장 점유율도 없으며 자원제약 또한 극심하다. 판매망에 대한 접근도 용이치 않고 판매망이나 원료 공급자에 대한 접근도 극히 제한적이며, 광고비 또한 여러 개의 점포나 또는 대량 매출을 통해서 분산될 수 없다. 이러한 모든 도전은 곧 마케팅의 필요성을 더해 주는 것이기도 하다.

1) 고객이 무엇을 원하는지를 파악하라

기업도 모든 사람들에게 모든 것을 제공해 줄 만한 기술이나 자원을 가지고 있지는 않으므로 창업가는 어떤 고객의 요구를 충족시킬 수 있는가, 또는 충족시켜야 되는가를 먼저 결정해야 한다. 특히, 한정된 자원과 취약한 경쟁력으로서는 이 문제의 해결이 결정적으로 중요하다. 목표시장이란 어떤 상품시장에서 일단의 기존 또는 잠재적 고객그룹을 말하는 것으로서, 기업이 마케팅 노력을 기울여야 되는 대상을 말한다. 목표시장을 선택하는 것은 전에 말한 마케팅 컨셉트에서 말하는 경영철학의 중요한 한 부분이다. 대안은 잠재적인 고객 전체를 모두 상대하는 것인데, 그러다 보면 고객의 요구를 그저 그렇게 만족시켜 줄 수밖에 없을 것이다. 이제 몇 가지 잘못된 예를 들어 보자.

고객 지향적이지 않은 창업가들은 흔히 기술 또는 제품 지향적이거나 생산 지향적이거나 혹은 판매 지향적인 사람들이다. 기술 또는 제품 지향적인 기업가들은 상품으로서는 놀라운 성공을 거둔 기업들에게서 발견되는데, 물론 눈부신 기술혁신이 당분간은 크게 대중적인 주목을 받게 될 것이고 따라서 시장도 생길 것이다. 예컨대, 미국에서는 Texas Instrument가 기술 지향적 회사로 비난을 받고 있는데 처음 회사가 설립되었을 때에는 고급기술의 제품이 스스로에 대한 시장을 창조했다. 그러나 세월이 지남에 따라서 경쟁자가 들어왔고 이 회사는 어려움을 겪게 되었다.

창업기업에서 또 하나 흔히 발견되는 현상이 생산 지향적인 창업가들이다. 치과의사 또는 회계법인과 같은 전문직 서비스를 제공하는 경우 서비스 제공방법에 집착한 나머지 막상 고객이 무엇을 원하는가에는 신경을 쓰지 않게 된다. 그 밖에 비용을 줄여서 생산성을 높이고자 하는 노력도 때로는 고객만족에 필요한 노력을 소홀하게 할 수도 있다.

마지막으로, 판매 지향적인 창업가란 효과적인 판매활동을 통해서 자기들의 제품을 고객의 손에 쥐어 줄 수 있다고 믿는 사람들이다. 그러나 최상급의 대인판매라 하더라도 그것은 전체 마케팅 프로그램의 한 부분에 지나지 않는다. 더구나 판매중심은 고객의 필요성에서 시작해서 그들이 원하는 것을 반영한다기보다는 기존상품을 현금화하는 데 초점이 있다. 제품이나 서비스가 경쟁자보다 고객의 요구를 더 잘 만족시켜 준다면 밀어내기식, 떠넘기기식의 판매가 왜 필요하겠는가?

2) 고객 지향적 경영철학은 회사 전 조직에 녹아 있어야 한다

마케팅 컨셉트의 두 번째 요소는 경영철학의 전사적 흡수이다. 이것은 고객 지향적이라는 회사의 기본철학이 회사 전 조직에 널리, 그리고 깊이 퍼져 있어야 한다는 의미이다. 조직도조차 필요 없는 겨우 두세 사람 정도의 조그만 회사이든 또는 200명이 일하는 고성장 기업이든 고객중심의 철학을 사내의 모든 사람들에게 이해시키고 실천하도록 하는 것은 쉬운 일이 아니다. 우선 제품개발을 하고 있는 기술자들은 고객의 전화를 받는 데서부터 공손치 못하다거나 또는 능력부족일 수도 있다. 또, 보수적인 경리부 직원은 고객의 신용등급을 검토하는 과정에서 고객의 자존심을 상하게 할 수도 있을 것이며,

마케팅 책임자는 회사 내의 의사결정 과정에서 다른 부서와 동등한 영향력을 발휘할 수 없거나 더 나쁜 경우에는 마케팅이 아니라 판매원에 지나지 않게 되는 경우도 있을 수 있다. 회사의 직원 중 어느 한 사람도 직접 또는 간접적으로 회사의 대고객 이미지에 영향을 미치지 않는 사람이 없다. 그러므로 창업초기 고객 지향적 경영철학이 전 조직에 배어 있도록 만드는 것은 매우 중요하다.

3) 목적달성을 위한 마케팅을 하라

그림에 나타난 마케팅 컨셉의 세 번째 부분은 목표달성이다. 마케팅에서는 성공의 척도로 매출액을 중요시한다. 그러나 매출액 자체가 중요한 것이 아니라 이익이 남는 매출이 중요하므로 효율적인 마케팅은 이익을 남기는 마케팅이어야 할 것이다. 물론 회사의 이미지를 제고시킨다거나 또는 기존시장의 점유율을 증가시키는 등 여러 가지 다른 목표가 있을 수 있다. 그러나 결국 사업의 목표는 이윤의 극대화에 있으므로 마케팅 역시 이윤을 남기는 매출에 중점을 두어야 할 것이다.

창업기업가는 아래의 사항들을 거울삼아서 언제나 다음과 같은 물음에 대답할 준비를 갖추고 있어야 한다. 우리 회사는 얼마나 고객 지향적이며 마케팅 지향적인가?

> 1. 고객의 요구를 정확히 파악하기 위하여 어떤 정보를 수집하고 있는가?
> 2. 소규모 고객그룹들을 위해서 주문생산할 용의가 있으며, 한다면 어떻게 하겠는가?
> 3. 비영업직 사원도 고객접대 훈련을 받고 있으며, 어떻게 받고 있는가?
> 4. 판매 후 고객만족도 조사를 실시하고 있으며, 한다면 어떤 방법으로 하는가?
> 5. 만족해 하지 못하는 고객을 어떻게 만족시킬 것이며, 그 전략은?
> 6. 회사의 경영전략이 어느 정도로 고객에 대한 심도 있는 이해에 기초하고 있는가?
> 7. 각 부서 또는 개인은 고객만족을 위해서 어느 정도로 협력하고 있는가?

2절 판매방법 선택

제품을 최종 소비자에게 판매하는 경로를 유통채널이라고 한다. 유통채널 분석은 채널의 선택이 가격책정, 마진 폭의 설정에 영향을 끼친다는 점에서 매우 중요하다. 유통채널 결정에 대한 기초개념을 파악하려면 소비자에게 제품을 어떻게 도달시킬 것인가, 각 채널의 유통업자들이 누리는 이익의 수준은 어느 정도인가, 각 유통채널에서 지배력을 지닌 기관은 누구인가 등에 대해 살펴보아야한다.

1) 어떤 방식으로 상품을 소비자에게 전달할 것인가

우편주문 판매업계에서는 판매자와 최종 소비자가 직접 연결된다. 한편, 대부분의 식료품 공급업체는 소비자와 떨어져 있다. 산지에서 생산된 채소나 과일이 소비자에게 도달하기 전에 도매업자와 소매업자를 거치게 된다. 그러한 중간상들을 중간 유통업자라고 부른다. 중간 유통업자들은 다음과 같다.

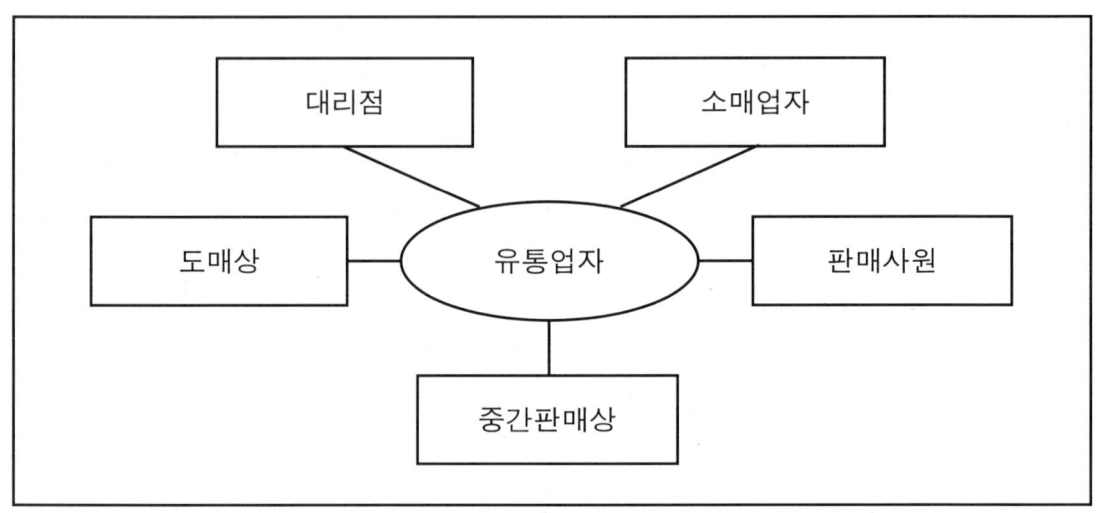

〈그림 14-2〉 유통경로 참여자

신생 벤처기업이 제공하는 제품이나 서비스를 소비자에게 소개하고 그들의 주문을 받는 방법은 여러 가지가 있으나 대인판매, 직접판매, 점두판매, 위탁판매 등 다섯 가지로 구분할 수 있다. 사업을 새로 시작한 벤처는 이들의 장단점을 알아보고 자신의 상품에 가장 적합한 방법을 선택해야 한다.

(1) 대인판매(Personal Selling)

고객을 직접 만나 제품의 성능 및 우수성이나 사용방법을 설명해 주는 것이 고객의 구매 의사결정에 중요하다고 판단될 때는 대인판매 방식(personal sales)이 적합하다. 영업사원은 제품정보를 고객의 니즈와 상황에 맞게 전달할 수 있으며, 이 과정에서 고객의 질문이나 요구를 받아들일 수 있다.

대인판매 방식은 비용이 가장 많이 드는 판매방식이므로 저가 대량판매 상품보다는 고가 신제품이나 소량판매 상품에 적합하다. 어떤 경우에는 대인판매 이외의 방식은 불가능한 경우도 있다. 정수기, 의약품, 백과사전, 복사기, 산업용 설비 등은 대인판매 방식이 적합하다.

대인판매 방식의 성공여부는 제품에 대한 신용과 영업사원의 능력에 따라 크게 좌우된다. 신용을 확보하기 위해서는 제품 브랜드 인지를 높이고 공인기관의 품질인증이나 보증을 확보할 필요가 있다. 영업사원이 성공하기 위해서는 잠재고객을 찾아내고 그들의 절실한 욕구를 파악하는 능력은 물론 소비자의 구매행동에 대한 광범위한 지식도 갖추어야 한다. 영업사원은 단순히 많은 비슷한 제품 중 하나를 판다는 사고에서 벗어나 소비자의 문제를 해결해 주는 최고의 효익(benefit)을 판다는 자부심을 가져야 한다.

벤처의 상품에 기술적으로 중요한 사항이 있다면 예상고객을 대상으로 세미나를 개최하는 것이 좋은 방법이다. 이런 세미나는 무역박람회나 신제품 전시회 등의 행사에서 가질 수 있다. 이런 세미나에 참석한 사람들은 상품에 대해 사전지식을 가지고 있어 쉽게 판매로 이어 갈 수 있다.

> 어느 백과사전 회사에서는 영업사원에게 하루 두 곳 이상 방문하지 말기를 권고하며, 고객을 방문할 때 다음과 같이 서두를 꺼내라고 충고한다. "선생님께서는 오늘 저희 신상품을 소개받을 수 있는 큰 행운을 얻으셨습니다."

(2) 직접판매(Direct Sales)

직접판매(direct sales)는 우편물, 카탈로그, 케이블TV, 인터넷 등을 통하여 생산회사가 일반 유통망을 통하지 않고 직접 소비자와 거래하는 방식이다. 우리 나라에서는 판매대금 결재방식이 불편하여 아직 널리 활용하고 있지 않지만 그 중요성이 점점 높아지고 있다.

우편판매의 핵심은 시장 세분화를 통하여 표적시장을 찾아내는 것이다. 우편판매의 경우는 수취인 명부를 확보하는 것이 중요하다. 전화번호부를 이용하거나 신용카드 회사의 도움을 받을 수 있다. 예상고객에게 전화를 걸어 구매를 권유하는 전화판매(telemarketing)는 표적고객에 직접 제품을 설명할 수 있어 효과가 높으나, 시간과 비용이 많이 든다. TV홈쇼핑이나 인터넷과 같이 대중매체를 이용하는 경우는 표적고객에 직접 접근할 필요가 없어 편리하다. 직접판매 방식을 이용하면 상품을 전시할 필요가 없어 유통비용을 크게 줄일 수 있다. 또한, 주문처리를 외부업체에 위탁할 수 있어 신생기업의 경우 초기투자를 줄일 수 있다.

(3) 주문판매

고객의 주문에 응하는 주문판매는 벤처사업을 처음 시작할 때 많이 경험한 방법이다. 누군가가 다가와 특정상품을 구할 수 있는 방법을 묻거나 그러한 상품을 제공해 주기를 요청한다. 이것이 동기가 되어 벤처를 시작한 경우가 많다. 때때로 고객은 자신이 필요한 상품이나 서비스를 공개한다. 정부는 정부에서 필요한 물자를 조달청을 통하여 구매하는데, 조달청은 구입예정 물품과 물량을 공시하고 있다. 그러므로 이들을 검토하여 입찰에 참여하는 것은 정부와 거래할 수 있는 방법이다. 대기업들도 인터넷을 통하여 자신들이 필요한 물품을 공개하고 있다.

벤처기업도 불특정 다수 고객으로부터 주문을 받을 수 있는 방법을 생각해 보아야 한다. 통신기술을 활용한 수신자 부담 전화나 인터넷은 적은 비용으로 소비자와 직접 접촉할 수 있는 하나의 방법이 될 수 있다. 주문판매에서는 매장을 설치할 필요가 없고 유통재고가 적어 판매비용을 줄일 수 있어 신생벤처에 적합한 방식이다. 그러나 잠재고객의 발굴이 쉽지 않다는 단점이 있다.

(4) 점두판매

매장을 개설하고 이를 통하여 영업을 시작하는 것은 가장 일반적인 형태이다. 박람회, 전시회, 전문상가, 경매장에 진열대를 설치하는 것도 여기에 속한다. 신생벤처의 경우 엑스포와 같은 산업박람회 행사에 참여하고 싶어도 하나의 부스를 개설할 만한 여유가 없다. 다른 기업과 공동으로 하나의 부스를 개설하거나 또는 다른 회사의 부스 일부를 임대하는 방식을 취하기도 한다.

하나의 매장이 성공적이라면 한 위치에 개설한 매장은 상당한 기간 영업을 계속할 것이다. 그러나 우리는 거리에 많은 매장의 업종과 주인이 자주 바뀌는 것을 본다. 이것은 그만큼 성공하기 어렵다는 의미가 된다. 점두판매 방식의 성공은 매장의 위치, 전시나 광고방법, 재고상품의 선정, 가격, 지불방식, 고객 서비스 등 여러 가지 요소에 영향을 받는다. 매장을 설계하고 진열하는 것은 매출에 결정적 영향을 미친다. 이것은 하나의 예술적 작업이므로 재능과 독창성을 가진 사람의 도움을 받거나 그들의 방식을 따라 할 필요가 있다.

(5) 위탁판매

생산회사는 상품의 생산에만 전념하고 소비자에게 상품을 판매하는 일은 별도의 회사나 개인에게 위임하는 방식은 우리가 가장 많이 볼 수 있는 판매방식이다. 생산회사는 판매실적에 따라 보수를 지급하는 판매사원을 고용하거나 도매상, 소매상, 대형 할인점, 브로커 등 중개상에 상품을 공급한다. 영업사원을 고용할 때는 적정수준의 커미션을 결정해야 한다. 영업사원을 통한 판매는 실적이 있을 때에만 커미션을 지급하므로 회사에 부담은 없다. 그러나 이들은 회사에 대한 소속감이 없으므로 커미션이 적을 때 언제든 회사를 떠난다. 도매상이나 소매상을 통하여 판매하고자 할 경우에는 벤처의 상품이 잘 팔린다는 확신을 주어야 한다. 그들은 아마 벤처가 광고나 기타 판촉활동을 전개해 주기를 요구할지 모른다.

지금까지 설명한 판매방식을 몇 가지 결합하거나, 처음 시작할 때는 대인판매 방식을 채택하고 나중에는 점두판매 방식으로 바꿀 수 있다.

2) 이들은 어느 정도의 이익을 생각하는가

제품을 판매하는 최선의 방법을 찾아내기 위해서는 먼저 소비자에게 제품을 전달할 수 있는 모든 경로를 알아야 한다. 우선 종이 위에 가능한 모든 경로를 그려 보자. 이 채널 스케치를 통해 최대의 이익을 얻을 수 있는 소매가격을 설정할 수 있는 통찰력을 얻을 수 있다. 상품을 판매하는 사람은 누구나 판매마진을 취하려 한다. 유통과정의 참여자들은 상위 공급자에게서 마진을 취한다. 대부분의 업계에서 채널 참여자들은 자신들의 마진을 판매가격 대비 마크업(markup)으로 계산한다. 커피업계 유통과정의 각 단계에서 중간상은 전 단계로부터 커피를 구입하여 다음 단계로 넘기는 가격을 기초로 마진을 계산한다.

$$판매가격\ 대비\ 마크업(\%)\ =\ \frac{마크업}{판매가격}\ \times\ 100$$

마크업은 지배력이 강할수록 높기 때문에 채널 지배력에 관한 검토는 유통채널을 선택할 때 대단히 중요하다. 제품이 독특하고 수요가 많으면 제조업자가 거래조건을 정할 수 있는 힘을 가진다. 그렇지 않은 경우 채널 중간상은 자신이 최대한의 마진을 취할 수 있도록 거래조건을 설정하려고 한다. 식료품업계에서 채널 지배력은 제조업자로부터 슈퍼마켓 체인으로 옮겨졌다. 1980년대에 소규모 식료품 체인점들이 결합하여 대형 슈퍼마켓 체인을 형성하면서 체인점의 지배력이 강화되었다. 체인점들은 자신의 지배력 강화에 따라 생산회사에 거래개설비(slotting fees)를 요구하게 되었고, 경우에 따라 진열비가 무려 수백만 달러에 이르고 있다. 이러한 현실은 소규모 생산회사들의 슈퍼마켓을 통한 판매활동을 사실상 불가능하게 하고 있다.

3) 인터넷과 유통혁명

최근 들어 대형 할인점, 홈쇼핑, 통신판매 등 신유통형태의 출현과 전자상거래의 확산은 유통 패러

다임의 변화를 가져오고 있다. 유통시장이 개방된 지 3년 만에 선진 다국적 유통기업인 대형 할인매장과 무점포 판매가 급신장하고 있다. 정부도 유통산업의 장기발전을 위해 1997년 기존의 도소매진흥법을 유통산업발전법으로 개편하여 변화에 적응하고 있다.

(1) 전자상거래는 시대의 흐름이다

전자상거래는 전통적인 점포 소매업을 인터넷쇼핑으로 급속히 재편하면서 새로운 유통방식으로 부상하고 있다. 매장에 쇼핑을 갈 시간이 모자라는 소비자들은 인터넷상에서 다양한 상품을 비교할 수 있다. 미국의 경우 1997년 말 소비자들은 TV쇼핑을 통해 연간 30억 달러, 인터넷 쇼핑에 연간 100억 달러, 우편주문 회사를 통해 연간 600억 달러를 소비한 것으로 나타났다. 1999년 말 세계적인 할인점 월마트와 K마트의 제휴, 2000년 1월 세계적인 자동차업체인 미국 제너럴모터와 포드의 인터넷 자동차 판매 발표로 인터넷 판매는 더욱 활성화되고 있다.

무점포 또는 사이버로 통하는 이들 신유통형태는 제조업체-도매상-소매상-소비자로 인식되어 온 기존의 유통질서에 큰 변화를 불러오고 있다. 90년대 중반 이후 E-마트, 까르푸 등의 대형 할인점의 등장은 생산자 ⇒ 중간 도·소매상 ⇒ 동네 슈퍼마켓 ⇒ 소비자로 이어지는 기존 유통단계를 건너뛰어 생산자와의 직거래로 유통마진을 줄임으로써 가격파괴를 주도하고 있다. 무점포 유통의 대표격인 전자상거래는 기존의 대리점이나 전문점, 할인점의 존재까지 위협하고 있다. 전자상거래의 경우 백화점 또는 할인점 등에서 필수적인 매장 운영비가 필요 없어 유통비용을 획기적으로 줄일 수 있다. 인터넷 쇼핑이 우리보다 앞선 미국 등 선진국의 경우 자동차나 냉장고 등 대형품목들도 전자상거래가 일반화돼 가고 있다.

(2) 유통정보화

유통활동에서는 정보가 비용절감과 생산성 향상에 결정적인 역할을 한다. 유통정보화는 제조업체의 원료구입과 생산에서 소비자 구매에 이르기까지 상품 흐름을 유기적으로 결합해 상품판매와 소비동향에 대한 정보를 공유함으로써 재고를 줄이고 매출을 높이는 활동을 말한다. 제조와 유통업체들이 판매정보와 상품 전달체계를 구축하면 재고부담과 물류비용을 줄여 최종 소비자가격을 낮출 수 있으며 상품정보를 정확히 파악할 수 있어 신상품개발에도 유용하다. 제조업체는 각 상품에 대한 시간대별, 일자별, 업태별 판매수량이나 판매가격에 대한 정보를 얻을 수 있어 불필요한 재고부담을 줄일 수 있다. 유통업체도 단품별 매출정보를 통해 적정량의 재고를 유지할 수 있고 인기상품의 결품을 미연에 막을 수 있다. 적정한 재고유지에 따른 물류비용 절감과 업무량 감소는 궁극적으로 판매단가를 낮춘다.

> 전자상거래의 활성화와 가격파괴, 새로운 유통형태의 형성 등 유통혁명이 진행되고 있는 시점에서 유통정보화에 소홀한 기업은 살아남기 어렵다.

유통정보화는 다방면에서 진행되고 있다. 생산에서 최종소비에 이르기까지 상품의 흐름을 파악할 수 있도록 하는 SCM(유통 총공급망 관리)를 비롯해 EDI(전자문서 교환), 표준 바코드, POS(판매관리시점)시스템 등을 알아 둘 필요가 있다.

SCM은 제조와 물류, 유통업체 등 유통공급망상에 참여하는 모든 기업들의 협력을 바탕으로 정보통신 기술을 활용, 재고를 최적화하고 납기기간을 대폭 감축하는 작업이다. SCM이 확산되려면 EDI와 표준 바코드, POS시스템이 널리 보급되어야 한다. EDI는 종래의 종이서류 대신 상호합의된 전자문서 표준을 컴퓨터와 통신망을 이용해 교환하는 방식이고, 표준 바코드는 상품의 표준화를 통해 물류와 재고관리에 편리성을 준다. 또, POS는 상품과 소비정보, 판매경향을 유통과 제조업체에 실시간으로 전달해 생산과 재고관리에 활용할 수 있는 시스템이다.

- SCM : SCM은 Supply Chain Management의 약어로 '공급사슬 관리' 또는 '유통 총공급망 관리'로 불린다. 정보통신 기술을 활용해 제조와 물류, 유통업체의 상품 흐름을 한눈에 파악할 수 있도록 하는 종합 시스템이다. SCM은 제조, 물류, 유통업체 등 유통과정과 관련된 모든 업체가 공동으로 데이터베이스(DB)를 구축함으로써 재고를 최적화하고 납기를 줄이는 전략적 제휴형태를 띠게 된다. SCM은 생산에서 최종 소비자에게 판매될 때까지 상품의 흐름에 대한 정보를 공유해 불필요한 시간과 경비를 제거하는 데 목적을 두고 있다. SCM을 통하여 관련된 기업들은 비용을 줄이고 가격인하를 통해 소비자 만족을 극대화할 수 있다. 미국이나 유럽 등 선진국에서는 SCM 추진으로 전체 유통과정에서 41%의 재고감축과 5.7%의 소비자 가격인하 효과를 거둔 것으로 보고되고 있다.

- 표준화 : 유통정보화는 제조업체와 유통업체들을 원활하게 연결하는 작업이므로, 표준화는 매우 중요하다. EDI와 같이 문서의 표준화는 물론 표준 바코드, 수송용 하대나 지게차용 팰릿의 표준화 등 각 부문에서 표준화가 이루어져야 한다. 모든 관련업체가 통일된 하나의 표준을 사용하게 되면 신속하고 정확하게 정보를 전달할 수 있다.

- EDI : 전자문서 교환시스템(EDI)은 수작업에서 발생하는 오류를 줄이고 문서작성 시간을 절

약해 기업의 생산성을 높이는 데 기여한다. 사무처리 비용과 인건비, 재고관리 등 운영비 감소를 통한 이윤증대는 물론 신속하고 정확한 주문과 납품처리로 고객 서비스도 높인다. 서류처리 기간의 단축으로 자금회전을 빠르게 하고 시장과 상품 서비스에 대한 기업의 경쟁력 우위 확보효과도 있다. 문서전달 시간이 단축됨으로써 신속한 의사결정이 가능하고 다른 정보통신망과 연계해 다각적인 통신망을 구축할 수도 있다. EDI는 이미 선진국에서 제조업체와 유통업체가 비용을 낮추는 효과를 보고 있으며, 우리 나라도 수출입업체들이 보편적으로 활용하고 있다. 그러나 국내 유통업계는 표준화 진척도가 낮고 일부 선진업체만 부분적으로만 도입하고 있는 실정이다.

• POS시스템 : POS시스템은 판매시점에서 고객과 상품정보를 입력하는 것으로, 상품생산과 재고관리에 유용하다. 단품별로 수집된 판매정보와 매입, 매출 등 유통업체의 소매점포에서 발생하는 각종 정보를 컴퓨터로 처리해 유통과정상에 있는 모든 기업들이 실시간으로 입력된 정보를 제공한다. POS시스템이 제공하는 정보는 상품판매와 고객과 거래선 관리, 주력상품과 시장상품, 일자별 시간대별 판매분석, 매출실적과 영업분석 등 다양한 업무에 이용할 수 있다. POS를 적절히 활용하면 매출오류에 의한 손실을 방지하고 소비자 대기시간도 줄인다. 또, 소비자에 대한 신뢰성을 높이며 신속하고 정확한 매출등록 업무처리도 가능하다.

3절 마케팅활동 통제

마케팅활동에 대한 통제는 마케팅 계획에서 계획한 바와 같이 제대로 추진되고 있는지를 알아보고, 문제가 있으면 수정조치를 취하는 관리활동이다. 매 사업연도 초 마케팅 계획에서 설정한 시장점유율, 판촉, 가격, 소비자만족, 매출 등 성과목표의 달성도를 평가하고, 마케팅 관련업무를 담당하는 직원들의 성과도 확인한다. 마케팅 목표는 성과를 객관적으로 평가할 수 있도록 구체적으로 설정해야 한다.

• 매출 : 6개월 이내에 월 매출 1억 달성
• 시장침투 : 연말까지 브로셔 1만 매 발송
• 기타 : 성장률, 다양화, 순이익목표

1) 시장점유율

시장점유율은 경쟁자가 새로 진입할 때나 시장이 급속히 성장할 때 관심을 두어야 할 변수이다. 시장점유율은 시장이 확실히 정의되지 않으면 측정하기가 쉽지 않지만, 정부통계나 각종 산업협회에서는 출고기준 전체물량을 발표하므로 어느 정도 가늠할 수는 있다. 시장이 매년 20%씩 성장하고 있으나 자사매출이 10% 정도밖에 증가하지 않는다면 무언가 문제가 있다는 신호로 보아야 한다. 이 경우 회사의 판매활동에 어떤 변화가 있는지 알아보아야 할 것이다.

2) 판매활동 통제

신생벤처가 영업사원을 채용하여 판매활동을 전개할 때는 영업사원별로 다음과 같은 점에 어떤 변화가 있는지 관찰해야 한다.

① 주당 평균 판매전화 횟수
② 1회 방문시 평균 매출액
③ 거래단위당 평균비용
④ 월 평균 신규개설 계정 수
⑤ 월 평균 고객접촉 횟수
⑥ 총 매출원가
⑦ 외상매출액

위에서 언급한 항목은 판매활동이 어떻게 변하고 있는지에 대한 중요한 정보를 제공하므로, 이를 바탕으로 문제에 대한 처방을 내릴 수 있다.

3) 유통

성장단계에 있는 신생벤처들의 공통된 문제는 재고부족이다. 재고가 부족하여 고객이 원하는 상품을 제때 공급하지 못하면 고객은 다른 상품을 구매한다. 또한, 물건이 없어 고객을 돌려보낸 소매업자도 상품취급을 포기할지 모른다. 재고관리 외에도 창업주는 소매점 또는 도매상별로 판매실적을 평가할 필요가 있다. 이런 정보는 판촉전략 수립에 도움이 된다.

4) 판촉활동

대부분의 신생기업 창업주는 여러 가지 판촉활동의 효과를 제대로 점검하지 않는다. 고객이 왜 상품을 구매하는지 알아야 하는 이유는 마케팅 비용을 줄이고 매출을 올리는 전략수립에 중요하기 때문이다. 신문광고 때문인지, TV나 라디오 광고 때문인지, 아니면 쿠폰이나 특별할인 때문인지 알아둘 필요가 있다. 이들 정보는 판매원이 고객에게 직접 물어서 얻을 수 있다.

〔도움이 되는 읽을거리〕

1. 현대마케팅, 신지용, 삼영사, 1998: 대학교재로서 신제품 개발, 가격관리, 유통경로 등의 분야에 관해 최근이론과 실무를 소개하고 있다.
2. 10일만에 배우는 MBA, 김종한 · 임성규 번역, 1995: 마케팅 관리 일반에 대해 유익한 정보를 잘 설명하고 있다.
3. Burstiner, Irving, Run Your Own Store, Prentice-Hall, Inc. Englewood, NT, 1989: 소매점 운영의 기본적 문제에 대한 매우 현실적인 방법들을 참고할 수 있다.
4. Schewe, Charles D., Alexander Watson Hiam, The Portable MBA in Marketing, 2nd ed., John Wiley & Sons, Inc, New York, 1998: 마케팅 컨셉트 개발, 시장조사, 소비자 행동, 시장 세분화, 신제품 개발, 가격정책, 유통, 판촉 등 전 분야를 구체적 실례를 이용하여 설명한 책이다.

15장 사람 및 조직관리

처음 창업을 시작할 때, 모든 사람들은 지금은 비록 빈약하지만 정열적인 기업가 정신으로 미래에는 탄탄한 기반을 갖춘 대형기업체로 성장시킬 것을 염두에 둔다. 이러한 성장은 결코 창업가 혼자만의 힘으로는 불가능하다. 이러한 꿈을 실현하기 위해서는 주위에 유능한 사람이 많이 있어야 한다. 사업체의 규모가 커 감에 따라 업무는 복잡해진다. 다양한 업무를 신속히 처리하기 위해서는 업무를 중요도와 특성에 따라 분류하고 자신을 대신하여 처리해 주도록 적합한 사람에게 권한을 위임해야 한다. 기업의 성패는 창업가 자신의 능력도 중요하지만 그를 도와주는 사람들의 능력에 달려 있다.

1절 합리적 인사정책을 개발하라

모든 다른 경영활동에서와 마찬가지로 사람을 고용하고 관리하는 데에는 합리적 정책이 있어야 한다. 대부분 창업기업가들은 직원을 처음 채용할 때 벌써 하나의 관례를 만들고 있다는 점을 인식하지 못한다. 소규모 창업자는 인사와 관련하여 두 가지 점에서 불리하다. 충분히 유능한 사람을 채용할 만한 경제적 능력이 없다. 경제적 능력이 있다 하더라도 창업가들은 보통 직무수행 능력과 미래 성장 잠재력을 가진 사람을 선별하는 방법을 잘 알지 못한다. 결국 사업초기 도움이 필요할 때, 능력과 관계없이 주변의 사람을 채용하게 된다. 이것이 문제이다.

창업초기의 무분별한 채용은 나중에 여러 가지 어려운 문제를 일으킨다. 언젠가 회사는 직무능력을 갖추지 못한 사람이 너무 많다는 것을 알게 될 것이다. 일부 직원을 해고시켜야 한다는 점을 인식하지만 사장과 그 동안 함께 일해 온 직원을 인정상 해고하기 어렵다. 처음부터 직무능력을 갖춘 사람을 채용하는 것은 대단히 중요하다. 무분별한 채용의 덫에 빠져선 안 된다. 사업의 시작에서부터 사람을 채용할 때 높은 기준을 세워야 한다. 현재의 직무를 수행할 수 있고, 회사가 성장해 감에 따라 필요한 미래의 직무도 수행할 수 있는 직원의 채용과 그들의 능력을 최대한 활용할 수 있도록 인사정책을 설정할 필요가 있다. 인사정책은 필요한 사람을 채용한 후 고용관계를 청산할 때까지의 운영방침으로 모집, 선발, 배치, 훈련, 평가, 해고 등으로 나누어 방향을 설정할 수 있다.

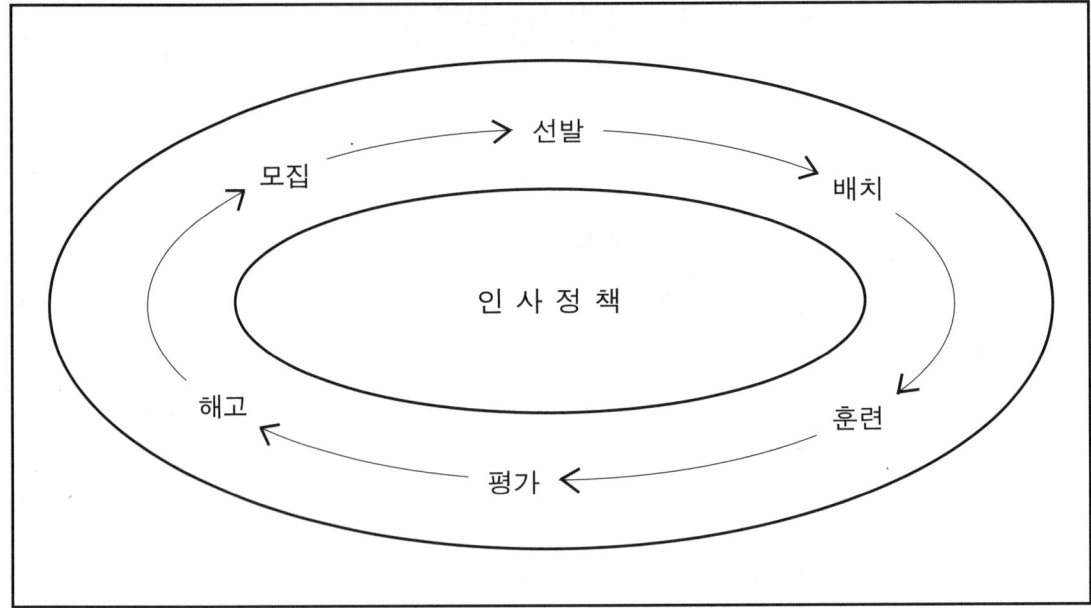

〈그림 15-1〉 인사정책 구성요소

2절 최적의 사람을 채용하라

　유능한 사람을 채용하는 것은 회사발전의 기초가 되며, 경영자의 가장 중요한 임무 중 하나이다. 유능한 직원을 확보하게 되면 회사의 성과는 올라간다. 유능한 사람을 경쟁회사에 빼앗겼을 경우를 보자. 마치 전쟁에서 유능한 장수를 적군으로 만드는 것과 같을 것이다. 혼자서 창업하는 사람이 맨 처음 채용하는 사람은 자기 자신이다. 회사와 해당직무에 가장 적합한 사람을 채용하기 위해서는 일관성 있고 검증된 절차를 따라야 한다. 그 직책이 무엇인지, 그 직책을 수행하기 위해서는 어떤 자질이 요구되는지, 이러한 직무에 적합한 후보를 어디에서 찾을 것인지 등을 조직적으로 검토해야 한다. 다음은 일반적 채용절차이다.

　① 충원이 필요한 자리의 직무와 책임, 또 이에 필요한 기능수준, 지식, 경험을 정의하고, [직무
　　요구사항]
　② 이러한 자격을 갖춘 후보자들을 찾아낸 후, [후보자 모집]
　③ 이들을 평가하여 가장 유망한 사람을 찾아, [인터뷰]
　④ 그를 채용한다. [평가 및 계약]

1) 직무 요구사항 정의

직무에 가장 적합한 사람을 채용하기 위해서는 먼저 채용분야의 직무를 알아야 한다. 개인의 적성과 기능이 해당직무의 요구사항과 잘 맞아야 성공적이라 할 수 있다. 직무가 다르면 요구사항이 다르고 적임자의 조건 또한 달라진다. 같은 회사에서도 회계직원과 판매직원의 자질은 상이하다. 직무와 그 직무의 요구사항을 정의하기 위해서는 해당직무 수행자의 기본책임이 무엇인지를 정해야 한다. 이 직무의 책임자는 무엇을 해야 하는가, 직무수행에 필요한 학력과 경력 등 자격요건과 기능을 생각해 봐야 한다.

직무 요구사항을 이해하였다면, 이제 직무 프로파일을 만들어야 한다. 직무 프로파일은 직무, 보고관계, 근무시간, 보수, 비밀취급에 대한 기술서이다. 이것을 가지고 책임자는 후보자나 채용기관에 해당직무를 설명할 수 있다. 직무 프로파일에는 직책, 소속사업부, 직무와 직책, 상위 감독자, 보수, 근무지, 요구 기능이나 능력 등이 포함되어야 한다.

2) 유자격 후보자를 찾는 방법

첫번째 과정을 마친 후 다음 단계는 직무수행 능력을 갖춘 채용 후보자를 가능한 한 많이 확보하는 것이다. 구조조정 과정에서 실직자는 증가하고 있으나, 〈표 15-1〉에서 보는 것처럼 정작 창업기업이 필요로 하는 전문인력은 크게 부족한 실정이다. 창업기업은 대기업처럼 채용전담 부서도 없고 보수도 충분하지 않아 사람을 모으기가 쉽지 않다. 그러므로 소기업의 이점을 강조하고 성공사례를 활용하는 것이 좋다. 또한, 활용 가능한 모든 정보채널을 최대한 이용하여 자격요건을 갖춘 사람에게 접근해야 한다.

(단위:%)

	1998년 상반기	1999년 상반기	2000년 상반기
평균	0.69	4.00	4.80
전문가	3.30	5.80	8.12
기술직 및 준전문가	1.85	3.60	6.27
기능직	0.93	4.60	4.74
단순노무직	0.40	4.80	5.20

〈표 15-1〉 최근 3년 간 인력 부족률 추이

① 신문광고 : 광고문안에 빠른 승진, 친밀한 근무환경, 창의력 발휘 등 소기업의 장점은 물론 자사제품의 우수성, 성장 가능성을 강조하여 관심을 끄는 것이 좋다.

② 사업 관련자들을 통한 추천 : 기업경영자는 사업상 다양한 사람들을 만날 것이다. 그들에게 적당한 사람을 추천하게 하는 것은 사람을 구하는 좋은 방법이 된다. 그들은 회사의 사정을 잘 알고 있으므로 그들이 추천하는 사람은 가능성이 높다.

③ 납품업체나 고객 : 납품업체나 주요고객들에게 사람을 구하고 있다는 사실을 알리는 것도 도움이 된다.

④ 기술 전문잡지 : 해당업계 전문잡지의 독자층은 업계동향에 관심이 높다. 그러므로 이런 잡지에 광고를 내는 것은 기술능력을 갖춘 사람을 확보할 가능성이 높다.

⑤ 정부기관 : 중소기업중앙회나 노동부에서는 다양한 기술의 산업인력을 중개하고 있다. 이들 정부기관에서 운영하는 구인·구직센터를 이용하는 것도 비교적 적은 노력으로 충분한 자격을 갖춘 인력을 확보할 수 있는 방법이다.

⑥ 대학 및 기술학교 : 모든 대학이나 기술학교에서는 모두 졸업생을 위하여 취업센터를 운영하고 있다. 이들 창구를 통해서 젊은 기술인력이나 경력을 갖춘 졸업생을 소개받을 수 있다.

어떤 경로로든 몇 명의 후보자를 찾았다면, 다음에는 이들 중 가장 우수한 한 사람을 선정해야 한다. 가장 유망한 사람을 가려내기 위해서는 직접 만나 그들의 가능성을 확인해 보아야 할 것이다.

3) 인터뷰

인터뷰와 관련한 많은 조사에서 지적하는 하나의 공통된 문제점은 면접관들이 첫 3분 동안의 느낌으로 입사 후보자에 대한 평가를 마치고 나머지 시간은 자신의 느낌을 확인하는 데 소모한다는 점이다. 보다 나은 면접을 위해서는 이런 유형의 함정에 빠져서는 안 된다. 최대한 객관적 입장에서 후보자를 보아야 하며, 인터뷰가 끝날 때까지 어떤 결정도 해서는 안 된다. 인터뷰를 받는 사람들은 흔히 처음에는 당황하여 자신을 잘 표현하지 못하는 경우가 많다.

인터뷰를 통한 선발과정은 보통 1차 면접, 2차 면접, 3차 면접의 세 단계를 거친다. 회사가 소규모라면 사장이 세 단계를 모두 처리하지만, 어느 정도 규모를 갖춘 경우에는 나누어 담당한다. 1차 면접은 총무나 인사팀에서, 2차 면접은 채용부서의 팀장이, 그리고 3차 면접은 최종 의사 결정권자인 사장이 맡는다.

• 1차 면접 : 첫 단계에서의 주목적은 후보자의 이력서를 확인하는 것이다. 이력서에 나타난 과

거경력, 전 직장에서의 직무를 확인하고, 후보자의 입사동기, 관심분야 등으로부터 직무능력
과 앞으로의 발전 가능성을 평가한다.

- 2차 면접 : 2차 면접의 목적은 후보자의 직무기술 능력을 평가하는 것이다. 채용부서의 팀장
  이 직접 필요한 직무기술 능력을 확인해야 한다. 후보자 자신의 설명이 충분하지 않다면 전 직
  장 상사에게 전화로 확인해 볼 수 있다. 추천서보다는 전화통화에서 좀더 솔직한 평가를 얻을
  수 있다.

- 3차 면접 : 3차 면접에서는 지금까지 확보한 정보를 검토하고, 후보자에 대한 자신의 판단을
  확인한다. 특히, 후보자의 대인관계 능력을 평가한다. 후보자를 채용하는 것이 종합적으로 회
  사에 보탬이 될 것인가, 다른 직원들과 어울려 일해 나갈 수 있을까, 장기적으로 회사의 발전
  에 기여할 것인가 등의 질문이 필요하다.

> 면접은 정보수집 절차이다. 어떤 형태의 면접도 완전할 수 없다. 다만 실수의 가능성을 낮추는
> 데 도움이 될 뿐이다. 결국 후보자의 능력은 함께 일을 해보는 과정에서 확인할 수밖에 없으므로,
> 가능하다면 직원의 채용에 신중을 기하기 위해서 인턴이나 계약제와 같은 형태로 6개월 정도 직
> 무를 맡겨 본 후에 최종결정을 하는 것이 좋다.

4) 평가

개인적 특성을 통해서 우리는 후보자가 특정직무를 어떤 방식으로 처리할 것인지, 다른 동료직원
들과 어떤 관계를 유지할 것인지 등을 가늠해 볼 수 있다. 그러므로 이러한 개성을 직무 및 책임과
연관지어 후보자를 평가할 수 있다.

- 분석적 창조적 능력 : 어떤 사람은 분석적이나 창조적이지 못할 수 있고, 지능이 뛰어나 지
  구력이 낮을 수 있다. 후보자들의 개인적 능력이 다르므로 사람들은 어떤 일을 맡는가에 따라
  상이한 성과를 보인다.

- 의사결정 유형 : 어떤 사람은 매우 구조적이고 사실에 바탕을 두며, 어떤 사람은 직관을 중요
  시한다. 어떤 사람은 신속히 결정하고 어떤 사람은 결정에 매우 신중하다. 대상 직무 수행에
  어떤 유형이 적합한지를 파악하는 것은 매우 중요하다.

- 대인관계 기술 : 인간관계를 다루는 기술은 그 사람의 행동으로 나타난다. 특정직무에 어떤 대인기술이 가장 적합한지를 결정하기 위해서는 그 직책에서 해야 할 여러 가지의 직무를 생각해 보아야 한다. 어떤 특징이 있어야 좋은 성과를 올릴 수 있겠는가? 이러한 문제를 감독자, 동료, 부하의 입장에서 생각해 보아야 한다. 예를 들어 회계감사는 끈기가 있고 공식적이며 조심스럽고 세심해야 한다.

- 동기 : 후보자의 동기는 그의 개인적 목표나 관심, 일에 대한 정열로 나타난다. 이러한 질문을 해보자. "문제의 직무가 후보자의 개인적 열망과 일치하는가? 후보자는 그 직무를 정열을 가지고 수행할 것인가?"

고용정책 수립시 고려사항

1. 현재 기업이 필요한 직무를 수행할 수 있는가?
2. 입사 희망자는 다른 사람과 팀을 이뤄 일을 잘 수행할 수 있는가?
3. 앞으로 더욱 중요한 일을 맡을 성장 잠재력이 높은가? 직원의 성장은 회사의 성장에 중요하다.
4. 입사 희망자와 함께 일하는 것이 편안한가?

3절 성과평가와 동기부여

한 사람이라도 직원을 채용하였다면 그가 맡은 직무를 잘 처리하였는지를 평가해야 한다. 이러한 평가를 통해서 잘못을 수정할 수 있고, 직원에게는 스스로 성과를 높이려는 자극이 된다. 과거의 관행적인 성과평가에서는 직원에게 그들이 잘한 것과 잘못한 것을 지적해 주는 형식을 취하였다. 잘못한 점을 지적해 주어 그들이 잘못을 고치도록 지도하려는 목적이었다. 그러나 이러한 방법은 심리학적으로 좋은 방법이 아니라는 의견이 많다. 사람들은 누가 시켜서 일을 잘하기보다는 자신이 맡은 일의 중요성과 자신의 역할의 중요성을 느낄 때 최선을 다한다고 한다. 잘못을 지적받을 때, 그것이 아무리 건설적이라 하여도 사람들은 자신의 잘못을 인정하고 개선하기보다는 부당한 평가를 받는다고 생각하며 자신을 변호하려 한다. 이러한 성과평가는 의미가 없다.

비평적 성과평가보다는 현장지도적 성과평가가 더 효과적이다. 현장에서 함께 일하는 상사로서 평가자는 부하직원을 지도하고 그들의 고민을 들어 주는 상담원의 역할을 해야 한다. 그들의 업적을 판단하고 잘못을 지적하는 것이 아니다. 소규모 사업장에서 늘 함께 일하는 부하직원에 대한 평가는 일상적으로 업무를 처리하는 과정에서 진행할 수 있다. 공식적 절차는 불필요하다. 부하직원에 대한 평가에서는 먼저 그 사람의 능력을 보아야 한다. 그가 맡고 있는 일의 성공여부가 그의 생사에 걸린 일이라면 그는 그 일을 할 수 있을까? 할 수 있다고 생각하지만 현재 그의 성과가 만족스럽지 않다면 지도의무가 있는 상사에게도 공동의 책임이 있다. 부하직원에게 충분한 동기를 부여해 주지 못하였거나, 교육훈련이 부족하였을 수 있다. 생사에 걸린 일이라 하여도 그 일을 처리할 수 없다고 판단되면 그 직원에게는 다른 일을 맡겨야 한다. 이것도 불가능하다면 그 사람을 해고해야 한다.

동기부여 방식에는 금전적 보상과 비금전적 보상이 있다. 성과가 우수한 사람에게 성과급을 지급하거나 스톡옵션을 주는 것은 금전적 보상에 속하고, 표창, 사보를 통한 성과인정, 특진 등은 비금전적 보상이다(부록의 스톡옵션 참조). 보상이 동기부여로 연결되어 성과를 얻을 수 있기 위해서는 평가가 공정해야 하고, 보상이 확실해야 한다.

4절 고용관계 청산은 매끄럽게

함께 일해 온 사람을 떠나보내는 것은 결코 개운한 일은 아니다. 그러나 또한 피할 수 없는 일이다. 직원을 내보낼 때는 적당한 시점을 생각해야 한다. 고용관계의 청산은 본인이 떠나기를 원할 때와 회사가 내보낼 때 등 두 가지 경우에 일어난다.

1) 해고

직원을 내보내는 사람보다 해고를 당하는 사람이 훨씬 더 큰 마음의 고통을 받는다. 어느 정도 시간이 흐른 뒤, 해고를 당한 사람도 어딘가 새로운 일자리를 얻을 것이다. 그도 자신의 경험이나 기능을 최대한 활용할 것이므로 경쟁업체에서 새로운 자리를 얻을 가능성이 높다. 그렇다면 해고를 통해서 하나의 적을 만든 셈이다. 그러므로 채용에 신중을 기해야 하는 것과 마찬가지로 해고도 신중히 생각하여 결정해야 한다. 직원을 내보내야겠다는 결정을 하기 전에, 그들의 성과가 만족스럽지 않다는 점을 경고해 줄 필요가 있다. 또한 필요하다면 자신의 성과를 높일 수 있는 훈련기회도 마련해 주어야 한다. 일정기간을 정해 회사가 원하는 성과목표를 제시해 주는 것도 하나의 방법이다. 이러한 과정을 거쳐서도 개선이 없다면 해고할 수밖에 없을 것이다. 이 경우에도 1~2주 정도 사전통지를 주고, 즉시 그 자리를 대체할 사람을 찾아야 한다. 사전통지가 너무 길어도 좋지 않다.

> 시장경쟁에서 직원 한 사람을 해고하는 것은 경쟁상대에게 장수 한 명을 넘겨주는 것과 같을 수 있으므로, 신중히 결정해야 한다.

2) 사직

직원이 스스로 회사를 그만두기를 원한다면 그 이유가 무엇이든 즉시 퇴직절차를 밟는 것이 좋다. 사직서를 제출했다는 사실은 이미 직원의 마음이 회사를 떠났다는 것을 의미한다. 이 경우, 직원의 퇴직이 빠르면 빠를수록 회사 내 다른 직원들간에 나쁜 소문이나 불만의 소지는 작아진다. 회사의 관행적 절차에 따라 퇴직금을 지급하고, 즉시 그 자리를 대체할 직원을 물색하는 것이 최선이다.

3) 핵심직원 해고

퇴직시켜야 할 사람이 회사의 기술이나 영업분야 핵심직원이라면 여러 가지 고려해야 할 점이 많다.

- 해당직원이 퇴직하기 전에, 누군가에게 전해 주어야 할 중요한 정보를 가지고 있는가?
- 해당직원의 참여가 필요한 현재 진행 중인 계약 건은 없는가?
- 해당직원이 떠난 후 그 자리를 대신할 사람이 있는가?
- 여러 가지 부정적 측면에도 불구하고, 해당직원을 붙잡아 두는 것이 회사에 확실히 이익이 되는가?

이러한 검토를 거쳐 최종적으로 퇴직을 결정했다면 해당직원과 마지막 면담을 통하여 그가 가지고 있는 가치 있는 정보를 얻어내야 한다. 한두 시간 방해받지 않고 얘기할 수 있는 조용한 장소를 택하는 것이 좋다. 회사의 현 상황과 경영 스타일, 직원들의 능력 등 경영에 유익한 정보를 얻을 수 있다. 이를 바탕으로 단점을 수정하여 회사의 사기를 높이고 생산성을 올릴 수 있다. 해고 이전에 이미 경고와 더불어 적절한 조치를 취하지 않았다면, 최종면담에서 해당직원은 자신의 해고가 부당하다고 생각하여 이유를 따질지 모른다. 어떤 경우이든 솔직하게 직선적이고 단정적으로 해고의 이유를 설명해 주어야 한다. 절대 논쟁은 안 된다. 깨끗한 관계청산만이 양쪽 모두에게 득이 된다. 어설프게 잘잘못을 따지는 논쟁은 오늘의 동지를 미래의 적으로 만들 수 있다. 직원의 채용보다 해고에 더욱 신중하여야 한다.

4) 장기근속자 해고

회사가 영업을 시작한 후 어느 정도 시간이 지난 다음에는 약간 성질이 다른 해고문제에 당면할 수 있다. 장기근속 직원일지라도 질병이나 기타 다른 이유로 직무를 원활히 수행할 수 없는 경우 해고하지 않을 수 없을 것이다. 이 경우 양심과 형평성의 문제가 제기된다. 사장은 성장과정에서 함께 일해 온 해당직원을 관대하게 대접해 주고 싶을 것이다. 그러나 대부분 소기업에서 공통적이겠지만 회사는 원하는 만큼 잘해 줄 수 있는 재정적 능력이 없을 수 있다. 결국 타당한 수준의 보상을 결정해야 한다. 다음과 같은 점은 적절한 수준을 결정할 때 도움이 될 것이다.

- 얼마나 오랫동안 근무하였는가?
- 현재의 질병으로 해당직원은 얼마나 오랫동안 일을 할 수 없을 것으로 예상되는가?
- 의료보험으로 어느 정도 치료비를 줄일 수 있는가?
- 회복기 의료비나 가족 생활비에 대한 대책은 있는가?
- 화사가 지원할 수 있는 한계는 얼마인가? 대출을 알선할 수 있는가?

회사가 수개월 동안 도와줄 여유가 있다고 판단할 수도 있다. 그러나 회사의 경영책임자는 결국 도덕적으로 생각하는 수준과 경영관행상 적당하다고 생각하는 수준을 적절히 타협하지 않으면 안 된다.

5절 창업기업의 조직관리

창업초기의 기업은 대부분 소수의 제품이나 서비스를 제공하며 이들의 기능도 단순한 편이다. 그러므로 기업조직도 기능이나 직급으로 분화되지 않고 단순한 형태를 갖는다. 두세 명의 핵심인력이 전략적 의사결정은 물론 거의 모든 일을 처리하며, 직무가 나누어져 있지 않아 누구나 다른 사람의 직무를 대신할 수 있다. 직원들의 성과나 보상은 회사 충성도를 기반으로 창업자가 개별적 접촉을 통해 주관적으로 평가하는 것이 보통이다. 그러나 사업규모가 커지고 업무가 다양해지면 단순 조직형태는 차츰 체계화된다. 이 단계에서 회사의 조직은 사업형태에 따라 중앙집권식 기능조직으로 성장하거나 사업별 독립성을 최대한 부여해 주는 소사장제나 지주회사 또는 중간적 형태의 사업부제 등의 형태로 구분된다.

수직 계열화에 의한 중앙집권식 기능조직은 제품·서비스와 프로세스를 중심으로 제도화 및 정형화가 이루어지므로 창업자 위주의 경영에서 탈피할 수 있는 기반이 마련되기 시작한다. 비용과 생산성 위주의 지표에 의한 성과평가가 정착되고 보상은 생산성, 매출액 같은 성과에 연동되지만 아직 평가자의 주관을 벗어나기는 힘든 단계이다. 사업통합의 정도, 시장점유율, 제품라인의 범위 등과 같은 전략적 의사결정 사항은 최고경영자가 하지만, 일부 사업운영에 대한 권한이양이 이루어진다.

독립적 다각화에 의한 지주회사는 주로 M&A 형태의 성장과정에서 형성되며, 각 사업부서가 독립된 수익부서로 분권화된 조직형태이다. 각 수익부서는 신사업을 개척하고 본사는 수익부서를 도와주는 기능을 수행한다. 투자 회수율과 수익률에 근거한 성과평가가 보편화되고 이를 통해 제도화된 보너스를 받고 주식보상도 이루어진다. 이 조직의 전략적 의사결정 사항은 주로 다각화의 정도, 사업형태, M&A 대상, 사업철수 방안들이 된다.

사업부제는 각 제품이나 서비스 단위로 나누어 관리하는 방식이다. 사업별 혹은 지역별로 수익부서를 설정하지만 지주회사와는 달리 신사업 발굴에 대한 통제는 철저히 본사에서 수행하게 된다. 이 단계에서 전략적 의사결정 내용으로는 사업별 자원배분, 사업퇴출 방법, 성장률 등을 들 수 있다.

회사가 성장해 감에 따라 사업특성의 변화에 맞춰 상황에 적합한 조직구조로 바꾸어 가는 것은 창업기업이 거쳐야 하는 필수적 과정이다. 그러면 조직을 재설계할 때 반드시 고려해야 할 사항에는 어떤 것이 있을까?

첫째, 조직운영의 효율성을 고려해야 한다. 최고경영층, 중간라인층, 핵심운영층, 지원스태프층과 같은 기능적 조직부문을 구분하여 구성하는 것이 바람직하다. 사업 다각화가 이루어진다면 사업부제를 도입하는 것이 좋다. 그러나 조직을 구성할 경우에는 다음 세 가지를 고려해야 한다. 자율, 통제, 그리고 협조의 정도이다. 많은 대기업에서 벤처기업을 분사하는 이유도 기존 사업조직의 통제구조를 그대로 적용할 경우 신축성과 신속성의 문제를 피하기 위함이다. 또한 사업부제에서는 책임에 근거한 자율과 함께 부서간 시너지를 극대화할 수 있는 협조체계를 조성하는 것이 효율적인 조직부문 설계의 주요목적이 된다.

둘째, 부서별 역할과 업무를 적당히 할당해야 한다. 이는 부서나 회사 내의 역할을 수행하기 위한 활동을 역할별 업무로 명확히 하는 것이다. 벤처기업은 조직이나 시스템에 의존하기보다는 개별적인 사람에 의해 운영되는 것이 현실이다. 따라서 인력이탈로 기업운명이 흔들릴 위험이 있을 뿐 아니라 직무에 적합한 인력충원이 제대로 되지 않을 가능성이 크다. 꼭 필요한 업무에 대한 신규인력충원이 인건비 절감에 기여할 수 있음을 간과해서는 안 된다.

셋째, 직위와 직무를 명확히 해야 한다. 부서별 업무는 이에 필요한 기술과 업무부담에 따라 다시 다양한 직무로 나뉘어지고 해당업무를 담당할 직원의 조직 내 직위도 명시되어야 한다. 부서원에게 직위를 부여할 때는 책임-권한-전문성-업무의 원칙이 사용된다. 즉, 책임(Responsibility)을 부여할 경우 반드시 그에 상응하는 권한(Authority)이 보장돼야 하며, 전문성(Expertise)이 있는 부서원에게 업무(Work)를 할당해야 한다. 업무와 부서원에 대한 간단한 RAEW 매트릭스 분석은 현재의 직위체계에 대한 비효율과 권한구조의 문제를 파악하기 위한 기법이다.

넷째, 직무별 주요책임, 업무목표, 그리고 평가방법을 명시해야 한다. 직무를 담당하는 직원을 평가할 업무목표는 직무의 정의로부터 도출된다. 직무는 담당업무로 나누어지고 각 담당업무별로 업무목표가 정해진다. 업무목표는 성과달성과 역량개발이라는 두 가지 차원에서 분석되며, 이는 업무측정치를 통하여 승진과 보상 프로그램과 연동된다. 업무특성을 감안한 평가를 위해서는 업무 목표별 지표를 정량적인 것에만 집착하지 말고 재무적인 측면과 고객 측면, 내부 프로세스 측면, 학습·성장 측면을 모두 균형있게 고려해 기업의 전략목표와 부서원들의 업무실행 사이에 공백을 메우는 것이 필요하다.

또, 업무특성이 다른 개인의 실적을 무리하게 비교하는 것은 바람직하지 않다. 개인별 목표달성 정도와 그 질을 평가하는 것이 중요하다. 지식산업 전문가들은 자신이 제대로 평가받고 보상받는다고 느끼지 못한다면 언제든지 떠날 준비가 되어 있다. 창업기업이 지속적으로 성장발전하기 위해서는 조직을 어떻게 설계하고 운영해야 하는가에 대한 이해가 있어야 한다. 또한 회사의 직원들도 자신이 속한 회사의 조직운영 체계를 변화시키려는 노력을 해야 한다.

〔도움이 되는 읽을거리〕
1. Athur, Diane, Managing Human Resources in Small and Mid-Sized Companies, AMACOM, New York, 1987: 소기업에서의 모집, 인터뷰, 선발, 교육, 승진, 해고 및 퇴출 면담 등 인사관리에 관하여 많은 것을 참고할 수 있다.
2. Grensing, Lin, A Small Business Guide to Employees / Finding, Interviewing, and Hiring the Right People, International Self-Counsel Press, Inc., Vancouver, BC, 1991: 이 책은 실무를 위한 핸드북으로, 소기업 경영자가 인력관리에 대하여 알아야 할 거의 모든 내용을 담고 있다.
3. Norman, Richard, Service Management / Strategy and Leadership in Service Businesses, 2nd ed., John Wiley and Sons, New York, 1991: 저자는 이 책에서 인사관리의 두 요소로서 충원과 훈련으로 나누어 모집과 선발, 훈련, 교육, 경력관리, 조직개발 프로

그램을 설명하고 있다.

4. Wendover, Robert, Smart Hiring: The Complete Guide for Recruiting Employees, National Management Staff, Inc., Englewood, Colo., 1989: 채용에 관한 법적문제, 혁신적 채용전략 등이 돋보이는 책이다.

부 록

1. 스톡옵션 제도

스톡옵션(stock option)은 임직원이 자기 회사 주식을 미리 약정한 가격으로, 일정한 수량을, 일정 기간 내에 매수할 수 있는 권리를 말한다. 미국에서는 1920년대부터 스톡옵션 제도가 널리 이용되어 왔으나 우리 나라에서는 1997년에 와서야 비로소 법제화되었으며, 현재 증권거래법 제189조의 4에 주식매입 선택권이라는 명칭으로 허용하고 있다. 이런 스톡옵션은 기업 입장에서는 일종의 업적 달성에 따라 지급하는 성과급적 보수제도라는 의미를 가지며, 임직원 입장에서는 시장에서 주가가 행사가격보다 높아지면 그 권리를 행사하여 차액을 남길 수 있는 일종의 장기 인센티브이다.

1) 스톡옵션의 종류

스톡옵션 제도는 제도가 도입된 이래 시대적, 경제적, 사회적 변화에 따라 특히 세금제도의 변화에 따라 여러 형태로 발전하였다. 스톡옵션 제도는 과세여부, 주식의 유형, 제공 대상 및 수단에 따라 투자형(Investment), 보상형(Appreciation), 전체 가치형(Full-Value)으로 구분되나, 미국에서는 스톡옵션의 한 가지 형태보다는 여러 형태를 혼합하여 사용하고 있다.

① 투자형 스톡옵션 : 대다수의 선진국 기업들이 시행하고 있는 형태로서 주식만을 지급대상으로 하고, 수혜자는 권리 행사가격만큼의 자기 자금을 투자해야 하는 형태이다. 세제상의 우대조치 유무에 따라 장려형 스톡옵션(Incentive Stock Option)과 비적격 스톡옵션(Non-Qualified Stock Option)으로 구분된다.

② 보상형 스톡옵션 : 권리 행사시점의 시장가격이 행사가격을 상회할 경우 그 차액에 대하여 회사가 현금, 주식, 또는 현금과 주식 혼합형으로 지급하는 형태이다. 투자형과는 달리 주식 취득시 株金의 납입이 필요 없으며, 주식평가 차액 교부권(Stock Appreciation Right)과 가상주식(Phantom Stock)의 형태로 구분된다.

③ 전체 가치형 스톡옵션 : 임직원들의 업무실적에 따라 성과급 형태로 제공하는 것으로 양도제한 조건부 주식(Restricted Stock)과 실적지급 방식(Performance Plan)으로 구분된다.

2) 스톡옵션의 장단점

대상	긍정적 효과	부정적 효과
기업	1)성장과실의 분배로 주인의식 고취 및 근로의욕 상승을 통한 실적향상을 도모 2)자본참여가 없는 경영진에 대한 성과보상으로 유능한 인력확보 3)회사 주주 경영자의 이해의 일치로 경영의 민주화와 투명성 제고 4)소유와 경영의 분리 유도로 전문경영인 육성 5)대리인 비용의 감소효과	1)직원간 신뢰 화합의 저해 가능 2)주가상승이 경영성과 향상의 결과인지 단순한 시장 전체의 주가상승에 기인한 건지 모호 3)경영진의 파다이익 향유로 주주의 이익을 침해할 가능성 4)기업의 임직원이 자신의 부의 축적을 위해 의도적으로 스톡옵션을 부여하는 등 본 제도 악용할 가능성
부여 임직원	1)회사의 주가상승시 막대한 이윤 2)주식을 매수할 수 있는 권리만을 부여하는 것이므로 주가 하락시 자본손실이 생기지 않음	1)힘을 다해 회사가치를 증대시켰으나 주식시장의 침체로 성과보상이 물거품 될 가능성 2)너무 장기간 양도를 제한하거나 행사조건을 제한해 임직원에게 부담될 가능성
국가	스톡옵션을 부여함으로써 육성된 전문경영인과 전문기술 및 자본의 결합을 촉진시킴으로써 벤처기업의 창업촉진	일확천금이라는 사행심을 조장, 각 경영자가 기업윤리보다는 돈벌이에 치중, 기업의 사회적 책임 등한시할 가능성

3) 스톡옵션 도입현황

정부는 1996년 12월 증권거래법을 개정하여 스톡옵션 부여가능 법인, 대상자, 부여방식, 행사기간, 부여한도 등을 명문화하는 스톡옵션제를 법제화하였다. 이후 구체적인 집행과 시행을 위해 시행령 및 시행규칙, 조세감면법 등을 개정하여 1997년 3월 말 이후 일정요건을 충족하는 경우 스톡옵션제를 도입할 수 있도록 하였다. 이에 따르면 부여방법은 신주인수권 방식과 자사주 취득 후 교부방식, 주식평가 차액권 방식을 사용할 수 있고, 총 부여한도는 상장법인과 협회 등록법인의 경우 발행

주식의 15%, 벤처기업은 50%를 상한으로 하고 있다.

그러나 스톡옵션의 발행에 대해서는 근거조항을 마련하였지만, 실제 그 집행에 필요한 절차적 사항에 대한 근거조문은 거의 없는 실정이다. 증권거래법에서 규정하고 있는 스톡옵션의 부여방식이 신주인수권 방식, 자사주 취득 후 교부방식, 주식평가 차액권 방식의 3가지로 규정하고 있어 기업의 필요에 의한 다양한 형태의 발행이 곤란하다.

국내기업의 도입현황을 보면, 1998년 3월 현재 12월 결산 상장법인 544개사 중 35%에 달하는 193개사가 정관을 변경하여 스톡옵션 제도를 도입할 수 있는 기반을 마련하였다.

국내 스톡옵션 제도는 초기에는 우수한 기술력을 바탕으로 한 벤처기업에서 시행하였으나, 1997년 외환위기 이후 상장사들이 경영권 방어와 임직원의 동기유발을 위해 대거 도입하였다. 국내 최초로 스톡옵션을 도입한 기업은 웹인터내셔널로 소규모의 비상장 회사이며, 상장기업 중에서는 제일화재가 최초로 도입한 이후 1999년 2월 현재 15개사가 시행중에 있는 것으로 파악되었다.

2. 산업기능요원 제도와 병역지정업체

산업기능요원 제도는 군 소요인원의 충원에 지장이 없는 범위 내에서 현역입영 대상자 또는 공익근무요원 소집대상인 보충역 중 일부를 산업체, 특히 중소기업체의 생산현장에 근무하게 함으로써 중소기업체의 인력난 해소를 위하여 시행하는 제도로서 산업체에 의무종사 기간 동안 근무할 경우 군복무를 마친 것으로 인정해 주며, 산업체가 산업기능요원을 활용하기 위하여는 병역지정업체 선정을 받아야 한다.

병역지정업체란 병역법 제36조의 규정에 의하여 병무청장이 선정한 연구기관, 기간산업체, 방위산업체와 농어촌 발전 특별조치법 제7조의 규정에 의한 농업화사법인, 농업기계화 촉진법 제11조 제2항의 규정에 의한 농업기계의 사후봉사업체를 말하는데, 다만 제조업체의 경우 공업배치 및 공장설립에 관한 법률 제16조에 의하여 공장등록이 된 업체여야 하나 소기업 지원을 위한 특별조치법 제4조에 의한 소기업은 사업자 등록증으로 대체 가능하다.

16장 벤처창업가의 기초 회계지식

　기업은 경영활동을 통하여 자신이 성취한 경영성과를 직원, 투자자, 채권자, 고객, 공급업자, 지역 사회, 소비자 등 외부 이해관련에게 알려야 한다. 이에 필요한 도구가 회계이다. 또한, 회계는 기업 내부 경영활동에서 전략적 계획의 수립이나 개인 및 부서 또는 특정활동의 성과를 평가하고 통제하는 데 필요한 정보를 수집하는 수단으로도 매우 중요하다. 경영활동의 성과가 회계적 기술로 정리되어 있으면 경영자는 의사결정에 필수적인 많은 정보를 얻을 수 있다. 구약성서에서 솔로몬 왕은 가뭄에 남은 곡식이 단지 30일분에 불과하다는 사실을 어떻게 알았을까? 당시 회계 담당자들은 창고에 저장된 곡식의 양을 항상 파악하고 있었다. 솔로몬 왕은 바로 회계 담당자로부터 정보를 얻었던 것이다. 과거 어느 시대에나 회계는 있었다. 회계 담당자들은 손에서 수판으로, 그리고 계산기를 사용하면서 그들의 임무를 수행해 왔다. 회계를 통하여 우리는 다음과 같은 질문에 대한 답을 얻을 수 있다.

- 기업이 현재 보유하고 있는 자산은 얼마인가?
- 기업이 외부에 갚아야 할 채무는 얼마나 되는가?
- 일정기간 동안 기업이 올린 경영성과는 얼마나 되는가?
- 기업은 어떤 방식으로 자금을 조달하고 있는가?

　모든 기업 경영활동은 화폐가치로 측정된다. 회계의 기술적 내용에 친숙하지 않을지라도 기업경영자는 어느 정도 회계를 알아 둘 필요가 있다. 일례로 회계지식을 갖고 있는 변호사는 유용한 정보를 얻기 위해 재무제표를 이용할 수 있을 것이다. 분쟁해결을 위한 협상과정에서 재무제표는 중요한 참고자료가 된다. 회사 직원들의 성과도 회계자료에 나타난다. 그러므로 경영자는 반드시 어느 정도 회계적 지식을 갖추어야 한다.

1절 장부시스템 구축

　경영활동 과정에서 발생하는 수입과 지출에 대한 기록은 세금계산은 물론 경영성과를 인식하고 보다 나은 경영전략을 수립하기 위해서도 중요하다. 그러나 신생기업의 경우 영업활동을 시작한 후 상당한 시간이 지나도록 세금이나 소송 등 특별한 문제가 발생하지 않으면 장부시스템의 필요성을 느끼지 못한다. 요즘에는 이러한 목적으로 개발된 소프트웨어가 많이 있어 개인용 컴퓨터로 간단히 장부를 정리할 수 있다. 사업을 처음 시작할 때는 간단한 입출금장부로 대신할 수 있으나, 거래가 많아지면 컴퓨터나 회계 담당자가 필요하게 된다. 소규모 사업인 경우, 회계 담당 직원을 고용하기보다는 외부의 세무사나 회계사에게 장부정리를 위임하는 것이 더 경제적이다.

장부시스템이 어떻게 구축되어 있든 창업가는 최소한 장부를 보고 현재의 경영상태를 이해할 수 있어야 한다. 어떤 회사는 외상매출금 회수기간을 중요하게 생각할 수 있고, 또 다른 회사는 현금잔고를 중요한 성과지표로 인식할 수 있다. 소매점의 경우, 재고자산을 중요하게 생각한다. 특히, 장부상 재고자산은 많으나 유행이 지나 상품가치가 떨어진다면 문제가 된다. 회사의 경영상태를 감시할 지표를 결정하고, 장부시스템이 그러한 수치를 만들어 내도록 관리해야 한다. 다음과 같은 지표는 일반적으로 중요하다고 인정되는 것들이다.

- 총매출
- 매출이익
- 재고수준
- 현금잔고
- 초과작업 시간

벤처기업의 장기적 성장발전은 비용을 초과한 이윤에 달려 있다. 그러므로 장부정리에서 가장 중요한 것은 수입과 지출의 명확한 인식이다. 사업유형에 따라 고객별 매출실적을 파악하고 있어야 한다. 이들 정보는 판촉활동에 유익하게 쓰인다. 소매점의 경우에는 고객별 매출을 파악하기가 쉽지 않다. 단골고객에게 설문서를 작성하게 하거나 신용카드를 사용하게 하여 고객을 파악할 수 있다. 지출면에서는 기록과 증빙을 위해 영수증을 정리해 두어야 한다.

> 최소한의 장부시스템은 일정기간 동안에 발생한 수입과 지출을 명확히 인식할 수 있어야 한다.

2절 회계원칙과 기초개념

회계는 경영성과를 숫자로 나타내는 경영기술이다. 그러므로 회계정보를 이용하는 모든 사람들이 합의할 수 있는 원칙을 따라야 할 것이다. 회계에는 많은 원칙들이 있다. 이들 회계원칙을 모두 기억할 필요는 없지만 회계 전문가와의 원활한 의사소통을 위해서는 이들을 이해하고 있어야 한다. 회계원칙들에 따라 회계기준이 설정되고 모든 회계자료가 이러한 기준에 맞게 만들어질 때 기업들의 재무보고를 동일한 근거에서 비교할 수 있게 된다. 이러한 의미에서 대부분의 사람들이 합당한 것으로 받아들이는 회계원칙을 '일반적으로 인정된 회계원칙(Generally Accepted Accounting Principles : GAAP)'이라 한다.

회계를 이해하기 위해서는 먼저 회계처리의 기본이 되는 개념을 알아 둘 필요가 있다. 이러한 기본 개념은 판단이 애매한 경우 모든 사람이 합당한 것으로 받아들이는 판단기준이 된다. 특히 다음에 나오는 개념과 용어들은 모든 회계원칙과 보고의 근간이 되는 일련의 지침과 같은 것이므로 그들의 의미를 알아야 한다.

1) 현금주의와 발생주의

영업활동에서 일어나는 수익과 비용을 처리하는 회계기준에는 두 가지가 있다. 하나는 발생주의 방식(accrual basis accounting)이고, 다른 하나는 현금주의 방식(cash basis accounting)이다. 발생주의에서는 수익과 비용의 원인이 일어난 시점에서 수익과 비용을 인식하나, 현금주의에서는 현금이 실제로 교환되는 시점에서 수익과 비용을 인식한다.

	발생주의 방식	현금주의 방식
수 익	상품이 팔릴 때 매출로 이식	현금으로 회수될 때 인정
비 용	비용이 발생할 때 인식	현금을 지불할 때 인식

〈표 16-1〉 발생주의와 현금주의

거래를 어떻게 기록할 것인가 하는 것은 매우 중요하다. 규모가 아주 작은 사업체는 금전등록기 하나만 갖고도 그들이 원하는 회계정보를 모두 얻을 수 있다. 이 경우 거래는 현금이 교환될 때에만 기록하는데, 이것은 현금주의 회계이다. 만약 어떤 회사가 현금주의를 선택하고 2000년 초에 2년 간의 임차료를 지급했다면 모든 임차료는 2000년의 비용으로 기록된다.

어느 의류 도매업자의 8월중 거래상황이 다음과 같았다고 하자. 1억 원어치의 상품을 현금 6천만 원, 나머지는 외상으로 팔았으며, 지난 7월의 외상판매 대금 3천만 원을 회수하였다. 의류 공급업체로부터 다음달(9월)에 결재하는 조건으로 8천만 원어치를 구입하였으며, 7월에 외상으로 구입한 물품대로 1억 원을 지급하였다. 다음은 두 방식으로 처리한 결과이다. 현금주의 방식에서는 8월중 결손을 기록하지만, 발생주의에서는 이익으로 기록되고 있다.

	발생주의	현금주의
수 입	1억 원	9천만 원
지 출	8천만 원	1억 원
순이익	2천만 원 이익	(1천만 원 손실)

〈표 16-2〉 발생주의와 현금주의에 의한 순이익 계산

발생주의에서는 장부상 이익이 있어도 현금이 그만큼 증가한 것은 아니다. 현금주의는 순이익을 적절히 반영한다고 보기 어렵지만 현금상황에 대한 올바른 정보를 준다. 기업회계 원칙에서는 발생주의를 권고하지만 신생 벤처기업에게는 유동성 관리상 현금주의 방식이 더 적합하다. 그러나 규모가 큰 대부분의 기업들은 발생주의 회계를 채택한다. 발생주의 회계는 경제활동 과정에서 발생하는 현금의 수입, 지출보다는 경제활동에 따른 자금상의 효과를 중요하게 생각한다. 한편, 발생주의 회계는 결과적으로 배분과 대응이라는 두 개의 상호 연관된 문제를 만드는데, 이는 경영활동과 현금교환이 대부분 동시에 일어나지 않기 때문이다.

> 기업회계 원칙에서는 발생주의를 요구하지만, 신생벤처 창업기업에게는 현금주의 방식이 효과적이다.

2) 수익과 비용의 대응

일정기간에 이루어진 매출은 이와 관련 있는 매출원가와 대응해야 한다. 매출액을 매출과 관련된 원가에 대응시켜야 경영활동을 통하여 실제 달성한 이익을 계산할 수 있다. 예컨대 K마트가 1999년 12월 31일에 판매한 자동차 타이어의 구입대금을 2000년 3월에 공급업자에게 지급하더라도, 발생주의는 구입대금을 1999년에 매출관련 원가로 기록한다. 만약 수익비용 대응의 원칙이 정해져 있지

않다면 회계 담당자들은 나쁜 실적을 은폐하거나 다음 회계연도로 미루기 위해서 판매 또는 비용을 기록하는 시기를 임의선정함으로써 재무보고서를 손쉽게 조작할 수 있게 된다

3) 객관성

회계에서는 화폐가치로 수량화할 수 있는 거래만 기록한다. 확실한 것으로 판단되지만 완료되지 않은 매출은 기록되지 않는다. 예를 들어, 삼성컴퓨터의 판매원이 성균관대학교에서 컴퓨터 100대를 수매하기로 약속하였다고 하여도 이것은 거래로 인정되지 않는다. 회계처리에서는 불명확한 상황에서는 객관성을 판단의 기준으로 삼는다. 거래를 확인시켜 줄 타당하면서도 검증 가능한 증거가 있어야 거래로 기록된다.

예를 들어, 활발한 기업홍보 활동으로 회사에 대한 호감이 증가하였다 하여도 이것을 회계장부에 기록할 수는 없다. 삼성컴퓨터가 우수 벤처기업으로 선정되었다는 신문보도로 회사의 이미지는 높아졌으나, 객관적인 화폐가치로 평가할 수 없어 거래라 할 수 없다. 그러나 LG화학이 발명가로부터 새로운 화학제품에 대한 특허를 10억 원에 산다면, 이것은 장부에 거래로 기록될 것이다. 하지만 만약 LG화학 부설연구소에서 실험을 통해 새로운 제조공정을 개발했다 하더라도 이러한 기술이 판매되기까지는 이러한 성과를 기록할 수 없다.

4) 계속기업

회계에서는 기업이 앞으로 상당기간 동안 영업활동을 계속할 것이라 가정한다. 그러므로 재무제표에 표시된 자산은 시장에서 매각할 수 있는 가격이 아니라, 역사적 구입원가를 사용한다. 고가에 구입한 POSCO의 철강 압연설비는 POSCO에게는 가치가 매우 큰 생산설비이다. 그러나 이 설비를 매각하려면 고철값밖에 받지 못한다. 일단 사용된 생산재에 대하여 다른 기업에서는 큰 가치를 부여하지 않는다. 따라서 회계기록은 기업이 자사소유의 기계들을 생산적인 용도에 계속 사용한다고 가정한 상태에서 역사적 원가로 기록한다.

5) 보수주의

회계기록은 대외적 신뢰가 중요하다. 기업이 발표한 회계정보를 외부에서 믿지 않는다면 문제가 크다. 이런 관점에서 수익은 최소한으로, 비용은 최대한 반영하게 하고 있다. 즉, 발생 가능하거나 합리적으로 추정 가능한 손실을 입었을 때는 그 손실이 현실로 나타나지 않았다 하더라도 보수적 관

점에서 손실로 기록한다. 반면에 이득이 기대될 때는 그 이득이 실제로 실현될 때까지 회계장부에 기록하지 않는다. 만약 현대산업이 테헤란로에 위치하는 본사 건물을 매각하여 상당한 이익이 예상되더라도 이것을 바로 기록할 수는 없다. 경영진의 의사결정이 변경될 수 있으며, 부동산 시장이 불안해질 수도 있기 때문이다.

이러한 보수적 처리는 재무제표 작성시 지켜야 할 하나의 원칙이다. 불확실한 사실에 대해서는 보수적인 회계처리가 최선이다. 측정과 검증이 가능한 자산, 부채, 매출원가만을 포함하는 보수주의에 의하여 모든 거래는 역사적 원가(historical costs)로 기록한다. 삼일컴퓨터가 10년 전 3억 원에 구입한 사옥의 현 시세가 50억 원이라 하더라도 이러한 이득은 회계적으로 인정하지 않는다. 이 건물의 가치가 매각시에 하락할지도 모르기 때문이다. 그러나 자산가치가 장부에 기록된 원가 이하로 떨어진다면 보수주의는 손실을 당기에 바로 인식하게 한다. 재고상품의 가치 역시 역사적 원가로 기록된다. 만약 가격이 변하더라도 객관적인 가격은 과거 매입시에 지불한 역사적 원가이다.

6) 중요성

경영활동 과정에서는 크고 작은 무수한 거래가 일어난다. 이들을 회계처리하는 과정에서 아주 작은 액수의 항목까지 완전히 정확하기를 기대할 수는 없다. 그러나 재무제표를 이용하는 사람의 의사결정에 영향을 미칠 만큼 중요한 오류가 있어서는 안 된다. 소규모 체인점의 재무제표에서 100원 정도의 실수는 재무제표의 전반적 내용을 크게 왜곡시키지 않을 것이다. 그러나 1백만 원의 오류는 문제가 된다. 반면, 삼성전자와 같은 대기업은 재무제표에 1억 원 정도의 오류가 있더라도 의사결정자의 판단에 중대한 왜곡을 초래하지 않을 것이다.

7) 일관성

회계원칙은 기업이 매년 동일한 회계기준을 사용할 것을 요구한다. 이러한 일관성은 기업의 과거 경영실적과 현재 경영실적을 비교하기 위해 필요하다. 앞에서 제시한 다른 기준들과 마찬가지로 일관성은 경영자가 회계조작으로 나쁜 경영실적을 은폐하지 못하게 하기 위하여 필요하다. 재고상품을 평가하는 방법에는 크게 선입선출법(first in first out : FIFO)과 후입선출법(last in first out : LIFO)이 있다. 선입선출법에서는 재고상품 중 가장 오래 전에 구입한 상품의 구입가를 먼저 원가로서 인식한다. 반대로 후입선출법은 가장 최근 구입한 상품의 가격을 먼저 원가로 인식한다. 이것은 단지 회계적 처리방법 차이에 불과하지만, 이 두 기준을 마음대로 바꿀 수 있다면 재무제표의 이익 규모를 조작할 수 있게 된다. 그래서 일관성이 요구되는 것이다.

어느 가전제품 판매점은 냉장고 2대를 가지고 있다. 이중 한 대는 100만 원에 구입하였고, 다른 하나는 110만 원에 구입하였다. 며칠 후 하나를 150만 원에 팔았다고 하자. 선입선출법을 사용하면 매출원가는 100만 원이 되어 50만 원의 이익이 발생한 것으로 회계장부에 기록한다. 재고는 물론 110만 원이 될 것이다. 후입선출법을 사용한다면 매출원가는 110만 원이 되고 이익은 40만 원, 재고는 100만 원으로 기록한다. 이처럼 회계 처리방법은 기업의 이익계산과 재고상품의 가치평가에 상당한 영향을 미치므로 일관성이 유지되어야 한다. 만약 중대한 이유로 회계 처리방법의 변경이 불가피하다면 재무제표의 주석에 그 이유를 반드시 명기해야 한다.

3절 재무제표

재무제표는 일정기간 동안 경영활동에서 발생한 모든 거래를 요약한 보고서이다. 기업 경영활동에 관심이 있는 사람들은 재무제표를 통해서 기업의 경영현황을 한눈에 알아볼 수 있다. 한 기업의 경영상태를 파악하려면 대차대조표, 손익계산서, 그리고 자금운용표를 읽고 이해할 수 있어야 한다. 기업경영자는 회계와 관련하여 거래를 컴퓨터에 입력하고 재무제표를 직접 작성할 필요는 없다. 다만 회계 담당자들이 제공하는 정보를 해석할 수 있을 정도의 지식만 갖추면 된다. 우리는 이 정도의 내용만 알아보자.

1) 대차대조표

대차대조표는 어느 한 시점에서 회사의 재산상태를 보여주는 중요한 회계자료이다. 대차대조표에서 우리는 기업이 소유하고 있는 자산, 기업 외부의 투자가가 소유하고 있는 부채, 그리고 기업 내부의 소유자가 투자한 자금에 대한 정보를 얻을 수 있다. 대차대조표를 통해서 회사의 장부상 가치뿐 아니라 경영과 관련한 재정상황도 파악할 수 있다. 다음은 간단한 대차대조표의 보기이다.

XX기업의 대차대조표(1999. 12. 31)	
유동자산 XXXX 　현금 XXX 　외상매출금 XXX 　재고 XXX 고정자산 XXXX 　건물 XXX 　기계장치 XXX	유동부채 XXXX 　외상매입금 XXX 　지급어음 XXX 장기부채 XXXX 　회사채 XXX 　은행차입금 XXX 자본금 XXXX

〈표 16-3〉 대차대조표의 일반형식

대차대조표는 보통 일정기간의 영업활동이 끝난 후, 영업성과를 알아보기 위해 만든다. 그러나 경우에 따라서는 향후 사업계획의 일환으로 작성하기도 한다. 이 경우는 추정 대차대조표라 한다. 대차대조표의 내용을 이해하기 위해서는 먼저 이와 관련한 기본적인 용어를 알아 둘 필요가 있다.

대차대조표는 크게 자산, 부채, 그리고 자본으로 구성된다. 표의 왼편에는 자산항목을, 그리고 오른편에는 부채와 자본항목을 기록한다. 자산(assets)은 기업이 앞으로 사업활동의 이익을 창출하기 위해 소유하고 있는 자원으로 현금, 재고상품, 외상매출금, 설비, 건물 등을 포함한다. 부채(liabilities)는 자산을 확보하기 위해 외부에서 빌린 차입금으로, 앞으로 다른 기업이나 경제주체에게 재화나 용역을 제공해야 하는 의무이다. 주요항목으로 외상매입금, 선수금, 은행차입금, 회사채 등이 있다. 자본은 부채의 일종으로, 회사가 회사의 주주에게 지고 있는 부채이다. 자본은 회사의 전 자산 중 주주들이 가져갈 몫이다. 주주가 투자한 자금은 현금, 기타 자산 또는 여러 가지 잉여금 형태로 존재한다. 자본항목은 다시 자본금, 이익잉여금, 자본잉여금, 당기순이익으로 구분된다.

(1) 대차균형 원리
대차대조표는 이름에서 짐작할 수 있듯이 자산(대변)과 부채(차변)의 균형을 맞춰 준다. 회계에서 대차균형이란 자산과 부채의 총액이 동일해야 한다는 것으로, '기본등식'이라고 한다.

$$자산 = 부채 + 자본$$

현재 회사가 소유하고 있는 자산은 회사가 외부에서 빌린 부채와 주주에게서 빌린 부채(자본)를 합한 것과 같아야 한다. 대차를 동일하게 만드는 이 등식을 이용하여 한 기업의 회계장부에 기록되는 모든 거래를 종합 설명할 수 있다.

아파트 입구에 새로 생긴 아리랑슈퍼는 영업을 개시하면서 은행차입금으로 금전등록기를 구입하였다. 저울의 왼쪽을 자산이라 하고 저울의 오른쪽을 부채라 하자. 금전등록기는 자산이므로 저울의 왼쪽이 구입금액만큼 증가할 것이고, 동시에 저울의 오른쪽에 은행차입금만큼 부채가 늘어나 대차균형이 이루어진다. 또다시 사장이 슈퍼를 운영하기 위하여 자신이 소유하고 있던 얼마의 돈을 투자하고 아버지의 돈도 끌어들인다고 하면, 저울의 오른쪽에 있는 자본이 증가하고 동시에 저울의 왼쪽에 있는 자산인 현금도 증가하여 거래는 대차균형을 이루게 된다. 슈퍼 운영이 잘되어 은행차입금을 갚는다면, 자산인 현금이 줄어들고 오른쪽에 있는 부채가 감소하여 결국 거래는 대차균형을 이룬다. 모든 거래는 항상 대차균형을 이룬다. 만약 기록이 대차균형을 이루지 않는다면 회계처리 과정에서 어딘가 잘못이 있다는 증거가 된다.

(2) 복식부기

일상 경영활동에서 발생하는 모든 거래는 장부에 기록된다. 이 장부를 총계정 원장이라 부르며, 재무제표 작성의 기초자료가 된다. 회계의 기본등식에서와 같이 자산의 증가는 차변(debit)이라 부르는 왼편에 기입하고, 부채와 자본금의 증가는 대변(credit)이라 부르는 오른편에 기입한다. 모든 거래는 분개를 통해 차변과 대변에 각각 한 개 이상의 데이터를 갖게 된다. 자산이 감소하는 경우에는 오른편인 대변에 기장하고, 부채와 자본금의 감소는 왼편인 차변에 기장한다. 각 계정의 거래를 장부에 기입하는 이와 같은 방법이 영문자 T를 닮았다고 해서 'T계정'이라고 한다.

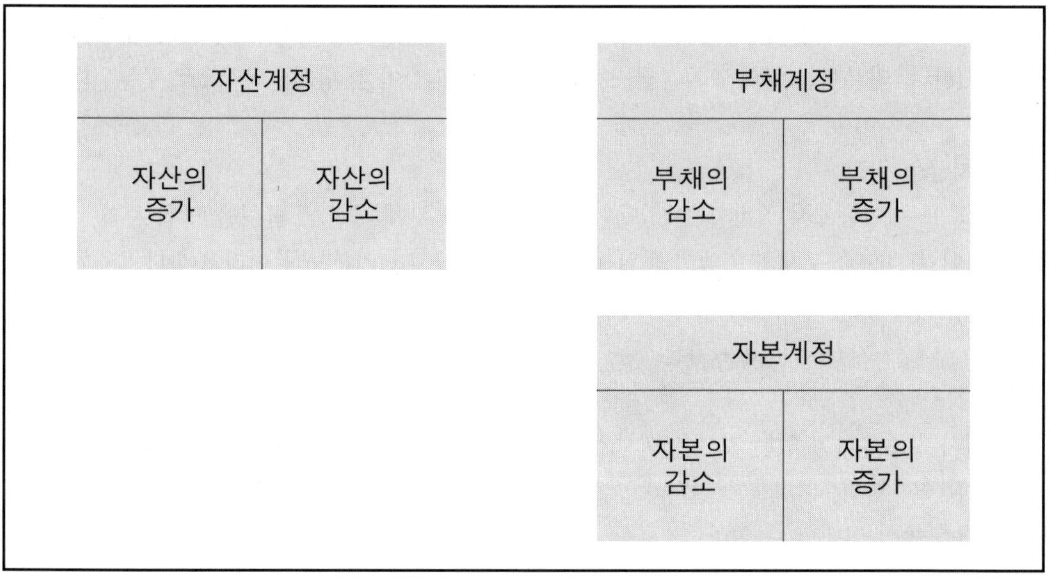

자산계정	
자산의 증가	자산의 감소

부채계정	
부채의 감소	부채의 증가

자본계정	
자본의 감소	자본의 증가

〈그림 16-1〉 분개 규칙

아리랑슈퍼가 설비확장을 위해 액면가 5,000원인 주식 30,000주를 발행하였다면 이 거래를 기록하기 위한 분개는 다음과 같이 된다.

현금 1억 5천만 원	자본금 1억 5천만 원

모든 분개는 대차균형을 이루기 때문에 일정기간 말에 개별계정을 모아 요약하는 대차대조표의 차

변과 대변은 저절로 균형을 이루게 된다. 대차대조표의 특성은 다음과 같다.

① 자산총계는 부채와 자본금의 총계와 일치한다.
② 자산은 왼편에 위치하고 부채와 자본금은 오른편에 위치한다.
③ 대차대조표는 '1999년 12월 31일'과 같은 특정시점을 기준으로 작성한다.

(3) 대차대조표가 주는 정보

이제 대차대조표가 어떤 형태로 나타나며 이 대차대조표에서 우리는 어떤 정보를 얻을 수 있는지 알아보자. 다음의 그림은 아리랑슈퍼의 1999년도 말 현재자산과 부채현황을 보여주는 대차대조표이다. 많은 소규모 기업들의 대차대조표는 위와 비슷한 형태를 갖는다. 대차대조표에서 우리는 특히 다음 세 가지를 유념해 두어야 한다.

① 유동성 : 유동성은 자산이 현금으로 전환될 수 있는 능력을 의미한다. 대차대조표에서 자산과 부채는 유동성이 높은 것으로부터 낮은 것까지 순서대로 배열된다. 현금과 외상매출금, 재고 자산은 다음 영업주기 내에 현금으로 손쉽게 전환될 수 있기 때문에 유동자산으로 분류되며, 대차대조표의 자산 중에서 맨 위에 배열된다. 기계장치와 같은 설비는 쉽게 매각할 수 있는 것이 아니므로 고정자산 또는 비유동자산으로 분류하고 유동자산 아래에 기록한다. 이러한 배열을 아리랑슈퍼의 대차대조표에서 확인해 보자.

아리랑슈퍼 대차대조표 (작성일 : 1999년 12월 31일)			
자 산		부 채	
유동자산	117,000	유동부채	61,000
현금	10,000	외상매입금	55,000
외상매출금	22,000	미지급 급료	4,000
재고상품	85,000	미지급 법인세	2,000
고정자산	162,000	장기부채	
설비	60,000	은행차입금	88,000
건물	120,000	부채 합계	149,000
감가상각	(18,000)		
		자본금	130,000
합계	279,000	합계	279,000

〈표 16-4〉 대차대조표 예시

부채항목에서 외상매입금, 종업원들에 대한 미지급 급료, 미지급 법인세 등은 유동부채에 해당한다. 이것들은 1년 내에 지급되어야 할 단기부채이다. 은행차입금은 여러 해에 걸쳐 상환되므로 장기 혹은 비유동부채에 해당한다.

② 운전자본 : 운전자본(working capital)은 기업을 운영하기 위하여 일상적으로 필요한 자산과 부채를 지칭한다. 보통 유동자산은 재무제표를 이용하는 사람들에게 기업의 단기적 변제능력에 관한 정보를 제공한다. 결국 운전자본을 이루는 항목들은 기업의 유동자산과 유동부채들이다. 상환능력의 측정치인 순운전자본은 총 유동자산에서 총 유동부채를 뺀 값으로 계산한다. 아리랑슈퍼의 순운전자본은 56,000(117,000-61,000)원이다. 아리랑슈퍼의 유동자산은 유동부채보다 많다. 은행의 입장에서는 아리랑이 상당량의 순운전자본을 보유하고 있으므로 단기차입금을 지급할 능력을 갖고 있어 신용상태가 좋은 것으로 평가할 것이다. 반대로 경영 컨설턴트는 아리랑 사장이 금전등록기에 현금을 너무 많이 보유하고 있거나, 너무 많은 상품을 진열함으로써 재고관리를 제대로 못하는 것으로 볼 수 있다. 가게운영을 잘하는 주인이라면 재고수준과 현금을 줄여 좀더 효율적인 수준으로 유지할 것이다.

③ 자본금 : 자본금은 기업의 전 자산 중 그 기업의 소유주인 주주의 지분이다. 기업의 입장에서 보면 기업이 소유주에게 갚아야 할 장기적 채무라 할 수 있다. 기업은 경영활동의 성과를 주주에게 투자에 대한 수익금으로 지급해야 할 의무가 있다. 자본금은 은행차입과 달리 정해진 이자율이나 만기가 없으므로 부채항목 아래에 별도로 기록된다. 주주가 받게 되는 몫은 기업의 성과에 달려 있다. 채무를 갚을 능력이 없을 경우 기업은 파산할 수밖에 없다. 하지만 투자가들에게 배당금을 지불할 능력이 없을 경우 무조건 파산으로 이어지는 것은 아니다. 기업의 경영성과가 좋을 경우에는 소유주에게 유리하다. 하지만 반대의 경우 소유주들은 그들이 투자한 모든 것을 잃을 수도 있다. 이것이 기업 소유권 행사에 따른 위험이다. 자본금은 모든 외부채무를 변제한 후에 소유주가 자기의 몫으로 주장할 수 있는 가치이므로 종종 순가치라고도 한다. 자본금은 일반적으로 사업을 운영해 가면서 점차 증가한다. 기업은 상품을 구매하고 판매하며 용역을 제공하고 대가를 받는 활동을 반복한다. 이러한 활동을 통하여 일정기간 후에 기업의 부는 증가해 간다. 만약 시간이 지남에 따라 순자산이 증가한다면 기업의 자본금도 증가한다. 아리랑슈퍼의 경우 3천만 원이 증가하였다. 대차대조표의 자본금 항목이 변동하는 경우는 두 가지가 있다. 투자자들이 더 많은 자금을 출자하는 경우와 경영자가 이익을 유보할 것을 결정하는 경우가 그것이다. 유보된 이익은 대차대조표의 이익잉여금 항목을 증가시킨다. 주주들은 배당금 지급을 결의하여 이익잉여금을 나누어 가질 수 있다. 이 경우 축적된 이

익잉여금은 당연히 줄어든다.

2) 손익계산서

손익계산서는 대차대조표와 마찬가지로 보통 일정기간 동안의 경영성과를 확인할 목적으로 만든다. 대차대조표는 특정시점에서의 자산과 부채현황을 보여주지만, 손익계산서는 특정기간 동안 발생하는 거래와 활동의 흐름을 보여준다. 일정기간 동안 영업활동을 하게 되면 그 과정에서 수익이나 비용이 발생한다. 이러한 내용을 요약한 회계자료가 손익계산서이다. 손익계산서는 최소한 일 년에 한 번은 작성해야 할 것이다. 사업규모와 필요에 따라 매월, 또는 분기별로 손익계산서를 작성하기도 한다. 너무 자주 만드는 것은 단기적 성과에 급급하게 하여 기업이 나아갈 큰 그림을 놓치게 할 수 있다.

다음의 〈표 16-5〉는 아리랑슈퍼의 1999년 영업기간 영업활동을 보여주는 손익계산서이다. 손익계산서에서 순이익을 계산하는 순서는 다음과 같다.

총매출 − 반품 = 순매출

순매출 − 매출원가 = 매출이익

매출이익 − 판매 일반관리비 = 영업이익

영업이익 − 영업 외 비용 = 순이익

아리랑슈퍼 손익계산서 (1999년 1월 1일 ~ 1999년 12월 31일)	
총매출	7,300,000
반품	600,000
순매출	6,700,000
매출원가	5,400,000
매출이익	1,300,000
판매 일반관리비	1,235,000
급여	770,000
임대료	150,000
전기	155,000
홍보비	82,000
전화	20,000
소모품	40,000
감가상각비	18,000
영업이익	65,000
지급이자	8,000
세전순이익	57,000
세금	21,000
순이익	**36,000**

〈표 16-5〉 손익계산서 예시

(1) 손익계산서는 어떤 정보를 주는가

대차대조표와 마찬가지로 손익계산서도 여러 가지 유용한 정보를 제공한다. 손익계산서를 이해하기 위해서는 손익계산서에 나타나는 여러 가지 유형의 이익을 알아야 한다. 일반적으로 구분하는 이익의 종류에는 매출총이익, 영업이익, 세전순이익, 당기순이익 등이 있다. 이들은 회사의 영업활동과 수익성을 평가할 수 있는 자료가 된다. 아리랑슈퍼의 손익계산서를 이용하여 이들을 알아보자.

① 매출총이익 : 매출총이익은 손익계산서에서 맨 먼저 계산하는 것으로, 순매출액에서 매출원가를 공제한 값이다.

$$매출총이익 = 순매출액 - 매출원가$$

이것은 매출에서 생산원가나 구입원가만 공제한 것으로, 영업활동을 위해 필요한 각종 비용을 공제하기 전의 이익이다. 아리랑슈퍼의 경우 67억 원의 매출을 위해 지출한 매출원가는 54억 원이었다. 매출원가는 식료품 구입원가와 식료품의 판매가 이루어지기까지 직접 관련되는 모든 비용, 예를 들면 도매상으로부터의 운송비를 포함한다. 제조기업의 경우 제품 생산원가로 생산비, 재료비, 노무비를 포함하게 된다. 아리랑슈퍼와 같은 간단한 소매업의 경우에 매출원가는 다음과 같이 계산한다.

$$매출원가 = 기초 재고 + 신규 구매액 - 기말 재고액$$

어떤 회사의 매출이익이 적자로 나타난다면 기타 관리활동이 아무리 효율적이라도 순이익이 흑자가 될 수 없다.

② 영업이익 : 매출이익은 영업활동과 관련한 많은 비용이 반영되지 않았으므로 진정한 이익이라 할 수 없다. 그래서 손익계산서의 다음 부분에서는 영업활동의 성과라 할 수 있는 기업의 영업이익을 계산한다. 영업이익을 계산하기 위해 반영하는 비용은 매출활동에 직접 관련되는 것들로 아리랑슈퍼의 경우 종업원 급료, 임차료, 전기세 등 관리비, 광고비 등을 포함한다. 영업활동에 필수적인 고정자산은 구입 당시에 대금을 모두 지불하였을지라도 발생주의 회계에서는 고정자산의 사용에 상응하여 일정원가를 이익계산에 반영한다. 즉, 수익비용의 대응원칙에 따라 설비, 공구, 건물 등과 같은 고정자산은 구입가격을 사용가능한 잔존기간으로 나누어 일정기간의 비용으로 인식한다. 이것을 감가상각비라 한다. 아리랑슈퍼의 경우 건물, 진열

대, 금전등록기 등의 구입비로 1억 8천만 원을 지출했다. 아리랑슈퍼는 이 자산들을 10년 간 사용할 수 있다고 생각하여 손익계산서에 이들의 사용원가(감가상각비)로 매년 1,800만 원씩 대응시켜 배분하고 있다. 기타비용에는 손익계산서에 별도의 항목을 설정할 만큼 중요하지 않은 항목을 포함한다. 아리랑슈퍼의 경우 유리창 수리비, 불량수표로 인한 손실 등을 포함한다.

③ 순이익 : 순이익은 영업이익에서 영업활동과 직접 관련되지는 않으나 비용으로 발생한 것을 빼서 계산한다. 이러한 비용에는 지급이자나 특별손실 등이 있다. 기업이 자금을 조달하는 활동은 영업활동과는 별개이다. 회계에서 지급이자를 영업비용에 포함시키지 않는 이유는 영업활동의 성과가 자금을 조달하는 방법에 영향을 받지 않도록 하기 위함이다. 지급이자를 영업이익 계산에 포함시킨다면 동일한 영업성과를 올린 기업이라 하더라도 자금을 조달한 방법에 따라 영업이익이 달라질 수 있다. 만약 아리랑슈퍼가 차입금을 사용하지 않고 사장의 자본금으로만 운영하였다면 지급이자가 없어 동일한 영업활동으로도 더 높은 영업이익을 달성한 것으로 나타날 것이다. 영업이익에서 이자비용을 분리시킴으로써 영업이익은 자금조달 방법보다는 그 기업의 일상적인 영업활동의 성과를 인식할 수 있다. 법인세는 회사가 일정기간 동안 올린 이익금액에 비례하여 부담하는 것으로, 회사라는 법인이 영업활동을 계속하기 위해서는 피할 수 없는 비용이다. 이 비용도 영업활동의 수행과 직접 관련이 없고 영업활동의 결과에 따라 결정되므로 영업이익에서 분리한다. 모든 비용을 공제하고 남는 이익이 순이익이다. 순이익은 기업성과의 최종결과치로, 이것은 소유주에게 분배되거나 다른 투자를 위하여 회사에 유보할 수 있다.

(2) 손익계산서와 대차대조표는 어떤 관계인가

아리랑슈퍼의 손익계산서를 보게 되면 1년 동안 3천만 원의 순이익을 올린 것을 알 수 있다. 이 순이익 금액은 대차대조표에서도 동일하게 나타난다. 손익계산서와 대차대조표는 서로 상이한 내용을 담고 있지만 또한 이처럼 서로 연관되어 있다. 손익계산서는 한 해 동안 발생한 모든 경영활동의 성과를 기록한 재무제표이다. 자산과 부채는 한 해 동안 많은 개별적인 거래로부터 영향을 받아 상승과 하락을 반복한다. 연말에 대차대조표에 의해 합산되는 아리랑슈퍼의 순자산은 영업활동을 통해 변화하였다. 손익계산서로 계산되는 순이익은 순자산의 변화가 어떻게 이루어졌는지를 보여줌으로써 한 해 동안의 영업활동을 설명해 준다. 아리랑슈퍼의 경우 대차대조표에서 증가한 자산의 가치를 나타내는 당기순이익과 손익계산서에서 당기순이익이 일치한다.

3) 자금운용표

현금관리는 기업가의 경영활동에서 가장 중요한 책무 중 하나이다. 현금은 왕이라는 말도 있다. 현금이 부족하면 사업을 제대로 수행할 수 없다. 현금은 영업에도 필수적이지만 기업의 파산위험을 방지하는 데도 가장 중요하기 때문에 주요 재무제표에 자금운용표를 포함시키고 있다. 자금운용표에는 일정기간 동안 얼마만큼의 현금이 들어왔으며(원천), 이들 현금이 어디에 사용되었는지(사용)에 대한 정보가 있다. 자금운용표를 참고로 경영자는 중요한 의사결정을 할 수 있다. 기업의 현금수요를 제대로 관리하지 못해서 수익을 올리던 유망기업들이 파산에 이른 경우를 많이 볼 수 있다. 순이익을 내면서 성공을 구가하던 기업들마저 현금부족과 이로 인한 채권자들의 부채상환 요구로 위기에 처하기도 했다. 투자가들이 손익계산서를 통해 한 기업의 건실성을 가늠하는 것은 자칫 실수를 범할 수 있다.

(1) 현금의 원천과 사용

다른 재무제표와 마찬가지로 자금운용표도 회계의 대차균형 원리를 따른다. 약간은 복잡해 보이나 회계의 기본등식을 생각하면 자금운용표를 쉽게 이해할 수 있다. 회계의 기본등식은 '자산 = 부채 + 자본금'이다. 자산과 부채는 또한 유동성에 따라 단기항목과 장기항목으로 나누어지므로 기본등식은 다음과 같이 다시 쓸 수 있다.

유동자산 + 고정자산 = 단기부채 + 장기부채 + 자본금

대차대조표를 공부할 때 유동자산은 현금, 외상매출금, 재고상품 등으로 구성된다고 하였다. 그러므로 위의 등식을 현금을 포함하는 식으로 다시 쓸 수 있다.

현금 + 외상매출금 + 재고자산 + 고정자산 = 단기부채 + 장기부채 + 자본금

위의 식에서 현금 이외의 항목을 왼쪽으로 옮기면 어떤 원인으로 현금이 증가하거나 감소하는지를 알 수 있는 다음의 관계식을 얻는다.

현금 = (단기부채 + 장기부채 + 자본금) − (외상매출금 + 재고자산 + 고정자산)

이 등식에서 오른쪽에 있는 항목 중 단기부채, 장기부채, 자본금의 증가는 자금의 원천이고 외상매

출금, 재고, 고정자산의 증가는 자금의 사용이 된다. 부채가 증가하면 사용가능한 현금이 증가하고, 반대로 재고가 증가했다면 이 상품을 매입하는 데 현금이 사용되었을 것이므로 현금이 감소한다. 이것이 자금운용표의 기본이다. 다음은 아리랑슈퍼의 자금운용표이다.

아리랑슈퍼 자금운용표 (1999년 1월 1일 ~ 1999년 12월 31일)			
자금의 원천		**자금의 사용**	
영업활동	48,000	투자활동	
순이익	30,000	설비구입	180,000
감가상각비	18,000		
		유동자산 증가	107,000
단기부채	61,000	외상매출금 증가	22,000
외상매입금 증가	55,000	재고상품 증가	85,000
미지급 급여 증가	4,000		
미지급 법인세 증가	2,000	배당금 지급	0
자본조달 활동	188,000		
은행차입금	88,000		
주식발행	100,000	현금 순증가	10,000
합계	**297,000**	**합계**	**297,000**

〈표 16-6〉 자금운용표 예시

(2) 주요 자금변동 항목

① 영업활동으로 인한 자금의 변동 : 영업활동에서 발생한 이익은 가장 기본적인 자금원천이다. 아리랑슈퍼의 손익계산서에 나타난 3천만 원은 자금의 원천이 분명하나 이것이 전부 원천은 아니다. 앞에서 설명하였듯이 대부분의 기업들은 순이익을 계산할 때 발생주의 회계를 사용하고 있다. 자금운용표는 현금의 흐름을 평가하므로 현금주의에 바탕을 두어야 한다. 비용 중에는 감가상각비와 같이 현금의 지출을 수반하지 않는 비용이 있다. 이들은 현금지출이 없음에도 불구하고 발생주의 회계에 의하여 순이익을 계산할 때 비용으로 공제하였다. 그러므로 현금을 사용하지 않지만 손익계산서에서 비용으로 공제된 영업항목은 다시 더해져야 한다.

아리랑슈퍼의 경우 건물, 금전등록기, 진열대 등의 고정자산의 사용가치로 1,800만 원을 비용으로 처리하였으나 이 비용은 현금흐름과는 무관하므로 당기순이익에 다시 더해져야 한다.

② 운전자본 변화에 의한 자금의 변동 : 운전자본은 회사 경영활동의 흐름에 일상적으로 고여 있는 자본으로, 유동자산과 단기부채의 차이로 계산한다. 손익계산서상의 순이익은 결코 그만큼의 현금으로 금고에 남아 있을 수 없다. 이익금은 재고상품으로 남아 있을 수 있으며 단기부채를 결재하기 위해 사용되었을 수도 있다. 그러므로 유동자산의 증가는 현금을 줄이고, 단기부채의 증가는 현금을 증가시킨다. 아리랑슈퍼가 진열대 위의 상품과 같은 재고자산을 늘렸다는 것은 곧 현금을 사용한 것이 된다. 이것은 자금운용표에서 현금감소로 나타난다. 만약 아리랑슈퍼가 고객에게 외상매출을 하게 되면 다른 목적에 사용할 수 있었던 현금의 수취가 지연된다. 이 역시 자금 감소의 요인이 된다. 반대로 매출에 의한 상품의 감소는 아리랑슈퍼의 현금을 증가시킨다. 그리고 고객에 대한 외상매출이 감소하게 되면 현금사용 가능성도 증가한다. 즉, 유동자산의 증가는 현금의 감소를 의미하고, 유동자산의 감소는 현금의 증가를 뜻한다. 단기부채의 변화는 현금흐름에 반대의 영향을 준다. 사조산업이 아리랑슈퍼에 2천만 원어치의 상품을 외상으로 제공하였다면, 아리랑슈퍼의 부채는 증가했으나 현금을 다른 목적으로 쓸 수 있는 여유를 갖게 된다. 어떤 의미로는 새로운 현금이 창출된 것이다. 운전자본에 의한 현금의 순변화를 계산하기 위해서는 유동자산과 단기부채의 기말 현재값에서 각 항목의 기초값을 빼면 된다. 아리랑슈퍼의 경우는 첫 회계연도에 해당하므로 기초항목은 모두 0이고 기말항목의 유동자산과 단기부채가 한 해 동안 증가한 순변화에 해당한다. 유동자산이 증가하였으면 현금이 사용된 것이고, 단기부채가 증가하였으면 현금이 조달된 것이다.

앞에서 제시한 아리랑슈퍼의 자금운용표가 위에서 설명한 내용대로 작성되었는지를 확인해 보라. 손익계산서에 나타난 순이익과 대차대조표의 운전자본 항목의 변화가 자금운용표에 나타난 변화와 일치하는가를 확인해 보라.

③ 투자활동으로 인한 자금의 변화 : 기업의 투자활동은 생산설비의 확충이나 신제품 개발을 위한 활동으로 현금의 지출을 수반하는 활동이다. 이러한 투자활동은 대차대조표상의 장기 비유동성 자산항목의 변화로 나타난다. 한 기업이 건물이나 설비 같은 장기자산을 구입하거나 판매하게 될 경우, 이 거래들과 관련된 현금은 자금운용표상에서 투자활동 부분에 반영된다. 아리랑슈퍼의 경우, 사업을 위해 건물과 설비에 1억 8천만 원을 투자하였다. 만약 아리랑슈퍼가 이들 고정자산을 매각한다면 자금은 증가한다.

④ 자본 조달활동으로 인한 자금의 변화 : 기업은 필요한 자금을 확보하기 위하여 외부로부터 돈을 빌리거나 아니면 주주로부터 자금을 조달한다. 외부차입은 대차대조표의 장기부채 항목에 나타나며 주주에 의한 증자는 대차대조표상의 자본금 계정에 반영된다. 아리랑슈퍼는 은행으로부터 8,800만 원을 차입하였다. 대차대조표에 은행차입금이 0원에서 8,800만 원으로 증가하였고, 이것은 자금의 원천이 된다. 아리랑슈퍼가 이 은행차입금을 갚게 되면 자금운용표의 자금조달 활동부분에 현금사용으로서 영향을 미치게 된다. 아리랑슈퍼는 사업을 개시하기 위해 1억 원의 현금을 출자하였다. 이것은 대차대조표에 보통주 발행으로 나타나고, 또한 자금운용표에서는 현금의 원천으로서 반영되고 있다. 자본금을 구성하는 다른 요소로는 이익잉여금이 있다. 당해연도에 순이익이 증가하거나 배당이 투자가들에게 지급될 경우 이익잉여금은 변화한다. 아리랑슈퍼는 배당금 지급에 대한 결정을 하지 않고 있다. 만약 주주들이 배당금을 지급하기로 결정한다면 현금사용으로 기록되어야 한다.

(3) 자금운용표는 어떻게 사용되는가

자금운용표에서 우리는 특정 회계연도의 현금의 순변화를 보여준다. 자금운용표를 통해서 우리는 회사의 자금창출 능력과 단기채무 변제능력을 알아볼 수 있다. 외견상으로는 수익성이 좋아 보이지만 살아남기 위해 상당한 자금차입을 해야 하지는 않는가? 손익계산서를 살펴보면 수익이 약간 있을지 모르지만 기업운영에 너무 많은 현금이 소요되는 것은 아닌가? 이러한 질문에 대하여 대차대조표나 손익계산서를 통해서는 결코 해답을 구할 수 없다. 바로 이것이 자금운용표가 중요한 이유이다. 한 기업이 제대로 운영될 때 영업활동을 통해 현금이 창출될 것이다. 그리고 그러한 사실은 운전자본의 변화로 조정되는 순이익에 의해 알 수 있다. 기업이 새로운 설비나 기술개발과 같은 고정자산에 상당한 투자를 필요로 하는가? 기업이 영업에 필요한 현금수요를 맞추기 위해 자산을 헐값으로 팔고 있지는 않는가? 이러한 유형의 정보는 자금운용표의 투자활동 부분에 포함되어 있다. 기업이 영업이나 투자활동을 위해 자금을 무리하게 차입하였는가, 혹은 투자가들을 통해 자금을 조성하였는가? 자금운용표의 자본조달 활동부분은 이와 같은 중요한 정보를 제공한다. 자금운용표는 기업의 유동성 문제를 관리하기 위한 경영기법이라 할 수 있다. 손익계산서와 대차대조표를 기초로 자금운용표를 작성한다. 이렇게 준비된 자금운용표는 다음과 같은 핵심문제에 대한 해답을 제시한다.

- 현금흐름과 이익은 어떤 관계에 있는가?
- 영업활동으로 벌어들인 현금이 어디에 사용되었는가?
- 어느 정도의 배당을 실시할 것인가?
- 단기현금 차입이 필요한가?

자금운용표를 사용하여 기업경영자는 영업활동, 투자활동, 자본조달활동 등으로부터 발생하는 현금의 원천과 수요에 대한 계획을 세운다.

4절 관리회계

재무회계가 기업의 경영성과를 대외적으로 알리기 위해 작성하는 것이라면 관리회계는 경영활동에 필요한 자료를 확보하기 위한 회계활동이다. 관리회계의 목적은 일정기간 동안 기업 경영활동을 위한 예산을 세우고, 실제결과가 계획과 다르다면 그 이유를 알아보는 데 있다. 관리회계에서는 사업 및 경영성과를 평가하기 위해 표준이나 예산을 사용한다. 이러한 자료를 바탕으로 경영진은 적절한 수정조치를 취할 수 있다.

예를 들어, 자동차 공장에서 공장 관리자는 수요변화에 대응하고 조립라인의 효율성을 유지하기 위하여 마케팅팀과 협의하여 생산계획을 수립하면 생산 관리자는 재료비, 인건비, 기타경비 등에 대한 표준원가를 설정하고, 마케팅부서에서는 제품에 대한 표준가격과 표준수량을 설정한다. 이들 기준을 기초로 관리회계에서는 실제의 성과가 이러한 예산이나 기준과 얼마나 차이가 나는지를 분석할 수 있다. 이러한 차이분석의 결과는 경영진의 의사결정에 중요한 정보가 된다.

1) 판매활동 차이분석

실제매출이 계획한 매출과 다르다면 그 원인은 어디에 있을까? 둘 중 하나일 것이다. 계획했던 것보다 적게 팔았거나, 아니면 가격을 제대로 받지 못하였기 때문일 것이다. 이것이 수량차이와 가격차이이다.

수량차이 = (실제판매량 − 표준판매량) × 표준매출가격
가격차이 = (실제판매가격 − 표준판매가격) × 실제판매량

수량차이는 판매가격은 계획과 같았으나 실제판매량이 예상과 달라 발생하는 차이이고, 가격차이는 판매가격이 계획과 달라서 발생한 목표매출과 실제매출의 차이이다.

현대자동차 종로대리점이 2000년 3월 경승용차를 대당 600만 원에 500대를 판매하여 총 30억

원의 매출을 계획하였다고 하자. 4월에 지점장이 입수한 회계자료에 의하면 3월 실제매출액이 33억 원이었다. 종로대리점은 봄학기 할인행사로 대당 50만 원을 할인한 550만 원의 가격으로 실제로 600대를 판매한 것이다. 총 매출차이는 3억 원이다. 즉, (600×550) − (500×600). 이러한 매출액 차이는 어떻게 설명할 수 있을까?

실제판매가격은 예정가격보다 낮았다. 그러므로 가격차이는 마이너스가 될 것이다. 한 대당 50만 원씩 싸게 팔았으므로 가격차이는 −3억 원이다(50만 원×600대). 그러나 계획보다 100대를 더 팔 았으므로 수량차이는 6억 원이 된다(100대×600만 원). 가격차이와 수량차이를 합하면 앞에서 계산 한 총 차이 3억 원이 된다. 차이분석을 통하여 종로지점장은 가격하락의 효과보다 판매대수 증가의 차이가 컸음을 알았을 것이다.

2) 생산활동 차이분석

판매활동에 대해서는 주로 얼마의 가격에 얼마만큼 팔았는가가 관심의 대상이 되나, 생산활동에서 는 투입원가와 생산량이 관심의 대상이 된다. 즉, 얼마의 가격에 원재료 얼마만큼을 구매하여 완제 품 얼마를 생산하였는가가 문제이다. 앞에서와 마찬가지로 생산활동의 차이도 가격과 수량차이로 분해할 수 있다. 원재료 시장의 변동이나 공급업체와의 협상과정에서 예정했던 것과 다른 가격으로 원재료를 구입할 수 있다. 구매가격차이는 이처럼 표준가격과 실제구매가격이 다를 때 발생하는 차 이이다.

구매가격차이 = (표준가격 − 실제가격) × (실제구매량)

아무리 안정된 공정에서도 제품 생산과정에서 실제사용한 재료나 노동의 양이 사전에 설정한 표준 과 일치하기는 힘들다. 매출수량차이와 비슷한 관점에서 이러한 차이를 효율성차이라 한다. 예를 들 면, 1톤의 원재료로 표준계획량보다 더 많은 완제품을 생산하였다면 효율성이 높은 것이다.

재료 / 노무 효율성차이 = (표준사용량 − 실제사용량) × (표준재료비 / 노무비)

벤처경영클럽에서는 2000년 1월 '벤처기업 경영환경' 프로젝트에 1인당 5만 원씩 아르바이트 조 사원 200명을 사용하기로 하였다. 총 1천만 원을 예상하였으나 실제로는 1,200만 원이 지출되었다. 1인당 인건비는 4만 원으로 예상보다 낮았으나 조사내용이 많아 총 300명을 사용하였기 때문이다.

200만 원의 차이를 가격차이와 효율성차이로 나누어 보자.

가격차이 = (5만 원 − 4만 원) × 300명 = 300만 원

이것은 계획보다 1인당 비용이 더 적게 소요되었음을 나타낸다. 한편, 효율성차이는 −500만 원이된다. (200명 − 300명) × 5만 원 = − 500만 원. 이것이 계획보다 더 많은 인력이 투입된 결과이다.

5절 맺음말

지금까지 회계의 기본적 내용을 읽어 오면서 그다지 이해하기 어렵지 않았으면 한다. 회계학은 법학과 같이 규정과 절차가 기본이다. 어떻게 하면 회계를 더 잘할 것인가 걱정할 필요가 없다. 정해진 절차만 따라 하면 된다. 이것이 회계를 공부하는 사람을 지루하게 만드는지도 모른다. 지금까지 다루어 온 내용은 기업의 경영책임자로서 알아야 할 최소한의 회계적 지식이다. 이들 내용을 모른다고 경영이 불가능한 것은 아니나 이들 내용을 안다면 사업에 성공할 가능성이 더 높아질 것이다.

17장 재무활동 관리

기업경영에서 중요하지 않는 분야가 없겠으나, 재무활동에서 실패할 경우 다른 부문에서의 성과가 아무리 좋더라도 기업은 심각한 문제에 직면하게 된다. 이러한 이유로 소규모 기업경영자들은 일상적 일과에서 재무활동에 가장 많은 시간을 보낸다. 재무적 활동은 숫자 정보를 이용한다는 점에서 상당히 계량적이다. 재무활동의 핵심사항은 회사가 동원할 수 있는 제한된 자원을 효율적으로 배분하는 것이다. 지속적인 성장발전을 위해서 어디에 투자하는 것이 좋을까? 필요한 투자자금은 어떤 방식으로 조달하는 것이 최선인가? 또, 이러한 결정은 주주나 기타 이해당사자에게 어떤 영향을 미칠까? 이들은 재무활동 관리에서 직면하는 대표적 문제이다.

창업기업가는 미래의 수익을 위해 오늘 투자하는 사람들이다. 성공적 경영을 위해서는 경영활동 과정에서 발생하는 현금흐름이 무엇인지, 투자에 따른 위험이 무엇인지, 기업가치가 어떻게 결정되는지 알아야 한다. 창업기업가의 핵심목표가 경쟁게임에서 살아남는 것이라면 이러한 게임과정에서 위험을 무시한다는 것은 게임을 포기하는 것과 같다.

1절 투자여부는 어떻게 결정하는가

한 기업이 투자할 수 있는 대상은 다양하다. 많은 투자기회를 평가하고 예상수익과 투자위험을 감안하여 최선의 대안을 선택하는 것은 성공기업의 경영자가 갖추어야 할 가장 중요한 능력이다. 이러한 문제를 재무관리에서는 자본예산(capital budgeting)이라고 한다. 투자문제는 투자대상이 하나일 때 이의 채택여부, 다수일 때 대안들의 상호비교와 투자자원의 할당으로 구분할 수 있다. 상황에 따라 적용할 수 있는 방법이 다르나 가장 기본적인 평가방법으로 회수기간법(payback period)과 순현재가치법(net present value), 수익성 지수 등이 있다.

1) 회수기간법

회수기간법은 개념이 단순하여 기업에서 가장 많이 사용하고 있는 방법으로 알려져 있다. 회수기간은 투자원금을 회수하기까지 걸리는 시간이다.

$$\text{회수기간} = \text{투자자금을 회수하는 데 소요되는 시간 또는} \quad \frac{\text{총투자비}}{\text{연 평균이익}}$$

대부분의 투자가는 투자로 인한 이익에도 관심이 있으나, 상황이 불확실할 때는 최소한 자신이 투자한 투자원금을 회수하기까지 얼마나 걸리는가를 알고 싶어한다. 불확실한 경영환경에서 손실의 위험을 줄이고 싶기 때문이다. 회수기간이 긴 투자대안을 채택한다는 것은 상당한 위험을 감수한다는 것을 뜻한다. 투자대안의 회수기간이 길면 길수록 이 투자대안의 투자성과는 더욱 불확실해지고 위험은 높아진다.

회수기간법에서는 사전에 정해 둔 기간보다 짧으면 그 투자대안을 선택하고, 길면 투자를 포기한다. 회수기간은 계산하기가 쉽고 회수기간에 근거하여 특정 투자대안의 채택여부를 결정하기 쉬워 투자 분석가들은 이 방법을 좋아한다. 예를 들어, 어떤 기업은 생산성을 높이기 위한 설비투자는 3년 이내, 신규설비는 5년, 신제품 개발연구는 10년 이내에 회수되어야 한다는 기준을 정할 수 있다. 이러한 판단기준은 회사의 과거 투자실적과 미래예상 현금흐름, 위험회피 수준, 그리고 의사결정자의 주관적 판단을 감안하여 결정한다.

회수기간에 의한 투자대안의 평가는 확실히 계산이 용이하고 이해하기 쉽다는 장점이 있다. 그러나 현금흐름의 시간적 가치를 고려하지 않는다는 단점이 있다. 이로 인하여 서로 다른 현금흐름을 갖는 프로젝트들이 동일한 회수기간을 가질 수도 있다. 예를 들어, 10억 원을 투자하여 5년에 걸쳐 매년 2억 원씩 회수할 수 있는 투자대안과, 동일한 투자로 5년 후 일시불로 10억 원을 회수할 수 있는 투자대안의 회수기간은 동일하다. 회수기간이라는 점에서 보면 두 투자안이 동일하나, 우리는 누구나 전자를 선호할 것이다. 이러한 점을 회수기간법에서는 반영하지 못한다. 회수기간법의 또 다른 단점은 회수기간 이후의 손실이나 이익은 완전히 무시한다는 점이다. 10억 원의 투자로 이후 영구히 매년 2억 원의 로열티를 받을 수 있는 R&D사업과 5년 후 10억 원에 연구결과를 팔아먹을 수 있는 R&D사업 중 어느 것이 더 유리할까? 두 사업의 회수기간은 동일하다.

2) 순현재가치법

순현재가치법(net present value)은 투자결과로 발생하는 현금흐름의 시간적 가치를 고려하여 사업기회의 가치를 평가하는 방법이다. 계산은 비록 복잡하나 이론적으로 가장 합리적인 방법이다. 이 방법에서는 현금의 시간가치를 명확히 고려한다. 오늘의 1억 원과 10년 후 1억 원의 가치는 같지 않다. 1억 원이 들어오게 되어 있는 기간이 길면 길수록 1억 원을 회수할 불확실성은 증가하며(위험증가), 투자자금을 다른 곳에 사용하여 얻을 수 있는 이익, 즉 기회비용은 더욱 커지게 된다. 따라서 미래에 회수하게 될 현금은 투자안의 위험정도에 따라 적당한 비율로 할인하는 것이 합당하다.

$$NPV = \sum_{t=1}^{T} \frac{CF_t}{(1+k)^t}$$

CF : 예상회수금액, K : 할인율

순현재가치를 계산할 때 가장 문제가 되는 점은 적정할인율을 결정하는 문제이다. 할인율로 해당투자에 필요한 자금의 조달 이자율을 사용해서는 안 된다. 현재 비교적 안정적인 기업들은 10% 정도의 금리로 자금을 조달하고 있다. 하지만 기업이 투자하고자 하는 개별 투자사업의 위험은 회사의 평균 위험과 같지 않다. 따라서 특정사업에 적용할 할인율은 해당사업의 투자위험과 기회비용을 반영하여 결정해야 한다. 이 할인율을 투자사업에 기대하는 최소요구 수익률이라고도 한다. 다음의 표는 롯데제과 '다이어트 비스킷' 투자안의 현금흐름을 10%로 할인하였을 경우 순현재가치를 보여준다.

(단위:천 원)

	현금흐름	할인요소(10%)	현재가치
현재	₩100,000	1.0000	₩100,000
1년	₩50,000	0.90909	₩45,455
2년	₩50,000	0.8264	₩41,320
3년	₩60,000	0.75131	₩45,079
합계	₩60,000		₩31,854

〈표 17-1〉 현재가치 계산

위에서 1차연도 NPV 4,550만 원은 유입액 5,000만 원을 10%의 요구수익률로 할인한 결과이다. 이 사업은 약 3,200만 원의 순현재가치를 갖는다는 것을 알 수 있다. 현금흐름을 할인하지 않을 경우 이익은 6,000만 원으로 계산되지만 할인한 순가치는 줄어든다. 순현재가치법을 이용하여 투자여부를 결정할 때는 계산한 순가치의 크기를 본다. 순가치가 0 이상이면 투자원금과 투자위험을 감안하고도 이익이 있다는 의미이므로 투자하는 것이 좋다. 그러나 순현재가치가 0원 이하라면 이 투자대안은 수익성이 없으므로 투자하지 않는 것이 좋다.

(1) 투자대안의 위험

투자대안의 위험이란 투자결과로 얻을 수 있는 미래 이익규모의 불확실성이나 변동성을 말한다. 순현재가치를 계산할 때 투자 분석가들은 투자대안마다 상이한 할인율을 사용할 수 있다. 예를 들어, 롯데제과가 보통 10%의 할인율을 적용하더라도 새로 개발한 다이어트 비스킷의 개발생산으로부터 얻을 수 있는 이익이 매우 불확실하다고 판단한다면 15%나 20%의 할인율을 사용할 수 있다.

(2) 투자대안의 수명

신제품 개발이나 생산설비 확충 등 대부분의 투자는 일정한 수명을 가지고 있지 않다. 어느 정도 시간이 지나면 기존의 제품을 개량하거나, 성능향상을 위한 추가적 투자로 기존투자의 수명은 길어질 수 있다. 그러므로 초기투자의 수명을 얼마로 할 것인가를 결정하기가 쉽지 않다. 이러한 어려움에도 불구하고 투자대안의 가치를 평가할 때 수명을 결정하지 않으면 안 된다. 투자대안의 수명은 보통 투자대안의 핵심설비의 수명으로 하거나 성능개선을 위한 투자가 필요할 때까지로 한다.

3) 수익성지수

순현재가치법이 가지고 있는 또 다른 장점은 다양한 현금흐름을 할인하여 현재가치를 계산함으로써 규모가 다른 여러 투자대안을 상호 비교 가능하게 해준다는 점이다. 기업은 매년 많은 투자기회를 갖는다. 이들 기회가 모두 투자가치가 있는 것으로 평가되더라도 보통 기업은 이들 기회에 모두 투자할 수 없다. 투자재원이 한정되어 있기 때문이다. 총 투자가능 금액이 제한되어 있다면 투자자금은 적절히 할당되어야 한다. 이제 경영자가 해야 할 사항은 이들 중 어디에 투자할 것인가를 결정하는 것이다. 아마도 가장 수익성이 높은 것부터 차례로 투자하는 것이 최선일 것이다.

순현재가치법은 개별 투자대안의 투자가치가 얼마인지는 제시해 주지만 최선의 투자대안이 어느 것인지, 또 투자대안들 중에서 어떻게 묶어 투자하는 것이 최선인지는 제시해 주지 못한다. 이럴 경우 수익성지수(profitability index : PI)가 도움이 될 수 있다. 수익성지수는 미래 현금흐름의 순현재가치를 초기투자액으로 나누어 계산한다. 예를 들어, 롯데제과 다이어트 비스킷의 수익성지수를 계산해 보자.

$$\text{수익성지수} = \frac{\text{미래 유입 현금의 현재가치}}{\text{초기투자액}} = \frac{45,455 + 41,320 + 45,079}{100,000} = 132$$

수익성지수가 클수록 투자수익성이 높다. 투자자금에 충분한 여유가 있다면 수익성지수가 1.0보다 큰 모든 투자대안에 투자하는 것이 좋다. 그러나 투자자금이 충분하지 않다면 수익성지수가 가장 큰 투자대안부터 채택하는 것이 좋다.

2절 필요한 자금은 어떻게 조달할 것인가

기업 재무활동의 목적 중 하나는 기업운영이나 새로운 사업에 필요한 자금을 최소비용으로 조달하는 것이다. 벤처기업들이 경영활동에서 가장 필요로 하는 자금은 운영자금이다. 〈표 17-2〉에서 이런 목적의 자금수요가 32%이고, 시설투자는 23%이다. 투자자금의 조달비용은 자본시장에서 기업의 위험을 평가하여 결정하므로 회사의 투자위험도 관리해야 한다. 여기에서의 위험이란 한 기업이 부채를 상환할 수 없어 결국 파산에 이르게 될 가능성이다. 기업이 투자 등의 목적에 필요한 자금을 확보하기 위한 방법에는 여러 가지가 있으나 대표적 방법은 외상매입, 리스, 은행차입, 채권발행, 주식발행 등이 있다.

운영자금	32.0%
시설투자	23.4%
R&D 비용	23.0%
광고 · 홍보	10.5%

〈표 17-2〉 벤처기업이 가장 필요로 하는 자금　　　　　　　　　　　(※자료 : KTB, 전경련 공동조사)

1) 외상매입

기업은 필요한 원재료나 상품을 구입하면서 구입대금의 지급을 미루는 방식으로 단기적으로 자금을 회사 내에 유보할 수 있다. 이러한 방법은 비교적 단기적이지만 기업이 자금을 융통하기 위해 취할 수 있는 방법 중 가장 손쉬운 방법이다. 기업은 외부업체로부터 재화와 용역을 제공받고, 보통 적게는 일주일에서 길게는 6개월까지 대금지급을 연기한다. 기업이 거래업체로부터 더 많은 외상거래를 원할 경우, 협상을 통하여 신용기간의 연장 또는 신용 한도액을 높일 수 있다. 외상매입을 통한 자금의 융통은 단일 거래기간으로만 보면 단기간이나, 이러한 거래가 관행적으로 반복되므로 장기간 사용이 가능하다. 아리랑슈퍼는 사업개시와 함께 10개의 공급업체로부터 1천만 원씩 1억 원어치의 상품을 3개월 후 지급조건으로 매입한 후, 그 동안 판매수입으로 외상대금을 갚고 다시 외상으로 물건을 들여올 수 있다.

외상매입금은 지급기일이 단기이므로 신용관리에 주의하여야 한다. 거래업체들이 갑자기 외상거래를 중단할 경우 곤란에 처할 수 있기 때문이다. 1990년 미국의 Federated & Allied 백화점에 상품을 공급하던 거래업체들은 이 백화점에 대해 더 이상의 신용거래를 거부하였고, 결국 이 백화점은 파산하지 않을 수 없었다.

2) 리스

기업은 생산설비나 사무기기를 직접 구입하지 않고 빌려 사용함으로써 투자비의 일시적 지출을 줄일 수 있다. 이러한 방법 역시 자금조달의 한 방법이 된다. 자동차, 컴퓨터, 중장비 기계는 단기 혹은 장기간에 걸쳐 임차할 수 있다. 단기간에 대한 리스는 운용리스(operating lease)라 한다. 리스 계약기간은 비교적 단기이며, 계약기간이 끝나면 해당설비를 리스회사에 반납한다. 물류회사가 새로운 사업의 가능성을 확인하기 위해 필요한 냉장운반 차량을 구입하기보다는 1년 계약으로 임차하여 사용하는 것이 효과적일 수 있다. 물류회사는 일시적으로 들어가는 투자비를 줄여 시험적 사업에 들어가는 투자비를 줄일 수 있다.

장기리스는 특정설비가 제공하는 한시적 용역을 구매한다기보다는 사실상 구매에 필요한 자금을 공급받는 형태라 할 수 있다. 이러한 형태의 리스는 자본리스(capital lease)라고 한다. 이 경우 리스 계약에 의한 설비는 설비의 수익창출 기간에 걸쳐 임차인에 의해 소모되며, 리스 계약기간이 끝나면 계약에 의해 1원과 같은 파격적인 가격으로 임차인에게 귀속된다. 자본리스의 경우 임차에 따른 자산과 이로 인한 부채는 리스 이용기업의 회계장부에 마치 이 기업이 설비를 완전히 구입한 것처럼 기록된다.

3) 은행차입

은행차입은 기업이 외부로부터 자금을 조달하는 가장 대표적 방법이다. 은행은 기업들이 장기 혹은 단기에 필요로 하는 자금을 빌려준다. 기업은 특정은행에 자신의 신용 한도액을 설정해 두고, 경영활동에 필요한 자금을 인출하고 영업에서 자금이 확보되면 신용 한도액을 맞추기 위해 차입금을 상환한다. 은행은 기업의 신용을 흔히 그 기업의 고정자산으로 평가한다. 은행차입금은 자본금과는 달리 법적 상환의무를 지닌다. 만약 어느 기업의 경영이 악화되어 은행에서 차입한 자금을 상환하지 못하면 그 기업은 파산하게 된다. 그러므로 기업경영자는 은행차입을 고려할 때 상환계획을 세워야 한다. 상환방법이 확실하지 않을 때는 차입하지 않는 것이 좋다. 한때 막강했던 우리 나라 많은 재벌 기업들이 1998년과 1999년 동안 차입금을 상환하지 못하여 쓰러진 사례를 많이 보았다.

4) 채권발행

기업은 자금을 조달하기 위한 수단으로 채권을 발행할 수 있다. 기업은 채권 소지자에게 일정시점에 이자와 액면금액을 지급해야 한다. 기업이 채권을 자금조달의 한 방법으로 이용할 경우 은행차입과 마찬가지로 계약에 따른 확정이자를 지급해야 하며, 만기에는 원금을 상환해야 한다. 기업의 경영상황이 나빠지면 채권자들은 자신들이 투자한 자금을 회수하지 못할 수도 있다. 이 경우 채권자들은 기업이 소유하고 있는 자산을 처분하여 자신들이 투자한 자금의 일부라도 회수하려고 한다. 이러한 위험 때문에 채권이자율은 보통 은행의 정기예금이나 자금회수가 비교적 확실한 신탁상품의 수익률보다 높다.

예를 들어, 은행의 예금이자율이 10%라면 채권이자율은 발행회사의 신용도에 따라 12% 또는 15%가 될 수 있다. 15%의 이자율로 20억 원어치의 채권을 팔았다면 이 회사는 매년 3억 원을 이자로 지급해야 한다. 위의 경우에 회사가 채권 소지자에게 지불하는 금액은 3억 원이나, 이것이 전부 회사가 부담해야 하는 비용은 아니다. 기업이 외부에서 조달한 자금에 대하여 지급한 이자는 세금계산에서 공제된다. 그러므로 세후 차입비용(after-tax cost of borrowing)은 지급이자에서 감세효과를 빼서 계산한다.

세후 차입비용 = 지급이자율 × (1 - 세율)

위의 보기에서 회사가 지급한 이자는 3억 원이지만, 회사는 당기이익금 계산시 이것을 비용으로 처리하여 납부세금을 줄인다. 이 회사의 납부세율이 40%라면 채권을 발행함으로써 이 회사는 1억 2천만 원만큼 세금을 줄인 것이 된다. 그러므로 회사가 실제로 부담한 비용은 1억 8천만 원(9%)인 셈이다.

5) 주식발행

사업초기의 기업은 신용이나 담보가 전혀 없으므로 기업가 자신이나 회사의 가능성을 믿는 사람들의 출자에 의존할 수밖에 없다. 이때 기업은 지분의 일부로 주식을 발행하고 출자자들로부터 해당하는 금액을 받는다. 회사가 어느 정도 기반을 잡은 후에도 필요에 따라 기업은 주식을 발행할 수 있다. 주식은 기업과 기업의 모든 자산에 대한 소유권을 나타낸다. 만약 자금을 조달하기 위해 주식이 추가로 발행된다면 이것은 현 주주의 소유권을 어느 정도 희생한다는 것을 의미한다. 새로운 주주들은 기존의 주주들과 주식소유 비율에 따라 소유권을 나누어 갖게 된다.

주식발행에 대하여 투자자들은 배당금을 받을 수 있다. 그러나 배당금 지급이 회사의 의무사항은 아니다. 이익이 없을 때 회사는 무배당을 결의할 수 있다. 주식 소유자들은 회사가 지급하는 배당금을 받거나 자신이 소유한 지분을 제3자에게 매도하여 자신이 투자한 자금을 회수한다. 주식이 거래되는 주식시장에는 증권거래소와 비교적 최근에 형성된 코스닥이 있다. 코스닥 시장에는 회사설립이 얼마 되지 않는 벤처기업이 많다. 이 두 시장에서는 거래가 자동화되어 있어 비교적 쉽게 주식을 거래할 수 있다. 이들 주식시장에 상장되지 않은 주식은 제3시장이나 조직화되지 않은 장외시장(Over the Counter OTC)에서 공개적으로 거래할 수 있다.

기업이 자사의 주식을 공개시장에서 거래되도록 하기 위해서는 기업공개라는 절차를 거쳐야 한다. 투자은행이라고 불리는 금융 전문기관들은 기업들이 발행한 새 주식을 일반에게 매각하는 일을 돕는다. 골드먼 삭스, 알렉스브라운, 베어스턴스, 메릴린치와 같은 투자은행들은 상당한 수수료를 받고 이러한 초기 공개매도(initial public offerings IPOS)에 참여한다. 투자은행들은 발행회사의 성장과정과 사업계획의 개요를 담고 있는 사업설명서(prospectus)를 작성하여 일반에게 기업을 알리고 투자를 촉구한다.

3절 부채비율은 어느 정도로 할 것인가

기업의 이익과 위험은 기업이 어떤 방식으로 자금을 조달하는가에 크게 영향을 받는다. 부채가 많으면 확정지출이 많아져 위험이 커지나 호경기에 주주의 평균이익은 증대한다. 그러므로 기업경영자는 부채와 자본 또는 주식의 최적배합을 유지하기 위해 노력하지 않으면 안 된다. 부채와 자본의 배합을 자본구조라 한다. 부채와 자본의 최적배합이 존재하는가에 대해서는 논란이 많다. 어떤 경우에도 모든 기업에게 최적이 되는 완전한 비율을 주는 마술과 같은 공식이 존재하지는 않는다. 그러나 과거의 성과를 검토하여 적절한 자본과 부채의 배합을 설정해 볼 수 있다. 만약 산업이 경기에 따라 순환한다고 하면 낮은 수준의 부채가 경기 하락기를 위해 바람직할 것이다.

1) 자본구조를 결정할 때 고려할 점

자본구조는 동태적이다. 자본과 부채의 균형을 유지하기 위한 의사결정은 자본구조가 특정시점에 적절한지를 확인하기 위해 지속적으로 검토되어야만 한다. 부채와 자본의 비율을 적절히 유지하기 위한 경영학적 공식은 없다. 하지만 자본구조의 주요 문제들을 가려내는 데 필요한 점검사항들이 있다.

(1) 유연성

새로운 경쟁자의 출현이나 소송 등과 같은 예측 불가능한 사건에 대응하기 위해 회사는 어느 정도의 재무적 유연성을 필요로 하는가?

(2) 위험

경기하락, 파업, 자재부족 등과 같이 어느 정도 예측 가능한 사건으로 인한 위험을 얼마나 견뎌낼 수 있는가? 장난감 회사들이 크게 히트하는 장난감을 만들어도 급격한 판매감소를 겪을 수 있다는 것은 잘 알려진 사실이다. 유능한 관리자라면 경기 하락시를 대비하여 충분한 재무적 유연성을 유지함으로써 갑작스런 판매감소에 대한 계획을 세워 놓고 있어야 할 것이다. 이러한 이유로 해서 대부분의 장난감 회사들은 낮은 부채비율을 유지하고 있다.

(3) 이익

현재의 이익규모로 어느 정도 수준의 이자와 배당금 지급을 감당할 수 있는가? 경영관리자는 미래의 현금흐름을 예측하고 이러한 현금흐름이 자금 조달비용을 감당할 수 있는가를 평가해야 한다. 프로젝트에 대한 이 같은 예측과 확신의 정도에 따라 경영자는 기업이 어떠한 수준으로 돈을 지급할 수 있는가를 결정할 수 있다.

(4) 통제

경영진은 어느 정도까지 기업 소유권을 외부 투자가들과 나누어 갖기를 원하는가? 많은 개인기업 소유주들은 의결권은 물론이거니와 회사의 이익을 다른 투자가와 나누는 것조차 경계하기도 한다.

(5) 시기

자금시장에서 얼마나 좋은 조건으로 자금을 확보할 수 있는가? 시장이 회사를 과대평가하고 있지는 않는가? 그렇다면 일반에게 주식을 판매하는 것이 바람직하다. 반대로 주식가격이 너무 낮다고 생각하면 일반으로부터 주식을 매입하는 것이 좋을 것이다. 1997년 외환위기 이후 주가 대폭락으로 많은 기업들은 자사주를 매입하였다. 1999년 말 투자가들은 인터넷 관련기업의 주식을 사려고 해도 살 수 없었다. 투자가들은 심지어 전망이 불확실한 신생기업의 주식을 높은 가격에 매수하기도 하였다. 이러한 시기에는 주식을 높은 가격으로 팔 수 있으므로 유상증자와 같은 방식으로 자금을 조달하는 것이 유리하다. 기업의 재무구조는 시장상황을 이용하기 위해서 동태적이어야 한다.

(6) 기타

여러 가지 많은 요인들이 경영자들이 취하는 행동에 영향을 미친다. 어떤 기업은 은행에서 자금을 차입할 수 없어 부득이 주식을 발행한다. 또 다른 경우, 이자율이 매우 높아 주식발행을 선택할 수밖에 없는 경우도 있다. 자본구조의 핵심은 자본과 부채의 결합비율의 선택이다. 높은 수준의 부채와 낮은 수준의 자본을 유지하는 기업은 이익이 발생할 경우 주주들에 대한 이익은 레버리지에 의해 확대된다. 이익을 분배할 주식의 양이 줄어들면 주당 순이익이 높아진다. 반대로 이처럼 부채비율이 높은 기업은 이익을 내지 못할 경우 이자지급으로 모든 이익이 고갈되며 기업가치는 더욱 큰 폭으로 떨어진다. 높은 레버리지를 갖는 기업의 경영자들은 굳이 파산위험을 무릅쓰면서까지 주주들에게 높은 수익을 가져다 줄 수 있는 투자계획을 실행할 것인가를 결정하여야만 한다. 시장에서 거래되고 있는 주식의 시장가치는 그 기업의 자본구조에 따른 위험을 반영하고 있다. 만약 투자가들이 어떤 기업의 부채수준이 상당히 높다고 생각하면 그 기업 주식의 가치를 낮게 평가할 것이다. 왜냐하면 그 기업이 부채를 지급하느라 이익을 내지 못할 수 있기 때문이다. 또한 투자가들은 부채로 인한 위험을 고려하여 그 기업의 시장가치를 낮게 평가할 것이다. Modigliani와 Miller는 부채가 기업가치에 어떤 영향을 미치는가에 대해 연구하였다. 법인세 효과를 고려할 때와 고려하지 않을 때의 부채에 의한 자금조달 효과에 관해 쓴 선구적인 논문이었다. 완전경제하에서는 절세효과로 인하여 부채에 의한 자금조달이 많을수록 유리하다. 하지만 현실적으로 투자가들은 부채가 어느 정도 이상 높아지면 상환불능 위험을 고려하여 높은 이자를 요구할 것이다.

2) 자본비용

최선의 자본구조를 선택하는 것은 용이한 일이 아니다. 그러나 모든 기업은 여러 가지 정보를 종합하여 자신에게 최적의 자본구조를 선택하기 위해 노력한다. 자본구조를 결정하기 위해서 우리는 최소한 가중평균 자본비용(weighted average cost of capital: WACC)의 계산과 기업의 현금흐름과 기업가치 평가라는 두 가지 작업을 해야 한다.

가중평균 자본비용이란 회사가 조달한 자금 전체의 평균비용이다. WACC를 계산하기 위해서는 외부차입금은 물론 자기자본 등 회사가 조달한 모든 자금들의 크기와 각각의 비용을 추정해야 한다. 이들 중 자기자본에 대한 비용을 구하는 것은 간단한 일이 아니다.

$$\text{WACC} = k_d(1-t) \times \text{타인자본 / 총자본} + k_e \times \text{자기자본 / 총자본}$$
$$t = \text{법인세율}, \; k_d = \text{타인자본비용}, \; k_d = \text{자기자본비용}$$

위의 계산식을 보면, WACC는 자기자본과 타인자본의 비용을 각각의 시장가치를 기준으로 한 비율로 평균치를 계산한다. 장부상의 자본과 부채가 아니라 시장에서 평가한 가치가 진정한 측정치이다. 타인자본비용은 기업의 재무부서나 재무제표의 주석에서 얻을 수 있다. 보통규모의 기업에서도 다양한 종류의 타인자본을 사용하고 있으므로 평균적 비용을 구하기가 쉽지 않다. 하지만 자기자본비용을 계산하기는 더욱 복잡하다. 자기자본비용은 기업 레버리지에 상당한 영향을 받는다. 레버리지는 위험을 의미하므로 우리는 자본자산 가격결정모형(CAPM)을 이용하여 기업의 고유 위험도를 나타내는 베타(β)를 얻을 수 있다. 그러면 CAPM을 이용해 레버리지 상황별로 자기자본에 대한 요구수익률을 계산할 수 있다.

$$k_e = r_f + (r_m - r_f) \times \text{beta}$$
$$r_f = \text{무위험 수익률}, \; r_m = \text{시장수익률}$$

사업의 위험 정도를 나타내는 베타(β)는 투자활동과 레버리지의 위험에 따라 변화한다.

4절 예산수립

예산은 일정기간 동안의 경영계획을 지원하고 재무통제의 기준을 제공한다. 모든 회사에서는 전략적 지침이나 사업계획 등 미래의 경영활동에 필요한 자금과 이에 상응한 자금의 조달에 대한 재무계획이 필요하다. 예산기간은 목적에 따라 다르지만 보통 12개월을 기준으로 한다. 예산에서는 매출 및 기타수입과 생산 및 운영비용을 예측한다. 사업계획의 한 부분으로 이익이나 손실의 목표를 설정한다. 예산은 크게 운영예산과 자본예산으로 나누어 다룬다. 운영예산은 기업 회계연도에 맞추어 보통 일년 간의 경영활동에 필요한 예산을 말하며, 자본예산은 기업의 미래 경영활동에 영향을 미칠 수 있는 투자지출에 대한 예산이다. 이러한 개념의 차이로 예산을 수립하고 운영하는 절차도 상이하다.

1) 예산은 어떻게 수립하는가

예산은 단순히 계획이 아니다. 경영방침을 지원하고 실행가능한 경영계획이다. 어떠한 형태의 예산이든 그것은 상당기간 동안 회사의 운영에 상당한 영향을 미친다. 회사는 당면한 문제들을 파악하고 그들의 중요성에 따라 우선순위를 설정한다. 예산수립 과정에서는 관련 당사자가 모여 최선의 계획이 되도록 머리를 짜야 한다. 이때 고려해야 할 사항은 다음과 같다.

(1) 회사의 경영목표는 무엇인가

대부분의 경우 경영목표는 이윤이다. 경우에 따라 신제품이나 서비스 개발능력을 목표로 하기도 한다. 거의 모든 예산은 단기적 목표와 장기적 목표를 가지고 있다. 단기적 목표는 일년 이내의 이윤을, 장기적 목표는 그 이상 미래의 이윤을 목표로 한다.

(2) 구체적 성과목표(performance objective)를 설정하라

성과목표는 경영목표 달성을 위한 체크포인트이다. 성과목표를 명확히 정의하여 모든 경영활동이 동일한 목표로 집중되어야 효과를 얻을 수 있다. 회사의 주력제품이 레저용 요트인 경우, 성과목표로 매출 15% 증가 또는 인접 해안도시의 판매점 개설 등은 성과목표가 될 수 있다.

2) 주요 예산항목

예산은 크게 수입과 지출 두 부분으로 구성된다. 요트 생산회사의 경우, 요트 종류별 예상매출액과 기타 영업 외 활동으로부터의 수입을 추산하고, 지출은 요트생산에 필요한 비용을 고정비와 변동비로 나누어 총 예상지출액을 추정한다.

예상수입 = 예상판매량 × 단위당 판매가격 + 기타 수입
예상지출 = 고정비 + 예상생산량 × 단위당 변동비 + 기타 지출

고정비는 영업활동과 관계없이 일정하게 발생하는 비용으로, 사업을 정리하지 않는 한 피할 수 없다. 임대료, 재산세, 인건비 등은 고정비에 속한다. 이들 고정비는 과거의 계약에 의해 발생하므로 추정이 비교적 정확하고 경영자가 비용을 증감할 여지가 적다. 변동비는 원재료나 직접인건비와 같이 영업활동에 따라 직접 영향을 받는 비용으로, 경영목표에 따라 변동한다. 판매단가 6,500원인 전자부품을 생산하는 회사의 경우를 보자. 이 회사에서는 생산시설을 유지하는 데 1년에 1천만 원을 지출하고 있다. 부품 하나를 생산하기 위해서는 재료비 2,000원, 조립인건비 3,000원으로 총

5,000원이 필요하다. 다음은 예상판매량이 5천 개에서 2만 개까지 변할 때의 지출과 수입예산이다.

판매량	고정비(만 원)	변동비(만 원)	총비용(만 원)	생산원가(만 원)	단위당이익(만 원)
5,000개	1,000	2,500	3,500	7,000	-500
6,500개	1,000	3,250	4,250	6,538	38
10,000개	1,000	5,000	6,000	6,000	500
20,000개	1,000	10,000	11,000	5,500	1,000

〈표 17-3〉 판매활동별 소요예산

생산량이 늘어날수록 단위당 이익이 커진다. 이 회사가 손해를 보지 않으려면 최소한 6,500개를 생산, 판매해야 한다.

예산관리에서는 3개월, 6개월, 일년 단위로 사업성과를 평가하고 다음 분기 또는 다음 해의 성과목표를 설정해야 한다. 이 성과목표는 다음 기의 실제성과와 비교하여 차이가 있다면 원인을 찾고, 성장을 위한 대책을 세워야 한다. 재고를 늘릴 필요가 있는가? 영업인력을 증원할 필요가 있는가? 신제품이나 새로운 서비스를 개발해야 하는가?

3) 아리랑슈퍼의 2001년 예산

예산을 수립하는 목표는 각 책임부서에 회사가 설정한 수입과 지출의 예상목표를 알리고 경영자원의 배분에 대한 기준을 제시하는 것이다. 그러므로 예산은 회사의 성장전략을 지원하고, 과거의 실적과 현실적 여건의 변화를 감안하여 실행가능하게 편성해야 한다. 다음은 아리랑슈퍼의 2001년도 예산이다.

	2000년 예산	2000년 실적	2001년 예산
수 입	625,100	547,350	580,000
문구	128,150	120,800	126,500
잡화	136,450	138,000	143,000
식품	360,500	288,550	310,500
수 입	299,760	295,002	313,050
문구 재료비	13,500	11,649	12,280
인건비	9,600	7,333	10,100
잡화 재료비	42,600	40,611	42,000
인건비	6,600	5,499	7,500
식품 재료비	35,600	29,090	30,500
인건비	17,600	14,041	16,360
임대료	16,000	16,095	17,160
전기료	5,660	7,939	9,000
급여	109,900	117,656	119,500
운송료	27,700	36,079	38,650
기타 물품구입비	15,000	9,010	10,000
순이익	325,340	252,348	266,950

〈표 17-4〉 아리랑슈퍼의 예산

5절 재무통제 활동

신생 벤처기업이 사업을 개시한 후 영업활동을 전개하는 과정에서의 현금수요에 대한 압박은 흔히 경험하는 일이다. 경우에 따라서는 이로 인하여 문을 닫기도 한다. 원재료 구입이나 인건비 등의 지출은 현금을 지불하고, 생산한 물건을 제때 팔지 못하거나 팔더라도 외상으로 하기 때문에 이러한 일이 발생한다. 더욱이 주문이 많아지면 공급능력을 늘리기 위해 무리하게 투자하게 되고 이것은 상황을 더욱 어렵게 만든다. 이러한 문제를 해결하는 방법은 판매대금 회수기간을 단축하고, 지출을 통제하며, 영업성과를 파악하여 손실부분을 정리하고, 재고를 줄여 투자자본의 회전율을 높이는 것이다.

1) 유동성 관리

어떤 사업이건 항상 어느 정도의 현금을 확보하고 있어야 한다. 영업활동이 활발하여 현금유입이 지출보다 많을 때는 별 문제가 되지 않는다. 그러나 경우에 따라 수요가 갑자기 늘어나면, 이를 맞추기 위해 생산을 늘려야 하고 원료 및 부품구입비 등 생산을 늘리기 위한 비용이 급격히 증가한다. 더욱 나아가 주요 거래처가 경영이 어려워져 지불을 늦추게 되면 유동성의 문제가 발생한다. 현금의 유출이 현금의 유입보다 많아진다. 이제 주문이 들어와도 생산에 필요한 자금이 없어 공급을 할 수 없는 상황이 된다. 장부상으로는 이윤을 많이 올리는 것으로 나타나도 지불요청에 기한 내에 지불할 자금이 없다. 이러한 문제는 사업에서만 아니라 일상생활에서도 누구에게나 닥칠 수 있다. 사전에 치밀한 계획을 세워 이러한 문제를 피해야 한다.

> 현금흐름은 영업활동에서 벌어들인 이익이 아니다. 회계장부상 순이익이 많다고 현금이 많은 것은 아니다.

벤처기업가가 유동성 위기를 피할 수 있는 방법으로는 최소한 세 가지가 있다. 첫째, 미래의 현금흐름을 지속적으로 예측한다면 현금부족 가능성을 사전에 감지할 수 있다. 둘째, 평소에 현금 조달원을 만들어 둔다. 셋째, 운영자금을 통제하여 현금유출을 줄인다.

(1) 비현금 자산을 최소화하라

벤처기업이 성공기반을 굳히기 위해서는 현금수요를 최소화하는 데 지속적인 관심을 가져야 한다. 사업을 시작하고 어느 정도 성공 가능성이 보이면 대부분의 사람들은 새로운 설비, 기계장치, 사무실 가구, 재고상품, 자동차 등 사업에 필수적으로 필요하지도 않은 곳에 많은 비용을 지출하려는 성향이 있다. 또한 벤처기업이 사업을 개시하면 컴퓨터 시스템, 회계 시스템, 광고 아이디어, 보안 시스템 등을 판매하려는 사람들의 설득도 끊이지 않는다. 좀더 많이 팔고, 고객의 편의를 보아주다 보면 미수금이 늘어난다. 이들은 모두 회사에 유동성 위기를 가져올 수 있는 원인이 된다. 당장 필요하지 않은 곳에 현금을 지출하다 보면 불가피한 곳에 현금을 지출할 수 없어 곤경에 처하게 된다.

(2) 현금확보 수단

회사가 현금을 많이 보유할 수 있기 위해서는 기본적으로 사업을 통한 이익을 많이 올려야 한다. 그러나 비용을 줄이거나 급하지 않은 지급결재를 미루는 것도 일시적으로 현금을 확보하는 수단이 된다.

① 지급조건이 유리한 공급업체에서 물품을 구입하라.

② 재고를 줄이고 회전율을 높여라. 구입단가가 조금 비싸더라도 소량씩 구매하여 재고를 줄이고 현금보유를 늘리는 것이 좋다.

③ 외상매출채권 회수에 방심하지 말라. 어떤 회사가 외상매출채권을 제때 갚지 않는다면 그 회사가 현금부족 문제를 가지고 있다는 의미이다. 회수기간이 지난 채권이 많으면 좋은 조건으로 바꾸어서 지급을 독촉할 필요가 있다.

④ 영업에 지장이 없는 한 경비지출을 최대한 줄인다. 회사에서 운영비를 지불하는 차량을 줄일 수 없는가, 출장비를 줄일 수 없는가 등을 살펴본다.

⑤ 기계설비, 사무용 가구 및 장비, 자동차 등을 매각하고 리스로 쓰는 방법(sale and leaseback)을 고려해 본다.

⑥ 사무공간과 외부용역 서비스를 줄인다.

2) 재무비율 분석

회계과정에서 작성된 재무제표에는 경영 의사결정에 중요한 정보가 많이 들어 있다. 한 항목과 다른 항목 관계를 분석하거나 같은 업종의 다른 기업과 비교할 수 있는 정보도 있다. 서비스 산업의 경우 일반적으로 매출에 대한 매출원가의 비율은 작고, 총비용 중 인건비의 비중은 높다. 한 산업에 속하는 기업들의 성과를 비교하여 그들의 상대적 성과를 평가하고 우수한 분야와 열등한 분야를 알아볼 수 있다. 또한 한 기업의 과거성과와 최근의 성과를 비교하기 위해서 비율분석을 사용하기도 한다. 수많은 재무비율이 존재할 수 있지만 이들은 크게 유동비율, 자본비율, 활동비율, 수익비율 등 4가지로 나누어 볼 수 있다.

(1) 유동비율

유동비율은 유동자산과 단기부채의 비율로, 기업이 자신의 단기적 채무를 얼마나 쉽게 갚을 수 있는가를 나타낸다.

$$유동비율 = 유동자산 \div 유동부채$$

아리랑슈퍼의 경우 이 비율은 1.92(117÷61)이다. 유동자산이 단기부채의 1.92배이므로 단기적 채무 변제능력은 높은 편이다.

(2) 자본비율

기업의 자본비율에는 재무 레버리지 외 부채비율이 있다. 재무 레버리지는 자기자본에 대한 총자산의 비율로 정의한다.

$$재무 레버리지 = 총 자산 \div 자기 자본$$

어떤 기업의 부채가 자기자본보다 많을 때 레버리지되었다고 말한다. 수익성이 높은 기업이 부채를 많이 사용하면 자기자본에 대한 수익성은 올라간다. 그러나 수익성이 나빠질 경우, 부채가 많으면 자기자본의 수익성은 큰 폭으로 나빠진다. 일반적으로 재무 레버리지가 2보다 높다면 부채가 과도하다고 판단한다. 자본금과는 달리 부채는 일정이자를 지급해야 하고 일정기간이 지나면 반드시 상환해야 하는 확정채무이다. 회사가 이러한 상환의무를 지키지 못하면 부도가 된다. 그러므로 부채가 많으면 기업의 위험이 증가한다고 한다. 부채비율은 총자산 중 장기부채의 비율로 정의한다.

$$부채비율 = 장기부채 \div 총자산$$

업종에 따라 다르나 일반적으로 이 비율이 50%보다 높으면 부채수준이 높다고 한다. 기업 현금흐름의 시기와 안정성에 따라 다르기는 하지만 일반적으로 50%는 위험한 수준이라는 뜻이다.

(3) 활동비율

활동비율로 우리는 기업이 자산을 얼마나 활발히 사용하였는지를 알 수 있다. 일정한 자산으로 더 많은 매출을 올린 기업은 자산을 효율적으로 운용했다고 할 수 있다. 활동비율의 하나인 자산회전율은 매출액이 총자산의 몇 배인가로 측정한다.

$$자산회전율 = 매출액 \div 총자산$$

아리랑슈퍼의 경우 이 비율은 24이다(6700÷279). 이 비율 또한 업종에 따라 상이하다. 식품업의 경우 1년에 이 정도는 보통수준이다. 슈퍼의 진열대에 있는 상품들은 대략 한 주 단위로 팔려나간다. 또 다른 활동비율로 재고회전율이 있다. 이것은 기업의 재고가 얼마나 원활하게 회전되었는지를 보여주는 것으로, 매출원가와 평균재고액의 비율이다.

$$재고회전율 = 매출원가 \div 평균재고액$$

평균재고는 기초재고와 기말재고를 합하여 2로 나눈 값을 사용한다. 재고가 먼지 속에 파묻혀 있는가, 혹은 진열대 위에 전시되자마자 팔렸는가? 식료품 거래와 같이 높은 회전율을 갖는 사업에서는 1년 중 재고가 남아 있는 경우는 며칠에 불과하다. 대부분의 식료품은 곧 팔려나가고 수시로 재구매된다. 아리랑의 재고회전율은 63.5이다.

(4) 수익비율

수익성은 총매출이나 총자산에 비하여 수익이 얼마나 되는지를 나타내는 것으로, 기업의 이익창출 능력을 나타낸다. 여러 가지 수익비율을 생각해 볼 수 있으나 매출이익률과 자기자본이익률이 대표적이다. 매출이익률은 매출액에 대한 순이익의 비율이다.

$$매출이익률 = 순이익 \div 매출액$$

매출이익률은 계산이 쉬워 많이 이용하는 비율이다. 자기자본이익률은 자기자본에 대한 순이익의 비율로, 투자자본이 얼마나 수익을 올리는지를 알기 위하여 사용한다.

$$자기자본이익률 = 순이익 \div 자기자본$$

부채와 자기자본의 상대적 크기에 따라 이들 비율은 달라진다. 어떤 기업이 높은 수준의 부채와 낮은 수준의 자본금을 가지고 있다면 동일한 영업활동에 대해서도 자기자본이익률은 상당히 달라진다. 앞에서 언급한 재무 레버리지 효과이다. 자기자본이익률은 경영성과를 측정하기 위하여 자주 사용하는 척도이다. 부채비율을 높여서 자기자본이익률을 높일 수 있으나 레버리지를 통해 높은 수익성을 달성하고자 하는 것은 위험을 수반한다. 부채비율이 높으면 사업이 부진할 경우 기업이 감당할 수 없을 정도의 이자를 지급해야 하는 상황을 초래할 수 있다. 1997년 말 외환위기 당시 우리 나라의 많은 기업이 이러한 문제로 문을 닫아야 했었다.

(5) 어느 정도의 비율이 적정한가

여러 가지 재무비율들은 서로 관련되어 있다. 대차대조표상 한 항목의 값이 바뀌면 여러 가지 비율이 영향을 받는다. 예를 들어, 자기자본이 감소하면 자기자본이익률과 부채비율은 증가한다. 이들 재무비율은 산업에 따라 다르다. 모든 업종은 그 산업의 투자형태에 따라 이익수준이 상이하다. 철강 등 금속산업이나 중공업 분야에서는 10% 이상의 자산수익률을 올리기 어렵다. 그들은 대규모 제철소와 공장설비에 많은 자본을 투자하고 있다. 경영컨설팅과 같은 서비스 분야에서는 100% 이상의 자산수익률을 올리는 것도 어렵지 않다. 그들이 필요로 하는 자산은 단지 현금과 사무실 가구, 그리고 외상매출금이다. 산업의 시장구조도 평균적 재무비율에 영향을 미친다. 식품업계는 규모가 작고 경쟁이 치열하다. 이런 산업에서는 1% 이상의 매출액 이익률도 쉽지 않다. 아리랑슈퍼는 0.45%의 매출수익률을 올렸다. 이것은 업종의 평균을 밑도는 수준이다. 그러나 첫 사업연도임을 감안한다면 비관적이라고는 할 수 없다. 이처럼 재무비율의 평균적 수준이 업종에 따라 상이하므로 한 기업의 경영성과는 자신의 과거 또는 동종업계 평균수준과 비교해야 한다. 산업은행과 한국은행에서는 우리 나라의 업종별 재무비율을 매년 발표하고 있다.

〔도움이 되는 읽을거리〕

1. Budgeting in a Small Business Firm, SBA Publications, Denver, Colo., 1988: 재무제표 작성방법에 대하여 간명하게 설명하고 있다. 특히 순이익을 증가시키기 위해 원장, 계정처리, 도표활용과 같은 방법에 중점을 두고 있다.

2. Ronstadt, Robert, Entrepreneurial Finance / Taking Control of your Financial Decision-Making, Lord Publishing, Natick, Mass., 1988: 이 책은 벤처계획에 초점을 맞추어 장기발전 계획의 기초를 설명하고 있다.

3. Understanding Cash Flow, SBA Publications, Denver, Colo., 1989: 이 책은 영업활동에서 발생한 현금흐름을 관리하고 미래 현금수요를 위한 계획과정에 필요한 것으로, 창업기업가가 알아야 할 점을 설명한다.

18장 거래상담과 계약

창업을 하여 사업을 하는 사람들이 절대로 피해갈 수 없는 것은 상대방과 협상을 해야 한다는 것이다. 창업과정과 경영을 하면서 일어날 수 있는 협상의 예에는 이런 것들이 있다.

- 사업을 하는 데 꼭 필요한 사람을 채용해야 한다.
- 사업을 시작하기 위한 장소를 임대해야 한다.
- 대기업과 협력관계를 잘 맺어야 한다.
- 부품을 공급하는 업체로부터 좋은 조건으로 물건을 구입해야 한다.
- 벤처캐피탈에서 자금을 유치해야 한다.
- 아무도 가치를 모르는 새롭게 개발된 물건을 판매해야 한다.

이와 같은 상황 속에서 어떤 창업가는 훌륭하게 협상을 마무리지음으로써 원하는 것을 성취하기도 한다. 반면에 많은 수의 창업가들은 훌륭한 아이디어에도 불구하고 주변의 환경을 자신이 원하는 것으로 바꾸는 데 실패한다. 그리고 이와 같은 협상의 실패는 결국 사업의 실패로 이어지게 되는 것이다. 어떻게 하면 협상을 잘할 수 있을까? 이 장에서는 창업가로서, 벤처기업가로서 겪어야 하는 협상을 성공적으로 이룰 수 있는 내용을 살펴보도록 하자.

1절 타고난 협상가는 없다

협상에 대한 오해 중 하나는 협상기술은 타고나는 것이지 학습을 통해 습득되는 것이 아니라는 것이다. 충분히 가능성이 있음에도 자신은 말재주가 없기 때문에 훌륭한 협상가가 될 수 없다고 미리 포기해 버리거나 협상가로서의 충분한 요건을 갖추지 못했음에도 불구하고 스스로를 훌륭한 협상가라고 자처하는 사람들이 많다. 이러한 경우 아무리 교육을 해도 받아들이지 않으려는 성향이 강하여 교육효과가 낮다. 훌륭한 협상가가 되고자 한다면 먼저 이러한 고정관념부터 버려야 한다.

태어나면서부터 훌륭한 협상가의 자질을 갖고 있는 사람은 없다. 누구나 후천적 노력에 의해 훌륭한 협상가로 변신할 수 있다. 또한 일반인들이 훌륭한 협상가의 조건이라고 생각하는 것이 전문가들의 임상실험에 의하면 반드시 옳은 것만도 아니라고 한다. 다음은 협상가들이 공통적으로 말하는 훌륭한 협상가의 조건이다.

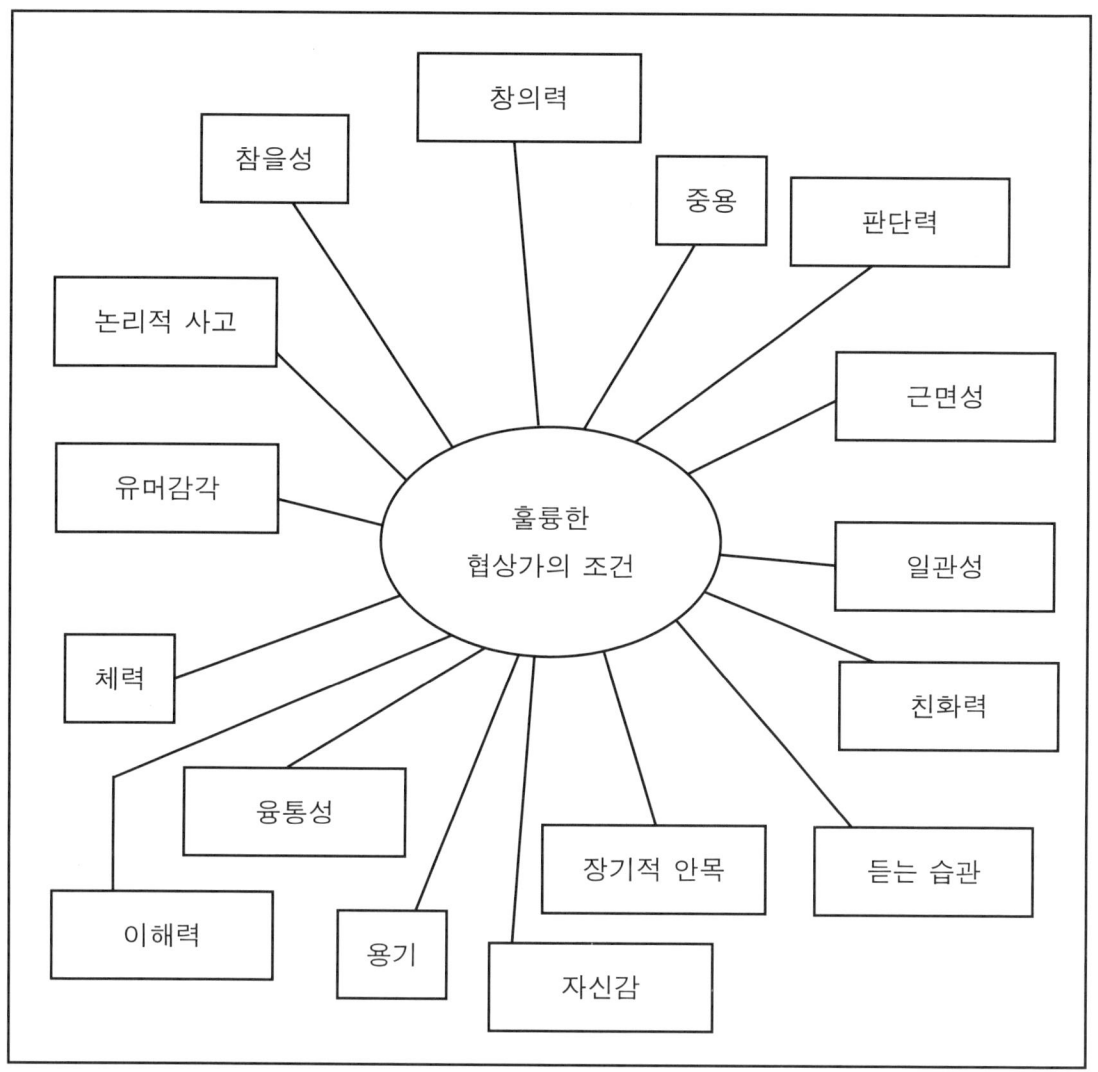

〈그림 18-1〉 훌륭한 협상가의 조건

(1) 논리적 사고

논리적인 정보분석, 논리적인 목표설정, 논리적인 제안, 논리적인 반박, 논리적인 합의, 논리적인 계약서…. 협상은 논리로 시작해서 논리로 끝난다고 해도 과언이 아니다. 처음부터 끝까지 논리에 의해 상대방을 설득시키고 자신의 의견을 관철시키는 것이 협상가로서의 가장 중요한 조건이다. 논리적 사고를 위해서는 언제나 메모하는 것을 습관화하고 어떠한 일을 추진하거나 제안할 때는 먼저 우선순위를 결정하는 훈련이 필요하다.

(2) 참을성

협상을 하다 보면 계획만큼 쉽게 진전되지 않을 수 있다. 회사 내에서의 부서간 갈등이나 거래 상대방과 거래조건이 맞지 않아 교착상태에 빠지는 경우도 많다. 이러한 상황에서도 성급하게 행동하지 않고 묵묵히 지켜 내는 인내심 역시 훌륭한 협상가의 조건이다. 할 말을 자제하고 양보할 시점을 늦추는 데 있어서도 이 조건은 반드시 필요하다. 그러나 이러한 참을성 역시 타고나기보다는 자신의 노력으로 키워 나갈 수 있다. 평소 성격이 급한 사람 중에도 협상에 가서는 의외로 참을성을 보이는 경우가 많다. 이것은 바로 경험과 노력의 결과이다.

(3) 창의력

앞에서 언급했듯이 가격이나 눈에 보이는 사안만이 협상의 대상은 아니다. 훌륭한 협상가는 창의력을 발휘하여 자신은 물론 상대방에게도 이롭게 보이는 방안을 찾아낼 수 있어야 한다. 이러한 창의력은 예술적 창의력과는 달라서 여러 가지 가능성들을 생각해 보면, 정보를 제대로 입수한다면 태어나면서 창의력이 풍부한 사람이 아니더라도 누구든지 발휘할 수 있는 것이다. 또한 비슷한 사례들을 적용해서 나름대로 창조적인 안을 만들 수도 있다.

(4) 중용

협상에 있어서 중용이라 함은 'All or Nothing'의 태도를 버리라는 것이다. 협상과정에서 지거나 이기는 것뿐이라는 태도는 협상가를 더욱 조급하게 만들어 쉽게 교착상태에 빠지게 하거나 성급한 결단을 내리게 하기 때문이다. 또한 눈에 보이는 것만을 협상의 대상으로 여겨 여러 가지 창의적인 생각들을 가로막기도 한다. 협상에서 중용의 자세는 마음먹기에 따라서 얼마든지 가질 수 있다. 이것도 저것도 아닌 것이 아니라, '새로운 것'을 발견하는 습관을 들여야 한다.

(5) 판단력

옛날에 지혜롭기로 소문난 농부가 있었다. 어떻게 그렇게 지혜로울 수 있느냐는 질문에 그 농부는 다음과 같은 대답을 했다. "나의 지혜로움은 좋은 판단력에서 나온 것입니다. 그리고 좋은 판단력은 많은 경험으로부터 온 것이지요. 그리고 많은 경험은 잘못된 판단에서 얻은 것입니다." 좋은 판단력은 적시에 적당히 양보하고 최대한의 것을 얻어내는 데 큰 역할을 한다. 그러나 이러한 좋은 판단력이 저절로 얻어지는 것은 아니다. 처음부터 훌륭한 협상가로 태어날 수 없듯이, 여러 번의 실수는 판단력을 키워 주고 이러한 판단력은 지혜로운 협상가를 만들어 준다.

(6) 일관성

협상에서 일관성은 처음에 세운 목표를 얼마나 일관성 있게 견지하는가를 의미한다. 또한 협상 도중에 얼마나 말을 바꾸지 않고 자신의 입장을 일관되게 주장하는가를 의미하기도 한다. 일관성은 상대방에게 신뢰감을 줄 뿐만 아니라 처음부터 목적한 바를 달성하기 위한 필요조건이다. 그러나 일관성은 아집이나 억지와는 다르다. 아집이나 억지는 자신의 의견에 대한 어떠한 평가도 거부하며 무조건 관철시켜야 한다고 주장하는 것이다. 반면, 일관성은 말의 앞과 뒤가 맞아야 하고, 자신의 목표를 달성하고자 하는 논리에 일관성이 있어야 한다는 것이다. 이러한 일관성은 준비를 철저히 하고 책임 있는 사람이 되고자 하는 의식적 노력에서 가능하다.

(7) 근면성

게으른 사람은 결코 훌륭한 협상가가 될 수 없다. 협상이란 생각 없이 하는 말장난이 아니기 때문이다. 여러 정보를 모으고 그것을 확인하고 분석하는 것은 웬만큼 부지런한 사람이 아니고는 힘들다. 이 외에 협상시간을 제대로 지키고, 아무리 힘들더라도 협상한 내용을 그날그날 정리하는 습관도 부지런함과 관련이 있다. 부지런하지 못한 사람이야 무엇을 해도 성공하기 어렵겠지만 협상의 경우는 특히나 부정적인 영향을 끼치게 된다. 훌륭한 협상가가 되길 원한다면 근면성부터 연습해야 한다.

(8) 친화력

상대방에게 친근함을 주어 쉽게 사귀는 것도 훌륭한 협상가가 지녀야 할 중요한 조건이다. 협상이 비록 공식적인 것이기는 하지만 사람들은 대체로 친근감을 느끼는 사람에게 우호적인 태도를 보이기 마련이다. 협상에서 말하는 친화력이란 뒷거래나 가장된 친절과는 거리가 멀다. 사람 만나기를 진심으로 즐기고 상대방에게 관심과 존경을 보여주는 것이 협상의 친화력이다. 친화력 역시 노력에 의해 얻어질 수 있는 것이다. 처음에는 사람 만나는 것조차 두려워했지만 의식적인 노력 끝에 이를 극복하고 지금은 누구를 만나도 쉽게 말을 트고 관계를 맺는 사람들도 주변에서 얼마든지 찾아볼 수 있다.

(9) 듣는 습관

협상이라고 하면 많은 사람들이 듣는 것보다는 말하는 능력에 더 많은 비중을 둔다. 그러나 협상 전문가들은 훌륭한 협상가의 자질로 말재주보다 남의 이야기를 듣는 능력이 더 중요하다고 입을 모으고 있다. 협상 중에 너무 많은 말을 남발하다 보면 알게 모르게 약점을 노출시키고 결과적으로 상대방을 이롭게 할 수 있다. 그러나 반대로 상대방의 말에 귀를 기울이면 상대방의 약점이나 상황에 대한 정보를 정확하게 얻어낼 수 있다. 훌륭한 협상가가 되고자 한다면 먼저 말을 아끼는 연습부터 해야 한다.

(10) 장기적 안목

협상 고수들은 눈앞에 보이는 사안에 너무 연연해하지 않는다. 이들은 모두 미래를 보고 투자를 한다. 눈앞에 보이는 것에 급급해서 협상을 하다 보면 당시에는 만족스러운 결과를 얻었지만 시간이 지나서 크게 후회하는 경우가 있다. 한국의 많은 기업들이 그 동안 외국의 유명 브랜드를 들여오면서 단기적인 이익에 급급해서 독점계약이나 계약기간 등을 명확히 협상내용에 포함시키지 않는 경우가 많았다. 이 때문에 국내시장에서 힘들게 브랜드 인지도를 올려놓고도 결국 외국회사에게 넘어가는 경우가 많았다. 장기적인 안목이 부족했기 때문이다. 장기적인 안목은 각종 시사자료와 정보를 자주 접하고 서두르지 않는 연습을 통해 기를 수 있다.

(11) 자신감

협상에서 우월한 위치에 있을 때 더 많은 것을 얻는다는 말은 설명할 필요도 없다. 우월한 위치는 어떻게 차지하게 되는가? 돈이나 시간과 같이 눈에 보이는 것을 통해서도 가능하지만 자신감을 통해서도 가능하다. 자신의 상품에 대한 자신감, 자신의 회사와 상황에 대한 자신감은 협상에서 우월한 위치를 갖도록 해준다. 영업사원 중에 스스로 자신의 상품에 대해 자신감이나 신뢰감을 갖지 못하면서 영업을 하는 경우가 있다. 그 결과는 말하지 않아도 분명하다. 훌륭한 영업사원은 스스로 그 상품에 매료되어야 한다. 너무나 좋은 상품이라는 자기확신이 된 후에야 상대방을 설득시킬 수 있기 때문이다. 훌륭한 협상가가 되고자 한다면 먼저 자신의 것을 사랑하고 이에 대한 자신감을 가져야 한다.

(12) 융통성

고집이 센 사람이 협상에서 끝까지 자신의 의견을 관철시키기 때문에 이길 수 있다는 생각은 오해이다. 훌륭한 협상가는 흐르는 물과 같다. 중도에 바위를 만나면 비껴가기도 하고 낭떠러지를 만나면 폭포처럼 떨어지기도 하지만 결국 하나의 방향을 향해 나아가는 물과 같다. 협상의 융통성, 즉 Flexibility는 이렇게 저렇게 협상의 방향을 마음대로 바꾸는 일관성 없는 행동과는 다르다. 한 방향을 향해 일관성 있게 나아가되, 상황에 따라 적절히 대응하는 것을 말한다. 협상에서 가장 강조하는 것 중에 하나가 바로 이 유연성이다. 유연성은 협상이 어려운 상황에 처했을 때도 헤쳐 나가게 하는 원동력이며, 대(大)를 위해 소(小)를 희생할 수 있게 하는 지혜의 원천이다.

(13) 용기

꼼꼼하고 세세하게 잘 따지고 점검하며 가능한 모든 위험을 피하는 사람이 훌륭한 협상가인가? 반드시 그런 것은 아니다. 훌륭한 협상가는 어느 정도의 위험도 감수할 수 있는 용기 있는 사람이다. 물론 여기서 말하는 용기는 쓸데없는 허세나 만용과는 다르다. 자신이 판단해서 꼭 필요한 경우에는 협상이 결렬될 위험을 감수하고 과감한 제안도 서슴없이 할 수 있는 자세를 의미한다. 소심한 사람들은 어떠한 결정도 쉽게 내리지 못하며, 협상에서도 필요 이상의 시간을 낭비하는 경향이 있다. 협상이 혹시 잘못되었을 경우를 확대해서 상상하기 때문이다. 큰 것을 얻고자 한다면 그것을 담을 수 있는 큰 '용기의 그릇'을 지녀야 한다.

(14) 이해력

협상에서 올바른 판단을 하게 해주는 것은 무엇일까? 협상에서 올바른 제안을 하게 해주는 것은 무엇일까? 바로 이해력이다. 훌륭한 협상가는 상대방을 이해하고 상대방의 말을 이해하며, 자신의 상황과 협상이 어떻게 흘러가고 있는지 명확하게 이해한다. 이해력이 부족한 사람과의 협상은 마치 벽을 보고 하는 협상과 같다. 상대방이 얼마나 답답할지 상상해 보라! 이해력은 폭넓은 독서와 인간관계를 통해서 체득되는 것으로, 사물을 판단하는 습관에서 비롯된다. 다행히 이해력은 암기력과 달라서 나이를 먹어 가면서도 향상되기 마련이다. 본인이 노력한다면 이해력도 얼마든지 높일 수 있다.

(15) 체력과 유머감각

강한 체력은 협상준비와 협상과정, 그리고 마무리 단계까지 두루 필요한 자질 중 하나이다. 협상은 어떻게 보면 체력싸움이라고도 할 수 있다. 먼저 지쳐서 나가떨어지면 협상에서 지고 만다. 훌륭한 협상가는 평소 체력관리를 철저히 한다. 또한 협상의 분위기를 돋우어 주는 유머감각도 필요하다.

2절 훌륭한 협상가가 되는 과정

훌륭한 협상가가 되기 위해서는 협상을 진행하는 과정에서 여러 가지 주의해야 할 점들이 있다. 협상의 단계별로 어떠한 점들을 점검해 보아야 하는지 창업과정 속에서 일어날 수 있는 여러 가지 협상의 모습을 생각하며 접근해 보자. 이와 같은 협상의 모습을 살펴보면 모든 협상을 크게 4가지 단계로 나누어 생각해 볼 수 있다.

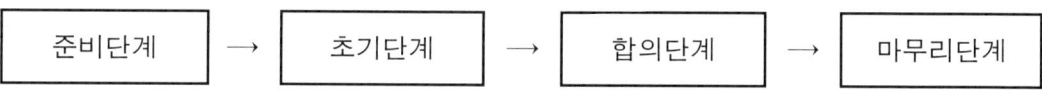

1) 준비단계

첫단계는 협상을 시작하기 전 협상을 통해 얻어낼 수 있는 것이 무엇인지, 정확하고 필요한 정보에 근거한 현실적인 예측을 통하여 목표설정을 하는 것이다. 현실적인 기반 위에서 적절하게 수립된 협상의 목표는 협상이 끝날 때까지 나침반의 역할을 하기 때문이다. 협상 테이블에 앉기 전에 가격 등 기타 다른 중요한 문제에 대한 당신의 목표를 결정하는 데 필요한 몇 가지 고려사항을 살펴보자.

(1) 협상 전 목표치를 미리 결정하는 것이 왜 필요한가?

구체적이고 체계적인 협상에 익숙해 있지 않은 대부분의 사람들은 협상 시작 전, 협상을 통해 상대방으로부터 무엇을, 얼마나, 또 어떻게 얻어낼 수 있을까 하는 것을 생각하지 않는다. 만약 협상을 통해 얻어낼 수 있는 현실적인 기대치를 가지고 협상에 임하지 않으면 협상종료 후 협상결과에 대해 극단적인 두 가지 반응을 보이게 될 것이다.

한 부류는 협상종료 후 협상의 결과에 대하여 후회한다. 협상을 진행하며 협상타결이라는 목표에 너무 집착한 나머지 차라리 협상을 결렬시키는 것보다 못한 결과를 낳기 때문이다. 이렇듯 협상과정에서 얻게 될 여러 가지 성과를 잴 수 있는 잣대 - 잘 설정된 현실적 목표치 - 가 없이는 협상 본래의 목적을 달성하기 어렵게 된다.

둘째 부류는 협상종결 후 협상결과에 대해 스스로 지나치게 성공적으로 평가한다. 그러나 협상 전문가들은 협상결과와 만족도의 관계에 관한 연구를 통하여 본인의 만족도가 크다고 해서 꼭 객관적으로 성과있는 협상을 했다고 볼 수는 없다는 결과를 발표하였다.

잘 설정된 목표치는 협상 진행속도를 조절할 수 있게 하는 일종의 브레이크와 같은 구실을 하므로 잘못된 협상의 종결을 미연에 방지하는 역할을 한다. 또한 성과를 측정하는 잣대의 역할을 함으로써 지속적인 협상능력의 향상에 도움이 되기도 한다.

한편, 일부 협상가들은 가격에 관한 현실적 목표치는 잘 결정하나 그 외의 다른 중요한 협상의제에 관해서는 협상 전 그 현실적 목표치를 미리 설정하는 것에 별로 신경을 쓰지 않는 경향이 있다. 즉, 일단은 가격이 제일 중요하기 때문에 그 외의 나머지 의제들은 가격이 합의된 연후에 생각해도 문제가 없으며 상대의 반응을 먼저 보고 나서 그것들의 목표치를 설정한다 해도 늦지 않을 거란 생각을 한다. 그러나 이러한 생각이 위험한 이유는 거의 모든 협상의제들이 결국 가격과 마찬가지로 돈으로 환산될 수밖에 없다는 점에 있다. 예를 들어, 가격협상 외에 대금지불의 방법을 현금으로 할 것인가 아니면 어음으로 할 것인가라는 의제는 결국은 돈으로 환산되는 것이다. 결제대금 100만 원을 현금으로 받는 것과 3개월 만기어음으로 받는 것은 이자비용만큼의 차이가 있다.

(2) 도전적인 목표치 설정이 필수적이다

충분한 준비에 근거를 둔 후 설정된 높은 목표치는 협상성공의 기본이다. 자본금을 유치하기 위하여 협상을 준비하고 있는 김벤처 씨의 경우를 보자.

> **〈자본금 유치 케이스〉**
>
> 김벤처 씨는 얼마 전까지 근무하던 대기업의 연구실을 그만두고 창업을 하였다. 퇴직금과 처음 함께 참여한 파트너들의 자본금 5억 원을 상품개발에 투자한 결과 성공적인 시제품을 만들 수 있게 되었다. 그러나 상품을 생산하기 위해서 10억 원의 추가 시설투자가 필요하게 되었다. 이 10억 원을 유치하기 위하여 김벤처 씨는 창업투자회사에 제안서를 제출하고 이제 최종적으로 한 주당 주식가격을 협상하는 일을 남겨 놓고 있다.
>
> 가격을 제안하기 위해서 전문가를 통하여 회사의 가치를 평가한 결과 주당 가격은 3만 원에서 5만 원 사이라고 하였다. 그리고 김벤처 씨와 유사한 업종의 한 회사는 1개월 전에 주당 3만 5천 원에 자금을 유치했다는 정보도 입수하였다. 자본금 유치를 위하여 주당 가격 목표치를 얼마로 설정해야 할까?

위 케이스와 유사한 협상에 대한 연구결과를 보면 다음과 같다.

- 주당 목표가격이 높을수록 높은 가격으로 주식을 매각하였다.
- 주당 목표가격이 낮을수록 낮은 가격으로 주식을 매각하였다.
- 목표치가 높을수록 협상결렬의 빈도수가 높았다.

관찰결과는 모두가 생각하는 것처럼 매우 상식적이며 당연한 것이다. 그러나 협상과정에서 발견된 사실은 목표치를 높게 설정할 수 있는 대담성을 가진 협상자의 수가 아주 적었다는 사실이다. 대부분은 협상이 결렬될 비관적인 상황을 먼저 생각하거나 높은 목표를 달성하기 위한 과정에서 발생할 수 있는 갈등이나 어려움을 피하기 위하여 낮은 목표를 설정하려는 경향을 강하게 보인다. 그러나 낮은 목표치는 협상타결을 쉽게 만들어 가는 데 도움이 될 수는 있지만 성공적인 협상의 타결을 위해서는 피해야 하는 것이다. 성공적인 협상을 위해서는 자신이 도달하고자 하는 목표치를 현실이 허용하는 범위 내에서 최대한 높게 잡아야 한다.

(3) 때때로 목표치의 조정이 필요하다

협상을 시작하기 전 설정된 목표치는 협상을 진행해 나가면서 때때로 조정될 필요가 있다. 때에 따라 협상의 마무리단계에서 설정했던 목표치를 도저히 달성할 수 없다고 생각되는 경우에는 목표치 하향조정이 필요할 때도 있다. 이때 주의해야 할 점들은 다음과 같다.

- 목표치를 하향조정하여 협상을 성사시키는 것이 궁극적으로 나에게 이익이 되는가?
- 목표치 하향조정이 협상자로서의 내 신뢰성에 어떤 영향을 끼칠 것인가?
- 내 목표치 하향조정과 동시에 상대방의 목표치를 어떻게 조정시킬 것인가?

(4) 목표치는 현실적이어야 한다

도전적으로 목표치를 높게 설정하면서 함께 생각해야 하는 것은 목표치의 현실성이다. 여기서 말하는 현실성의 의미는 협상을 통해 상대방이 얻고자 하는 것과 당신에게 유리하다고 생각되는 협상조건들에 대한 정확도를 말한다.

〈중고자동차 구매 케이스〉

10억 원의 자금을 유치하려던 김벤처 씨는 협상 상대방으로부터 5억 원만을 투자하겠다는 약속을 받아내었다. 대폭적으로 예산을 수정하여 시제품을 생산하고 판매활동을 시작해야 하는 상황에 봉착한 김벤처 씨는 가장 먼저 영업사원들을 위한 자동차를 구매해야 한다. 그러나 신차를 구매하기보다는 매출이 발생하여 현금흐름이 좋아질 때까지는 중고차를 매입하여 사용하기로 결정하였다. 인터넷을 검색하여 원하는 중고 지프차를 찾게 된 김벤처 씨는 가격협상을 위하여 판매자를 만나려고 준비하고 있다.

중고자동차를 사기로 결정한 김벤처 씨가 자신이 정한 도전적인 목표치의 현실성을 테스트하기 위한 방법으로 다음과 같은 몇 가지 질문들을 생각해 볼 수 있다.

- 상대방이 알고 있는 유사한 차종의 중고차 가격은 얼마일까? (상대방이 받고자 하는 자동차 가격은 특별한 사정이 없는 한 시세와 그다지 차이가 나지 않을 것이다.)
- 요즘은 불경기이며 중고차 거래가 뜸한 시기이기 때문에 상대방은 시세보다 낮은 가격으로라도 계약을 체결하려 할 가능성은 얼마나 있을까? (나에게 유리하다고 생각되는 협상의 조건)

- 중고차 전시장에 같은 차종이 많이 전시되어 있는 이유는 무엇일까? (내 목표치는 주변환경을 제대로 반영하고 있는가?)
- 상대방은 이 자동차를 꼭 팔아야 할 필요성이 있을까?
- 상대방은 얼마나 다급하게 자동차를 팔아야 할까?
- 그 차를 구매하려는 다른 경쟁자는 없을까?

이러한 질문들에 대한 해답은 어디에서 얻을 수 있을까? 당신은 협상에 임하기 전에 준비를 해야 할 것이다. 예를 들어, 시세를 알아보기 위하여 몇몇 중고차 매매상을 방문한다거나 혹은 컴퓨터나 연관잡지 혹은 벼룩시장을 통해 현재 거래되고 있는 가격을 알아보는 것이다. 혹은 가격협상을 진행하기에 앞서 상대방에게 당신이 생각하고 있는 것을 테스트하기 위한 질문을 할 수 있을 것이다.

(5) 상대방의 목표치가 지나치게 높을 때는 어떻게 대응할 것인가?

영업활동을 위한 중고차 구매를 위한 협상을 진행하면서 상대방의 목표치가 너무 높아서 협상진행이 어렵다는 것을 발견하였다고 가정하자. 상대방의 목표치가 지나치게 높은 이유는 아마도 두 가지 중 하나일 것이다. 자신이 가지고 있는 상품의 가치를 지나치게 높게 평가하는 경우이거나, 상대방이 내가 가지고 있는 차량을 꼭 필요로 하기 때문에 높은 가격을 지불하더라도 구입을 할 것이라는 생각을 하는 경우일 것이다.

이유야 무엇이든 상대방의 목표치가 너무 높다면 대부분의 경우 당신이 목표치를 상향조정하지 않는 한 협상은 결렬될 가능성이 높다. 그러나 이와 같은 경우를 만나게 될 때 협상을 잘하는 사람들은 목표치를 상향조정하여 협상을 마무리짓기보다는 보다 적극적인 대응책을 구사한다. 예컨대, 만약 상대방이 터무니없이 높게 목표치를 설정하게 된 배경이 가격에 대한 지나친 평가에서 비롯된 것이라는 판단이 서면 객관적 자료들을 제공함으로써 상대방의 생각이 잘못된 것이라는 점을 깨닫게 해 줄 것이다. 상대방의 생각이 잘못되었다는 것을 단순히 말로써 설득하려 한다면 그것은 오히려 상대방의 감정만 상하게 할 수 있다. 이와 같은 경우에는 객관적 자료를 제시하는 것만큼 효과적인 것은 없다. 최근 중고차 매매가격을 제시하거나 혹은 신문기사에 난 예를 사용하는 것도 효과적인 것이 될 수 있다.

만약 상대방의 목표치가 높아지게 된 이유가 당신이 많은 금액을 지불하더라도 계약을 체결할 것이라는 생각을 갖게 된 데에서 비롯된 것이라면 언제든지 가격이 맞지 않으면 돌아서 나갈 수 있다는 단호함을 상대방에게 전달하는 것이 중요하다. 협상경험이 부족한 사람들은 자신의 구매 필요성이나 상품에 대한 애착을 직접적으로 표현하므로 상대방에게 높은 목표치를 가지도록 한다. 따라서 상대방이 그러한 생각을 갖지 않도록 절제하는 능력과 단호함을 함께 지녀야 할 것이다.

성공적 협상의 첫 출발점은 가격과, 다른 중요한 의제들에 관한 현실적이며 도전적인 목표치를 올바로 설정하는 데 있다. 그렇게 함으로써 어떻게 가격제안을 시작할 것인지 알게 될 것이다. 동시에 이것은 목적을 상실하고 상황에 이끌려 후회하는 협상으로 마무리짓는 일이 없도록 일종의 브레이크 역할을 할 것이다. 또한 일생 동안 많은 협상을 하면서 살아가야 하는 우리들에게 협상기술을 향상시키고 우리의 협상결과를 평가하는 잣대가 될 것이다.

2) 초기단계 : 어떻게 시작할 것인가

둘째 단계는 수립된 목표를 달성하기 위하여 내가 상대방에게 첫 요구를 어떻게 해야 하는지 결정하는 단계이다.

〈자본금 유치 케이스〉

자본금을 유치하려고 하는 벤처기업가인 김벤처 씨는 모든 정보를 면밀하게 검토한 결과 액면가 5천 원의 주식을 4만 원에 팔려고 하는 도전적인 목표를 정하였다. 이 목표를 달성하기 위해서 김벤처 씨는 벤처캐피탈 회사에 자신이 정한 목표치보다 높은 가격을 제시해야 할 것이다. 그렇다면 얼마나 높게 제시해야 내가 원하는 가격인 4만 원에 협상을 마무리지을 수 있을까? 너무 높은 가격을 제시하면 상대방이 협상 자체를 거부할 가능성도 얼마든지 있다. 쉬운 일이 아니다.

협상 준비단계에서 가격 등 중요한 사안에 관하여 현실적인 목표치를 설정한 다음에는 어느 정도에서 협상을 시작할 것인가 하는 것을 결정해야 한다. 모든 협상에는 경쟁적 요소가 포함되어 있다. 특히 가격과 같이 쌍방의 이해가 첨예하게 대립되는 사안의 경우에는 상대방과 합의에 도달하기까지에는 몇 차례의 양보를 해야 하는 것이 일반적이다. 따라서 당신이 정한 현실적 목표치를 달성하기 위해서는 어느 정도 양보를 할 것인지 미리 염두에 두고 협상을 시작해야 할 것이다.

물론 이렇게 말하며 협상을 진행하는 사람들도 있다. "나는 가격협상 같은 건 아예 하지 않습니다. 여기 내가 원하는 가격이 있습니다. 그대로 받아들이지 않는다면 거래를 하지 않겠습니다." 그러나 현실에서는 이렇게 처음부터 자신의 입장을 확실히 하는 사람이라 할지라도 대부분 협상을 시작하게 되면 자신이 처음 제시했던 가격을 변경함으로써 합의에 이르게 된다. 아무리 당신이 협상을 하지 않겠다는 의사표시를 분명히 해도 상대방은 당신의 말을 믿지 않을 것이다. 당신이 진정으로 협상의 대상이 되는 것을 팔거나 사기를 원한다면 이렇게 협상의 시작단계부터 완강하게 고집있는 태도를 보이는 것은 현명하지 못하다.

대부분의 협상가들은 상대방이 협상과정을 통하여 양보해 주기를 원한다. 서로 양보하는 과정을 통하여 어떤 합의점에 도달할 때 비로소 자신이 만족할 만한 협상을 했다는 느낌을 갖게 된다. 아예 처음부터 조금의 양보도 허용할 수 없다는 입장으로 협상을 시작하려 한다면 상대방으로 하여금 협상을 결렬시키도록 하는 감정적 이유를 제공하는 것이 될 것이다.

〈공장부지 매입 케이스〉

김벤처 씨는 창업보육센터에서 2년 동안 기술개발을 해 왔으나 자본금을 유치한 지금은 외부에 새로운 사업장을 마련해야 한다. 사무실과 공장을 분리하여 운영하는 방안을 검토해 봤으나 초창기에는 조금 불편하더라도 한 장소에 있는 것이 바람직하다는 결론에 도달하였다. 알맞은 규모의 공장신축과 매입을 검토하면서 적절한 규모의 부지를 매입하여 신축하기로 결정하고 부지선정을 시작하였다. 상품수송을 위한 물류와 공장에서 일할 사람들을 구하기에 가장 적합하다고 판단되는 수도권의 공단인근의 부지를 찾았다. 부지의 소유자는 서울에 거주하는 박투자 씨로 10년 전부터 투자를 위해 사 두었던 부지를 팔아 몇 개월 앞으로 다가온 딸의 결혼식 비용에 쓰려고 한다는 사실을 알게 되었다. 김벤처 씨는 가격협상을 위해 박투자 씨를 만나서 인사를 나누었다.

---

(1) 누가 먼저 가격을 제시할 것인가?

누가 먼저 가격을 제시할 것인가? 김벤처 씨, 아니면 박투자 씨가? 정찰제로 판매되고 있는 물건이라면 파는 쪽이 가격표를 통하여 가격을 먼저 제시하는 것이 일반적이다. 그러나 김벤처 씨가 사고자 하는 부지에는 가격표가 없으며 가격의 변동도 심하다. 누가 먼저 가격을 제시하는 것이 바람직하겠느냐는 질문에 다수의 사람들이 상대방이 먼저 가격을 제시하도록 하는 것이 바람직하다고 답변한다. 그러나 협상의 주도권을 쥐고 원하는 가격으로 대지를 구입하기 위해서는 먼저 충분한 정보를 수집하여 현실적 목표치를 결정하고 그러한 목표치를 달성하기 위하여 어느 정도 양보할 여유를 가진 금액으로 먼저 가격을 제안해야 한다.

(2) 얼마의 여유를 두고 가격을 제안할 것인가?

사전조사를 통하여 김벤처 씨는 인근 부동산중개소와 신문 등을 통하여 박투자 씨가 소유하고 있는 부지와 비슷한 물건들이 평당 30만 원에 거래되었다는 사실을 알았다. 그리고 그간 부지거래는 상당기간 동안 활발하지 않았고 이와 비슷한 매물들이 상당수 나와 있다는 것도 알게 되었다. 부동산경기의 침체와 공급이 수요보다 많다는 판단을 한 김벤처 씨는 현실적 목표치를 최근에 거래된 것보다 평당 2만원 정도 싼 28만 원으로 정하였다.

다음 단계는 구매하고자 하는 목표가격인 평당 28만 원에서 얼마나 더 내려서 첫 가격을 제안할 것인가 하는 것이다. 미국의 경우 시장가격이 일정하게 형성되어 있지 않는 부동산 거래의 경우에 첫 제안가격과 최종 합의가격의 차이는 대체로 10에서 20퍼센트 정도였다. 그러나 이러한 미국의 경우가 모든 협상에 일반적으로 적용되는 것은 아니다. 기본적인 원칙은 이렇다. 목표치와 제안하는 가격의 차이는 많으면 많을수록 바람직하다. 단, 그 차이를 상대방이 믿을 수 있도록 합리적인 논리와 이유로 설명할 수 있어야 한다. 만약 도저히 그 차이를 합리적으로 설명할 수 없게 되면 단 5% 차이도 상대방에게는 너무 많아 보일 수 있기 때문이다. 처음 제안가격을 결정하는 데 중요한 것은 제안가격에 대하여 이 정도면 옳다는 확신이 있어야 하며, 상대방에게 제안하는 가격이 합리적이라는 것을 설명해 줄 수 있어야 한다.

(3) 첫번째 제안에 많은 무게를 두라

김벤처 씨는 첫 제안가격을 논리적, 합리적으로 설명할 수 있어야 하며 동시에 제안하는 가격이 아니면 안 될 만큼 매우 중요하다는 것을 상대방에게 전달하도록 해야 한다. 협상에서 가장 중요한 것은 상대방으로부터 신뢰를 획득하는 것이다. 신뢰를 잃은 협상자는 상대방으로부터 원하는 것을 얻어내기가 불가능하다. 신뢰획득의 가장 효과적인 방법은 일관성을 상대방에게 보여주는 것이다. 첫번째 제안과 다음의 양보하는 가격이 너무 많은 차이를 가지고 있다면 일관성이 없는 모습으로 상대방에게 비춰지게 되고, 이는 신뢰의 상실로 이어지게 된다. 그러나 지나친 무게를 실어 가령 "이 가격에서는 1원도 올려 줄 수 없습니다." 혹은 "이 가격이 최종가격입니다."라고 표현하는 것도 협상을 하려고 하는 한 적합하지는 않다. 반면에, 가격을 제안하면서 스스로 자신감 없어하고 상대방의 눈치를 지나치게 살피는 듯한 태도를 보이는 것 또한 적절하지 않다.

김벤처 씨가 이렇게 첫번째 가격제안을 하는 것은 어떨까?

"내 생각에는 평당 24만 원 정도면 적당한 가격인 것 같습니다. 요즘은 부동산거품도 많이 빠지고 또 최근 몇 년 동안에는 오히려 부동산 가격이 떨어지고 있어 앞으로도 계속 하락할 것이라는 게 사람들의 의견인 것 같습니다.”

이와 같이 가격을 먼저 이야기한 후에 어떻게 이 가격에 도달했는지를 설명하는 것이다. 그러나 상대방이 내가 얼마나 제안할지에 모든 관심을 기울이고 있다는 판단이 들면 가격을 이야기하기 전에 그 이유를 먼저 설명한다. 심리적으로 사람들은 자신이 원하는 것을 얻고 나면 뒤에 것에 대한 관심이 급격하게 떨어지기 때문에 이유를 먼저 설명하는 것이 상대방을 설득하는 데 더 효과적이기 때문이다.

(4) 상대방이 먼저 가격을 제안했을 때는 어떻게 대처하는 것이 효과적인가?

김벤처 씨는 시장조사를 통해서 현재 시가가 평당 30만 원이라는 것을 알고 있으면서도 앞으로의 장래성, 시장상황 등을 고려하여 평당 24만 원이라는 가격을 제안했다. 이러한 가격제시에서 예상되는 박투자 씨의 반응은 어떤 것일까? 틀림없이 이 가격이 시가보다 너무 낮기 때문에 매우 부정적인 반응을 보일 것이다. 이렇듯 김벤처 씨의 예측대로 상대방의 반응이 부정적이라면 원래 기대한 현실적 목표치(평당 28만 원 정도)를 달성하기 위하여 김벤처 씨는 최초가격을 고수하기보다는 양보를 하며 계속해서 협상을 진행할 것이다. 그러나 상대방의 반응이 미온적이고 가격을 올리려고는 하지만 김벤처 씨의 최초가격 제안에 별로 놀라는 표현을 하지 않았다고 가정해 보자. 김벤처 씨 마음 속에 즉시 떠오르는 생각은 목표치를 초과달성할 수도 있겠다 하는 것이 될 것이다. 일단 심리 속에 이런 생각이 자리를 잡으면 가격협상시 상대방의 양보요구를 아주 인색하게 수용할 것이다. 협상전술 중 놀라움 표시 전술(Flinch Tactic)이라는 것이 있다. 이는 상대방의 제안을 들었을 때 놀라는 표정을 강하게 전달함으로써 상대방으로 하여금 스스로가 제안한 것들을 다시 내편에 유리하도록 고치게 하는 전술이다.

비록 상대방이 먼저 가격을 제안한다 할지라도 언제나 상대방의 제안에 대해 놀라움이나 부정적인 반응을 즉시 보일 준비를 해야 할 것이다. 이 시기를 놓치는 것은 결국 협상의 주도권을 쥐게 될 기회를 놓치는 것과 같게 된다.

(5) 하나의 가격을 제안하는 대신 가격범위를 제시하는 것은 어떨까?

가격협상에 있어 제시할 가격을 결정하기 어려울 때 하나의 가격 대신 가격의 상한선과 하한선을 말하는 것은 어떤가? 보다 구체적으로 예를 들어, 김벤처 씨가 박투자 씨에게 평당 24만 원이라는 최초가격을 제시하는 대신 “평당 23만 원에서 25만 원 정도면 어떻겠습니까?” 하고 제시한다면 협상을 진행하는 데 어떤 영향을 미칠 것인가? 박투자 씨의 경우에 김벤처 씨가 범위를 제공한다면 높은 가격인 25만 원을 지불할 의향이 있는 금액으로 생각하고 협상을 진행할 것이다. 가격의 범위를 제시하는 것은 특별한 경우를 제외하고는 판매자라면 상대방은 범위 내의 가장 낮은 금액을 제안가격으로 생각하고, 구매자라면 가장 높은 금액을 제안가격으로 생각할 것이다. 따라서 범위의 형태로 가격을 제안한다면 제안을 듣는 상대방의 심리상태를 이해하면서 범위를 결정해야 할 것이다.

범위의 제시가 유용하게 쓰이는 경우는 협상의 대상에 대한 충분한 검토시간이 없을 때 이러이러한 협상대상의 상태나 조건에 따라 가격이 변경될 수 있는데, 상한선은 모든 조건이 완벽하게 충족될 경우이고 하한선은 이런 조건이 지금 생각하고 있는 것과 틀릴 때라는 조건을 함께 제시할 때이다. 협상의 진행은 다른 인간관계와 마찬가지로 상대방으로부터 신뢰를 구축해 나가는 것이 가장 중요한 것이다. 일단 약속을 한 후 이를 정당한 이유 없이 변경하는 것은 상대방에게 신뢰를 잃어버리는 것이다. 이런 경우에는 고정가격보다는 범위를 제시하는 것이 바람직할 것이다.

(6) 가격 외의 다른 사안들은 어떻게 협상할 것인가?

협상의 주 사안은 물건이나 용역의 가격이 되고 다른 사안들은 부수적 차원에서 다루어지는 경향이 있다. 그러나 훌륭한 협상가는 가격은 물론 다른 사안들도 협상계획 속에 함께 포함시켜 체계적으로 진행하는 것을 원칙으로 한다. 비즈니스 협상에 있어서 모든 사안들은 돈으로 환산될 수 있는 것이기 때문에 명시적으로 나타나 있는 가격만 가지고 협상을 하고 다른 부분들을 소홀히 한다면 가격은 성공적으로 협상을 마무리할 수 있을지 모르나 전체적인 손익계산을 따져 볼 때 원하는 것을 다 얻지 못하게 될 것이다.

영화 속의 도박장면을 생각해 보자. 카지노에서는 현금으로 도박을 하지 않는다. 도박을 하는 사람들은 현금을 사용하는 대신 칩을 가지고 도박을 한다. 칩과 현금은 똑같은 가치를 가지고 있음에도 불구하고 칩은 사람들로 하여금 현금을 가지고 하는 것보다 훨씬 쉽게 많은 금액을 걸도록 하는 심리를 갖게 한다. 이런 심리적 현상은 칩이 현금이 아니라는 인식에서 비롯된 것이다. 이와 비슷한 심리적인 현상은 신용카드를 사용하는 사람들에게서도 나타난다. 실제로는 현금과 똑같은데 다른 모양으로 변형되어 있을 때 그 가치를 혼동하는 것이 보통 사람들의 심리인 것이다. 협상에 있어서도 이와 같은 심리적인 현상들이 흔히 나타나는 것을 볼 수 있다. 가격흥정에서는 단 1원도 깎아 주기를 주저하는 사람이 지불방법과 시기 등과 같은 사안들에 관해서는 너무 쉽게 양보를 해 버리곤 한다. 그러나 결국 모든 비즈니스에서 협상대상이 되는 것은 현금으로 환산이 가능하다는 생각을 가지고 협상 테이블에 앉아야 할 것이다. 따라서 가격 외의 다른 사안에 관한 협상을 할 때에도 현실적 목표치를 정해 놓고 어디에서 어떻게 시작할 것인가를 계획해야 할 것이다.

그렇다면 김벤처 씨와 박투자 씨의 부지매매에서는 어떤 사안들이 돈으로 환산될 수 있을까? 이 거래는 비록 단순하기는 하지만 가격흥정 외에도 협상결과에 따라 김벤처 씨의 비용으로 귀착되는 여러 가지 사안들이 있을 것이다. 예를 들면 다음과 같다.

- 계약금은 얼마로 하고 잔금은 언제 지불할 것인가? 잔금 5천만 원을 1개월 후에 지불하는 것과 2개월 후 지불하는 것은 자본조달 비용이 연 12%라 가정하면 50만 원의 현금과 비슷한 값어치를 가지고 있다. 전체가격 중에서 50만 원을 깎는다는 것은 어려운 일이지만 잔금의 지불기간을 한 달쯤 늦추는 것은 그리 어렵지 않을 수도 있다.
- 김벤처 씨가 사려고 하는 부지 위에 쓰레기가 쌓여 있다면 이것을 누가 치울 것인가 하는 것은 이에 상당한 금액으로 환산될 수 있을 것이다.
- 혹시 다른 제삼자가 협상의 대상인 부지 위에 농사를 짓고 있다거나 무허가 건물을 짓고 살고 있다면 이 문제는 누가 해결할 것인가 하는 것은 매우 많은 비용으로 환산될 수 있을 것이다.
- 김벤처 씨가 융자를 얻어야 하는데 박투자 씨가 이미 대지를 담보로 하여 은행융자를 이용하고 있다면 남아 있는 은행의 부채를 인수하는 것도 상당한 금액을 절약하게 할 수 있는 방법이 될 것이다.

지금까지 두 번째 단계에서는 첫 제안가격을 어떻게 결정하고 누가 먼저 가격제시를 할 것인지, 상대방으로부터 먼저 가격제안을 들었을 때는 어떻게 반응을 해야 하는지 등에 대하여 살펴보았다. 특히 제안가격의 결정에 있어서 지나친 과욕을 부리거나 또는 상대방에게 양보할 여유도 없이 처음부터 현실적 목표치에 지나치게 근접한 가격을 제시하는 것은 성공적인 협상을 방해하는 문제점을 가지고 있음을 알았다.

또, 대부분의 사람들이 협상가격을 제시할 때 이를 상대방에게 미루는 경향이 있는데, 협상의 주도권을 쥐기 위해서는 먼저 하는 것이 바람직하며 이를 위해 충분한 사전준비가 필요하다는 것을 알아야 한다.

3) 합의단계 : 언제, 얼마나, 어떻게 주고받을 것인가?

세 번째 단계는 협상을 진행하며 양보를 주고받는 단계이다. 양보를 하지 않고 너무 완강하게 저항하면 거래가 이루어지지 않을 것 같고, 또 너무 쉽게 양보하면 나도 잃는 것이 많아지고 상대방을 만족시키는 것도 어렵기 때문이다. 협상은 상대방과 함께 추는 춤이다. 혼자 마음대로 할 수 없는 것이다. 언제나 상대방을 생각하며 내가 원하는 것을 얻어야 한다는 노력이 필요한 것이다.

382

현실적인 목표치를 결정하고 이를 달성하기 위한 충분한 여유를 두고 첫 가격을 제안하면 상대방도 이에 대해 자신의 가격을 제안하는 것이 일반적인 협상의 패턴이다. 이렇게 첫번째 생각을 서로에게 전달한 후에 협상의 당사자들은 서로 밀고 당기며 합의점을 찾는 단계에 들어선다. 춤을 잘 추는 사람들은 아무렇게나 몸을 흔들지 않는다. 특별히 파트너와 함께해야 하는 사교댄스는 일정한 규칙과 에티켓에 따라 파트너와 호흡을 맞추며 아름다운 춤을 만들어 간다. 이 단계에서 중요한 것은 상대방과 협상을 해 나가면서 언제, 얼마나, 어떻게 양보를 하고 합의에 도달할 수 있는가 하는 것을 찾는 것이다.

(1) 왜 과정이 중요할까?

〈골동품 매매 케이스〉

고미술에도 관심이 있던 김벤처 씨는 사업에 집중하면서 한동안 잃어버렸던 여유를 찾기 위하여 부인과 함께 인사동 거리를 방문하였다. 거리를 거닐던 중 한 갤러리의 진열장을 통해 백만 원의 정가가 붙어 있는 아주 아름다운 조선백자를 발견하였다. 백자 아래에 붙어 있는 가격표에는 '1800년대 초반 작품으로 전문가 감정서 있음'이라는 설명이 붙어 있었다. 너무 마음에 든 나머지 비록 가격이 초기 벤처기업가의 수입에 비해 너무 높기는 하지만 만약 80만 원까지만 깎을 수 있다면 이 백자를 사야겠다고 마음을 먹고 갤러리 안으로 들어갔다. 80만 원을 현실적 목표치로 정하고 그는 이렇게 협상을 시작했다.

"참 아름다운 백자입니다. 가능하면 사고 싶은데 여유가 안 되는군요. 60만 원까지만 해주시면 바로 살 수 있을텐데요." 이 말은 들은 갤러리 주인이 김벤처 씨를 바라보며 "좋습니다. 60만 원에 가져가시죠." 하고 순순히 대답을 했다. 이러한 상황에서 김벤처 씨는 비록 목표치로 정했던 금액보다 훨씬 싼 60만 원에 살 기회가 주어졌지만 아마 무슨 이유를 대서라도 그 자리에서 직접 백자를 사지는 않을 것이다. 왜 그럴까? 김벤처 씨 마음속에 "이렇게 순순히 가격을 깎아 주는 것을 보니 가짜거나 혹은 내가 알지 못하는 하자가 있음에 틀림없어."라는 생각이 들기 때문일 것이다. 그래서 가격협상을 그 자리에서 마무리짓기보다는 뒤로 미루거나 더 이상 협상을 진행하지 않을 것이다.

반면에 갤러리 주인과 김벤처 씨의 협상이 다음과 같이 진행되었다고 하자. "참 아름다운 백자입니다. 가능하면 사고 싶은데 여유가 안 되는군요. 60만 원까지만 해주시면 바로 살 수 있을텐데요." 갤러리 주인이 어이없다는 표정으로 김벤처 씨를 쳐다보면서 "아니, 더 받아도 될 특별히 좋은 물건인데 여기서 더 깎아 달라니 말도 안 됩니다." "70만 원에는 안 될까요?" 이렇게 협상이 진행되어 갤러리 주인이 85만 원까지 가격을 내렸다면 김벤처 씨는 비록 정했던 목표치에서 초과되었더라도 85만 원에 도자기를 사면서 협상을 잘했다는 만족감을 갖게 될 것이다.

똑같은 물건을 더 많은 가격을 주고 사도록 하면서 더 큰 만족감을 느끼게 하는 것이 바로 협상의 기술이다. 상대방을 만족시켜서 협상 테이블을 떠날 수 있도록 만드는 것을 협상기술 중 최고로 간주한다. 왜 그럴까? 상대방을 만족시킬 수 있을 때 우리가 원하는 것을 가장 잘 얻어낼 수 있기 때문이다. 만족하며 협상 테이블을 떠나가는 사람은 이겼다는 생각을 가진다. 그러나 목표치를 아무리 초과달성했다 할지라도 불만족하며 협상 테이블을 떠나가는 사람은 졌다는 생각을 하게 된다. 어떻게 상대방을 만족시켜 이겼다는 느낌을 줄 수 있을까? 김벤처 씨와 갤러리 주인과의 예에서 보듯, 결과도 중요하지만 결과에 이르는 과정이야말로 협상 테이블에 앉은 양측 모두를 서로 만족시키는 (Win-Win) 협상으로 만들어 주는 데 중요한 것이다.

(2) 양보 속에 어떤 메시지를 담아 보낼 것인가?

협상을 진행하면서 양보를 할 때는 상대방을 만족시켜야 한다는 것과 동시에 양보를 하는 것은 내가 원하는 것을 얻어내기 위한 하나의 수단이라는 것도 함께 생각해야 한다. 이와 같은 두 가지 목적을 동시에 달성하기 위해서는 상대방에게 양보를 할 때마다 언제나 이런 내용이 상대방에게 전달되어야 할 것이다.

- 내가 하는 양보는 참으로 하기 어려운 것을 하는 것이다.
- 이 양보에 대한 반대급부가 없으면 더 이상 나는 양보를 하지 않을 것이다.
- 내가 할 수 있는 양보의 폭은 아주 적다.

상대방에게 그리 어렵지 않은 것처럼 양보를 해 버리면 이는 양보를 할인해서 파는 것과 다름없다. 양보의 내용도 물론 중요하지만 양보의 의미를 어떻게 포장하여 상대방에게 전달하는가가 때로는 더 중요하다. 조선백자 케이스에 보듯 자신의 메시지를 담지 못하고 쉽게 너무 많은 양보를 한 경우가, 메시지를 담아서 어렵게 적은 금액을 양보한 것보다 훨씬 비효과적이었음을 알 수 있다. 양보도 중요하지만 지금 자신이 상대방에게 참으로 어려운 양보를 하고 있는 것처럼 포장할 수 있는 협상기술은 더욱 중요하다.

양보를 할 때 주의해야 할 또 하나는 양보를 하는 이유가 충분히 납득할 만한 것임을 보여주는 것이다. 양보는 논리적으로 그리고 합리적으로 그 설명이 뒷받침되어야 한다. 만약 이렇게 하지 못하면 상대방으로부터 신뢰를 상실하게 될 것이다. 일단 상대방으로부터 신뢰감을 상실하게 되면 얼마를 양보하고 또 얼마나 포장을 잘하려고 노력하건 간에 상대방에게 전달되는 의미는 많이 약화될 것이다.

4) 마무리단계 : 어느 선에서 어떻게 끝낼 것인가?

마지막 단계는 어떻게 끝낼 것인가 하는 것을 다루는 것이다. 협상을 진행하다 보면 언젠가 끝을 내야 할 때가 온다. 지금까지 투자한 시간과 노력이 아깝지만 절대로 양보하지 않는 상대방의 요구를 받아들이기보다는 없던 일로 하는 것이 더 나을 수도 있다. 혹은 상대방에게 이미 많은 것을 얻어 냈는데 더 요구를 한다면 협상이 결렬될 가능성도 있다. 이럴 때 요구되는 것이 협상을 마무리지을 수 있는 판단력이다. 서로 만족하며 최대한의 것을 얻어내기 위한 마무리단계인 것이다.

프로 바둑기사 중 이창호는 특별히 수 읽기와 끝내기에 강한 바둑을 두는 것으로 정평이 나 있다. 반면 어떤 기사들은 초반과 중반에는 강하나 끝내기를 잘 못하여 종종 역전패를 당하기도 한다. 물론 초반과 중반에 완전히 기울어진 바둑을 끝내기만으로 역전시키는 것은 어렵지만, 끝내기 기술 정도에 따라 상당부분 앞에서 행한 실수를 만회할 수 있으며, 잘 두어 왔다면 확실하게 승리를 지킬 수 있을 것이다.

지금까지 협상을 통해 얻어내고자 하는 현실적인 목표치를 설정하고 이를 협상의 시작에서부터 끝까지 잣대로 사용하는 것에 대해 생각해 보았다. 그리고 설정된 목표치를 생각하여 얼마만큼의 여유를 두고 자신의 첫번째 가격을 제안할 것인가를 살펴보았다. 그리고 쌍방간에 제안한 가격과 사안에 차이가 있을 때엔 어떠한 방법으로 얼마나 양보를 해야 하는지도 살펴보았다. 여기서는 협상 마지막 단계인 마무리 과정에서 지금까지 버티어 온 협상의 목적을 어떻게 효과적으로 달성할 수 있을지 그 끝내기에 대하여 살펴보고자 한다. 협상 끝내기 단계에서 일어날 수 있는 경우는 네 가지로 생각해 볼 수 있다.

- 상대방과의 합의점 도출에 실패하여 결국 협상이 결렬되는 경우
- 상대방이 요구하는 거의 모든 조건을 수용하며 항복으로 협상을 종결짓는 경우
- 자신이 요구하는 것을 대부분 관철시켜 상대방으로부터 항복을 받아내서 협상을 종결짓는 경우
- 상대방과 자신이 서로 양보를 통하여 합의점에 도달하는 경우

위 네 가지 경우 중 가장 좋은 결과는 아마도 세 번째 합의일 것이라고 생각할 것이다. 반면 협상의 결렬과 항복할 수밖에 없는 상황에서 협상을 종결짓는 것은 최악의 상황이 될 것이라고 간주할 것이다. 그리고 서로 양보하여 합의를 도출하는 것은 차선책이라고 평가할 것이다.

그러나 훌륭한 협상가의 관점은 어느 결과가 다른 것에 비하여 항상 좋다고 하는 고정관념의 틀을 깨어 버리는 것이다. 충분한 준비를 통하여 제대로 된 절차에 따라 협상을 진행해 왔다면 선택할 수밖에 없는 결과가 위의 네 가지 중 어느 것이라 할지라도 최대의 이익을 보장해 줄 것이기 때문이다.

〈기술 라이센싱 케이스〉

김벤처 씨는 생산과정에서 발생한 문제점을 해결하기 위하여 많은 연구를 하였으나 짧은 시간에 좋은 결과를 얻기가 불가능하다는 결론에 도달하였다. 문제해결을 위한 방법을 찾던 중 미국의 Sysco Systems라는 회사가 김벤처 씨가 원하는 기술을 가지고 있다는 사실을 알게 되어 기술을 도입하여 문제를 단시일 내에 해결하려는 결정을 내렸다. 이를 위하여 김벤처 씨는 Sysco Systems 사와 기술도입 협상을 시작하였다.

김벤처 씨가 3년의 계약기간에 판매액의 5퍼센트를 로열티로 지불하겠다는 제안서를 제출하였고 이에 대하여 Sysco Systmes는 판매액의 10퍼센트의 로열티를 지급한다면 라이센스 계약을 고려할 수 있다는 통보를 하였다. 다른 조건들은 커다란 문제 없이 잘 통과되었으나 로열티 요율만이 가장 중요한 협상의 사안으로 남게 된 것이다.

---

(1) 없던 일로 하자 : 협상의 결렬

첫번째로 협상의 결렬에 대하여 생각해 보자. 협상의 결렬은 협상 테이블에 앉기 전 반드시 고려해야 할 선택 중 하나일 뿐이다. 우리는 왜 협상의 결렬을 하나의 선택으로 생각하기를 두려워하는가? 첫번째 이유는 협상을 시작한 후 지금까지 소비한 시간과 노력 때문에 어떻게 해서든지 협상을 마무리지어야 한다는 생각이 지배하기 때문이다. 둘째는 일단 협상을 시작하게 되면, 특히 현실적 목표치의 설정 없이 협상을 진행하는 경우라면 가령 브레이크 없는 기관차에 타고 있는 것처럼 '합의점'이라고 하는 종착역으로 끝까지 밀고 가야만 한다는 강박관념으로부터 벗어날 수 없기 때문이다. 셋째는 특히 조직에 속해 있는 협상자의 경우 주위의 시선 때문에 궁극적인 협상의 목표에 상치됨에도 불구하고 협상을 합의로 종결짓게 된다.

만약 김벤처 씨가 마케팅 조사결과 로열티를 7% 이상 지불하게 되면 도저히 이익을 남길 수 없다는 사업적인 판단으로 결론이 나 있는 상태이고, 이와는 반대로 Sysco Systems 사에는 규모가 상당한 다른 한국 회사로부터 이미 로열티 10%를 지불하겠다는 제안이 들어와 있는 경우라면 쌍방은 서로의 차이를 좁히지 못하고 협상결렬을 선언하게 될 것이다. 이와 같은 상황에서는 김벤처 씨가 무리를 해서 Sysco Systems 사의 요구를 수용하는 것보다는 차라리 협상의 포기를 선언하는 것이 현명한 선택일 것이다. 아주 중요한 가격이나 로열티 요율과 같은 사안에서 너무 많은 차이를 보이고 서로의 목표치가 현저한 차이를 보일 때는 시간낭비하지 않고 협상포기를 선택해야 한다.

그러나 중요한 사안에서 목표치의 현격한 차이 때문에 협상이 결렬되는 경우 외에 충분히 합의를 통해 협상을 종결지을 수 있음에도 불구하고 협상이 결렬되는 경우도 있다. 예를 들면 한쪽에서 너무 심한 과장을 하거나 아니면 최후통첩을 한 이후 단순히 체면과 위신 때문에 양보를 하지 못하고 자기고집만 내세운 나머지 협상이 결렬되는 경우가 바로 그것이다. 아니면 쌍방간에 서로 양보할 마음의 준비가 되어 있음에도 불구하고 상대방이 먼저 양보하기를 고집하다가 어처구니없이 협상이 결렬되기도 한다. 여기서 생각해야 할 것은 왜 쌍방간에 서로 양보할 마음이 있었는데도 상대방에게 양보하기를 미루다가 결국 협상결렬이라는 최악의 상태로 만들 수밖에 없었느냐 하는 것이다. 이 같은 상황은 자존심과 체면을 살리기 위해, 그리고 먼저 양보하면 상대방도 양보하리라는 확신이 없을 때 발생하곤 한다. 특별히 '얼어죽어도 곁불은 쬐지 않는다'는 식의 한국 양반가형 협상가들은 이러한 체면과 명분 때문에 협상을 결렬로 이끌어 간다.

모든 협상이 반드시 쌍방의 양보를 통하여 결론에 도달할 수 있는 것은 아니다. 서로의 기대치가 너무 현격하게 차이가 나는 경우에는 절대로 좁혀질 수 없는 경우도 있기 때문이다. 그리고 설령 차이가 좁혀질 수 있는 경우라 할지라도 이를 위해 투자하는 시간이나 노력이 너무 많다면 차라리 협상을 결렬시키는 것이 더 효율적이다. 그러나 이런 경우를 제외하고는 쌍방이 협상과정을 통해 서로에게 유리한 결론에 도달할 수 있음에도 불구하고 단지 협상력의 부족으로 인하여 마무리를 잘 짓지 못하는 것은 안타까운 일이다. 상대방의 협상력을 향상시키는 것은 불가능하지만 자신의 협상력을 향상시켜 끝내기의 명수가 될 수는 있을 것이기 때문이다.

(2) 양보를 할 것인가 아니면 당신의 제안을 고수할 것인가?

기술도입 라이센싱 케이스에서 김벤처 씨는 회사의 장래를 생각해 볼 때 가능하면 최선을 다해 라이센스 도입협상을 성사시키고 싶다고 가정하자. 김벤처 씨 제안과 Sysco Systems측 제안의 차이를 어떻게 좁혀 나가 어느 합의점에서 종결지을 것인가를 결정하는 것이 김벤처 씨가 해결해야 할 과제이다. 김벤처 씨가 어떻게 결론에 도달하는지 분석적으로 살펴보자.

첫째 단계는 먼저 김벤처 씨 스스로가 이와 같은 질문을 던져 가며 자신의 상황을 분석해야 한다. "나는 내가 제안한 가격만을 꼭 고수해야 할까? 아니면 합의를 위해 어느 선까지 양보하는 것이 더 나을까? 합의를 하는 데 있어 꼭 필요하다면 상대방의 요구를 그대로 다 수용할 수도 있을까?" 다음 단계는 상대방을 분석하는 것이다. 상대방에 관한 모든 정보를 분석한 후 이런 질문을 던져 봐야 한다. "상대방이 이렇게 강하게 나오는 이유는 무엇인가? 상대방이 주장하는 여러 가지 이유의 신빙성은 얼마나 되는가? 상대방은 합의를 위해 양보를 할 생각을 하고 있을까? 그렇다면 내가 요구하는 것을 그대로 수용할 생각까지 하고 있을까?"

이런 일련의 분석작업에서 자신에 대한 분석작업은 주의만 깊게 기울이게 되면 별 어려움 없이 정확한 결론에 도달할 수 있다. 그러나 상대방에 관한 분석작업은 보다 복잡하다. 김벤처 씨가 얻을 수 있는 정보를 통하여 어느 정도 객관적인 추론이 가능하기는 하지만 대부분의 경우 지금까지 진행해온 협상을 복습하며 단지 상대방을 추측할 수밖에 없을 것이다. 만약 상대방이 얼마이건 양보할 생각을 가지고 있다는 것을 알게 되면 결코 상대방이 원하는 대로 양보하지 않으려 들 것이다. 또한 상대방이 모든 요구조건을 따라올 수밖에 없다는 것을 알게 된다면 한치의 양보도 하지 않으려 할 것이다. 그러나 상대방 의사를 정확하게 아는 경우는 현실에서 거의 불가능하다. 즉, 상대방을 정확히 알기보다는 단지 상대방에 관하여 추측할 뿐이다.

김벤처 씨는 물론 5%의 로열티를 지불한다면 가장 이상적이겠지만 최악의 경우에는 8%까지라도 지불하여 이번 계약을 체결할 마음을 가지고 있다. 그리고 Sysco Systems 사 역시 10%에서 얼마쯤은 양보하여 8% 정도라면 당신과 합의할 수 있을 거란 생각을 가지고 있다. 이럴 때 상대방이 먼저 양보하기를 기다리면서 김벤처 씨가 5%를 계속해서 고집한다면 이 협상은 결렬되고 말 가능성이 높다. 특히 김벤처 씨의 제안서에 따라 5% 로열티만이 김벤처 씨가 제시할 수 있는 가장 높은 선이라는 점을 상대방에게 강조했다면 Sysco Systems 사가 비록 8%쯤에서 협상을 마무리지을 생각을 가지고 있다 할지라도 먼저 양보하기는 힘들 것이다. Sysco Systems 사는 5% 로열티만을 융통성 없이 고집하는 상대방에게 먼저 숙이고 들어가는 것은 결국 8%에서 협상을 마무리짓는 것까지도 불가능하게 될 가능성이 높다는 생각을 하기 때문이다.

"상대방으로 하여금 먼저 양보를 하도록 하라."는 규칙은 대부분 협상에서 적용되는 사항이지만 협상의 끝내기 단계에서 서로의 주장이 너무 강해 합의가 어려울 경우 다음과 같은 몇 가지 질문을 자신에게 던져 보는 것이 바람직하다.

- 합의에 이르는 것이 얼마나 중요한가? : 최종양보에 앞서 생각할 판단기준은 협상을 결렬시키는 것과 양보해서 합의에 이르는 것 중 어느쪽이 당신에게 이익이 되느냐는 손익계산이다.

- 나는 얼마나 더 양보할 수 있는가? : 협상에서는 반드시 합의에 이르러야 한다는 강박관념을 버려야 한다. 협상을 결렬시키는 것도 협상의 결과임을 생각해야 한다. 내가 양보할 수 있는 최대한의 선을 결정하는 것은 최종 손익계산을 따져 가며 해야 한다.

- 상대방은 얼마나 더 양보할 가능성이 있는가? : 상대방에 관한 모든 정보를 다시 분석한다. 협상의 진행에 따라 상대방이 했던 행동과 발언 그리고 외부적인 상황들을 종합적으로 분석하여 논리적이고 체계적인 결론에 이르도록 해야 한다.

- 내가 먼저 양보를 해도 될까? : 지금까지 진행해 온 협상의 과정을 살펴볼 필요가 있다. 협상 결렬의 상당수는 근본적인 이해의 차이에 있기보다는 협상 당사자간의 개인적인 체면손상을 두려워하는 데 기인한다. 만약 내가 먼저 양보하는 것이 상대방의 체면을 세워 주는 것이라면 상대방으로부터 더 많은 양보를 얻어낼 수도 있다. 우리는 체면을 위해서 협상을 하는 것이 아니라 우리가 원하는 것을 얻기 위하여 협상을 한다.

먼저 양보를 해야 한다면 그렇게 하라. 때로는 양보를 하는 것이 협상의 주도권을 쥘 수 있는 좋은 방법이 될 수도 있다. 양보는 패배가 아니다. 협상에는 경쟁적인 요소가 많이 포함되어 있기는 하지만 전쟁과는 근본적인 차이가 있다. 첫째로, 전쟁이라는 것은 쌍방간에 이익이 되는 공통분모를 찾기 위해 수행되는 것은 아니다. 그러나 협상은 서로간에 유익한 공통분모를 찾기 위해 이루어진다. 쌍방이 필요하다고 느끼지 않는 한 결코 합의가 이루어지지 않는다. 두 번째의 차이는, 전쟁은 한쪽이 일방적으로 종전을 선언할 수 없는 데 반하여 협상은 언제든지 상대방에게 협상결렬을 통고할 수 있다. 쌍방이 반드시 합의를 도출해서 협상을 종결해야 하는 경우는 없다. 한쪽이 아무리 합의를 원한다 할지라도 상대방은 언제든지 거절할 수 있는 것이 협상이다. 따라서 협상을 성공적으로 끝내기 위해서는 두 가지를 염두에 두어야 할 것이다. 첫째는 어느 시점에서 양보를 하여 상대방을 계속 협상 테이블에 붙잡아 두느냐는 것이다. 둘째는 어떻게 쌍방이 만족할 만한 공통분모를 찾아내느냐 하는 것이다.

(3) 어떻게 공통분모를 찾아낼 수 있을까?

수월하게 진행되는 협상에서는 그다지 노력을 많이 기울이지 않고도 공통분모를 찾아내어 합의점에 도달할 수 있을지도 모른다. 그러나 대부분의 협상은 경쟁적인 요소 – 당신과 상대방이 서로 자신의 몫을 크게 가지려고 다투는 – 를 가지고 있기 때문에 창조적인 노력 없이는 서로에게 이익이 되는 공통분모를 찾아내기란 쉽지 않다. 필자는 간혹 협상은 예술이라는 생각을 한다. 전혀 불가능할 것 같았던 협상이 창조적인 발상을 통하여 서로에게 이익이 되는 새로운 모습으로 결론지어질 수 있기 때문이다. 그렇다면 창조적 사고를 통해 서로간의 공통분모를 발견하는 데 도움이 되는 기본적인 방법 몇 가지를 살펴보도록 하자.

① 창조적 사고 I : 문제가 되는 사안을 세분화하는 능력을 키워라!

협상 끝내기를 위한 방법은 언제나 확실하게 눈에 보이는 것은 아니다. 때때로 요구되는 것은 공통분모를 발견하는 창조적 사고능력이다. 협상 끝내기 기술 중 가장 중요한 것은 겉으로 보기에 하나인 의제를 여러 개로 쪼개는 능력이다. 그렇게 함으로써 상대편이 진정으로 불안해하는 것을 해결하고 더불어 당신이 원하는 것을 지킬 수 있을 것이다.

기술도입 라이센스 케이스에서 로열티를 5%에서 10%로 올려 주는 것에 대해 어렵게 생각하는 것은 너무 많은 로열티를 지불하고 나면 상대적으로 이익이 낮아질까 하는 두려움 때문일 것이다. 반면에 Sysco Systems 사측에서 우려하는 것은 한국시장에서 더 많은 로열티를 받을 수 있는 다른 기회가 있음에도 불구하고 김벤처 씨와 계약체결을 통해 너무 낮은 로열티 요율을 받게 되는 것은 아닐까 하는 두려움 때문일 것이다. 쌍방은 로열티 요율의 조정이라는 겉으로 보기에는 전혀 나누어질 수 없는 단 하나의 사안을 가지고서 협상을 진행하고 있다. 그러나 조금 더 깊이 생각하다 보면 한쪽이 원하는 바를 상대방이 들어주게 될 때 상대방이 우려하는 점이 무엇인지 분석할 수 있게 되고, 또한 상대방의 요구대로 따라 주지 못하는 이유까지도 찾아낼 수 있게 된다. 따라서 하나로 보였던 사안은 다른 여러 가지로 나누어질 수 있게 되며, 이렇게 나누어진 작은 사안들은 훨씬 쉽게 합의에 도달할 수 있도록 하는 데 도움을 줄 것이다.

Sysco Systems 사가 진정으로 두려워하는 것은 김벤처 씨와 계약을 체결함에 따라 잃어버리게 될 한국시장의 기회비용에 대한 위험도이다. 만약 이 위험도를 줄일 수만 있다면 처음 진출하는 한국시장에서 무리하게 높은 로열티를 요구하지 않을 수도 있다. 그러면 기회비용에 대한 위험도에 영향을 끼치는 사안들을 생각해 보자.

- 계약기간이 길면 길수록 Sysco Systems 사는 기회비용의 위험도가 높아진다.
- 라이센스 적용대상 품목이 많으면 많을수록 기회비용의 위험도가 높아진다.
- 김벤처 씨가 투자와 광고를 소극적으로 하면 할수록 기회비용의 위험도가 높아진다.

이 같은 분석을 통하여 로열티 요율의 조정은 각각 계약기간 조정 사안, 라이센싱의 적용범위를 김벤처 씨가 현재 생각하고 있는 단일품목으로 제안하는 품목조정 사안, 그리고 김벤처 씨에게 광고홍보를 얼마만큼 요청할 것인가 하는 투자요청 사안 등으로 나누어질 수 있다. 계약기간 조정 사안에서는 현재 합의된 3년에서 1년으로 단축한다든지, 아니면 최소한의 판매량에 따른 계약연장의 선택권을 매년 행사할 수 있다든지 하는 방법을 통하여 기회비용 위험도를 조절할 수 있을 것이다.

김벤처 씨 입장에서 위와 같이 몇 가지로 나누어질 수 있는 여러 사안들을 로열티 요율과 함께 제시해 간다면 교착상태에 빠졌던 협상을 끝낼 수 있는 가능성이 그만큼 높아질 것이다.

② 창조적 사고 II : 파이를 키운 다음 나누어 가져라!

협상 중 교착상태에 빠지게 되는 경우 대체로 쌍방의 이해가 서로 상충되는 경우가 대부분이다. 이렇듯 교착상태에 빠져 있을 때에 쌍방은 최소한 이만큼은 가져야 협상이 가치있다고 생각하고 있을 것이다. 만약 이때 당신이 창조력을 발휘하여 최소한 가져야 한다고 생각하는 것을 보장하면서 새로운 것을 만들어 함께 나눌 수만 있다면 멋있는 협상종결을 맞이할 수 있게 될 것이다. 이렇듯 쌍방의 이익이 서로 상충되고 있다면 어떤 방법을 통해 서로가 만족할 수 있을 만큼의 것들을 가져갈 수 있게 할까?

제3자의 비용으로 우리가 서로 나누어 가져야 할 파이를 키워라! 대표적인 제3자는 국가이다. 국가의 비용이란 대체로 세금을 말하는데, 쌍방간에 협상을 잘함으로써 국가의 비용으로 각자에게 돌아갈 파이를 크게 만들 수 있을 것이다. 예전에 한국의 클라이언트를 대신하여 미국의 어느 사업체를 인수하는 협상을 진행하면서 세금을 이용하여 쌍방이 아주 만족할 수 있게 협상을 마무리지은 경험이 있다.

한국의 H사는 미국의 T사를 1백만 달러에 매입하기로 가계약을 하였다. 가계약 후 법률적인 자문을 받기 위하여 필자에게 찾아온 H사에게 필자는 다음과 같이 조언을 하였다.

"만약 지금 합의된 내용에서 세법과 관련하여 거래의 형태를 약간 변경한다면 특별한 위험부담 없이 가격을 더 내릴 수도 있습니다. 현재는 주식매입의 형태를 취한 일시불로 지급하도록 되어 있는데 이를 자산매입의 형태로 3년에 나누어 갚는 형태로 바꾼다면 전체 거래금액의 약 8% 정도의 절감효과가 있습니다." 이 조언에 따라 이미 확정된 1백만 달러에서 절감되는 금액의 절반을 더 감해서 거래를 체결하였다. 제3자의 비용(미국 정부)으로 쌍방간에 다 같이 이익을 취한 예이다.

③ 창조적 사고 III : 가치의 기준은 주관적이다!

　우리는 대체로 자신을 중심으로 남을 평가한다. 그러나 창조적인 협상을 위해서는 중요한 사고의 변환이 필요하다. 모든 가치판단은 주관적이다. 따라서 자신에게는 그다지 중요한 사안이 아니지만 상대방에게는 경우에 따라서는 아주 중요한 사안이 될 수 있는 것이다. 예를 들어 당신은 지금 현금이 넉넉해서 결제조건과 같은 것은 상대적으로 덜 중요한 데 반해 상대방에게는 빠른 시일 내에 현금이 필요하다는 약점이 있다고 가정해 본다면 당신에게 상대적으로 덜 중요한 결제조건을 미끼로 삼아 상대방에게 중요한 것을 요구해 낼 수 있을 것이다. 또 다른 어떤 경우에는 상품의 선적 기일이 당신에게는 크게 중요한 사안이 아닐 수도 있으나 재고를 많이 가지고 있어서 보관을 위한 창고비용을 많이 지불해야 하는 상대방에게는 매우 중요한 사안이 될 수도 있다. 창조적인 마무리를 위해서는 자신을 중심으로 가치판단을 하지 말고 이것이 상대방에게 얼마나 가치있는 것이 될 수 있을지 상대방의 관점에서 보아야 할 것이다.

　협상의 4단계 중 마지막은 어떻게 최종적으로 협상을 마무리짓느냐 하는 것이다. 성공적으로 협상을 끝내기 위해서 당신은 때때로 먼저 양보를 해야 할 경우도 있다. 특히 당신의 양보가 당신이 처음 계획했던 현실적 목표치에서 크게 차이가 나지 않는다면 당신이 양보하는 것을 상대방에게 굴복한다고 생각하지 말아야 할 것이다.

　중도에 결렬되는 많은 협상들을 지켜보다 보면 창조적 협상의 중요성을 다시 한번 생각하게 된다. 그들 중 대부분은 창조적인 사고를 통하여 쌍방간에 서로 이익이 되는 협상으로 합의에 이를 수 있음에도 불구하고 결렬로 끝을 맺곤 한다. 협상은 하나의 예술이다. 창조적인 사고로 변환하는 것이 필요하다.

- 문제가 되는 사안을 잘게 나누어서 협상하라.
- 제3자의 비용으로 파이를 크게 만들어라.
- 가치판단을 상대방의 관점에서 하도록 노력하라.

협상단계	단계별 check list

준비단계	어떠한 정보를 얻어야 하는지 결정
	    - 상대방에 관한 정보
	    - 나에 관한 정보
	    - 주변환경에 관한 정보
	그러한 정보를 얻을 수 있는 방법 결정
	정보를 얻어낼 수 있는 질문 결정
	상대방의 민감한 질문에 대한 대응책 결정

	수집한 정보를 분석하여 얻어내기를 원하는 목표설정 협상진행에 따라 조정될 수 있는 유연한 대안의 준비 목표설정을 정당화할 수 있는 논리의 개발
초기단계	누가 먼저 중요한 의제에 대한 제안을 할 것인지에 대한 결정 제안할 가격, 조건에 대한 팀 내부 결정 최초제안을 하면서 얼마의 여지를 남겨 둘지에 대한 결정 상대방의 예상되는 맞대응에 대한 준비
합의단계	상호만족을 줄 수 있는 합의내용 도출 노력 자잘하게 많은 것보다는 적더라도 중요한 것을 얻도록 유도 합의내용을 명확하게 하여 추후 혼동이나 분쟁 방지 눈에 보이는 협상대상 외의 중요한 것에 대한 관심
마무리단계	신뢰도 유지 최종시한에 대한 스트레스 완화 주요 합의내용에 대한 서면내용 정리 합의내용 확인 합의내용에 대한 수행여부 확인

〈표 19-1〉 협상단계별 주의사항

3절 성공적 협상을 위한 지침

(1) 협상은 대결이 아니므로 쌍방간에 좋은 결과를 얻어야 한다

협상을 대결이라고 생각하면 상대방에게 불쾌감을 줄 수 있을 뿐만 아니라 성공 아니면 실패라는 식의 결론에 도달하게 된다. 최대한의 것을 얻도록 노력하되 쌍방간에 좋은 결과를 얻을 수 있도록 협동적인 면을 고려하는 신협상의 원칙을 항상 명심해야 한다.

(2) 당신은 생각하는 것보다 더 많은 힘과 능력을 갖고 있다

무엇보다 당신이 갖고 있는 힘과 능력에 대해 냉철한 판단을 하라. 그리고 다음 단계로 상대방이 갖고 있는 힘과 능력의 한계를 파악하라. 당신과 상대의 힘을 정확하게 파악하고 이를 적절히 이용할 때 성공적인 협상을 할 수 있다.

(3) 당신의 계획을 적어 보라

준비가 되어 있지 않다면 절대로 협상을 시작해서는 안 된다. 구체적이며 합리적인 계획을 세우고 이를 직접 종이에 적어 보아야 한다. 종이에 적으면서 생각을 정리하게 되면 문제점도 발견하게 될 뿐만 아니라 더욱더 합리적인 계획이 될 수 있기 때문이다.

(4) 협상을 두려워하지 말라

당신이 어떠한 처지에 있더라도 협상을 두려워해서는 안 된다. 아무리 불리한 상황에 있다고 하더라도 그러한 상황을 어떻게 역전시킬 수 있을지 검토하면서 적극적인 태도로 협상에 임해야 한다.

(5) 당사자들과 직접 협상하라

상대방이 그의 조직 내에서 결정권도 없고 별 힘을 발휘하지도 못하는 위치라면 시간을 허비하면서 협상할 필요가 없다. 협상결과에 직접적으로 영향을 끼치는 당사자와 직접 협상해야 한다.

(6) 당신 조직에서 내부적으로 의견이 모아진 후에 협상에 임하라

협상은 혼자 하는 것이 아니다. 당신 조직의 지지와 동의가 이루어진 후에야 자신있게 협상할 수 있게 되고, 협상결과에 대해서도 큰 잡음이 없게 된다. 내부적으로 아직 의견이 모아지지 않았다면 협상하기에는 너무 이른 것이다.

(7) 너무 말을 많이 하지 말고 상대방에게 귀를 기울여라

협상에서는 말을 많이 할수록 손해를 보게 된다. 무엇보다 침묵을 지키면서 상대방의 말에 귀를 기울여야 한다. 또한 당신 팀과 조직에 속한 사람들 역시 함부로 정보를 남발하지 않도록 주의시켜야 한다.

(8) 상대방의 지위나 권위에 너무 겁먹지 말라

상대방의 직급이나 상대편 회사가 자신에 비해 우월하다고 해서 반드시 협상에서 저자세로 일관할 필요는 없다. 상대방 역시 필요가 있기 때문에 당신과 협상을 하는 것이다. 그의 지위나 권위는 협상에서 크게 고려할 대상이 아니다.

(9) 사실, 평균, 수치에 대해서 과신하지 말라

사실이나 평균, 수치, 그 어느 것도 불변의 진리일 수는 없다. 아무리 확실해 보이는 것들이라도 의심을 품어야 한다. 그리고 상대방이 아무리 결정적으로 이야기한다 하더라도 그 부분에 대한 문제제기를 해보아야 한다.

(10) 교착상태에 빠졌을 때 너무 자신의 문제를 확대시키지 말라

교착상태에 빠진 경우에 자신뿐만 아니라 상대방 역시 문제가 된다. 교착상태에 빠졌다고 너무 조급해하거나 문제를 확대시키다 보면 뜻밖에 큰 양보를 하거나 그대로 협상이 결렬될 수 있다. 교착상태에 빠졌을 때는 다시 한번 상황을 진단하고 차근차근 문제를 풀어 가야 한다.

(11) '최종' 이나 '정찰제' 라는 말에 너무 겁먹지 말라

상대방은 언제나 "더 이상은 안 된다."고 하거나 정찰제를 들먹이기 마련이다. 협상에서 '최종' 이나 '정찰제' 는 판매자 입장에서 구사하는 전술의 하나일 수 있다. 이러한 경우 미리 겁먹기보다는 다른 방법이 없는지 모색해 보아야 한다. 또한 역으로 당신이 판매자의 입장이 되었을 때에는 '최종' 이나 '정찰제' 라는 말로 상대를 제압할 줄도 알아야 한다.

(12) 깊이 있는 협상을 하라

대답을 얻기 위해서는 상대방의 조직 속에 파고 들어가야 한다. 가격이나 수량과 같이 눈에 보이는 것들로만 협상을 하게 되면 여러 가지 취할 수 있는 이익들을 놓치게 된다. 상대방의 욕구와 상황을 깊이 파악하면서 협상에 임하라.

(13) 빙산 아래 숨겨진 것들을 발견하라

협상에는 여러 가지 세부형태들이 숨겨져 있다. 상대방의 개인적 성향과 상황, 조직적 요소, 그리고 협상가의 위치를 구성하는 요소들과 같이 숨겨진 부분들을 협상에 반영하고 적극적으로 이용하라.

(14) 협상을 끝내거나 연기, 재개하는 법을 배워라

협상을 끝내는 것도 중요한 기술이다. 또한 난처한 상황에서 지혜롭게 연기하거나 교착상태에서 재개하는 것 또한 고도의 협상기술이다. 기본적인 협상전술 외에 협상을 끝내고 연기하며 재개하는 방법을 배워야 한다.

(15) 모든 협상은 대립적인 면을 갖고 있기 마련이다

상대방의 이익에 너무 신경을 쓰다 보면 자신이 취해야 하는 큰 것을 빼앗기는 수도 있다. 협상은 어차피 상대방의 주머니로부터 무언가를 얻어내는 것이다. 어떻게 최대한 얻어낼 수 있는지 대립적인 면을 의식해야 한다.

(16) 가능한 한 협상에 대한 많은 전술을 배워라

협상에 대한 여러 가지 전술을 알수록 상황에 따라 다양한 기술을 구사할 수 있게 된다. 상대방이 쉽게 알아차릴 수 있는 기본전략 외에 상대방의 판단을 혼동시킬 수 있는 고도의 전술까지 배워서 구사해야 한다.

(17) 기대치를 높게 잡아라

기대치가 높을수록 협상에서 얻어내는 부분이 많아진다. 기대치는 협상의 결과와 직결되어 있다. 가능한 한 기대치를 높게 잡는 것이 성공적인 협상의 출발점이다. 기대치를 높게 잡고, 가능한 한 협상 도중에도 기대치를 쉽게 낮추지 말아야 한다.

4절 계약

계약은 협상과정의 끝이다. 협상과정에서 합의된 내용을 형식화하는 것이 계약이다. 법률 전문가가 아닌 창업가의 입장에서 계약을 보는 시각은, 어떻게 하면 협상을 통하여 타결되었던 내용이 잘 지켜질 수 있을 것인가 하는 것이 되어야 할 것이다. 비즈니스 환경이란 마치 살아 있는 생물과 같아서 언제나 변화하기 마련이다. 따라서 변화하는 환경에도 불구하고 상대방으로 하여금 최초에 합의한 내용을 잘 지키도록 만듦과 동시에 예기치 못했던 위험을 피해갈 수 있도록 하기 위해서 계약을 확실하게 이해하고 잘 체결할 필요가 있는 것이다.

1) 구속력 있는 계약

(1) 계약의 형식

계약은 형식보다는 내용이 중요하다. 몇 가지 특수한 경우를 제외하고는 구두계약이나 서면계약이나 효력이 다르지 않다. 도장을 찍으면 제대로 된 종이에 인쇄된 계약서나 낙서처럼 만들어진 계약서의 효력이 크게 다르지 않다. 차이는 계약위반으로 인한 분쟁이 발생했을 경우에 증거력의 측면에 있어서 얼마나 믿을 수 있느냐 하는 것을 가름하는 데 있을 뿐이다. 따라서 비즈니스를 하는 사람들은 형식에 얽매이기보다는 어떤 내용을 어떻게 표현하느냐 하는 것에 더 많은 관심을 기울여야 할 것이다. 그리고 분쟁이 발생했을 경우에 어떻게 유리한 증거로 제출할 수 있을 것인가에 초점을 맞추어서 계약서의 형식을 생각한다면 어렵게 느껴지던 법률적인 문제해결이 한결 수월해질 것이다.

계약서의 제목 또한 중요하지 않다. 중요한 것은 계약서의 내용이다. 중요한 계약의 경우에는 협상을 진행하는 과정에서 많은 문서들이 작성된다. 협상이 끝날 때마다 회의록을 만들고, 협상이 진행되면서 쌍방의 이해를 기록한 양해각서(Memorandum of Understanding ; MOU)를 작성하고, 서로의 계약에 대한 의사를 표시한 의향서(Letter of Intent ; LOI) 등을 교환한다. 이와 같은 문서들은 계약서라는 제목이 없기 때문에 법적효력이 없을까? 반드시 그렇지는 않다. 경우에 따라서는 양해각서나 의향서가 계약과 똑같은 효력을 가질 수도 있고, 계약서라 생각하고 서명날인한 문서도 아무런 법적효력을 갖지 못하기도 한다. 중요한 것은 문서의 제목이 아니라 문서에 포함된 내용이다. 문서의 내용에 따라 법적구속력이 있는 계약서가 되기도 하고 효력이 없는 일반문서가 되기도 하는 것이다. 따라서 계약서를 작성하고 서명날인을 하기 전에 제목만을 보는 것이 아니라 내용을 검토하는 것이 매우 중요하다.

(2) 구속력 있는 계약의 내용

법적인 구속력이 있는 계약으로 간주되기 위해서는 쌍방의 합의에 기초한 몇 가지 추가적인 조건이 충족되어야 한다.

① 의사 표시 : 계약의 내용에는 상대방이 동시에 합의된 내용을 지키겠다고 하는 자발적 의사표시가 포함되어 있어야 한다. 농담으로 한 합의가 법적구속력이 있는 계약이 될 수 없는 이유는 서로가 합의한 내용을 지키겠다고 하는 의사가 없기 때문이다. 신체적인 위협을 받으면서 서명날인한 문서가 효력이 없는 이유는 자발성이 없기 때문이다. 상대방에게 속아서 계약을

했다고 주장하는 것이 경우에 따라서 계약을 지키지 않아도 되는 이유가 되는 것도 진정한 의사표시가 없다고 간주되기 때문이다. 협상을 하면서 여러 가지 자료를 상대방의 요구에 따라 제출하고 의견을 주고받는다. 계약서에 서명하도록 상대방을 설득하기 위하여 과장을 하기도 한다. 잘못된 자료나 과장된 정보에 의해서 합의에 이른 계약서는 무효가 될 수도 있다. 쌍방이 자발적으로 약속을 지키겠다고 하는 내용이 포함되었다고 보기 힘들기 때문이다.

② 계약을 체결할 수 있는 능력 : 계약의 당사자는 계약을 체결할 수 있는 능력이 있어야 한다. 능력이 없는 상대방과의 약속은 아무런 법적구속력을 가질 수 없다. 누가 능력이 없는 계약 당사자인가? 대표적으로는 미성년자를 포함한 정상인이 아닌 정신이상자, 정신박약자 등을 생각해 볼 수 있다. 그러나 비즈니스 상황에서 더 주의를 해야 될 계약의 상대방은 법인이다. 흔히 주식회사의 형태로 나타나는 법인은 계약의 관점에서 볼 때 사람과 똑같은 자격을 가지고 있다. 따라서 사람이 아닌 법인과 계약을 체결하는 것은 유효하고 법인으로 하여금 계약을 이행하도록 요구할 수도 있다. 그러나 설립 예정인 법인과 계약을 체결하는 것은 마치 태어나기 전의 어린아이와 계약을 체결하는 것과 같기 때문에 유효한 계약이 아니다. 따라서 법인과 계약을 체결할 때에는 제대로 요건을 갖추었는지에 관하여 검토를 해야 할 것이다.

③ 계약 자유의 원칙의 한계 : 계약과 관련된 일반적 원칙은 쌍방의 합의가 그대로 이행될 수 있도록 존중한다는 것이다. 그러나 이와 같은 계약 자유의 원칙에는 일정한 한계가 있다. 가장 큰 예외는 계약의 내용이 법에 위배되거나 미풍양속에 반하는 내용일 때에는 계약의 강제력이 없는 것이다. 예를 들어 법으로 판매를 금하고 있는 물품을 사고파는 계약의 경우는 일방이 계약내용을 위반해서 이에 대한 손해를 보상받기 위하여 소송을 제기한다 할지라도 강제력이 없는 계약이기 때문에 보상을 받을 수 있는 방법이 없는 것이다. 정상적인 비즈니스 관계에 있어서 위와 같은 예는 극히 드물 것이고, 흔히 나타나는 사례는 일반적인 상식으로는 문제가 없는데 법에 저촉되는 경우이다. 예를 들어 라이센스 계약을 할 때 라이센스를 제공하는 쪽에서 원자재를 자신이 지정하는 곳에서만 공급받을 것을 주장하는 조항을 계약서 내용에 포함시켰을 경우에 이 조항은 공정거래법을 위반하는 내용이 될 가능성이 있기 때문에 강제력이 없을 수 있다. 그렇기 때문에 계약내용을 합의할 때 법에 저촉되는 부분이 있는지를 검토할 필요가 있는 것이다. 또 다른 예를 들어 보자. 뛰어난 기술자 한 사람을 채용하면서 퇴사 후 경쟁사에서 일을 하게 됨으로써 입게 될 손해를 예상해서 퇴사 후에는 다른 직장에 취직을 못한다는 조항을 삽입하였다고 하자. 계약할 당시에는 회사나 기술자 모두 평생 함께 연구를 할 것으로 생각했으나 시간이 지나며 기술자의 생각이 바뀌어 사표를 내고 다른 회사

로 옮기려는 시도를 하고 있다. 계약의 내용대로 다른 회사에서 일하는 것을 막을 수 있을까? 이는 기본적인 생존권을 위협할 수 있는 조항으로 판단될 수 있기 때문에 계약의 내용을 그대로 지키도록 하는 것은 어려운 일이다.

2) 분쟁의 해결

계약을 체결할 때에는 쌍방이 모두 합의된 내용을 지킬 수 있고 지키겠다는 의도를 가지고 있지만, 환경의 변화에 따라 내용을 지킬 수 없는 일들이 종종 생겨난다. 이와 같이 합의를 제대로 지키지 못할 때 쌍방간에 분쟁이 발생하게 된다. 어떻게 이런 분쟁을 해결해야 할까?

(1) 쌍방의 합의

분쟁해결 방법 중 최상은 쌍방이 협상을 통하여 해결하는 것이다. 비즈니스는 끊임없이 변화하는 환경 속에서 일어나는 것이기 때문에 계약의 내용을 그대로 지킬 수 없는 상황이 수시로 발생한다. 이때 서로를 이해하며 장기적인 관계를 잘 만들어 가기 위하여 협상을 통하여 분쟁을 해결하는 것이 바람직하다. 분쟁의 원인이 무엇인지를 찾고 어떻게 하면 쌍방이 만족할 수 있는 해결방안을 찾을 것인가 하는 관점에서 협상을 진행한다면 좋은 해결책이 나올 수 있을 것이다.

(2) 법원을 통한 해결

가장 고전적인 분쟁해결 방식이다. 그러나 법원을 통한 분쟁해결을 시도하기 전에 몇 가지 장점과 단점을 미리 고려해야 할 것이다. 이 해결방법의 가장 큰 장점은 분쟁해결의 결과를 예측할 수 있다는 것이다. 대체로 법원은 혁신적인 판결을 기피하는 경향을 보인다. 지금까지의 판례와 법 조항에 근거해서 판결을 하기 때문이다. 따라서 유사한 사건의 판례와 해당 법 조항을 연구하면 결과를 예측하는 것이 가능하다. 그러나 이와 같은 장점에도 불구하고 최근 비즈니스를 하는 많은 사람들의 추세는 분쟁의 해결방법으로 법원을 이용하는 것을 선호하지 않게 되었다. 재판에 따른 비용과 시간이 기대되는 이익을 훨씬 넘어설 수 있는 가능성이 많기 때문이다.

(3) 중재를 통한 해결

최근 비즈니스를 하는 많은 사람들이 계약을 체결할 때 분쟁이 생겼을 경우에는 중재를 통해서 해결하도록 하자는 내용을 포함하고 있다. 중재는 재판과 달리 법원이 직접 사건해결을 하는 것이 아니라 계약의 쌍방이 합의한 제3자로 하여금 잘잘못을 가려 달라고 요청하는 것을 말한다. 이와 같은 중재의 가장 큰 장점은 분쟁해결의 비용이 저렴하고 해결에 걸리는 시간이 짧다는 것이다. 또 다른 장점의 하나는 중재를 담당하는 사람들은 재판과는 달리 법적인 관점에서보다는 비즈니스의 관점에서 분쟁의 해결을 시도하기 때문에 공평한 결론이 나올 가능성이 높다는 것이다. 반면 중재를 통한 해결은 최종적인 결론이 되기 때문에 잘못된 판정이라 생각이 될지라도 다시 해결을 시도할 수 없는 단점이 있다.

위와 같은 세 가지의 분쟁해결 방법을 비교하면서 어떤 방법을 택할 것인가를 결정할 수 있다. 만약 상대방 회사의 규모가 재판에 따른 비용을 감당하고 기다릴 만한 여유가 있다고 판단이 된다면 분쟁해결을 위한 계약의 조항으로 중재를 통해서 해결을 하자는 내용을 포함하는 것이 바람직할 것이다. 소규모의 창업가, 기업가들은 재정적인 한계와 시간적인 제약 때문에 재판을 하지 못할 가능성도 있기 때문이다.

3) 계약서 검토를 위한 체크리스트

계약서 내용이 어떻게 구성되는지 내용을 알아보기 위하여, 김벤처 씨가 Sysco Systems 사와의 협상결과를 가지고 계약서를 작성하기 위하여 어떤 점들을 알아야 하는지 살펴보자.

(1) 계약서의 서론 부분
계약서의 서론 부분은 대체로 계약 당사자에 대한 내용과 계약의 목적, 대상에 대한 배경을 설명하는 조항을 포함한다.

계약의 당사자가 계약서에 정확하게 기술되는 것은 가장 기본이 되는 것이다. 계약체결의 중요한 목적 중 하나가 상대방이 계약을 위반하였을 경우 책임을 묻기 위한 것이다. 만약 계약서에 계약의 당사자가 제대로 표현되어 있지 않으면 절차상 문제로 인하여 책임을 묻는 것이 어려워진다. 특히 법인과 계약을 체결할 때 법인의 법적지위가 제대로 성립이 되었는지를 검토해야 할 것이다.

배경을 설명하는 조항에는 직접적인 법적인 강제력을 포함하지 않는다. 그러나 이 조항에 계약의 대상이 되는 기술에 대한 설명, 계약을 체결하는 목적 등을 기술하는 것은 계약의 정신을 이해하는 데 매우 중요한 기여를 한다. 분쟁이 발생했을 경우에 서로가 계약의 의미를 달리 주장할 때 배경조항의 해석에 따라 결과가 달라질 수 있기 때문이다.

- 계약의 당사자
  Sysco Systems의 법적 이름, 주소, 법인설립 근거가 되는 법
  김벤처 씨의 이름과 주소

- 배경
  계약대상이 되는 기술의 일반적 내용
  기술의 역사적 배경
  - a. Sysco Systems의 기술개발에의 기여 내용
  - b. 제3자의 기술개발에 대한 기여
  - c. 제공하는 기술이 법적으로 보호받을 수 있는 근거

(2) 계약의 본문

이 부분은 협상과정에서 합의된 부분들을 기술하는 곳으로, 김벤처 씨와 Sysco Systems 사와의 라이센스 협상과정에서 합의된 내용들이 될 것이다. 계약으로 연결되는 협상은 크게 두 부분으로 나뉘어지는데 하나는 비즈니스의 협상에서 다뤄지는 일반적인 조항인 가격, 수량, 지불조건과 방법 등과 같은 부분이고, 또 다른 한 부분은 비즈니스 거래에서 다룰 수 있는 협상들의 결과를 계약서로 작성해 가는 과정에서 법률적인 권리와 의무를 다루는 계약협상 부분이다.

계약기간, 기술제공의 내역, 로열티 금액과 지불방법, 쌍방간의 책임 등에 관한 내용은 비즈니스 협상에 속하는 내용으로 볼 수 있는데, 이와 같은 조항에서 주의해야 할 점은 상대방과 합의된 내용이 정확하게 반영이 되었는가 하는 것을 검토하는 것이다. 중요한 계약의 경우 계약서의 조항에 '계약서가 모든 것에 우선한다'는 내용을 포함하는 것이 일반적이기 때문에 합의된 내용이 정확하게 계약서에 반영이 되지 않을 경우에 합의된 내용보다 계약서의 내용이 우선적이라는 판단을 할 수밖에 없기 때문이다.

- 기술제공
  김벤처 씨와 관련하여 기술을 사용할 가능성이 있는 회사
  - a. 생산, 광고, 판매 등과 관련된 권한
  - b. 하청생산을 할 경우
  - c. 라이센스를 재판매할 경우
  기술을 이용하여 생산할 품목과 생산방법

제공한 기술을 사용하여 판매할 지역의 한계
세계시장을 어떻게 나눌 것인가에 대한 내용
생산과정에서 나타나는 기술향상에 관한 권한의 소유 및 이용 권리

- 계약의 기간
  계약기간
  계약의 시작과 종료일
  계약연장 권한 조항
      a. 연장가능 횟수와 기간
      b. 권한사용을 위한 기본조건
      c. 권한을 사용하기 위한 방법
      d. 계약연장시 다른 조건들의 변경

- 라이센스 로열티
  최초 지불 수수료
  로열티
      a. 일시불 총액
      b. 판매액 대비 로열티
      c. 판매액에 따른 로열티 비율 조정 조항
      d. 로열티 산정을 위한 판매액의 정의
      e. 김벤처 씨가 제출할 판매보고서의 형식과 내용
  로열티 지불 장소, 방법, 시기
  로열티 지불 통화

- 김벤처 씨의 책임
  비밀유지 책임
  사내보안을 책임지기 위한 방법
  판매를 위하여 최선을 다할 책임
      a. 광고비 지출 의무, 광고의 정의와 방법
      b. 광고내용의 통보
      c. 영업부 조직 의무

d. 판매망 조직 의무

- Sysco Systems 사의 책임
  기술과 관련된 도면, 공식, 노하우 등을 전달
  a. 기술지도 기간
  b. 기술지도에 따른 비용 분담
  c. 원자재 및 관련부품의 공급방법과 가격, 보증

- 기술의 보호
  김벤처 씨의 기술이 보호받을 만한 비밀임을 인정
  a. 계약기간 만료 후 김벤처 씨의 권한주장 불인정
  b. 계약기간 중 발생한 기술의 소유권

- 경쟁조항
  경쟁금지 조항

- 계약의 종료가 되는 상황
  로열티 미지급과 같은 김벤처 씨의 계약위반
  비밀 누설
  계약종료 통보방법 및 시기

(3) 기타 법률적인 권리관계 및 절차 등에 관한 조항

이 부분에서 다루는 조항들은 비즈니스 협상을 하는 과정에서는 거의 논의가 되지 않는 내용이나 계약서를 작성하며 합의를 해야 하는 법적인 내용을 포함하는 부분이다. 법률 전문가를 이용하는 것이 일반화된 미국과 같은 나라에서는 쌍방을 대표하는 변호사간의 합의에 의해서 결정되는 내용이다. 분쟁해결의 절차 및 방법에 관한 내용, 계약의 의미를 어떻게 해석하는지에 관한 내용 등을 포함하는 부분이다.

- 계약서가 최고 우선임을 나타내는 조항
- 김벤처 씨와 Sysco Systems의 법적관계를 나타내는 조항
- 계약변경의 방법

- 통지의 방법과 주소
- 계약 각 조항의 효력이 있음을 나타내는 내용
- 계약종료 후에도 효력이 있는 조항의 내용
- 적용법규와 제목의 법적의미
- 중재조항
- 계약체결일과 금액의 지불
- 계약체결일자
- 서명날인

〔도움이 되는 읽을거리〕

1. Cohen, Herb, You can negotiator anything, Citadel Press, 1994
2. Gotbaum, Victor, Negotiating in the world, Simon & Schuster, 1999
3. Nierenberg, Gerald I, The complrte negotiator, Barnes&Noble, 1986
4. Jandt, Fred E, Win-Win negotiating, Simon&Schuster, 1992
5. Karrass, Chester L, Effective negotiating, Karrass,
6. Donalson, Michael & Mimi, Negotiating for Dummies, IDG Books, 1996
7. 정은성, 김정유, 박찬욱 공저, 협상의 전략, 다음세대, 1996
8. 김태훈 역, 허브코헨의 협상, 열린세상, 1996
9. 김병국, 국제변호사 김병국의 비즈니스 협상론, 한국능률협회, 1999

지은이 소개

이 재 선

학 력

서강대학교 경제학과 졸업
서강대학교 대학원 경제학석사
미국 시카고대학 경영학석사(The University of Chicago, The Graduate
School of Business, M.B.A.), 국제금융(기업)론 전공
미국 시카고대학 경영학박사(The University of Chicago, The Graduate
School of Business, Ph.D.), 기업금융(재무)론 전공

경 력

현재 홍익대학 금융보험학과 교수: 경영분석, 투자론, 재무관리,
금융학원론, 경영정책 강의
광주은행 사외이사, 리스크 관리위원장
기아, 아시아자동차 국제입찰 평가위원
포스코 경영연구소 경영컨설팅본부장
대우경제연구소 전문연구위원
Loyola University, Governors State University, Chicago State
University 외래교수 및 강사(투자론, 재무관리)
시카고대 경영대학원 조교(거시경제, 화폐금융론)
한국투자주식회사 조사역
한국개발연구원 연구원
주한 영국대사관 상무보좌관
서강대 강사(경영 및 경제수학)

연구활동

EVA의 국내기업 적용에 관한 연구(산학협동재단)
스틸 하우스 수요예측(포항제철)
"Contract Costs and Priority Structure of Debt", 증권,금융연구, 제3권 2호
Contract Costs and Capital Structures, Ph.D. Thesis, The University of Chicago

김 양 렬

학 력

서울대학교 공과대학 졸업
Graduate School of Business, University of Chicago, 경영학 석사
Graduate School of Business, University of Chicago. 경영학 박사
University of Washington, Washington, USA 방문교수

경 력

한국과학기술연구소 경제분석실 연구원
한국과학기술연구원 경제분석연구실 연구실장
성균관대학교 경영학부 교수

연구활동

스틸하우스 시장전망, 포항제철
정보통신산업의 상황진단과 분석, 정보통신부 연구보고
114안내사업의 경영효율성 제고에 관한 연구, 한국통신 통신정책 연구원 연구보고
공중전화사업의 사업성 제고에 관한 연구, 한국통신 연구보고
정부출연연구기관의 관리회계시스템, 과학기술처, 정책연구
회원복지연금제도 개선에 관한 연구, 한국세무사회
중국의 과학기술정책, 과학기술처 연구보고
소프트웨어산업 육성정책, Reported to UNIDO

김 병 국

학 력

서강대학교 영어영문학과 졸업
일리노이 주립대학, 경영회계학 석사(MSA)
코네티컷 주립대학, 회계학 박사과정
시카고 로욜라 법과대학, 법학박사(Juris Doctor)
국제변호사, 공인회계사

경 력

일리노이 주립대학 Research Assistant
코네티컷 주립대학 Teaching Assistant
서강대학교 교수
현재 시카고 회계회사 Kim, Shin & Co. 파트너
K&P Holdings Co. 대표
시카고 법률회사 Kim & Dowell 파트너
대한상사중재원 중재위원
현대, 대우그룹 CEO, 포항제철 관리자 과정 협상부문 개발자문 및 강사
호서대학교 벤처전문대학원 교수
(주)에듀온 대표

연구 활동 및 저서

국제변호사 김병국의 비즈니스 협상론(한국능률협회)
도전! 국제변호사 & AICPA(도서출판 지정)
경제포럼 1(도서출판 나누는 삶)
경제포럼 2(도서출판 지정)
프랜차이즈 창업컨설팅(도서출판 지정)
국제계약법 – 서강대학교 경영대학원 교재
미국 세법 준수에 관한 연구 · 미국세청 지원
International Accounting(무역협회 현대그룹 연수원 교재)

벤처창업과 경영전략

초판발행 : 2001년 3월 6일
지은이 : 이재선 · 김양렬 · 김병국
펴낸이 : 신영철
펴낸곳 : 한국능률협회

1978년 5월 15일 등록(제13-19호)
서울 마포구 도화동 544 고려빌딩
전화 │ (02)719-1424
팩시밀리 │ (02)715-7807
홈페이지 │ www.kmabook.com

디자인 : 정우디피씨 │ (02)2277-9541

ISBN 89-7277-198-8 13320

값 20,000원